고려대독서논술연구소 한국문화총서

# 한국 전래동화의 새로운 해석

## -정신분석적 접근-

고려대독서논술연구소 기획

노제운 지음

집문당

고려대독서논술연구소 한국문화총서

**한국 전래동화의 새로운 해석** –정신분석적 접근–

2009년 11월 13일 1판 1쇄
2025년 8월 10일 1판 5쇄

기획 | 고려대독서논술연구소
저자 | 노제운
발행인 | 임동규
발행처 | **(주)집문당**
등록 | 1971. 3. 23. 제2012-000069호
주소 | 03134 서울시 종로구 돈화문로 82, 5층
전화 | +82-1811-7567
이메일 | sale@jipmoon.com
홈페이지 | www.jipmoon.com

디자인 | 임용우

ISBN 978-89-303-1448-0

**가격 16,000원**

**(주)집문당** 이순신돋움체B (저작권자 아산시, 무료글꼴)

아름다운 기자, 동생 종면이에게

아동문학을 공부한 지 10여 년 만에 첫 연구서를 낸다. 한국 희곡으로 석사학위를 받고 희곡 작가의 전집도 내며 전공이 정해지는 것 같았는데, 우연한 기회에 아동문학에 관심을 갖게 되어 전공자도 희소한 이 분야를 공부하게 되었다.

박사과정 진학 전, 한 사단법인체에서 어린이 책을 선정하는 일을 한 적이 있다. 당시 나와 함께 책을 검토했던 분들은 현장에서 아이들을 가르쳐 온 독서지도사들로서 개인적으로도 꽤 친분이 두터운 사이였는데, 최종 선택에서 종종 의견이 달라 애를 먹곤 하였다. 동화를 보는 그분들의 가치기준은 대체로 '교육적'인가의 여부에 있었다. 나로서는 '문학'만큼은 그런 잣대로 보아서는 안 될 것 같았다.

세계적인 명작, 아스트리드 린드그렌의 「내 이름은 삐삐 롱스타킹」이나 모리스 샌닥의 「괴물들이 사는 나라」는 출판 당시 비평가들의 혹평을 받거나 금서가 되었던 책들이다. '비교육적'이라는 것이 그 이유였다. 그러나 이 책들은 아이들의 큰 인기에 힘입어 세계적인 스테디셀러가 되었으며 동화의 고전이 되었다. 나는 국내 몇몇 기관에서 선정된 어린이 책들의 성격을 보면서, 50, 60여 년 전 서구에서 아동문학을 지배했던 묵은 가치관이 재현되고 있는 것은 아닌가 하는 생각이 들었다. 어린이 독서와 관련하여 이런저런 일을 하면서 깨달은 점 한 가지는 책에 대한 아이들의 반응이 지나칠 정도로 정직하다는 사실이다. 지루한 책은 한순간에 외면당하는 반면, 재미있는 책은 아이들의 손에서, 품에서 떠날 줄 몰랐다. 나는 아이들이 책에서 느끼는 매력이 어떤 것인지 알고 싶었다. 그런데 그동안 내가 공부한 시각만으로는 궁금증을 해결할 수 없을 것 같았다. 나도 전문지식이 필요했다. 그리하여 필연적으로 정신분석을 공부하게 되었다. 언어 너머의 영역, 의식 너머에서 그 의미를 찾아야 했기 때문이다.

석사 졸업 후 7년 만에 박사과정에 입학하여, 동료들과 모임을 만들어 정신분석 관련 서적들을 읽어 나갔다. 이론 공부라는 것이 할수록 어렵고 한계에 부딪혔으나 어쭙잖은 지식이나마 그 공부를 토대로 박사논문을 쓰게 되었다. 인문학분야에서는 한국 전래동화를 정신분석적 시각으로 연구한 최초의 학위논문이었다.

이 책은 박사논문을 수정 보완하고, 관련 논문을 엮은 것으로 제1부 '한국 전래동화의 심층(深層) 의미'와 제2부 '한국 전래동화의 원형(原形)과 변용-「콩쥐 팥쥐」 이야기를 중심으로-'로 구성되어 있다. 제1부의 연구대상은 초등학생들에게 실시한 설문조사 자료를 바탕으로 선정된 작품들이다. 각 텍스트를 정신분석적인 시각으로 분석한 후, 통합하여 그 의미를 탐색하였는데, 어린이들이 선택한 작품군의 중심인물들의 관계가 레비스트로스가 말한 친족의 기본구조와 일치하는 것이 흥미로웠다. 원고를 다시 보니, 실수들이 군데군데 눈에 띄었다. 본래, 공부를 하면서 정신분석의 개념에 대한 국내외 학자들의 해석과 내 견해를 꼼꼼히 필사하여 정리해 왔는데, 그 과정에서 출처표시가 잘못되거나 빠뜨린 것을 논문에 그대로 옮겨 적어 학자들과 내 의견이 제대로 구분되지 않은 것이 몇 군데 있었다. 몇몇 학자들의 글에서도 비슷한 오류를 발견하였는데 그 사실을 모른 채, 라캉의 견해를 학자들의 것으로 잘못 알고 인용한 경우도 있었다. 이번 기회에 바로잡게 되어 천만다행이라고 생각한다. 한편으로는 글의 형태를 변형해 볼까도 생각하였으나, 수정 사실을 밝히기 위해서라도 논문형식을 유지하기로 하였다.

박사논문을 쓰면서 거듭 확인하였던 점은 전래동화의 원형(原形)

의 중요성이다. 옛이야기의 생명력인 '보편성'은 원형에서 비롯된다. 그런데 아동용으로 소개된 한국 전래동화의 경우, 원형의 훼손 정도가 심각한 수준에 있다는 사실을 알게 되어, 이를 함께 인식하고 이것이 왜 문제가 되는지를 알리고자 제2부의 글을 쓰게 되었다. 이 글은 한국학술진흥재단의 연구지원을 받은 것으로 『어문논집』(2009)에 발표했던 것이다. 학술지에 싣기 위해 애초의 원고를 대폭 줄였는데도 정해진 분량의 두 배나 되었다. 막상 연구를 시작해 보니, 석사논문에 비견될 정도로 검토할 자료가 방대하고, 연구대상 작품의 문제점이 생각보다 광범위하고 심각하여 다룰 내용이 많았다. 제2부의 경우, '정신분석적 접근'이라는 이 책의 부제가 제1부만큼 직접적이지는 않지만, 변용의 문제점이 무엇이고 그것의 이유를 추적하는 데에 기본적으로 정신분석적 시각이 바탕이 되었기 때문에 큰 무리는 없을 것으로 생각한다. 사실, 정신분석적 시각이 아니고서는 원형(原形)이 왜 중요하며 무분별한 각색이 왜 문제가 되는지 그 이유를 온전히 추적하기 어려웠을 것이다.

생각해 보면, 작품분석 내내 나는 탐정 노릇을 하였다. 문제의 실마리를 발견하고 풀어가는 과정은 쉽지 않았으나 흥미진진하였다. '육식동물인 호랑이는 왜 그렇게도 집요하게 '떡'을 요구하였을까?', '나무꾼의 어머니는 먼 길을 온 아들에게 시원한 물 대신에 왜 하필 뜨거운 '죽'을 끓여 주었을까?', '아버지의 '개안'을 위해 자신의 목숨까지 바친 심청이는 왜 '맹인' 잔치를 열었을까?', '콩쥐의 남편은 아내가 팥쥐로 바뀐 사실을 왜 몰랐을까?', '공들여 손질된 아동용 전래동화는 왜 원화(原話)에 비해 이렇게도 재미가 없는 것일까?'와 같은 궁금증이 이 책을 완성시켰다.

게으름과 매너리즘에 빠져 있던 내가 책을 내게 된 계기는 순전히 동생에게 일어난 일 때문이다. 내 동생 노종면. 그는 뉴스전문 방송국인 YTN의 취재부 기자이자, '돌발영상'이라는 프로그램을 만들어 뉴스보도 부문의 새 장을 연 프로듀서였으며, 메인뉴스의 앵커였다. 노조위원장으로 활동하던 중 언론의 독립을 주장하다 해직되었고, 구속되었다. 국제기자연맹, 국제사면위원회, 한국기자협회, 언론노조 등에서 성명서를 통해 부당성을 지적하고 복직을 요구하였으나 돌아온 반응은 묵묵부답이었다. 일련의 사건들이 한 해 동안 정신없이 일어났다.

나로서는 동생을 가둬두고 있는 현실을 이해할 수 없었고, 지난 몇 해 동안 세상에 초연한 듯 무심하게 살아온 내 자신의 나태함과 동생을 위해 아무 것도 할 수 없다는 무력함이 견딜 수 없이 부끄러웠다. 동생은 아직 복직되지 않았다. 내가 안타까운 점은 복직되지 않았다는 사실보다 그 기간 만큼 무언가를 할 수 있는 기회를 박탈당하였다는 사실이다. 그러나 크게 염려하지 않는다. 「해와 달이 된 오누이」의 오누이처럼 결국 튼튼한 동아줄의 임자는 노종면이라고 확신하기 때문이다.

부끄럽지만, 동생의 일을 겪으면서 나를 돌아보게 되었고, 지금까지 해 온 공부를 정리하여 세상에 선보이자고 생각한 그 첫 번째 작업이 이 책이다. 아동문학 연구자로서의 정체성을 찾기 위한 첫걸음이기도 하다.

이 책을 위해 원고를 다시 보기 시작한 날, 봄비가 추적추적 내리고 있었는데 어느새 나뭇잎이 하나둘 노랗게 물들어 가고 있다. 오랜 시간 동안 수정을 위해 원고를 붙들고 있었으나, 막상 책을 내고자 하니 많이 떨린다. 허물보다 장점을 봐 주기를 바랄 뿐이다.

돌이켜 보면 그동안 많은 행운을 누렸다. 대학 입학을 앞두고, 국어국문학과가 어떤 곳인지 몹시 궁금하였던 나는 관심 있는 몇몇 대학의 학과 사무실에 직접 전화를 하였다. 당시 나는 다른 학교에 비해 전공에 대한 자부심이 대단했던, 전화선을 통해 들려오는 이름 모를 조교(선배)의 자신감 넘치는 목소리를 굳게 믿고 고려대학교를 선택하였다. 지금 누군가가 내게 같은 질문을 해 온다면 나도 똑같은 반응을 보일 것이다. 최고의 은사님들, 그분들의 가르침을 받는다는 것은 행복한 특혜였다. 어려운 고비마다 삶을 통찰할 수 있도록 도와준 선배님들과 동료들이 없었다면 일찍이 공부를 접었을지도 모른다. 그분들에게서 문학을 넘어 삶의 자세를 배웠다.

일면식도 없었던, 부족함이 많은 나를 응원해 주시고, 책이 나오도록 격려해 주신 숙명여대의 최시한 교수님, 책의 발간을 도와준 김종성 선배님과 흔쾌히 출판을 맡아준 따뜻한 미소의 집문당 여러분께도 감사의 말씀을 전한다.

2009년 10월
양재천에서
노 제 운

## 차례

## 제2부 한국 전래동화의 원형(原形)과 변용

### –「콩쥐 팥쥐」 이야기를 중심으로–

# 제 1 부

# 한국 전래동화의 심층(深層) 의미

# Ⅰ. 서　　론

# 1. 연구동기와 목적

## 1) 연구동기와 연구대상

'전래동화'는 '어린이'라는 개념이 형성된 이후, 어린이를 위해 창출된 최초의 서사문학이다. 어린이가 어른으로부터 분할된 후, 사람들은 새롭게 발견된 어린 독자를 위하여 옛이야기 가운데 어린이 정서에 맞는 것을 임의로 가려 뽑아(혹은 어린이의 정서에 맞게 각색하여) '전래동화'라고 명명(命名)하였다.[1)]

발생 시점으로 본다면, 전래동화는 어린이 문학이 아니다. '전래동화'라는 명칭은 후대에 만들어졌지만 전래동화의 원형(原形, 原話)은 어린이에 앞서 존재했기 때문이다. 그러나 전래동화는 어린이를 주요 수용자로 하는 문학으로서, 단연 어린이 문학의 중심 자리를 차지해

---

1) '어린이'라는 개념이 발생하기 전까지 어린이는 존재하지 않았다. 어느 시기까지 어린이는 어른과 구분되지 않았으며 기껏해야 '작은 어른' 정도로 인식되었다. 따라서 어린이를 위해 특별히 만들어진 놀이도 문학도 없었다. −가라타니 고진(柄谷行人), 『일본 근대문학의 기원』, 민음사, 1997, p. 158. ※ '어린이'의 출현과 의미에 대해서는 앞의 책 '아동의 발견'(pp. 151-179) 부분과, 필립 아리에스(Philippe Ariès)의 『아동의 탄생』(새물결, 2003) 중 '아동기의 발견'(pp. 89-113) 참조.
'전래동화'라는 개념은 시대와 장소에 따라 조금씩 차이를 보인다. 개념에 대한 문제는 별도로 다루어져야 할 논제이므로 이 책에서는 현재 통용되고 있는 전래동화에 대한 일반적인 개념을 따르기로 한다. 전래동화를 글자 그대로 풀어쓰면, '어린이를 위한 옛날이야기'이다. 옛날이야기 가운데에서도 '민담'류가 가장 많고, 고전소설을 어린이용으로 각색한 것도 포함된다.

왔다. 오랜 세월 동안 이어온 질긴 생명력과 어린이들 사이의 높은 선호도는 어린이와 전래동화의 불가분의 관계를 말해준다.

이 글의 연구동기는 '한낱 '옛날'이야기인 전래동화를 '현대'의 어린이들이 선호하는 이유가 무엇일까?' 하는 단순한 의문에서 비롯되었다. 새롭게 탄생한 '어린이' 독자를 위하여 급조되었던 '전래동화'가 동서양을 막론하고 여러 시대를 풍미하고 있는 데에는 특별한 이유가 있는 것이 분명하다. 이런 궁금증을 해소하기 위해서는 시각을 이야기의 이면(裏面), 혹은 심층(深層)에 두지 않을 수 없을 것 같다. '단순한 사건', '간략한 언어', '예정된 결말'이라는 표면적인 구조와 의미만으로는 전래동화의 가치를 제대로 파악할 수 없기 때문이다. 필자는 '무의식'을 분석 대상으로 하는 정신분석의 도움을 받아 '권선징악', '충효', '인내'와 '덕행' 등 표면의 단단한 주제에 꼭꼭 숨겨진 한국 전래동화의 본질적인 의미에 접근하고자 한다.

심리학자 브루노 베텔하임(Bruno Bettelheim)에 의하면 전래동화는 존재의 복잡함을 간단명료하게 보여줌으로써 어린이가 삶의 문제를 가장 핵심적인 형태로 파악할 수 있게 해주며, 어린이의 모든 정신 층위에 작용하여 어린이가 심리적인 불안과 어려움을 극복함으로써 외부의 힘에 의존하지 않고 스스로 삶에 대처하는 능력을 키워나가게 해준다고 한다.[2)]

프로이트는 임상에서 어린 시절의 전래동화가 어른의 정신세계에서도 적지 않은 영역을 차지하고 있다는 사실을 여러 차례 확인한 바 있다.[3)] 프로이트가 제시한 다양한 자료들은 사람들이 갈등하고 있는

---

2) 『옛이야기의 매력』 1, 2, 김옥순 · 주옥 옮김, 시공주니어, 1998, pp. 18-25 참조.

3) 프로이트에 의하면 일부 사람들은 자신이 좋아하는 전래동화를 회상하는 것으로 유년기의 기억을 대신한다. 전래동화는 때때로 성인들의 꿈에 등장하는데 표면적으로는 꿈속의 내용과 유기적인 관련이 없어 보이는 숫자나 동물, 특정 인물 등의 발원지를 추적해보면 꿈꾼 사람의 어린 시절에 인상

심리적인 문제가 전래동화 속에 구현되고 있으며, 오랜 시간 동안 기억 저편에 묻혀 있으면서 의식에 영향을 미치고 있다는 사실을 입증해준다.[4)]

전래동화는 누구나 직면할 수 있는 삶의 가장 기본적인 문제를 다룬다. 자신의 심리적인 문제를 직시할 수 없는 어린이들에게 전래동화는 문제의 본질은 물론 해결 방법과 과정까지 명쾌하게 제시해준다. 이때, 어린이들이 해결의 실마리를 찾고 극복해나가는 정신활동은 의식보다 무의식적인 면이 월등히 강하다. 다만, 어린이들은 특정한 전래동화를 선택(혹은 선호)하는 것으로써 자신의 무의식적인 관심이 어디에 있는지를 나타낼 수 있을 뿐이다.

---

적인 흔적을 남긴, 그러나 성인이 된 지금의 의식 속에서는 아득히 잊혀진 전래동화의 한 장면을 만나게 되는 경우가 종종 있다. 이때 전래동화에서 유래된 소재와 상황은 꿈을 해석하는 데에 중요한 실마리를 제공한다.－S. Freud, "The Occurrence in Dreams of Material from Fairy Tales"(1913), *The Standard Edition of The Complete Psychological Works of Sigmund Freud. volume XII*, The Hogarth press, London, 1958, pp. 281-287.

이 밖에 프로이트는 「늑대인간」에서 환자의 꿈에 등장한 늑대들의 형상과 숫자 등 일부 꿈의 재료가 환자가 어린 시절 경험한 전래동화 「빨간 모자」와 「늑대와 일곱 마리의 아기 염소」에서 유래한 것으로 파악하였고, 「쥐인간」에서 환자가 자신의 강박적인 망상에 자리 잡고 있는 '쥐'를 '아이들'로 생각하는 이유 중 한 가지가 독일 하멜린의 전설인 「피리 부는 사나이」(Pied Piper)에 등장하는 '쥐'와 '아이들'의 관계와 관련이 있는 것으로 파악하였다.－프로이트, 『늑대 인간』, 김명희 옮김, 열린책들, 1996, pp. 105-107, pp. 167-190 참조.

4) S. Freud and Oppenheim, "Dreams in Folklore"(1957[1911]), *The Standard Edition of The Complete Psychological Works of Sigmund Freud, volume XII*, The Hogarth press, London, 1958, pp. 180-203.－오펜하임이 소재를 모으고 프로이트가 주석을 단 이 글에 소개된 민담 속의 꿈의 사례들은 주로 성욕과 관련된 것으로서 황금 따위의 보물, 배설, 반지, 하늘로부터 내려온 긴 밧줄 등이 꿈－재료로 사용되었다. 이 자료에서 우리의 전래동화 혹은 설화와 유사한 모티프들을 발견할 수 있는데, 예를 들어 농부의 승천과 승천한 농부가 똥과 오줌으로 긴 줄을 만들어 다시 땅으로 내려오는 과정이나 아리따운 소녀가 꿈꾸는 '살찐 지렁이'(fat earthworm)는 각각 우리의 '나무꾼과 선녀'나 '야래자(夜來者) 설화'와 닮은 점이 있다.

필자는 2002년 12월 초, 전국의 3개 도시(서울, 대전, 광주)의 초등학교에 재학 중인 초등학생 가운데 총 622명을 대상으로 '전래동화'와 관련된 설문조사를 실시하였다. 각 학년에 한 학급씩을 무작위로 선택하여 1학년에서 6학년까지 총 19개 반이 설문에 응하였다.[5] 설문조사의 목적은 당시 한국의 초등학생들이 관심을 두고 있는 '동화'와 '한국의 전래동화'가 무엇인지 알아보기 위해서였다.[6] 설문은 모두 3개의 문항으로 이루어졌는데 1번 문항은 동서양을 막론하고 '동화 하면 떠오르는' 이야기의 제목을 쓰게 하였고, 2번과 3번 문항은 각각 '우리나라의 옛날이야기(한국의 전래동화) 하면 떠오르는' 이야기의 제목과, 이 가운데 가장 재미있거나 감동을 받은 이야기의 제목을 쓰도록 하였다.[7] 1학년에서 6학년까지 설문 내용은 같았으나, 1~2학년과 3~6학년으로 나누어 저학년의 경우는 각 설문당 1번과 2번 문항은 각각 3개의 답을, 3번 문항은 1개의 답을 쓰게 하고, 고학년의 경우는 1번과 2번 문항은 각각 5개의 답을, 3번 문항은 3개의 답을 쓰도록 하였다.[8] 설문조사 시간은 한 반의 전체 학생이 끝난 것

5) 이때, 대전 소재 초등학교의 6학년에서 한 반이 아니라 두 반이 조사에 응하여 6학년은 총 네 개 반이 설문에 응하였다. 이는 아이들 스스로 원한 것으로, 전체 조사에 영향을 미치지 않으므로 굳이 배제할 필요를 느끼지 못하여 설문에 참여하게 하였다. 그리하여 설문에 응한 전체 학급 수가 총 19개 반이 되었다. 설문조사에 응한 학년별 응시자의 수는 1학년: 98명, 2학년: 101명, 3학년: 95명, 4학년: 104명, 5학년: 106명, 6학년: 118명이다.

6) 이와는 별도로, 한국의 초등학생이 '동화'와 '전래동화'의 개념을 어떻게 인식하고 있는지 알아보고 싶은 마음도 있었다.

7) 필자가 고려한 '선호도'는 1, 2, 3번 모든 문항의 답을 고려한 것이다. 1, 2번 문항의 질문을 '~하면 떠오르는'으로 표현한 것은 프로이트의 자유연상 기법(free association)의 질문 형태를 염두에 둔 것이다. 어떤 이유에서든 '떠오르는' 것은 의식적으로든 무의식적으로든 남다른 의미가 있는 것이기 때문이다. '좋고 싫음'이 의식적인 판단에 따른 것이라면, '떠오르는'은 '연상'에 의한 것으로 '감각적인 느낌'과 관련이 있다. 따라서 여기서 말하는 '선호'란 3번 문항의 '가장 재미있거나, 감동을 받은' 것뿐만 아니라 의식과 무의식을 통틀어 어린이들의 '관심을 끌었다는' 것, 그리하여 어린이들에게 '특별히 선택된' 것이라는 의미도 포함한다.

이 확인되었을 때 조사를 마치는 것으로 하여 각 반의 학생수와 학년차에 따라 약 5~10분 정도 소요되었다. 학생들에게 요구한 문제에는 어떤 범위도 제한되어 있지 않았고 설문지에 적힌 질문 외에 '전래동화'에 대한 어떤 사전(事前) 설명도 해주지 않았다.

설문 결과, 학생들에게서는 다양한 답안이 나왔지만, 예상 밖으로 학생들이 선택한 한국의 전래동화는 크게 잡아 10여 편을 넘지 못하였다.[9] 전 학년을 통틀어 학생들에게 가장 많이 그리고 골고루 선택된 전래동화는 「해와 달이 된 오누이」, 「나무꾼과 선녀」, 「심청」, 「콩쥐 팥쥐」, 「흥부 놀부」이다.[10][11] 학생들은 유난히 이 다섯 작품에 높

---

8) 이에 대해서는 이 책의 말미에 수록된 '부록'의 '설문조사 견본' 참조.

9) 학생들 가운데에는 한국과 외국의 전래동화를 구분하지 못하는 경우, 창작동화나 TV 사극물, 애니메이션, 위인전, 우화를 전래동화로 이해하는 경우도 상당수였는데 10여 편이란 이들을 제외한 나머지를 말한다. '부록'의 '표 7' 참조. 이 밖에 설문조사 결과에 대한 자세한 내용은 '설문조사 분석표' 참조. 이 설문의 결과는 시기와 장소, 설문조사 방법에 따라 달라질 수 있다.

10) 텍스트의 제목은 원본의 제목과 학생들이 사용하는 전래동화의 제목을 모두 고려하여 결정하였다. 「해와 달이 된 오누이」는 학생들 사이에서 '해님 달님'으로 가장 많이 불리고 이에 '해와 달', '해와 달이 된 오누이'가 혼용되고 있는데, 가장 보편적으로 사용되는 설화의 제목을 따라 결정하였다. 「나무꾼과 선녀」는 대부분의 학생들이 '선녀와 나무꾼'으로 사용하고 있으나, 설화집에 실린 제목이나 학자들 사이에서 통용되는 제목이 대부분 '나무꾼과 선녀'이고, 주인공이 나무꾼으로서 이야기가 나무꾼 중심으로 전개되며, 일반적으로 제목을 붙일 때 주인공을 앞에 쓰는 관례 등을 고려하여 이렇게 정하였다. 「심청」의 경우, 저학년(1, 2학년)은 '효녀 심청'이 대다수였고, 고학년(3~6학년)에서는 대부분 '심청전'이라는 제목을 사용하였으며, 교과서에는 '효녀 심청', 혹은 '심청 이야기', '심청전'으로 소개되고 있어서 이들을 모두 고려하여 「심청」으로 표기하였다. 「콩쥐 팥쥐」는 학계나 학생들 사이의 제목이 일치하여 그대로 사용하였고, 「흥부 놀부」는 저학년에서는 '흥부와 놀부', '흥부 놀부'가 혼용되고, 고학년에서는 '흥부와 놀부', '흥부전', '놀부전' 등으로 사용되고 있는데 함께 다루어질 「콩쥐 팥쥐」를 고려하여 「흥부 놀부」로 정하였다. 한편, 분석 순서는 선호도와 상관이 없다. 다섯 이야기는 이미 월등히 높은 관심과 선호도에 의해 선별된 작품군이므로 다시 순위를 매기는 것은 큰 의미가 없을 것으로 판단된다.

11) 여기서, 연구대상 가운데 「심청」과 「흥부 놀부」에 대하여 짚고 넘어가야 할

은 관심과 선호도를 보였다. 이때의 관심과 선호도란 총 학생 수에만 의존한 것이 아니라 전체적인 분포도도 고려한 것이다.

참고로 당시 국어 교과서(제7차 교육과정/말하기, 듣기, 읽기, 쓰기)에 소개된 '읽기'자료를 포함하여 제목이 언급되거나 특정 장면이 '삽화'나 '노래' 등의 형태로 소개된 한국의 전래동화(신화, 우화, 전기문, 고전소설 포함)는 대략 45편 정도이며,[12] 다른 과목 교과서를 포함하면 약 50여 편 정도 되는데 다섯 편의 전래동화는 모두 이에 포함되어 있다.[13]

이런 점을 고려해볼 때, '높은 관심과 선호'가 전래동화 자체의 가치 때문만은 아닐 것이다. 이야기를 공유함으로써 심리적인 위안을 얻는 어린이의 특성을 생각할 때 교과서에 소개되었다는 사실만으로도 어린이들에게 선택될 수 있는 높은 가능성을 확보하고 있기 때문이다. 따라서 어린이들이 선택한 작품군의 가치가 절대적으로 작품

---

문제가 있다. 이 두 작품을 '전래동화'로 볼 수 있을 것인가 하는 문제이다. 만약 전래동화를 설화의 하위 개념으로 보았을 때, 이미 '전(傳)'으로서 '소설'의 형태로 자리 잡은 이 두 작품을 '전래동화'에 포함시킬 수 있느냐는 문제에 부딪히게 된다. 그러나 필자는 이 두 작품을 연구대상에 포함시키기로 하였다. 1920년대 이후 출간된 '전래동화'라는 이름의 수많은 동화책 속에 이들 두 작품은 꾸준히 포함되어 왔으며, '전래동화'를 다룬 다른 논문들에서도 이 두 작품을 포함시키는 데에 어떤 이의도 제기하지 않았고, 무엇보다도 학자들 사이에서 아직 전래동화의 개념에 대한 정의가 확립되어 있지 못하기 때문이다. 더욱이 이 두 작품은 다른 세 작품에 비해 선호도 면에서 앞서 있어서, 이들을 빼고는 어린이들의 관심도가 높은 작품군이라는 하나의 체계를 형성할 수 없기 때문이다.

12) 교과서에는 제목이 밝혀져 있지 않은 경우에도 교사용 지도서를 비롯하여 교과 과정 진도표의 준비 자료에는 전래동화의 구체적인 제목이 명시되어 있는 경우가 적지 않다. 여기에서 '전래동화'란 아이들이 설문조사에서 밝힌 항목을 모두 포함한 것이다.

13) 제7차 교육과정이 실제 학생들에게 적용이 된 것은 2000년부터 단계적으로 이루어졌으므로, 당시 1학년부터 3학년까지는 모두 제7차 교육과정의 교과서로 수업을 받았으나, 6학년은 5학년까지, 5학년은 4학년까지, 4학년은 1학년까지 제6차 교육과정의 교과서로 수업을 받았다. 참고로 2009년 현재 초등 1, 2학년을 대상으로 새 교육과정이 실시되고 있다.

자체에만 있지 않을 것이라는 점을 밝혀둔다.

이 글은 한국의 어린이들에 의해 선택된 한국의 전래동화 다섯 편을 대상으로 하여 각 작품에 내재된 심층적인 의미를 면밀히 분석하고, 분석 결과를 토대로 대상 작품들을 통합하였을 때 어떤 새로운 의미망이 형성되는지 탐색하기 위하여 쓰여진다.

### 2) 연구목적

문학 작품에 대한 정신분석적 연구는 작품에 새로운 의미를 부여해준다. 그것이 텍스트를 천착하는 내재분석인 경우 무의식에 대한 고려는 전혀 새로운 밑그림을 만나게 해준다. 이런 점에서 전래동화의 의미와 가치를 밝히는 데에 정신분석적인 시각은 필수적이다.

이 글은 텍스트를 하나의 닫힌 총체로서 정의하고 텍스트 자체를 분석하는 것을 원칙으로 한다.[14] 따라서 분석 시각에 특정 독자에 대한 어떤 관점도 고려되지 않는다. 아무도 '어린이'의 궁극적인 관심이 어디에 있는지 꿰뚫고 있지 못한 상황에서 어린 독자에 대한 섣부른 판단과 선입견이 텍스트를 분석하는 데에 하나의 관점으로 작용한다면 텍스트 분석은 시종일관 연구자의 막연한 주관에 의지해야 할 것이다. 더욱이 우리는 어린이의 무의식의 체계가 '어린' 것인지조차 알 수 없다. 예컨대 정신분석학의 핵심인 오이디푸스 콤플렉스

---

14) 엄밀한 의미에서 '닫힌 총체로서의 텍스트'는 장 벨맹-노엘(Jean Bellemin-Noël)이 지적한 대로 하나의 '이상'(理想)일 뿐이다.(『문학텍스트의 정신분석』, 동문선, 2001, p. 82) 어떤 텍스트도 '상호 텍스트성'으로부터 자유로울 수 없으며, 텍스트는 독자 개개인에 의해 끊임없이 '해체'되고, 의미가 재창출되기 때문이다. 필자가 '닫힌 총체'로서 텍스트를 보겠다는 것은 가능한 텍스트 밖의 문제를 개입시키지 않고 텍스트를 온전히 그것 자체로 보겠다는 의미이다. 텍스트에 집중하기 위하여 분석가는 어쩔 수 없이 텍스트를 하나의 총체로서 인식하지 않을 수 없다. 그렇지 않다면 분석 자체가 불가능해진다. 분석가의 시각 역시 고유한 것이 아니기 때문이다.

의 ‘근친상간의 욕망’의 주인공은 다섯 살배기 어린아이이다.

텍스트 분석은 텍스트 자체에 집중하여 눈과 귀를 기울일 때 다양한 의미들을 탐색할 수 있다. 특히 텍스트에 대한 정신분석은 오감(五感)을 자유롭게 동원할 수 있을 때에 비로소 무의식의 내밀한 밑그림을 발견할 수 있다. 분석 시각에 독자가 개입된다면 분석은 한계에 부딪힐 수밖에 없다. 독자에 대한 고려는 텍스트 분석 이후에 분석 결과를 토대로 이루어져야 한다.

이 글의 일차적인 목적은 텍스트에 대한 심층 분석이다. 텍스트에 대한 면밀한 분석은 ‘방법’이기에 앞서 이 논문이 지향하는 하나의 ‘목적’이다. 이는 앞선 연구에서 제기되었던 분석상의 문제들을 극복하기 위해서이다. 텍스트 내부로부터 도출된 의미들은 ‘새로운 시각’이라는 형태로 다시 텍스트로 환원됨으로써 텍스트에 새로운 의미를 부여해줄 것이다.

이후, 분석된 결과를 바탕으로 각 텍스트들을 하나의 전체로 통합했을 때 어떤 의미망이 형성되는지 파악하는 것이 이차적인 목적이다. 이 논문의 대상 작품들인 「해와 달이 된 오누이」, 「나무꾼과 선녀」, 「심청」, 「콩쥐 팥쥐」, 「흥부 놀부」는 오랜 세월 동안 인기를 누려온 우리나라의 대표적인 전래동화이다. 이들 각 작품은 한국의 전래동화라는 거대한 전체의 부분이며, 동시에 어린이들에게 높은 관심를 받고 선호되었다는 명분에 의해 하나의 전체를 구성한다. 정신분석가가 환자의 조각난 기억의 편린들을 모아 하나의 새로운 의미망을 찾아내듯, 필자 또한 어린이들에 의해 선택된 개개의 작품들을 통합했을 때 어떤 의미체계가 형성되는지를 살펴보고자 하는 것이다.

이런 일련의 분석과정을 거쳐 대상 전래동화들이 어린이들에게 강한 인상을 남긴 이유가 무엇인지 추측할 수 있지 않을까 한다. 어떤 분석가도 분석 대상자의 ‘증상’의 원인을 완전히 밝혀낼 수 없듯, 텍스트 분석의 결과가 ‘선택’ 혹은 ‘선호’라는 특별한 반응의 원인을 뚜렷하게 제시한다는 것은 불가능하다. 다만, 전래동화가 인류 보편의 상상력의 산물로서 지극히 단순한 구조로 가장 근원적인 문제를 다루는 서사물이고, 이를 향유하는 어린이들이 어른에 비해 원시적인 정신 상태에 있다는 점을 고려할 때, 분석 작업을 통해서 발견한 새로운 의미들이 하나의 윤곽을 제시해줄 수 있을 것이라는 기대가 무모한 것은 아닐 것이다. 그러나 이러한 기대는 분석 결과에 따르는 부가적인 것일 뿐, 이 논문의 목적은 어디까지나 텍스트 분석에 있다.

## 2. 선행연구 검토 및 연구방법

### 1) 선행연구 검토

'전래동화' 혹은 '설화'에 대한 심리적 시각의 연구는 아직까지 양적으로나 질적으로나 지극히 부족한 상태이다. 한국의 전래동화를 포함하여 설화, 고전에 대한 심리학적 연구는 크게 정신분석과 분석심리학적 접근으로 나뉜다. 정신분석적 연구는 주로 정신의학자들에 의해 이루어졌으며, 인문학에서는 고원의 글이 있다. 이들 논의를 검토해보면 다음과 같다.[15]

15) 참고로, 조두영이 완판본 「심청전」의 '꿈'을 연구대상으로 한 「'심청전'에 나오는 심청일가의 꿈」(『정신분석』 8권 2호, 1997)이 있는데 이 논문에서 다룬 '꿈'은 완판본에만 있고, 전래동화와 경판본에는 없는 것이다. 따라서 경판본을 기본 텍스트로 하고 필요한 부분에 한하여 완판본을 참고한 필자의 논문과는 관계가 없으므로 여기서는 제외한다.

하지현의 「한국전래동화에 대한 정신분석적 접근」[16]은 정신분석적 시각에서 전래동화를 연구한 최초의 박사학위 논문이다. 이 논문은 최운식과 김기창이 1924년에서 1995년까지 72년 동안 한국에서 발간된 한국의 전래동화집을 집성한 자료[17]에서 13회 이상 발간된 동화 58편을 추출하고 이에 연구자가 임의로 3편을 더하여 총 61편의 전래동화를 대상으로 '정신역동상(精神力動上) 특성과 보편성을 밝히고, 효의 정신분석적 의미를 검증하여 정신발달단계별로 적합한 동화를 분류하는 것을 목적'으로 한 논문으로, 대상 동화의 주요 등장인물의 '연령' 및 '성별' 분포와 '가족관계'를 살펴보고, 각각의 특징을 파악한 후, 이를 토대로 대상 동화들을 발달단계별로 다시 나누었다. 하지현은 한국 전래동화의 특징을 파악하여 이를 '정신과 치료에 유용한 기초자료로 제시'하겠다고 하였으나, 자료수집이나 연구 대상 선별, 텍스트 선정의 방법 등 논문의 가장 기초적이고 중요한 부분을 소홀히 하여 근본적인 문제점들을 드러냈다.[18] 이 논문의 연구 결과

---

16) 서울대학교 대학원, 의학과 박사학위 논문, 2002. 2.

17) 최운식·김기창, '전래동화집 발간목록', '전래동화 100화의 전래동화집 수록현황', 『전래동화 교육의 이론과 실제』, 집문당, 1998, pp. 403-454.

18) 먼저, 최운식과 김기창의 자료에 근거하여 72년 동안 발간된 동화집 가운데 13회 이상 수록된 동화를 연구대상으로 삼았는데 1924년부터 1995년까지는 한국의 근현대사를 망라한 시기로 식민지시대로부터 좌우이데올로기의 혼란기, 군부 독재를 거치면서 일정 기간은 '출판' 자체가 강력한 통제 아래에 있었고 특히 '교육'과 불가분의 관계에 있는 '아동문학'은 어떤 장르보다 제도적 간섭에서 자유롭지 못했다는 사실을 고려할 때, '발간' 횟수만으로 '대표성'을 부여한다는 것은 타당치 않다. 하지현은 한국 전래동화의 대표적인 특징으로 '효'(孝)를 들었는데, 이의 정확한 표현은 한국 전래동화의 특징이 아니라 '발간된' 한국 전래동화의 특징이며, '발간된' 동화에는 '각색자'의 손질에 의해 원형의 주제가 왜곡되거나 편향적으로 부각된 경우가 적지 않게 포함되어 있다. 수록 횟수에 근거하다 보니 「흥부 놀부」, 「콩쥐 팥쥐」, 「효녀 심청」이 13회 이상에 포함되지 않아 이른바 '대표적 전래동화' 목록에서 빠지자, 이를 임의로 연구대상에 포함시키는 등 연구대상 선정에 문제점을 보였다. 하지현은 이 동화들이 '단행본'으로 출간되어 '전래동화집' 발간 현황에는 빠진 것 같다고 하였으나, 그렇다면 연구자가 '대표적' 전래동화라고 뽑은 동화에 단행본으로 발행된 것은 포함되

가 설득력을 가지려면 연구대상 전래동화의 각색정도를 확인하고, 원화(原話)와의 비교가 전제된 상태에서, 유화에 대한 면밀한 검토를 토대로 텍스트 분석이 선행되든가, 거꾸로 발달단계별로 각 시기의 아이들이 특별히 반응을 보이는 동화를 대상으로 하여 해당 동화가 선택된 이유를 정신분석적 시각으로 역추적하는 식으로 텍스트의 의미에 접근해야 했을 것이다.

하지현과 조두영이 공동 집필한 「전래동화 '해와 달이 된 오누이' 고찰」[19]은 작품의 의미를 수용자인 아이의 입장에서 해석하고, '동아줄'을 '아이들이 가지고 있는 마술적 남성 성기의 힘에 대한 동경과 오이디푸스 콤플렉스의 극복'(p. 47)의 의미로 파악한 점이 흥미롭다. 그러나 '구비문학'(口碑文學)에 대한 '정신분석적' 연구 논문인 점을 생각할 때 역시 반드시 선행되어야 할 유화(類話)의 검토과정이 생략되었고, 대상 텍스트의 출처 또한 불분명하며, 분석과정에서 설화 속의 중요한 장치들이 간과된 점은 보완되어야 할 사항이다.

---

지 않았다는 말이므로 선정 경위가 더욱 타당하지 않다. 이 세 편의 이야기는 일반적으로 대표성을 인정받는 작품들로서 만약 이들 작품이 자료에 포함되지 않았다면 연구대상 선정 방법상의 문제점을 인지하여야 했다. 61편이나 되는 전래동화를 선정하는 데에 출판횟수에 절대적으로 의존할 필요가 있었을까 하는 의문이 든다.

이보다 심각한 문제점은 연구대상 텍스트 자체를 신뢰할 수 없다는 점이다. '부록'에는 61편의 동화의 줄거리가 소개되어 있는데 출처도 밝혀져 있지 않을 뿐만 아니라, 단 한 편도 '유화'(類話)가 없다. 설화의 특성상 같은 제목에 다양한 유화가 존재하며, 특히 전래동화의 경우 각색자에 의해 심하게 윤색되고 변형되는 경우가 많다는 점을 감안할 때, 출처도 불분명한 이야기의 줄거리를 쓰고, 그것을 분석 대상으로 삼은 연구 자세는 납득하기 어렵다. 논문에 정리된 연구대상 작품의 내용이 신뢰를 얻으려면, 반드시 '유화'에 대한 검토 작업을 거쳐 본래의 줄거리를 가장 잘 보존하고 있는 작품의 내용을 소개해야 했다. 한국 전래동화의 '보편성'을 밝히겠다는 연구자의 의도는 전래동화의 원형(原形)에 대한 탐색과정이 선행되지 않는 한, 실현되기 어렵다.

19) 『정신분석』 9권 1호(1998), pp. 36-51.

이상의 논문들과 비교해볼 때 류인균과 조두영이 공동 집필한 「한국고전소설 '심청전'의 정신역동적 연구」[20][21]는 주목할 만하다. 완판본 '심청전'을 텍스트로 한 이 논문은 심청의 효를 타고난 천성에 의한 것이 아닌 '곽씨부인과 심학규, 심청' 사이의 가족 역동(力動)의 결과로 보고, 심청이 죽음을 선택한 이유를 심청의 심학규에 대한 공격성이 죄의식 속에서 피학적으로 변화된 것으로 파악하였다. 또한 심청의 '오이디푸스 콤플렉스'가 그녀에게 곽씨부인에 대해 사랑과 경쟁의식이라는 양가감정을 가지게 함으로써 심청의 효를 피학적으로 만드는 작용을 한 것으로 보았다. 이 논문의 이러한 취지는 필자의 의견과 일치한다. 심청의 극단적인 효 행위의 이면에 숨겨진 정신분석적 의미를 가족 간의 무의식적 갈등관계를 통해 밝혀낸 이 논문은, 텍스트에 대한 이전의 접근방법을 발전시켜 새로운 의미를 도출해냄으로써 「심청전」의 해석의 영역을 심화, 확대하였다.

류인균의 「한국전래설화 '콩쥐 팥쥐'의 정신역동적 연구」[22]는 제목에서는 '전래설화'라고 하였으나, 본문에서 소개된 줄거리는 '소설' 「콩쥐팥쥐전」이다.[23] 이는 본고에서 다룰 설화 「콩쥐 팥쥐」와 세부적인 내용에서 상당한 차이가 있다. 이 논문에서는 콩쥐의 오이디푸스 콤플렉스가 아버지를 사이에 둔 계모와의 투쟁, 그리고 김 감사를 사이에 둔 팥쥐와의 투쟁이라는 두 번의 반복적 구도를 통해서 매우 강도 높게 드러나고 있다고 지적함으로써, '콩쥐의 오이디푸스 콤플렉

20) 『신경정신의학』 31권 2호(1992), pp. 415-435.

21) 이 논문과, 이어 다루어질 류인균의 논문 「한국전래설화 '콩쥐 팥쥐'의 정신역동적 연구」는 이후 수정 보완되어 단행본 『한국 고소설에 나타난 오이디푸스 콤플렉스－〈심청전〉·〈콩쥐팥쥐전〉』(류인균, 서울대학교출판부, 2004, 11)에 수록되었다.

22) 『정신분석』 9권 1호(1998), pp. 81-92.

23) 한편, 이 논문에는 텍스트의 출처가 밝혀져 있지 않으나, 2004년에 출간된 단행본(류인균, 앞의 책)에서는 '『한국고전문학대계소설집』Ⅰ'(명문당, 1991)으로 출처가 명시되어 있다.

스'를 비중 있게 다뤘다. 그런데 이는 아버지의 역할이 비교적 큰, '소설'을 분석 대상으로 한 결과로, 아버지의 실제 등장이 전무(全無)한 '설화'를 대상으로 하였다면 분석내용이 달라졌을 것이다.

고원은 「문학 또는 텍스트의 정신분석학」[24]이라는 논문에서 짧은 지면을 빌려 정신분석적 시각으로 「해와 달이 된 오누이」에 대해 언급하면서 하지현과 조두영이 「전래동화 '해와 달이 된 오누이' 고찰」에서 '젖먹이'의 존재 자체를 무시하고 분석 대상에서 제외한 것에 대하여 비판하였다. 그는 '젖먹이'와 '호랑이'가 둘이서만 함께 있는 장면에 관심을 집중하여 이 이야기에서 심층적으로 문제되고 있는 심리를 '일차적 자기애의 만족'으로 보았다. '죽은 젖먹이가 사실은 살아남은 두 오누이의 육체적, 정신적 결여를 구현'하고 있다고 지적하고, 이야기 속에서 가장 문제되는 인물로 '젖먹이'를 들었다. 간략한 글이지만 예리한 시각으로 분석을 하였다. 더 많은 연구가 이루어지지 않은 점이 아쉽다.

분석심리학적 연구로는 황패강, 이부영, 설중환, 이호주, 김성민, 최윤자의 논문이 있다.[25]

'인류적 향수(鄕愁)를 중심으로'라는 부제(副題)를 단 황패강의 「심청설화의 연구」[26]는 융의 집단무의식적 시각으로 심청전에 설정된 몇 가지 중요한 장치들의 무의식적이고 상징적인 의미를 밝혀나갔다. 「심청전」이 설화를 소설화하였다는 것을 전제로 하여 '심청이야기'의 기조를 이루고 있는 원시적이며 본원적인 요소가 무엇인가로부터 논의를 풀어갔다. 그는 "심청의 이야기는 진실 이하로 처참하게 왜곡된 이

24) 고원, 『제3의 텍스트』, 서울대학교 출판부, 2002, pp. 177-180.
25) 이 밖에 김상일이 「심청전의 기원」(≪월간문학≫, 1971. 5월-6월)에서 심청의 이름자 풀이를 비롯하여 작품의 부분적인 의미를 추적한 글이 있는데 논문으로 보기 어렵고, 작품에 대한 본격적인 분석이 이루어지지 않았으므로 여기에서는 제외한다.
26) ≪문학춘추≫, 1966. 4, pp. 314-321.

야기로, '효'라는 미명 아래 자기를 부정하는 심청의 형상은 아름답다기보다 처참하기까지 하다"고 보고, 죽음을 담보로 한 '효'에 대해 비판적인 시각을 드러냈다. 그는 심청이 해중(海中)에 투신함으로써 가게 되는 수궁을 복귀적(復歸的) 영혼의 낙토(樂土)인 '인류적 향토'(Mother land)라고 정의하였는데, 그에 의하면 인류적 향토란 우주와 세계의 중심으로서 카타르시스적 낙토, 인류의 원시적 고향을 말한다. 또한 심청 설화의 지배적인 요소인 '효' 관념을 가부장적 봉건제도하에서 파생된 것으로서 후대 유가(儒家)의 손에 의해 필요 이상으로 강조되고 윤색된 것으로 보았으며, 심청 설화는 효 관념과 관련된 도덕교본이기 이전에 인간존재에 대한 고대인의 직관적 파악이라는 점에서 보다 근원적인 이야기를 하고 있는 것이라고 강조하였다. '죽음'을 담보로 한 '효'를 비판적 시각으로 보고, 심청 설화의 궁극적인 의미를 '효' 이전의 근원적인 것에 둔 점은 이후의 정신분석이나 분석심리학적 접근 방법에 준거가 되어주었다는 점에서 의의를 갖는다.

융의 분석심리학으로 꾸준히 한국 설화를 분석해온 이부영의 논문들 가운데 본고와 관련된 것으로는 『한국민담의 심층분석』(집문당, 1995)에 실린 「호랑이와 세 아이-악(惡)의 대결과 우주적 해결」과 「선녀와 나무꾼-'아니마'를 찾아서」가 있다.

이부영은 「호랑이와 세 아이-악(惡)의 대결과 우주적 해결」에서 호랑이가 어머니를 잡아먹는 행위를 어머니의 '죽음'이 아닌 '동화(同化)'의 의미로 보아, 어머니가 호랑이로 변신한 것으로 해석하였다. 특히 설화의 제목을 '해와 달이 된 오누이' 대신에 '호랑이와 세 아이'로 사용함으로써 호랑이와 관련된 어머니의 존재를 부각시킨 점은 그간 '오누이'에게만 집중되었던 시선을 '여러 아이를 거느리고 그들을 양육하는 어머니'에게로 돌리는 데에 결정적인 기여를 하였다.

「선녀와 나무꾼-'아니마'를 찾아서」에서는 '선녀'를 정신의 황홀경, 천상적인 희열을 일으키게 할 수 있는 심적 요소로 보고, 제일 어린 선녀를 고른 것은 '미분화상태의 심적 기능이 분화되는 의식화과정의 양상을 나타내는 것'이라고 파악하였다. 나무꾼이 천상에서 지상으로 어머니를 만나러 가는 것은 늙은 어머니를 혼자 내버려 두어서는 안 된다는 전통적 인습적 관념에 의한 집단의식적 태도의 반영이며, 다른 한편으로는 여성으로서의 어머니에 대한 나무꾼의 동경을 나타낸 것으로 보았다. '뜨거운 호박국'은 '어머니의 뜨거운 정'으로 파악하였다.

이부영의 논문들은 일부 분석에서 무의식적인 의미를 작품 내부의 '관계' 속에서 찾지 않고, 다른 신화나 풍속에 나타난 '상징성'에 치중하여 파악한 것은 문제점으로 지적할 수 있으나, 텍스트 선정의 신중함과 방대한 자료수집, 치밀한 분석력 등으로 한국 설화에 대한 심리학적인 연구에 초석이 되었다는 점에서 큰 의의를 갖는다.

이 밖에 본격적인 논문의 형태는 아니지만 이부영은 단행본 『아니마와 아니무스』[27]와 『자기와 자기실현』[28]에서 '심청'을 '바리공주'와 비교하여 「심청전」에 대한 심리학적인 견해를 밝힌 바 있다. 그에 의하면 두 이야기는 모두 여성 영웅의 출생과 시련, 완성을 상징적으로 표현한 '자기실현'에 관한 이야기로, 심청은 결코 세속적인 의미의 '효녀'가 아니라 바리데기와 마찬가지로 친부모에 대한 보살핌 차원을 넘어 깨우침의 목적을 가지고 행동하는 세계개혁자로서, 심청과 바리데기가 각각 인당수에 몸을 던져 죽거나 저승 여행을 감행하는 태도는 세상의 모든 것을 버리고 무의식에 몸을 맡겨 재생한다는 의미가 담겨 있다고 보았다. 따라서 「심청전」과 「바리데기」는 고뇌와 외로움을 통해 세속적 가치관에 대한 집착과 낡은 자아의 태도를 완전히 버리고 무의식의 세계에 대한 인식을 통해서만 '개안'과 '깨달음'이 가능하다는 것을 보여주는 이야기로 파악하였다.

---

27) 한길사, 2001, pp. 266-272.
28) 한길사, 2002, pp. 258-266.

이부영이 등장인물과 사물의 개개의 무의식적 의미를 분석하는 것에 초점을 맞춘 반면, 이호주는 「일월(日月)설화와 복수(復讐)설화 연구」[29]에서 융의 '의식과 무의식의 관계'를 이야기 전반(全般)에 적용하여 '주인공의 무의식이 의식화되어가는 현상, 유한적 존재인 지상의 주인공이 무한적 존재인 천상의 해, 달이 되어가는 현상'으로, '무의식적인 심리 내용이 창조적 가능성으로 긍정화되는 것'으로 파악하였다.

융의 분석심리학적인 시각으로 설화와 고전을 연구해온 설중환의 논문 가운데 본고와 관련이 있는 것으로 「심청전: 분석심리학으로 읽어보기」[30]와 「흥부전의 상징성과 구조적 의미」[31]가 있다.

「심청전: 분석심리학으로 읽어보기」는 소설 「심청전」의 내용 전체를 분석심리학적 시각에서 해석한 첫 논문이다. 이 글에서 연구자는 설화를 무의식에서 의식의 상태로의 변화로, 즉, '자기실현'의 과정으로 보는 분석심리학적인 시각을 그대로 반영하여 「심청전」을 '심봉사의 자기실현 과정으로서 무의식 상태의 눈먼 심봉사가 의식이 있는 양반 심학규로 되돌아가는 이야기'로 보았으며, 심청이 공양미 삼백석에 희생된 것 역시 '정신적 뿐만 아니라 육체적으로 아버지의 진정한 눈이 되기 위한' 행동으로 해석하여 「심청전」을 심청이 아닌 심봉사 중심의 이야기로 파악하였다. 「흥부전의 상징성과 구조적 의미」는 융의 분석심리학을 본격적인 연구방법으로 취하지는 않았으나 인물의 성격과 기능, 주요 소재 등을 분석심리학적인 시각에 입각하여 해석하였다. 흥부와 놀부의 선악의 기준을 조선의 삼강오륜에서 찾았으며, 제비를 이승과 저승을 연결하는 상징적 존재로, 강남을 저승으로, 박을 무한한 신의 세계를 상징하는 것으로 보았다. 두 논문은 다양한

29) 『어문논집』 28, 고려대 국어국문학연구회, 1989, pp. 108-132.
30) 『한국학 연구』 13, 고려대 한국학연구소, 2000, pp. 44-73.
31) 『어문논집』 24 · 25, 고려대 민족어문학회, 1985, pp. 649-667.

해석의 가능성을 보여주었으나, 작품 속 중요장치들의 숨은 의미를 작품 내부의 상호관계에 의해 도출해내지 않은 점이 아쉽다.

황경숙의 「'나무꾼과 선녀' 설화의 심리학적 시론(試論)—나무꾼 지상회귀담을 중심으로」[32]는 융의 분석심리학적 접근 방법을 취하였으나 이부영의 시각에서 크게 벗어나지 않았다. 단, 나무꾼의 '가난'한 환경 설정을 '성적 억압기'인 '잠재기'에 해당한다거나 땅에 발을 디디는 것을 어머니에 대한 무의식적 욕망을 환기시켜준 것으로 본 것은 새롭다. 그러나 이는 분석심리학이 아닌 정신분석적 시각에 의한 것으로 연구자의 주장을 뒷받침해줄 만한 이론적인 설명이 이뤄지지 않은 점이 아쉽다.[33]

그간의 연구에서 발견되는 공통적인 문제점을 요약하면 다음과 같다.

첫째, 가장 눈에 띄는 문제점은 텍스트 선정의 오류이다. 수많은 사람의 구술에 의해 형성된 구전문학이나 판본이 다양한 고전의 경우, 어느 한 가지 텍스트만을 절대적인 분석 대상으로 삼을 수 없다. 연구자는 유화(類話)와 다른 판본의 내용들을 모두 꼼꼼히 살펴본 이후에 구술자나 각색자에 의한 원화(原話) 혹은 원본(原本)의 손상이 가장 적다고 판단되는 적절한 텍스트를 선정해야 하며, 실제 분석에 들어가서는 텍스트 이외의 유화나 판본도 마땅히 고려되어야 한다. 아무 기준 없이 연구자의 임의로 텍스트를 정하고 정해진 텍스트에만 전적으로 의존하는 분석 태도는 마땅히 지양되어야 한다.

---

32) 『국어국문학』 32집, 부산대학교, 1995. 12, pp. 49-74.

33) 이 밖에 심청전을 분석심리학적으로 해석한 후 이를 통해 한국 사회를 진단한 김성민의 「한국 사회와 심청전에 대한 분석심리학적 해석 시론」(『사회이론』 20, 한국 사회이론학회, 2001. pp. 258-286)이 있는데 심청전에 대한 해석이 설화에 대한 분석심리학의 기본적인 개념, 즉 '무의식의 의식화', '자기실현'의 과정이라는 해석에서 벗어나지 않으며, 황패강으로부터 비롯된 기존의 논의에서도 크게 벗어나지 않는다.

둘째, '일대일 대응'식의 접근 방법이다. 연구자들이 빈번히 사용한 '상징적 의미'는 심층적인 접근 방법을 통해 새롭게 창출된 것이라기보다 연구자들이 몇 편의 서적에서 손쉽게 취해왔듯 일종의 결과물로서 이미 정착된 의미들이다. '보편성'을 띤다는 점에서 '참고'는 할 수 있으나 이에 '의존'하는 식의 분석 태도는 바람직하지 못하다. 이런 경우, 설화 속의 인물과 소도구들이 마치 상징적 의미를 증명하기 위한 수단으로 이용되는 듯한 인상을 지울 수 없다. 정신분석학과 분석심리학의 궁극적인 대상은 '무의식'이다. 무의식은 언제나 본래 모습과는 상관없는 전혀 다른 '표상'으로서 나타나며 이 표상은 다른 표상과의 결합관계 속에서 비로소 의미를 추적할 수 있다. 따라서 응당 작품의 심층적 의미는 다른 인물이나 사물, 사건, 상황들을 고려한 가운데 이들과의 상호 관계 속에서 파악해야 한다. 예를 들어 위로 솟은 것으로서의 '나무'가 생김새의 유사성으로 인해 '남근'의 의미를 가질 수 있지만 모든 경우에 이 의미가 적용되어서는 안 된다는 점이다. 즉, '땅'과의 관계 속에서 '나무'는 '땅'에 뿌리를 내림으로써 '땅'을 떠날 수 없다는 점에서 '모성'과 불가분의 관계에 있다. 작품 내의 다른 요소와의 관계를 무시한 채 나무 자체의 역사를 찾고, 다른 작품 속에서의 나무의 상징성을 추적하는 노고는 오히려 새로운 의미를 발견하는 데에 방해만 될 뿐이다.

셋째, 앞선 연구들이 작품의 심층에 다가가기 위해 다각도로 노력했다고 보기에는 시각이 너무 고정적이다. 예컨대, 오이디푸스 콤플렉스가 정신분석학의 핵심을 이루고 있다고 해서 이를 '마스터 키'처럼 사용할 수는 없는 것이며, 눈을 뜨고 감은 상태, 혹은 깨어 있을 때와 잠잘 때를 타당한 이유 없이 의식과 무의식의 관계로 파악할 수 없다는 것이다. 연구자의 고정된 시각은 작품 내 중요한 장치에 대한 '무관심'을 낳고, 결국 이전의 연구에 비해 새로운 의미들을 이끌어 내지 못하는 결과를 낳았다.

이상의 선행연구의 공통된 문제점은 텍스트 자체에 집중하는 내재분석에 소홀했다는 점에서 원인을 찾을 수 있을 듯하다. 따라서 필자는 텍스트 분석에 대한 접근 방법을 중심으로 연구방법에 대한 논의를 진행하고자 한다.

## 2) 연구방법

한국의 전래동화나 설화에 대한 심리학적인 연구에서 가장 두드러지는 특징은 작품 분석의 시각이 프로이트(S. Freud) 혹은 융(C.G. Jung)에 치중되어 있다는 점이다. 이에 비해 '라캉'(Jacques Lacan)의 이론을 적용한 경우는 극히 드물다. 프로이트의 이론에 소쉬르의 언어학을 접목시킴으로써 프로이트의 정신분석학을 계승하여 한 단계 발전시킨 라캉의 '언어'에 대한 통찰은 프로이트의 시각보다 한층 깊고 예리하게 '무의식'에 접근하게 해준다. 프로이트의 '꿈의 해석'이 꿈꾼 사람의 심리를 파악하기 위한 것이었듯, 문학작품에 대한 프로이트의 분석이 작품보다는 작가 개인의 심리에 비중을 두었다면, '언어'에 집중한 라캉의 시각은 '문학작품 자체'에 고정됨으로써 텍스트 연구의 지평을 넓혀준다.

이에 이 논문에서는 작품에 대한 면밀한 내재 분석을 위해 프로이트와 함께 라캉의 시각에 도움을 받고자 한다. 분석의 목적이 어디까지나 '텍스트' 자체에 있으므로 정신분석적인 시각으로 접근하되, 부득이한 경우를 제외하고는 이론을 전면에 내세우지 않고 작품 분석에 이용하는 정도에 그칠 것이다. 이는 앞선 연구에서 지적되었듯 자칫 문학작품이 정신분석학의 이론을 증명하기 위한 수단으로 인식되는 것을 방지하기 위해서이다. 따라서 정신분석 용어나 이론에 대한 세세한 설명은 작품 분석에 필요한 정도 외에는 별도로 하지 않을 것인데 이는 분석의 일관된 시각을 놓지 않기 위해서이며, 또한 사전

설명 없이도 분석 과정에서 충분히 그 의미가 파악되리라 생각하기 때문이다.

두 번째는 텍스트에 내재된 심층적인 의미를 파악하기 위하여 유화(類話)에 대한 탐색작업을 거쳐 원화(原話)나 원전(原典)에 가장 가까운 이야기를 텍스트로 삼을 것이다.[34] 정신분석적 연구에서 텍스트 선정은 무엇보다 중요하다. 특히 다양한 유화(類話)를 보유하고 있는 설화의 경우는 텍스트를 선택하기 위한 탐색과정 자체가 이미 분석의 일부이다. '전래동화'는 설화 가운데 어린이의 정서에 맞는 이야기를 의미하기도 하지만 설화나 고전소설을 어린이의 정서에 맞도록 손질한 각색된 이야기를 의미하기도 한다. 그러나 어린이들이 읽고 있는 수많은 각색류들은 각색자의 시각과 가치관에 따라 일관성 없이 변형된 경우가 허다하다. 작품의 본질을 탐구하는 것이 목적이라면 이러한 각색본은 분석 대상이 될 수 없다. 더욱이 '이면'(裏面) 혹은 '심층'(深層)의 의미를 파악하는 '정신분석'의 경우, 원형(原形)이 보존되어 있는 작품을 텍스트로 정하는 것이 마땅하다.

프로이트에 의하면 문학작품이 고유하게 갖고 있는 '즐거움'이란 긴장이 해소됨으로써 발생하는 것이며, 이는 쾌락원칙에 위탁되어 있다. 어린이들이 현재 읽고 있는 전래동화는 '각색본'인 경우가 대부분이다. 원화(原話)의 변형인 '각색'은 쾌락원칙에서 현실원칙으로의 변용이다. 부분부분의 쾌락적인 장치들은 제거되거나 은폐되고, '지연된 만족'[35]을 주는 요인들은 슬로건화되어 전면에 내세워진다. 그

---

34) 사실, 누구도 어떤 것이 '원설화'이며, '원전'인지 확신할 수는 없다. 여기에서 말하는 '원본'(原本) 혹은 '원화'(原話)란 원형(原形)이 보존되어 있는 이야기로서, 각색물에 대한 상대적 개념으로서의 의미도 포함한다.

35) 마르쿠제는 프로이트의 이론과 관련하여 가치체계를 지배하는 과정에 나타나는 변화를 '즉각적인 만족'에서 '지연된 만족'으로, '쾌락'에서 '쾌락의 억제'로, '놀이'에서 '노동'으로, '수동성'에서 '생산성'으로, '억압의 부재'에서 '안전'으로 규정하였다.－마르쿠제(Herbert Marcuse), 『에로스와 문명』, 김인환 역, 나남, 1999, p. 30.

러나 현실원칙은 어떤 경우에도 쾌락원칙을 추방할 수 없고, 의식이 아무리 본능을 억압해도 쾌락원칙은 언제나 생생하게 남아 있다는 정신분석의 시각에 따라 필자는 어린이들의 '관심'과 '즐거움'의 발원지가 각색본 속에 숨겨진 원형으로부터 비롯된다고 판단하여 각색본이 아닌, 본래의 이야기를 텍스트로 삼고자 하는 것이다.

텍스트 선정을 위한 기초 자료는 『한국구비문학대계(韓國口碑文學大系)』와 『한국구전설화(韓國口傳說話)－임석재(任晳宰) 전집』으로 한다.[36] 이 밖에 다양한 설화집에 수록된 유화들 역시 검토할 것이다. 텍스트로 선정된 이외의 모든 유화들 또한 분석 대상에 포함됨은 물론이다. 이때, 「흥부 놀부」와 「심청」은 '전'(傳)으로서 각각 2~3개의 근원설화가 혼합되어 하나의 새로운 작품구조를 형성한 것이므로 근원설화를 고려하되 현재의 작품구조가 살아 있는 것을 텍스트로 삼을 것이다. 「흥부 놀부」의 경우는 근원설화인 「방이 설화」와 형과 아우의 역할만 바뀌었을 뿐 구조적으로 일치하며, 이에 「박타는 처녀」 설화의 모티프가 첨가된 것이므로 이 두 근원설화를 전제로 소설 「흥부전」에서 간행연대가 가장 앞선 것으로 추정되는 경판 25장본을 중심으로 분석을 해 나갈 것이다. 「심청」의 경우, 근원설화인 '효 설화'와 '인신공양 설화'는 「심청」의 모티프로서 부분적인 형태만 찾을 수 있으므로 현재 각색된 전래동화의 기본 구조를 갖추고 있는 소설 「심청전」의 다양한 판본들 가운데 가장 앞선 것으로 알려져 있는 경판 24장본(한남서림본)을 기본 텍스트로 하고, 현재 모든 각색본에서 통용되고 있는 인물명이나 지명의 출처인 완판의 내용도 참고할 것이다. 텍스트가 '설화'가 아닌 '소설'인 이 두 작품의 경우, 전래동화와의 관계를 생각할 때 텍스트의 세세한 부분까지 분석 대상에 포함시킬 수

36) 『한국구비문학대계』는 국내에서 발행된 설화집 가운데 가장 방대한 양의 설화를 수록하고 있고, 『한국구전설화－임석재 전집』에는 『한국구비문학대계』에 빠진 북한 지역의 자료가 가장 많이 수록되어 있다.

없고, 이야기의 골격과 인물이나 사건 중심의 구조만을 고려해야 하므로, 다른 작품에 비해 분석에 제한이 따를 수밖에 없다는 점을 미리 밝혀둔다.[37]

끝으로, 무의식은 언제나 전도되고 변형된 형태로 스스로를 숨긴다는 사실을 염두에 두고, 드러난 것보다 은폐된 것, 겹겹으로 강조된 의미들 사이의 수많은 틈새에서 심층적 의미를 탐색해 나갈 것이다. 무의식은 일상생활에서 말실수, 깜빡 잊기, 증상, 농담 등으로 의식에 발현된다. 작품 속의 무의식 역시 흔적을 남기기 마련이다. 즉, 의식적으로 보기에는 '뜬금없는', '과도한', 혹은 '불필요'하거나 '부조리한' 어떤 것에는 틀림없이 간과할 수 없는 중요한 의미가 숨겨져 있다. 의식의 입장에서는 터무니없는 것이라도 무의식에서는 논리적일 수 있는 것이다. 이때, 무의식이 의식에 작용할 때 사용하는 대표적인 정신기제 즉, '은유'(압축, 유사성)와 '환유'(치환, 인접성)는 의식의 가면을 벗기고 본래의 얼굴을 대면하는 데에 역경로가 되어줄 것이다.

정신분석에서 진리는 언제나 은폐된 것에 있다. 이는 작품의 심층을 탐색하기 위한 가장 기본적인 시각이자 앞선 논문들에서 거듭 간과되어 왔던 사실이기도 하다. 예컨대 「나무꾼과 선녀」의 경우, 모든 유화에서 주인공 선녀는 결코 혼자 목욕하는 법이 없고 언제나 다른 선녀들과 함께 등장한다. 이때 나무꾼에 의해 선택된 선녀 이외에 다른 선녀들은 단 한 번만 등장할 뿐 이야기 전개에 어떤 영향력도 행사하지 않는 '배경' 같은 존재이다. 이런 경우, '선녀들'을 간과할 수 있느냐 하는 것이다. 짧은 스토리, 적은 수의 등장인물, 단순한 사건

---

37) 예컨대 소설 「심청전」이나 「흥부전」 자체만을 분석 대상으로 하게 될 경우에는 단어 하나, 문장부호 한 가지도 간과할 수 없겠지만, 두 작품이 '개인'의 손질을 거쳐 문자로 정착된 '소설'인 이상, 전래동화의 관계 속에서 '원형'(原形)을 대상으로 해야 하는 이 논문에서는 그렇게 할 수 없다는 것이다.

이 특징인 설화의 경우, 무의미한 것은 아무것도 없으며 따라서 어떤 것도 소홀히 할 수 없다. '선녀들'의 '들'이라는 '복수'를 나타내는 접미사에 이 작품의 핵심적인 의미가 숨겨져 있을 수도 있는 것이다. 또한, 「해와 달이 된 오누이」에서 전반부를 장식하는 '반복' 기법은 그것 자체에 '강조'의 의미가 있으며, 정신분석에서는 반복하는 주체를 이해하는 데에 결정적인 단서가 되어준다. 그럼에도 불구하고 이전의 연구에서 이들에 대해 무관심했다는 사실은 문학 텍스트에 대한 심리적인 연구가 현재 어떤 단계에 있는지를 말해준다.

라캉에 의하면 언어는 가짜이고, 프로이트에 의하면 우리가 매일 꾸는 꿈조차 위선적인 갈망으로 점철되어 있다. 교사와 부모들은 각색본을 들고 주제를 찾고, 드러난 것을 한 번 더 강조하며 교육적 의미를 부여하지만 실상 아이들이 긴장을 해소하고, 마음을 두는 곳은 아무도 눈길을 주지 않는 내밀한 곳에 있다. 그곳은 은폐되어 있으나 틀림없이 텍스트 내부에 존재한다.

필자는 정신분석학이라는 광학렌즈를 통해 텍스트 내부에 숨겨진 밑그림을 찾아보고자 하는 것이다. 그 밑그림에는 '전래동화'라는, 사실상 개념 정의도 어려운 장르의 본질이 녹아 있고 보물이 숨겨 있을 것이다. 그 밑그림은 아이들을, 우리의 잊혀진 유년시절을, 현재의 내 모습을 비추는 마법의 수정구슬일 수도 있다. 만약 그렇다면, 이 수정구슬은 아이들뿐만 아니라 우리의 어린 시절의 고유한 환상적 소망의 실체가 무엇이었는지 알게 해줄 것이다.

# Ⅱ. 텍스트 분석

## 1. 파편화된 신체, 나르시시즘적 욕망
### —「해와 달이 된 오누이」

그리스 신화에 나오는 미소년 나르시소스(Narcissus)는 물에 비친 자신의 모습에 반하여 물만 들여다보다가 끝내 신체가 마비된 채 죽고 만다. 나르시시즘(narcissism)[1)]은 신화 속의 주인공처럼 자신의 '이미지'를 사랑하는 것을 말한다. 프로이트(Sigmund Freud)에 의하면 모든 사람은 근원적으로 나르시시즘의 성향이 있다.[2)] 나르시시즘은 라

1) 국내 소개된 번역서에서는 '나르시시즘'과 '자기애'를 혼용하고 있다. 이 글에서는 '나르시시즘'으로 통일하여 사용하기로 한다. 이는 '나르시시즘'이라는 용어가 이미 널리 알려져 있고, '나르시소스'라는 신화의 주인공의 이름에서 비롯된 것으로서 '자기애'보다 개념의 특성이 잘 함축되어 있다고 판단하였기 때문이다.

프로이트는 자신의 글 「나르시시즘에 관한 서론」에서 '나르시시즘'이란 용어를 독일의 정신과 의사인 네케(Paul Näcke)가 처음으로 소개했다고 말한 바 있으나, 후에 엘리스(Havelock Ellis)가 처음 소개한 것이라고 정정하였다. 그러나 엘리스는 오히려 나르시시즘의 소개에 대한 네케의 공을 주장하였다.—'나르시시즘' 용어의 최초 사용자에 대해서는 프로이트의 「나르시시즘에 관한 서론」(『무의식에 관하여』, 윤희기 옮김, 열린책들, 1997, p. 45 각주) 참조.

2) 프로이트에 따르면 사람은 리비도가 온전히 자신에게 집중하는 유아기의 나르시시즘(원초적 나르시시즘)의 완벽함을 놓치기 싫어하여, 성장하면서 더 이상 그 완벽함을 유지할 수 없게 되었을 때 대상을 '자아이상'(Ichideal)으로 간주하여 그것을 다시 회복하려고 노력한다. 따라서 그 자아이상은 유아기의 나르시시즘의 대체물인 셈이다. 이런 점에서 프로이트는 자식을 향한 부모의 사랑을 부모의 나르시시즘으로 해석한다.(프로이트, 앞의 책,

캉(Jacques Lacan) 정신분석의 핵심 개념 가운데 하나인 '상상적 동일시'(imaginary identification)의 기반을 이룬다. 라캉에 의하면 나르시시즘은 거울상(specular image)에 대한 성애적(erotic) 매력뿐만 아니라, 동시에 거울상과 실제 주체 사이의 불일치에 따른 주체 붕괴 위협이라는 공격적 특성 양쪽 모두를 가지고 있다.[3)]

이 글에서는 프로이트의 '나르시시즘'과 라캉의 '동일시' 개념을 접근의 중심 기제로 하되, 그 밖의 정신분석적 개념들을 통해 지금까지 간과되어온, 숨은 의미들을 밝혀나갈 것이다.

## 1.1. 텍스트 읽기

「해와 달이 된 오누이」는 「해와 달의 유래」, 「해님 달님」, 「수숫대가 붉은 사연」 등의 다양한 제목으로 불리며, 전국에 고루 확산되어 있는 광포설화이다. 유화(類話) 또한 일일이 열거하기 어려울 정도로 수가 많다. 대략적으로 살펴보면 다음과 같다.

① 「해와 달이 된 오누이」를 비롯하여 「수숫대가 빨간 유래」, 「수수깡이 빨간 이유」 등의 제목으로 『한국구비문학대계』(한국정신문화연구원, 2002)에 실린 40여 편의 유화들(「별책부록」 1, pp. 465-467에 출처가

---

pp. 45-50, pp. 58-78 참조)

3) 딜런 에반스, 『라캉 정신분석 사전』, 인간사랑, 1998, p. 321 참조.
라캉은 거울상에 대한 나르시시즘적인 심취(infatuation)의 성애적·공격적 특성이 주체를 자기 파괴로 이끌 수 있다는 사실을 표현하기 위해 '나르시시즘적 자살 공격'(narcisistic suicidal aggression)이라는 말을 새로 만들어 낸다.(J. Lacan, *Écrits*, Paris: Seuil, 1966, p. 187, p. 174; Dylan Evans, *An Introductory Dictionary of Lacanian Psychoanalysis*, London and New York: Routledge, 1996, p. 120에서 재인용. ※ 이하 이 책은 번역본 『라캉 정신분석 사전』을 우선으로 하되, 용어나 내용에 차이가 있다고 판단되는 경우에는 영문판을 참고하기로 하겠다)

소개되어 있다)[4)]

② 「조선의 일월(日月)전설」(손진태, 『한국민족설화의 연구』, 을유문화사, 1947, pp. 155-157)[5)]

③ 「해와 달이 된 남매」(임석재, 『한국구전설화』 4, 강원도 편, 평민사, 1994, pp. 166-168)

④ 「해와 달이 된 남매」(임석재, 『한국구전설화』 2, 평안북도 편 II, 평민사, 1995, pp. 125-128)

⑤ 「해와 달이 된 오누이」(임석재, 『한국구전설화』 5, 경기도 편, 평민사, 1999, pp. 117-119)

⑥ 「해님 달님」(임동권, 『한국의 민담』, 서문당, 1972, pp. 89-92)

이 가운데 이 글에서는 ②와 ③을 기본 텍스트로 삼겠다. 이는 아직 설화가 '전래동화'의 형태로 각색되어 널리 알려지기 이전에 채록된 것[6)]으로서, 비교적 이야기의 기본 형태가 그대로 보존되었다고 판단하였기 때문이다. 물론, 전체 유화들 또한 분석의 대상이다. 설화 전문(全文)을 소개하면 다음과 같다.[7)]

옛날, 어머니가 등 넘어 어떤 장자(長者) 집에 방아품을 팔러 갔다가(혹은 딸네 집에 갔다가) 묵(혹은 떡)을 얻어 가지고 밤에 집으로 돌아왔다. 도중 산복(山腹)에서 범을 만났다. "묵 좀 주면 안 잡아먹지." 하기에 한 개를 주었다. 조금 있다 또 나와서 여하(如前)한 요구를 하였다. 그것

4) 이하 『한국구비문학대계』를 『구비대계』로 표기하기로 한다.

5) 1947년에 초판(初版) 발행된 이 책의 내용(페이지 포함)은 이후 1954년, 1982년의 재판(再版)본(을유문화사)과, 1981년의 재수록본(『손진태선생전집』, 태학사)과 같은 것으로 확인하였다. 따라서 이 글에서는 발행 시기를 초판이 발행된 '1947년'으로 통일하여 표기하기로 한다.

6) 「조선의 일월전설」은 손진태가 1927-1929년 사이에 ≪신민(新民)≫이라는 잡지에 한국의 설화들을 연재하면서 발표한 것을 재수록한 것이고, 임동권의 「해와 달이 된 남매」는 1927년 2월에 채록한 것으로 기록되어 있다.

7) 여기에서는 손진태의 설화 「조선의 일월전설」만 소개하고 임석재의 「해와 달이 된 남매」는 본문 속에서 인용하는 것으로 대신하겠다.

이 누차 반복됨을 따라 가졌던 묵은 다 없어졌다. 이번에는 "옷 벗어 주면 안 잡아 먹지." 하므로 치마를 주었다. 이어서 저고리, 바지, 속적삼, 속옷까지 다 주고 나신(裸身)이 되었으므로 가랑잎사귀를 따서 음부를 가리우고 갔다. 범은 계속하여 나왔다. 팔과 다리를 요구하고 최후에는 몸둥이까지를 요구하였으므로 어머니는 필경(畢竟) 범에게 먹혔다. 범은 어머니의 옷을 입고 어머니의 집으로 갔다. 집에는 세 아이가 공복(空腹)을 쥐고 어미를 고대하였다. "왔다, 문 좀 열어라." 하므로 아이들은 문을 열고자 하였으나 말소리가 다르므로 손을 보자고 하였다. 문 틈으로 내밀은 손을 만져 보고 아이들은 "어머니 손이 왜 이리 터실터실하오?" 하니 범은 흙일을 하였으므로 (혹은 털토수를 꼈으므로) 그렇다고 답하였다. 아이들은 문을 열어 주었다.

"묵을 데어 가지고 올께. 조금만 있거라." 하고 범은 젖먹이를 데리고 정지(부엌)로 나갔다. 정지에서 뽀도독뽀도독하는 음식 깨무는 소리가 나므로 무엇을 먹느냐고 아이들은 물었다. 범은 콩을 먹는다고 하였다. 문 틈으로 내어다 보니 범이 아기를 먹고 최후로 그 손가락을 먹는 중이었다. 방에 있던 두 아이는 대경(大驚)하여 뒷문으로 달아나서 (혹은 뒷문 밖에 똥을 누겠노라 속이고) 뜰 앞에 서 있는 고목(古木) 위에 올라갔다. 범은 아이를 찾다찾다 고목 하(下)에 있는 우물 속을 내려다보았다. 물속에 있는 아이들의 그림자를 보고 (혹은 일광(月光)에 의하여) 그것이 정말 아이인가 하여 "요놈들을 낚시로 낚아낼까, 조리로 건져낼까." 하므로 나무 위에 있던 둘째 아이—계집애—가 하하 웃었다.

범은 아이들을 쳐다보고 "너희들은 어떻게 올라갔니?" 물었다. "뒷집에 가서 참기름을 얻어다 바르고 올라왔다." 하였다. 참기름을 얻어다 발랐으나 미끄러워서 범은 오르지 못하였다. 또 어떻게 올라갔느냐고 묻기에 "뒷집에 가서 들기름을 얻어 바르고 올라왔다."고 하였다. 범은 그래도 오르지 못하였다. 범이 세 번째 물었을 때 계집아이는 "도끼로 찍고 올라왔지 어째." 하였다. 범은 도끼로 나무를 찍어 발버팀을 만들면서 올라왔다. 아이들은 급해서 "하느님 하느님, 우리를 살리시려거든 새 동아줄을 내려 보내고 죽이시려거든 썩은 줄을 내려 주시오." 하였다. 새 줄이 내려왔다. 아이 형매(兄妹)는 그것을 타고 하늘로 올라갔다. 범은 제가 악(惡)한 줄 알고 하느님을 속이고자 "하느님 저를 살리려거든 썩은 줄을 내려 주시고 죽이려거든 새 동아줄을 내려 주시오." 하였다. 범의 원대로 썩은 줄이 내렸다. 범은 그것을 붙들고 올라가다가 줄이 끊어져 떨어지면서 수숫대기에 항문을 찔려 죽었다. 그 피가 수숫대에 산염(散染)되었으므로 지금도 수숫대는 적반점(赤斑點)이 있다고 한다.

하느님은 두 형매(兄妹)를 불러다 놓고 "여기는 놀고 먹지는 못하는 곳이다. 형은 해가 되고 누이는 달이 되거라." 명령하였다. 수일간 직분(職分)을 하다가 누이는 형에게 말하였다. "밤에 혼자 다닐라니 무서워서 안 되겠습니다. 나하고 바꿉시다." 형은 그것을 허락하였다. 그러나 누이는 낮에 다니려 하니 여러 사람들이 쳐다보아 부끄러우므로 강렬한 광선을 발하여 보는 사람의 눈을 부시게 하였다. 그러므로 지금도 우리는 태양을 바로 쳐다볼 수 없다고 한다.[8)]

## 1.2. 파편화된 신체, 상상계로의 복귀 – '어머니'와 '젖먹이'

「해와 달이 된 오누이」의 시작은 '섬뜩'하다. 한밤중, 깊은 산속에서 나약한 한 어머니가 호랑이에게 팔다리가 차례차례 뜯겨나가다가 결국 잡혀 먹히기 때문이다. 만약 호랑이가 한자리에서 단숨에 어머니를 잡아먹었다면 사건의 전개는 자연스럽게 다음 장면으로 옮겨갔을 것이다. 그러나 내용의 섬뜩함과 '반복'이라는 형식은 독자(청자)의 시선을 쉽게 놓아주지 않는다. 이 이야기가 한 개인의 작품이었다면 도입부의 이러한 특징은 다분히 독자의 관심을 집중시키는 '의도적인 기법'으로 파악했을 가능성이 높다.

8) 손진태, 「조선의 일월전설」, 『한국민족설화의 연구』, 을유문화사, 1947, pp. 155-157.－임석재의 「해와 달이 된 男妹」에서는 결말부에서 호랑이가 하느님을 속이려고 시도하는 것이 없고, 오누이가 각각 해와 달이 되었다가 다시 자리를 바꾸는 부분이 없이 처음부터 누이가 해가 되고, 오빠가 달이 된다. 다른 유화에서도 호랑이가 하느님을 속이는 부분이 생략되어 있는 것이 많고, 오누이의 '해'와 '달'의 역할이 뒤바뀐 경우도 적지 않다.

다음 인용문을 보자.

> 하루는 산 넘에 부자집에 가서 방아품을 팔고 개떡을 얻어가지고 밤 늦게서야 집이로 돌아오드랬는데 고개 하나를 넘으니까 범 한 마리가 길을 막고 앉어서 그 떡을 주면 안 잡어먹지 했다. 그래서 이 여자는 떡을 주었더니 범은 그 떡을 먹고 갔다. 이 여자는 고개를 또 하나 넘어가니까 아까 그 범이 길을 막고 앉어서 저구리를 벗어주면 안 잡어먹지 했다. 여자는 할 수 없이 저구리를 벗어 주었더니 범은 그것을 가지고 갔다. 이 여자는 고개 하나를 또 넘어가니까 그 범이 길을 막고 앉어서 치마를 벗어 주면 안 잡아먹지 했다. 그래서 치마를 벗어 주었더니 범은 치마를 가지고 갔다. 고개를 또 넘으니까 그 범이 길을 막고 속곳을 벗어주면 안 잡어먹겠다고 했다. 그래서 속곳을 벗어주니까 그것을 가지고 갔다. 고개를 또 넘어가니까 그 범이 길을 막고 팔을 떼어주면 안 잡어 먹겠다고 해서 팔을 떼어 주었다. 그랬더니 범은 팔을 가지고 갔다. 고개를 또 넘어가니까 그 범이 길을 막고 앉아서 다리를 떼어주면 안 잡어 먹겠다고 했다. 다리를 떼어주니까 가지고 갔다. 고개를 또 넘어가니까 그 범이 길을 막고 있다가 이 여자를 잡어먹었다.[9]

도입부에서 '반복'되고 있는 것은 모두 세 가지이다. "떡 하나 주면 안 잡아먹지"라는 호랑이의 말('떡'의 자리는 '저고리', '바지', '속곳' 따위의 옷으로, '팔' '다리'라는 신체로 대상이 점차 확대된다), 넘고 또 넘어야 하는 고개, 어머니의 토막 난 신체가 그것이다.

어머니가 '고개'를 넘을 때마다 호랑이의 '요구'는 반복에 의해 '강요'로 전환된다. 호랑이가 어머니를 잡아먹고 '어머니 옷을 입은 호랑이'라는 허구적인 인물로 재현되었을 때 '고개'와 '말'은 더 이상 반복되지 않는다. 이 이야기가 이야기꾼의 표정과 몸짓, 음성 변조

---

9) 임석재, 「해와 달이 된 남매」, 『한국구전설화』 4, 강원도 편, 평민사, 1994, pp. 166-167.

등을 통해 구연(口演)되어 왔다는 사실을 고려할 때, '반복'은 더욱 중요한 의미를 갖는다. 청자들에게 도입부의 반복적인 말과, 반복적으로 보여지는 '어머니'의 토막 난 신체는 무의식적으로든 의식적으로든 청자들의 머릿속에 각인되었을 것이 틀림없다.

'반복'은 그것이 행해진 상황과 그것을 행한 주체의 일면을 강조한다. 프로이트와 라캉에게 '반복'(repetition)은 각별한 의미를 갖는다. 그것은 '실현되지 않은 욕망의 지속적인 살풀이'[10]로서, 무의식의 표출이다. 프로이트는 '반복 강박'(repetition compulsion)이라는 용어를 통해 반복하지 않을 수 없는 주체의 심리를 설명한다. 그는 「쾌락 원칙을 넘어서」에서 반복 강박을 스스로를 파괴하고 무생물의 근원적 상태로 돌아가려는 파괴 욕동, 쾌락의 원칙 너머에 존재하는 '죽음의 욕동'(Death drive)과 관련시킨다.[11] 그것은 '고통스러운 상황에 계속해서 스스로를 노출시키려는 주체의 성향'[12]을 말한다. 프로이트가 말한 생명 이전의 무기물 상태로 돌아가려는 '반복 강박'은 자아의 파괴, 자아의 해체 과정이다.

도입부에서 가장 우리의 관심을 끄는 것(동시에 외면하고 싶은 것)은 어머니의 토막 난 신체이다. 도입부의 이런 장면 전개는 '섬뜩'한 것은 곧 '친숙'한 것이라는 프로이트의 역설을 뒷받침해주는 것 같다. 많은 환상물에서 우리는 몸의 해체와, 파편화된 신체(fragmented body)를 만난다. 파편화된 신체는 파편화된 자아를 의미한다. 그것은 완전한 몸, 통합된 몸에 대한 전복(顚覆)이며, 자아의 정체성에

10) 고원 외, 『프로이트의 문학예술 이론』, 민음사, 1997, p. 213.

11) 프로이트, 『쾌락 원칙을 넘어서』, 열린책들, 1997, pp. 7-90, pp. 130-141 참조. ※ 이 책에서는 영문 표기를 따라 '죽음의 욕동'(獨, todestrieb)을 '죽음 본능'(death instinct)으로 번역하였으나, 정신분석학에서 '본능'(instinct)과 '욕동'(drive)은 다른 개념이며, 이미 여러 학자들에 의해 영문 표기의 문제점이 지적되어 독일어의 'trieb'가 영어의 'drive'로 사용되고 있으므로 이 글에서도 이를 따라 '죽음의 욕동'으로 표기하였다.

12) Dylan Evans, *An Introductory Dictionary of Lacanian Psychoanalysis*, p. 164.

대한 전복이다.[13] 그것은 '인간들에게 내장되어 있는 달라지고파 하는 욕구, 조각나고 갈라지면서까지 내가 아닌 다른 것이 되고자 하는 욕구'[14]의 표현이다. 시신이 썩어 벌레가 되어 낱낱이 날개가 돋혀 어디론가 날아가버린 '장생'(蔣生)의 경우나[15], 사지를 찢기는 능지처참을 오히려 개체증식의 좋은 기회로 삼은 제주의 도깨비[16], 매일 뜰이나 들로 말을 타고 나가 서로 상대를 갈기갈기 찢을 때까지 싸우는 것을 오락으로 삼은 북유럽 신화 속의 영웅들[17] 역시 이와 무관하지 않다.

라캉에 의하면 '파편화된 신체'는 '거울단계'[18] 이전의, 자아가 형성되기 이전의 상태를 말한다. 어머니의 조각난 몸은 통합된 몸에 균

---

13) 로즈메리 잭슨(Rosemary Jackson)은 그의 책 『환상성』(FANTASY)에서 '환상'을 생소하거나 초월적인 것이 아닌, 이 세계의 요소들을 전도시키는 '전복'으로 정의한다. 그의 이러한 해석은 정신분석학에 뿌리를 두고 있는데, 특히 '해체된 몸들'이라는 장에서 환상물에 나타난 '파편화된 신체'를 라캉의 시각을 빌려 무의식적 욕망의 산출로, 합리적 통일성의 붕괴로 파악하였다. 『환상성』-전복의 문학, 문학동네, 2001, pp. 111-122.

14) 김열규, 『도깨비 날개를 달다』, 춘추사, 1991, p. 58.

15) 허균, 「장생전」, 『이조한문소설선』, 교문사, 1984, p. 77.

16) 김열규, 앞의 책, pp. 55-57 참조.

17) 토마스 불핀치, 「발할라 궁전의 환락」, 『그리스 로마 신화』, 범우사, 1999, p. 391.

18) 심리학자 '발드윈(J. Baldwin)에 의해 발견된 '거울단계'(mirror stage)는 라캉의 '상상계'의 기반이 된다. 6-18개월 사이의 아이는 거울에 비친 자신의 상을 보고 환호성을 지른다. 거울 속에 비친 자신의 모습이 어떤 결핍도 없는 완전한 신체 이미지로 나타나기 때문이다.(이전의 아이는 자신의 신체를 통합된 몸으로 인식하지 못한다. 즉, 아이는 자신의 몸을 파편으로 인식한다) 아이는 거울을 통해 자신이 통합된 몸, 이상적인 몸(ideal body)의 소유자임을 지각하고 실제 자신의 모습과 거울 속의 고정된 이미지를 혼동한다. 거울단계의 아이는 아직 다른 사람의 양육을 받아야 하는, 홀로 설 수 없는 상태임에도 불구하고 자신을 총체적이고도 완전한 사람으로 가정한다.(라캉, 「정신분석 경험에서 드러난 주체기능 형성모형으로서의 거울단계」, 『욕망이론』, 권택영 엮음, 문예출판사, 1994, pp. 39-44 참조) 이상화되고 왜곡된 '이상적인 몸'을 통해 '자아'(ego)라는 개념이 형성되는 것이다. 따라서 '자아' 역시 거울상에 자신을 동일시한 오인(佛, méconnaissance)의 결과물로서 실제의 자신과는 거리가 먼 '이상적인 자아'(ideal ego)이다.

열을 가함으로써 '상상계'[19]로의 복귀를 시도한다. 그것은 전체성(Gestalt)을 지닌 자아를 붕괴하는 것을 의미한다. 그것은 '원초적 나르시시즘'으로 돌아가려는 강렬한 욕망의 표현이며, 동시에 새로운 자아를 형성하기 위해 거쳐야 하는 이니세이션이다.

이 이야기 속의 '어머니'는 '과부'다. '과부'(寡婦)라는 단어에는 '결핍'의 의미가 함축되어 있다. 결핍의 대상은 '지아비'이다. 그러나 자식이 셋(혹은 둘이나 넷, 다섯[20])이나 딸린 과부 어머니의 경우, 결핍의 대상은 아이들의 '아버지'이다. 따라서 이야기 속의 '가난한 과부 어머니'는 아버지가 없는 자식을 홀로 부양해야 하는 '홑어머니'라는 의미를 부각시킨다.[21]

---

19) '상상계'(the imaginary)는 라캉이 인간의 경험단계를 설명하기 위해 설정한 세 가지 영역(실재계, 상상계, 상징계) 가운데 하나이다. 라캉에 의하면 모든 인간은 갓난아이 시절에 엄마 품속에서 결핍이 없는 완벽한 만족감(자기 성애, auto eroticism)을 느끼다가 거울단계에서 상상적 동일시를 통해 '자아'를 형성하고, 언어를 습득함으로써 타자의 상징적 메세지에 자신을 동일시하는 상징계(the symbolic)의 일원이 된다. 상상계에서 이미지에 사로잡힘으로써 형성된 허구적인 '자아'는 상징계에서 역시 허구적으로 재현되는 '주체'의 기반을 이룬다. 욕망이 없는 완벽한 만족감의 상태인 실재계(the real)가 상징적 질서 속에서 '결핍'으로 남는 반면, 상상계는 사라지지 않고 상징계에 남아 '환상'을 제공한다. 주체는 상징계의 '언어'와 상상계의 '이미지'라는 시소 게임에서 영원히 헤어나지 못한다. 이야기 속에서 주체(어머니)는 파편화된 신체를 통해 상상계에 복귀함으로써 '이상적인 자아'를 재형성하고자 하는 것이다.

20) 자식이 넷이나 다섯인 경우, 첫째 혹은 첫째와 둘째는 이미 출가한 딸(들)로 소개된다.

21) '어머니'는 '과부', '여자', '할멈'으로 소개되기도 하지만 '오누이'와의 관계 속에서 한결같이 홀로 자식을 부양해야 하는 '어머니'의 역할이 강조되어 있다. 유화(類話)들을 살펴보았을 때, '어머니'는 딸린 자식이 셋 이상이나 되는 나이가 제법 든 어머니이다. 아예 '할멈'으로 소개되는 경우도 적지 않다. 만약 '젊은(혹은 '어린') 과부'였다면 결핍을 충족하기 위한 '남성'이 부각되었겠지만 이 이야기 속의 어머니는 홀로 자식들을 부양해야 하는 '어머니'로서의 역할이 강조되어 있다. 이 점은 일곱 마리나 되는 새끼 염소를 부양해야 하는 「늑대와 일곱 마리 새끼 염소」(Der Wolf und die sieben jungen Geißlein)에서 '나이 든'(alte) 염소라고 소개되는 어미 염소의 처지와 유사하다.-Brüder Grimm, *Die Märchen der Brüder Grimm: Kinder-und*

'어머니'란 무엇인가? '어머니'라는 단어에는 '자식'이 딸려 있다. '어머니'라는 기표에는 자식에 대한 '책임과 의무'가 부여되어 있다. 남의 집에서 품을 팔아 겨우 먹을 것을 얻어 연명하는 가난한 어머니는 고개를 넘고 넘듯 '산 넘어 산'의 고단한 삶을 살아왔다. 넘고 또 넘은들 기다리는 것은 굶주린 어린 자식들뿐이다. 어머니는 더 이상 이렇게 살고 싶지 않다. 어머니는 새롭게 태어나고 싶다. 인내와 희생의 뒤안길에 꼭꼭 숨겨두었던 전복적인 힘이 '어머니'를 뚫고 올라온다. 깊은 산속, 깜깜한 어둠 속에서 마치 기다렸다는 듯 달려드는 무시무시한 힘에게 어머니는 단 한 번의 저항도 하지 않고 어찌 보면 '순순히' 자신의 모든 것을 내어준다. 어머니는 '호랑이'라는 전지전능한 이상을 빌려 이상적인 자아로 거듭나고자 한다. 이상적인 자아는 이상적인 몸으로부터 출발한다. 신체 분할은 이상적인 몸을 만들기 위한 필연적인 단계이다.

'재생'은 '죽음'을 전제로 한다. 어머니는 요술을 부리듯 한번에 변신하지 않는다. 어머니는 마치 다시는 어머니로 돌아오지 않겠다는 듯, 과정을 거치듯 한 고개 한 고개를 곱씹으며 죽음과 재생의 의식을 치른다. '고개'가 강조점처럼 호랑이의 반복적인 말("~하나 주면 안 잡아먹지.")의 앞뒤에 자리하고 있는 이유를 이에서 찾을 수 있을 듯하다.

굶주린 육식 동물이 눈앞에 먹음직스런 먹잇감을 두고 제일 먼저 요구한 것은 '떡'(묵, 범벅)이다. 호랑이는 '떡'을 집요하게 요구한다.

---

*Hausmärchen*, München: Wilhelm Goldmann Verlag, 1968, p. 32.

반면, 「백설공주」의 '왕비'(王妃)는 다르다. '왕비'는 글자 그대로 왕의 아내이다. '왕비'에는 공주의 어머니라는 의미 대신 왕의 아내라는 사실이 두드러져 있다. 이야기 속에서 왕은 한 번도 등장하지 않지만 (본처가 죽은 후, 새 왕비를 아내로 맞았다는 사실만 소개되어 있다) '왕비'라는 단어는 '왕'을 함축하고 있고, 이는 '왕비'와 '공주'의 관계를 '왕－왕비－공주' 즉, '아버지－어머니－딸'이라는 오이디푸스적 삼각관계로 읽을 수 있는 한 단서가 될 수 있다.

그러나 '떡'은 호랑이의 미각을 자극하기는커녕, 배를 채워주지도 못한다. 호랑이에게 그것은 먹거리가 아니다. 어머니가 들고 있는 '떡'은 본래 자식들을 위한 것이었다. 어머니가 품을 판 대가로 받아 온, 일용할 양식인 '떡'에는 어머니의 사랑이 담겨 있다. "떡 하나 주면 안 잡아먹~지"를 되풀이하며 호랑이가 먹은 것, 어머니가 가장 먼저 내준 그것은 음식이 아니라 오로지 '어머니'만이 보유할 수 있는 거룩한 '모성'(母性)이다.

어머니의 정신과 육체를 차례차례 먹어치운 호랑이는 마지막으로 어머니의 '옷'을 입는다. 호랑이는 어머니의 옷을 한 가지도 남김없이 모조리 확보하여 거추장스럽게 들고 있다가 마지막에야 입는다.[22) ]어머니의 옷은 훼손되지 않은 채 고스란히 호랑이에게 다시 입혀진다. 그리고 호랑이는 그 옷을 죽을 때까지 벗지 않는다.

'옷'은 신분이나 지위의 상징물이다. 어머니의 옷을 입은 호랑이는 더 이상 호랑이가 아니다. 호랑이는 어머니의 옷을 입음으로써 마지막으로 '어머니'라는 기표를 획득한다. 거룩한 모성의 소유자라는 '어머니'의 고정된 개념은 제거되고, 동시에 '호랑이 어머니'라는 허구적 인물이 재현된다. 어머니를 잔인하게 잡아먹은 포악한 '호랑이'의 근성은 '어머니'라는 기표 아래 교묘하게 숨겨진다. 그리하여 마침내 자식이 셋 딸린 가난한 과부 '어머니'는 전지전능한 인물, 이상적인 신체 이미지에 부성성(父性性)을 겸비한 '호랑이 어머니'로 탈바꿈하는 것이다.[23)]

---

22) 호랑이는 어머니의 옷을 한꺼번에 빼앗지 않는다. 떡을 요구할 때처럼 '저고리, 바지(치마), 속적삼, 속곳'을 한 가지씩 차례차례 빼앗는다. 어머니의 옷 역시 떡이나 신체와 다름없는 비중으로 중요하게 다뤄지고 있다.

23) '부성'(父性)은 정신분석적인 시각에서 본 '아버지'의 의미를 말한다. 이는 법과 질서를 구성하고 유지하는 모든 힘의 소유자로서의 의미를 말한다.
'호랑이'를 산신령이나, 재앙으로부터 보호하는 수호신으로 숭배해온 우리 정서를 고려할 때 호랑이 자체에 이미 '부성성'이라는 상징적 의미가 함축되어 있지만, '호랑이 어머니'에서는 자식과 관련하여 부성성이 더욱 강

'호랑이 어머니'가 집에 도착하자마자 제일 먼저 한 일은 젖먹이를 안고 부엌으로 간 것이다. 어머니로 위장한 호랑이의 궁극적인 목적이 배고픔을 달래는 데에 있었다면 호랑이는 왜 바로 눈앞에 있는, 더 좋은 먹잇감인 오누이를 내버려둔 것일까?

호랑이가 깊은 산속이라는 밀폐된 공간에서 어머니와 일대일의 관계에 있었듯, 호랑이 어머니는 '부엌'이라는 단절된 공간에서 젖먹이와 '단 둘'의 상황에 놓인다. '산속'이 호랑이의 공간이었다면 '부엌'은 어머니의 공간이다. 호랑이가 산속에서 어머니를 잡아먹었듯 호랑이 어머니는 다시 자신의 공간에서 젖먹이를 잡아먹는다. 젖먹이에게, 어머니의 공간에서 자신을 품에 안고 있는 것은 '호랑이'가 아니라 '어머니'이다. 그래서 젖먹이는 위험에 직면했을 때의 유일한 표현 수단인 울음소리 한번 내지 않는다. 부엌에서는 젖먹이의 요란한 울음소리 대신에 젖먹이의 신체의 일부가 씹히는 소리가 들린다.

> ㉮ "묵을 데어 가지고 올께 조금만 있거라." 하고 범은 젖먹이를 데리고 정지(부엌)로 나갔다. 정지에서 뽀도독뽀도독하는 음식 깨무는 소리가 나므로 무엇을 먹느냐고 아이들은 물었다. 범은 콩을 먹는다고 하였다. 문 틈으로 내어다보니 범이 아기를 먹고 최후로 그 손가락을 먹는 중이었다.[24]

> ㉯ 범은 방으로 들어와서 애기 젖먹이야겠다 하고 애기를 안고 웃묵에 가서 애기를 잡어먹느라고 오독오독 소리를 냈다. 엄마 뭣 먹어 하니까 부자 집에서 콩 볶은 거 주어서 먹는다고 했다. 우리도 좀 주어 하니까 범은 애기 손가락을 던져 주었다.[25]

> ㉰ 호랭이가 엄마 옷을 입고 왔어. 그 집이로 와서 애기 젖줄란개 도라

---

조된다.

24) 손진태, 『한국민족설화의 연구』, p. 156.

25) 임석재, 『한국구전설화』 4, p. 167.

고(달라고). 그린개 그 집 언니가 애기를 줬어. 엄마를 준개로, 엄마가 불을 땜서 뭣을 어부독어부독 깨물어 먹는 소리가 나. 불 땜서. 그런개 애기가, 작은 애기가, "엄마, 엄마, 뭣 먹어?" 그런개, "나, 무시(무우) 등걸(도막) 하나 먹는다." "나도 좀 도라(달라)" "너는 먹는 것 아니다."[26]

㉣ 그 호랭이가 애그들 보고, 부엌에서 불을 똑똑 끊어요. 근께, 호랑이가, "엄마, 애기 젖 줘." 그래. 그라드랴냐 어찌그라냐 그러드래. 그렁께 애기를 문구녕으로 도라흔께, 문을 열고 딱 내줬어. 내주고 인자 남매가 방에 가 있는디, "엄마 뭐 묵어, 나 좀 줘." 애기 손그락을 뚝 분지러 주드랑마.[27]

호랑이가 젖먹이의 신체를 먹는 소리가 '뽀도독뽀도독', '오독오독', '어부독어부독' (혹은 다른 유화들에서는 '오뚝오뚝', '우드득우드득' 등으로 표현됨) 등의 의성어를 빌려 구체적으로 소개된다는 점은 의미심장하다. 게다가 호랑이가 보란 듯이 오누이에게 던진 젖먹이의 토막 난 손가락은 도입부의 섬뜩함을 능가한다. 산속에서 팔, 다리가 잘려나가는 과정이 반복되어 보여짐으로써 어머니의 조각 난 신체가 강조되었듯, 오누이에게 던져짐으로써 강한 스포트라이트를 받는 토막 난 손가락은 '오독오독' 씹는 소리와 함께 젖먹이의 잘려진 신체를 한층 더 강조한다.

'젖먹이'는 '어머니'의 신체의 일부이다. '젖먹이'의 '젖'은 '어머니의 젖'이다. '젖먹이'라는 단어 자체에 어머니의 신체가 포함되어 있다. 젖먹이는 어머니의 몸을 떠나서 존재할 수 없는, 어머니의 몸에 종속된 존재이다. '젖먹이－어머니'는 타자 관계가 아니다. 서로가 서로에게 종속되어 있다. 이야기 속에서 젖먹이는 '어머니의 일부', '어머

26) 『구비대계』 5-3, 「해와 달이 된 오뉘와 호랑이」, pp. 312-313.
27) 『구비대계』 6-12, 「해와 달이 된 남매」, p. 629.

니의 연장'으로서의 인물이다. 어머니의 또 다른 파편화된 신체인 젖먹이는 동시에 어머니의 나르시시즘의 근원이다. 호랑이 어머니는 젖먹이를 먹음으로써 원초적 나르시시즘의 만족을 꾀하는 것이다.[28)]

여기서, 어머니의 이상적인 자아가 왜 하필 호랑이인지 생각해보자. 앞선 연구자들이 호랑이를 '악'(惡)의 화신으로 묘사하였지만 그것만으로는 부족한 감이 있다. '호랑이'라는 이미지와 '어머니'라는 기표가 결합되어 '호랑이 어머니'가 되었을 때 그 의미는 더욱 복합적으로 다가온다. 여기서, 우리는 어머니가 복귀하려는, 재정립하려는 이상적인 자아의 모델이 하필 호랑이인 이유 한 가지를 찾을 수 있다. 그것은 바로 '자식들'에게 있다.

### 1.3. 변형된 모성, 나르시시즘적 욕망-'호랑이 어머니'와 '오누이'

우리의 설화 속에서 호랑이의 성격은 다양한 유형으로 그려져 왔다. 물리쳐야 할 대상으로서의 사나운 호랑이, 신앙의 대상으로서의 신성한 존재, 조롱의 대상으로서의 멍청하고 어리석은 성격의 소유자 등이 그것이다. 대개 신화와 전설 속의 호랑이는 신이(神異)한 존재로서 경외(敬畏)의 대상이 되어왔고, 민담 속의 호랑이는 약한 자에게 골탕을 먹는 바보 같은 존재로 설정되었다. 설화에 나타난 호랑이에 대한 우리의 의식은 양가적(兩價的)이다. 천하무적의 힘과 위엄은 때로는 마을을 지키는 수호신으로, 때로는 민중을 약탈하는 탐관오리의 상징이 되었다.[29)]

---

28) 어떤 것을 '먹음'으로써 그것과 동일시되려는 원시적인 속성은 문명사회에서도 어렵지 않게 찾을 수 있다. 「백설공주」의 왕비가 공주의 간을 먹는 행위(사실은 멧돼지의 간이지만)도 공주의 미모에 동일시하려는 왕비의 욕망으로 파악할 수 있다.

호랑이의 특성 가운데 하나로 '모성애'를 꼽을 수 있다. 호랑이는 새끼를 위하는 마음이 사람에 못지않다.[30] '모성애'와 관련된 호랑이 이야기를 우리의 설화 속에서도 발견할 수 있다. 후백제를 세운 '견훤'이 아직 강보에 싸여 있을 때 호랑이가 견훤에게 와서 젖을 먹여 주고 갔으며, 후에 견훤이 용모가 웅장하고 의기가 활달한 인물로 장성했다는 일화가 삼국유사에 소개되어 있고,[31] 자기 새끼를 우호적으로 대하거나 보살핀 사람에게 보은을 하고,[32] 인간에게 붙잡힌 새끼를 구하려고 나무 위를 바라보다가 그 자리에서 화석이 된[33] '어미 호랑이'의 모성을 다룬 설화들도 전해진다. '모성'과 관련된 이야기 뿐만 아니라, 「김현감호(金現感虎)」에서처럼 여인으로 변신한 호랑이가 사랑하는 연인을 위해 목숨을 바치는 이야기나,[34] 암 호랑이가 인

---

29) 호랑이의 폐해를 직접 겪었던 옛사람들과, 동물원에서 안전하게 '구경' 정도나 할 수 있는 오늘날 사람들의 호랑이에 대한 인식은 많은 차이가 있을 것이다. '호돌이'라는 이름으로 '88 서울 올림픽의 마스코트가 됨으로써 우리 민족을 상징한 '호랑이'에게서 우리는 호랑이에 대한 긍정적인 이미지만 찾을 수 있다.

30) 이가원, 『한국 호랑이 이야기』, 동서문화사, 1977, p. 20.－이 책에 따르면 호랑이는 새끼를 낳았을 때 새끼들한테 사람들의 보복이 미칠까 두려워서 사방 삼십 리 안에서는 어떤 짐승들도 잡아먹지 않는다고 한다.

31) 일연 지음, 이동환 역, 『삼국유사』 제2권, 기이 제2, 「백제 견훤」, 장락, 1994, p. 186.

32) 임동권, 「호랑이의 모성애」, 『한국의 민담』, 서문당, 1972, p. 134.
최운식, 「호랑이와 나물 보따리」, 『한국의 민담』, 시인사, 1987, pp. 26-27.
임석재, 「호랑이도 새끼를 귀여워한다」, 『한국구전설화』 2, 평안북도 편 2, 평민사, 1988, pp. 268-269.
임석재, 「호랑이도 제 새끼 귀여워한다」, 『한국구전설화』 5, 경기도 편, 평민사, 1989, p. 173.
이가원, 「딸기장수 아주머니」(pp. 105-106), 「세처녀」(pp. 102-124), 「나무꾼 박서방」(pp. 133-134), 「일상봉전설」(pp. 142-144), 『한국 호랑이 이야기』, 동서문화사, 1977.
(※ 이상의 자료는 장병호, 「한국 호랑이설화의 유형과 성격」, 『한국어문교육』 8권 1호, 1999, 한국교원대 한국어문교육연구소, pp. 193-194, 각주 20번, 21번 참조)

33) 이가원, 앞의 책, 「호랑이의 모성애」, pp. 31-33.

간 못지않게 정절을 지키거나[35] 인간처럼 남편의 원수를 갚는 이야기[36] 등에서 호랑이의 '여성성'을 찾을 수 있다. 설화 속의 호랑이는 이처럼 부성성과 모성성을 모두 겸비하고 있으며, 또한 지극히 여성적으로 혹은 남성적으로 그려져 있다.

'호랑이 어머니'에는 모성과 부성의 의미가 함께 함축되어 있다. '엄부자모'(嚴父慈母)라는 전통적인 가족관에서 아버지가 없는 가족에게 어머니에게 부여된 '호랑이 어머니'라는 기표는 아버지의 역할을 강조한다. 프로이트의 시각으로 볼 때, '호랑이'에는 포악한 짐승으로서의 이드(id)적인 속성과 '아버지'라는 초자아(superego)적인 속성이 병존해 있다.[37]

호랑이가 처음 오누이를 만나는 장면을 생각해보자. 오누이의 집은 문이 닫혀 있었고, 호랑이는 오누이의 집에 들어가기 위해 오누이의 '시험'을 거친다. 그런데 그 시험이라는 것이 청각(목소리)과 촉각(손의 촉감)이라는 '감각'에 의존한 것이었다. 오누이는 자신들의 이름이나 신체적 특징을 묻는다든가 하는, 간단한 질문도 할 줄 모른다. 오누이가 호랑이를 어머니로 받아들이는 장면에서 우리는 오누이의 성장 정도를 알 수 있다. '감각'에 의존하는 오누이는 아직 '언어'가 지배하는 '상징계'의 질서에 편입되지 않은 '미숙한' 상태이다.

공교롭게도 '호랑이'를 '어머니'로 착각함으로써 호랑이를 '호랑

---

34) 일연, 앞의 책, p. 323.

35) 임동권, 「호부(虎婦)의 정절(貞節)」, 앞의 책, pp. 29-30.

36) 임동권, 「영구 바위의 암호랑이」, 앞의 책, pp. 40-43.

37) 이는 서양 동화에서 종종 등장하는 '늑대'의 특성과 다른 점이기도 하다. 늑대에게는 '이드'적인 속성만 있을 뿐, '호랑이'와 같이 우두머리로서의 '초자아'적인 면모는 찾을 수 없다. 특히 「해와 달이 된 오누이」와 유사한 내용의 그림(Grimm)동화 「늑대와 일곱 마리의 새끼 염소」의 '늑대'는 염소 새끼들을 잡아먹는 '악한'으로서의 면모만 보여주어, 뒤늦게 돌아온 어미 염소가 늑대를 퇴치하고 새끼 염소들이 '전과 다름없이' 어미 염소와 함께 살게 된 반면, 「해와 달이 된 오누이」의 호랑이는 결과적으로 오누이가 우주 질서를 관장하는 '독립적인' 존재로 각각 자리 잡게 하였다.

이 어머니'로 인식한 최초의 인물은 '오누이'이다. 주목할 만한 것은 호랑이에게 문을 열어준 오누이가 바로 눈앞에서 호랑이를 보고도 그의 정체를 알아차리지 못한다는 점이다. 이는 곧 호랑이가 다름 아닌 오누이의 '어머니'라는 사실을 의미한다.

오누이가 호랑이의 실체를 안 것은 호랑이가 던진 '젖먹이의 토막 난 손가락' 때문이었다. '토막 난 손가락'은 호랑이의 실체를 알려주었을 뿐만 아니라 오누이가 호랑이를 피해 '집'을 나가는 데에 결정적인 기능을 한다. 젖먹이의 토막 난 손가락은 파편화된 신체로서의 의미 외에 또 다른 중요한 의미를 함축하고 있다.

호랑이 어머니가 던진 것이 하필 젖먹이의 '손가락'인 점을 생각해보자. 갓난아이, 구강기의 젖먹이에게 '손가락'은 구강의 욕구를 충족시켜줄 중요한 대상이다. 젖먹이는 젖을 빨듯, 손가락을 빤다. 자신의 신체를 빠는 행위는 만족의 대상을 타자에게서 찾지 않고, 자신에게서 찾는 '자기 성애'(auto eroticism)의 상태를 의미한다. 젖먹이는 그것 자체로 '쾌락' 덩어리이다. 여기서 우리는 '젖먹이'에 부여된 또 다른 의미를 발견할 수 있다. 오누이의 성장단계에서 볼 때, 자기 손가락이나 '빠는' 젖먹이는 '쾌락원칙'(pleasure principle)의 상태에 있는 미숙한 존재이다. 그것은 자아가 성장하여 '현실원칙'(reality principle)의 주체로서 자리를 잡기 위해 반드시 극복해야만 하는 것이다. 동화 「아기 돼지 삼형제」에서 튼튼한 벽돌집을 지은 첫째 돼지만 살아남고, 부실한 집을 지어놓고 노는 것에 급급했던 둘째와 막내 돼지는 늑대의 먹잇감이 되었듯, 오누이의 성장 과정으로 볼 때 쾌락원칙의 젖먹이 또한 사라져야 할 대상인 것이다. 즉, '젖먹이'에는 어머니의 파편화된 신체로서 원초적 나르시시즘의 대상으로서의 의미뿐만 아니라, 오누이의 미성숙한 성장 단계로서의 의미가 함축되어 있다. 호랑이 어머니가, 자신의 실체가 드러나는 것은 아랑곳하지 않고 보란 듯이 던진 젖먹이의 손가락, 오누이를 '집 밖'으로 내몬 그것은 엄마에게만 의지하는, 손가락이나 빠는 응석받이는 더 이상 살아남을 수 없다는, 그리운 엄마 품은 더 이상 없다는 호랑이 어머니의 무의식적인, 강력한 의지 표명일 수도 있는 것이다. 그러나 '호랑이 어머니'는 허구적으로 재현된 '이미지'일 뿐이다. 현실 속의 '호랑이 어머니'는 자신의 욕망을 충족시키기 위해 자식을 '잡으려' 한다.

동서양을 막론하고 주인공이 '집'을 벗어났다는 것(↑)[38]은 중요한 의미로 작용한다. 특히 주인공이 '어린' 아이인 경우, 그것은 '성숙'(혹은 '성장')과 밀접한 관련이 있다. 많은 이야기 속에서 주인공이 집을 떠나는 빌미는 주로 '어머니'가 제공한다. 그것이 생모이든 계모이든, 주인공이 쫓겨났든 자발적으로 나왔든 집을 나오는 계기는 '어머니'와 관련이 있다. 아버지는 '부재'나 '침묵'으로 주인공의 가출에 동조한다. 주인공은 '집'을 벗어남으로써 시련을 겪고, 독립된 존재로서 성장하여 귀향하거나 '결혼'을 통해 한 가정을 꾸린다. 모든 인간의 최초의 집은 '어머니의 몸'이다. '집'은 그것 자체로 '안주인'인 '어머니'와 불가분의 관련이 있다. 주인공이 집을 떠나는 행동은 어머니를 떠난다는 의미를 함축하고 있다. 좀더 구체적으로 말하면 어머니의 품을 떠나는 것이다. 주인공이 집을 떠남으로써 이제 어머니의 품은 갈 수 없는 그리운 고향, 영원한 결핍으로 남는다.

오누이가 호랑이 어머니를 피해 집 밖으로 달아나기 위해 사용한 구실은 '똥'이었다.

> 아이들이 보니까 애기 손가락이여서 저것은 우리 어매가 아니고 범이

---

38) 블라디미르 프로프(V.Y. Propp)는 주인공이 '집을 떠난다'는 것을 기호 '↑'로 표시하였다. 그는 집을 떠나기까지의 과정을 '전개'로, 이후를 '발전'으로 파악하여 '↑'을 주인공 행동 과정의 중요한 기점으로 분석하였다. 또한 '↑'을 '출발'의 의미로 파악함으로써 '일시적 부재'의 의미와 구분하였는데, 그에 의하면 '출발'은 '도주'라는 특성으로 강화되기도 한다.―『민담 형태론』, 유영대 옮김, 새문사, 1996, p. 43.

구나 하고 여기 있다가는 잡혀먹히겠다 해서 도망갈 생각으로 엄마 똥 매리워 했다. 범은 방에다 누어라 했다. 방에다 누면 쿠린내가 나서 안돼 했다. 그럼 토방에다 누어라, 토방에다 누먼 나가다가 밟게 되여 했다. 그러먼 뒷간에 가서 누어라 했다. 이 말을 듣고 아이들은 방밖으로 나와서 집에서 멀리 떠러진 우물에까지 와서 우물 옆에 서 있는 노송나무에 올라가 있었다.[39]

"엄마, 똥 매리워"는 '똥이 마려우니 나가야한다', 혹은 '나가게 해달라'는 요구이다. 호랑이 어머니를 향한 이런 요구는 이전의 '엄마, 뭐 먹어?'('나도 좀 달라')에 이어 두 번째이다. 공교롭게도 아이들의 두 번의 요구는 각각 '구강', '항문'과 관련이 있다. 첫 번째 요구가 '굶주림'이라는 본능에서 나온 것이라면 두 번째 요구는 도망가기 위한 방편으로 사용된다. 위에 인용된 '아이들'과 '엄마'의 대화에서 우리는 '호랑이 어머니'의 또 다른 면모를 찾을 수 있다. 즉, 아이들의 성장을 돕기는커녕, 아이들을 곁에 '잡아'둠으로써 퇴행으로 조장하는 자기만족의 나르시시즘적인 욕망이 그것이다. 반면, 대소변을 가릴 줄 아는 오누이는 이미 '항문기'를 벗어난 상태이다. 오누이는 '똥이 마렵다'라는 말을 함으로써 최초의 페니스를 이용한 공격적인(혹은 방어적인) 반응을 보이는 한편, 어머니 앞에서 똥을 누지 않음으로써 아이가 부모에게 바치는 최초의 선물('똥')을 거부하여 어머니를 향한 자신들의 의지를 보여준다.[40]

---

39) 임석재, 『한국구전설화』 4, p. 167.

40) 프로이트는 '배설물', '아기', '페니스'를 무의식의 소산물로서 별 차이가 없으며 서로 대체될 수 있는 것으로 파악하였다. 똥과 페니스와 아기는 모두 유형의 덩어리들이며, 아기와 똥은 내장을 통해 몸 밖으로 나온다는 점에서 '일치'하고, 아이의 똥은 '애정의 증거로 사랑하는 사람에게 보내는 자발적인 첫 선물'이다. 널리 알져진 대로 아기 소망은 페니스 선망에 기인하며, 항문성애와 관련하여 '대변 덩어리' 혹은 '대변 막대기'는 '최초의 페니스'를 상징한다.—「항문 에로티시즘의 예로 본 본능의 변형」, 『성욕에 관한 세 편의 에세이』, 김정일 옮김, 열린책들, 2000, pp. 111-121 참조.

오누이가 집으로 다시 들어오지 않자 호랑이 어머니도 오누이를 '찾기 위해'(실은 '잡기 위해') 집을 나온다. 호랑이 어머니가 오누이를 발견한 곳은 '우물' 속이다. 호랑이 어머니가 우물 속에서 우물에 비친 자신의 모습 대신 '오누이'(혹은 '오누이의 그림자')를 보았다는 점은 의미심장하다. 게다가 호랑이 어머니는 이미 나무 위에 올라가 있는 오누이를 우물 속에 있는 것으로 착각한다. 호랑이 어머니에게 오누이는 말 그대로 '우물 안 개구리'처럼 보인다. 그래서 아기를 어르듯 "여러 가지 손짓 발짓을 하며" "아가 아가, 이리 나와, 어서 나와."[41] 하는 것이다.

이야기 속의 '우물'은 「나르시소스 신화」의 '샘물'이나 「백설공주」의 '거울'과 같은 의미를 갖는다. 어머니가 우물 속에서 자기 자신 대신에 자식을 보는 것은 '이미 오래전에 포기했던 자신의 나르시시즘을 부활시키고 재현시키는 행위'[42]이며, 실제 자신의 모습을 보지 못하고 거울상의 이미지에 매료되어 착각에 빠지는 '상상적 동일시'이다. 모든 부모는 '스스로가 오래전에 포기했던 모든 특권을 자식에게 다시 부여하려는 경향'[43]이 있다. 더군다나 가난한 홀어머니의 경우, '현실의 압박을 심하게 받아 자아의 불멸성이 위협을 받는 부모의 나르시시즘이 자식에게서 피난처를 찾아 안정된 위치를 유지'[44]하려 했으리라는 것을 추측할 수 있다.

호랑이가 오누이를 쫓아간 이유에 대하여 생각해보자. 언뜻 '잡아먹기 위해서'라는 답이 떠오른다. 게다가 호랑이는 이미 젖먹이를 잡아먹은 전적이 있다. 그러나 호랑이는 오누이를 쫓으면서 단 한번도 '잡아먹겠다'는 말을 한 적이 없다. 무엇보다도 호랑이는 어머니

41) 임석재, 『한국구전설화』 4, p. 167.
42) 프로이트, 「나르시시즘에 관한 서론」, 『무의식에 관하여』, p. 70.
43) 프로이트, 앞의 책, p. 71.
44) 프로이트, 앞의 책, pp. 71-72.

와 젖먹이를 먹어 이미 배가 든든하다. 젖먹이의 손가락을 던진 행위는 호랑이가 이미 먹을 만큼 먹었다는 것을 의미한다. 호랑이의 생태상 배부른 호랑이에게 더 이상의 먹잇감은 필요하지 않다.[45] 그렇다면 호랑이는 오누이를 왜 쫓아갔을까? 호랑이가 이야기 초기에 등장한 호랑이가 아니라 '호랑이 어머니'라는 사실을 상기해보자. 우리말에 '자식을 잡는다'는 말이 있다. 지나치게 엄격한 부모가 자식을 심하게 나무랄 때(혹은 못살게 굴 때) 제3자는 종종 '그러다가 네 자식 잡겠다'고 표현한다. '잡는다'는 것은 짐승이나 가축 따위를 '죽인다'는 의미이다. 인간에게 적용된 '잡는다'는 말은 과장된 표현이다. 부모의 의도는 짐승을 잡듯 자식을 잡는 것에 있지 않지만 남이 보기에 그것은 자신의 욕심을 채우기 위한 부모의 과도한 행위로 비춰지는 것이다. 호랑이 어머니가 오누이를 쫓는 상황은 호랑이 어머니의 의도가 어떻든, 독자(청자)에게 '잡기' 위한 것, 나아가 '잡아먹기' 위한 것으로 비춰진다. 애초에 부성적 이미지, 도덕적 가치체계와 든든한 법질서로서 '아버지'의 역할을 담당할 것 같았던 '호랑이 어머니'는, 오히려 자신의 나르시시즘적 욕망으로 자식의 퇴행을 조장하고, '이드만이 할 수 있을 정도의 잔인성을 발휘'[46]하는 그릇된 초자아로 그려진다.

---

45) 야생 호랑이가 하루에 먹는 양은 자기 몸무게의 1/10 정도라고 한다. 한국 호랑이나 시베리아 호랑이의 몸무게는 약 200kg이므로 하루에 약 20-30kg 정도를 먹는 셈이다. 호랑이는 뼈는 먹지 않고 주로 내장, 살 위주로 먹는다.(먹을 게 넉넉하지 않을 경우엔 연골뼈는 먹는다) 이야기 속의 호랑이가 몹시 굶주렸다고 해도 어머니(성인)와 젖먹이(아기)를 먹어치운 호랑이는 더 이상 먹을 수 없는 상태이다. 호랑이가 젖먹이의 손가락을 던지는 행위에서 이미 충분히 먹을 만큼 먹어서 배가 불렀다는 사실을 짐작할 수 있다. 호랑이는 많이 먹고 나면 일주일 정도는 굶는다.—2003년 1월 29일, '에버랜드' 동물 사육사들과의 전화 통화로 확인; 김호근·윤열수 엮음, 『한국 호랑이』, 열화당, 1992, pp. 141-143 참조.

46) 프로이트, 「자아와 이드」, 『쾌락 원칙을 넘어서』, 박찬부 옮김, 열린책들, 1997, p. 150.

## 1.4. '아버지의 법'으로 - '나무'와 '도끼' / '해', 그리고 '달'

앞에서 우리는 '오누이'의 성장 정도를 추측할 수 있었다. 이미 '항문기'를 지난 오누이는 '성기기'(남근기) 즉, 오이디푸스기의 초기 단계에 있다. 프로이트에 의하면 이 시기는 일생 중 가장 중요한 시기이다. 실제로 어린이를 주인공으로 한, 많은 이야기가 이 시기에 일어나는 성숙(성장)의 문제를 주요 사건으로 다루고 있다. '해와 달이 된 오누이' 역시 제목에서 강조되었듯, 후반부로 갈수록 이름도 없던 '오누이'가 각각 '해', '달'이라는 독립적 존재로 자리매김하는 성장 과정에 초점이 맞춰져 있다. 이 시기의 어린이는 어머니의 품에서 벗어나 '아버지의 법'으로 진입하는 과도기 상태에 있다. 나무 위에 어떻게 올라갔느냐는 호랑이의 물음에 '도끼'로 찍고 올라왔다고 사실을 알려주는 누이의 태도는 아버지의 법질서로의 편입을 코앞에 두고 엄마 품을 그리워하는 이 시기 아이의 특성을 보여준다. 누이의 이런 행동을 통해 '젖먹이－동생－오빠'로 이어지는 아이의 성장 과정을 엿볼 수 있다. 엄마의 아늑한 품에 종속되었던 아이는 엄마와 아이 사이에 '아버지'가 개입됨으로써 비로소 완전한 '젖떼기'가 이뤄진다. 정신분석에서 '아버지'는 상징적 의미를 갖는다. 아버지는 사회적 질서의 표상이며 아이가 사회적 질서에 진입하는 것을 가능케 해준다.[47] 모든 개체는 아버지와 동일시함으로써 비로소 '주체'로서의 자격을 부여받고 '언어'가 지배하는 '아버지의 법'의 세계로 진입한다.

그림(Grimm)동화 「헨젤과 그레텔」의 주인공 남매는 계모에게 쫓겨나서 마녀의 유혹에 빠졌다가 이를 극복한 후, '독립심'을 상징하는 '보물'을 들고 무사히 귀향한다.[48] 「해와 달이 된 오누이」와 「헨젤과

47) 딜런 에반스, 앞의 책, p. 225.

48) 브루노 베텔하임(Bruno Bettelheim), 『옛이야기의 매력』 2, 시공주니어, 1998, p. 275 참조.

그레텔」의 공통점은 서로에게 종속되었던 '오누이'가 집을 나와 난관을 극복하면서 비로소 각각 독립된 존재로 분리된다는 점이다. 그러나 「헨젤과 그레텔」의 주인공들은 아버지가 있으며 어머니에게 쫓기지도 않는다. 「해와 달이 된 오누이」의 오누이에게 '아버지'가 필요한 이유는 자신들을 '잡으려는' '호랑이 어머니', 남편이 없어서 더욱 자식을 나르시시즘 욕망의 대상물로 묶어두려는 '홀어머니' 때문이다.

호랑이 어머니가 오누이의 발목을 잡으려고 하면 할수록 오누이에게는 자신들을 구제해 줄 아버지가 절실히 필요하다. 오누이를 '어머니'로부터 분리할 수 있는 능력의 소유자는 '아버지'밖에 없다.

다음 인용문을 보자.

> "애이구 어머니 똥 매롸."
> 그러니까,
> "방에다 눠라."
> 그러거던?
> "애이구 어머니 나 방이서 누면 아부지한티 혼나."
> "그러먼 마당이 가 눠."
> "아이구 마당이 가 누면 혼나."
> 그러닝깨,
> "그러먼 장자 이웃집이 가서 눠."
> 그러거던?[49)]

> "엄마 똥 마려."
> "요강에 누렴."
> "아버지가 들어오셔서 꾸중하시게."
> "그럼 마루에 나가 누렴."
> "아버지가 들어오시다 밟으시게."

---

49) 『구비대계』 4-4, p. 332.

"그럼 이 새끼줄 매고 마당에 나가 누렴."[50)]

첫 번째 이야기의 경우, 도입부에서 이미 "아부지가 일찍 돌아가시구"(p. 331)라고 밝혔는데도 아이들의 입을 통해 '아부지'가 개입하고 있고, 두 번째 이야기에서는 이야기 초반에 아버지와 함께 사는 것으로 되어 있으나 한 번도 등장하지 않으며 위의 인용문 외에는 언급되지도 않음으로써 '부재'(不在)하는 인물이다. 유화(類話)들을 살펴보았을 때, 오누이에게는 아버지가 없으며, '아버지의 결핍'은 '과부' 어머니를 통해 이야기 초기에 이미 강조되어 있다. 인용문의 대화 속에서 우리는 일반적인 어머니와 아이의 역할이 바뀌었다는 사실을 알 수 있다. 존재하지도 않는 '아버지'를 내세워 어머니로부터 벗어나려는 오누이의 노력은 구술자의 무의식의 반영일 수도 있으나, 아이에게 겁을 주기 위해 어머니들이 보편적으로 동원하는 '망태 할아버지'를 생각하면 아이들이 끌어들인 '아버지' 역시 이와 같은 의미로 파악할 수 있다.

많은 설화가 그러하듯 이야기 초기의 '결핍'은 그것을 충족하기 위한 '대응물'로 대체된다. '아버지의 결핍' 역시 아버지와 관련된 대응물들이 그 자리를 대신한다.

오누이가 호랑이 어머니로부터 분리될 수 있었던 것은 '나무' 때문이다. '나무'는 '노송', '고목', '큰 나무' 등의 나이가 제법 든, 키가 큰 나무로 소개되고 있다. '나무'는 많은 이야기 속에서 어려움에 직면한 주인공이 난관을 극복할 수 있도록 실마리를 제공하는 조력자나, 성숙을 돕는 통과제의의 매개물, 변화하는 속성과 관련하여 부활과 재생의 상징으로서 그려져 왔다. 「해와 달이 된 오누이」의 나무 역시 이들과 유사한 의미를 갖는다. 나무는, 공간과 공간을 잇고 경

50) 임동권, 앞의 책, p. 90.

계 짓는 '문턱'이나 '계단'처럼 넘거나 타고 올라야 하는, 머물 수 없는 곳이다. 오누이에게 나무는 호랑이 어머니를 '잠시' 피해 있을 수 있는 일시적인 공간이다. 오누이가 성장하기 위해서는 '함께' '매달려' 있는 나무를 떠나야 한다. 역설적이게도 호랑이 어머니의 끈질긴 추적이 오누이의 성장을 돕는다. 이상적인 자아로 재창출된 '호랑이 어머니'의 상(像)이 결과적으로 자식들의 성장을 도운 것이다. 결국 오누이가 나무를 발판 삼아 승천함으로써 나무는 오누이에게 하늘로 오르는 '사다리'가 된다. 오누이를 보호하고, 오누이가 '함께' 매달려 있다는 점에서 '모성성'을 가지고 있는 나무는, 동시에 오누이가 '아버지의 법'의 세계로 진입하는 데에 없어서는 안 될 '다리'의 기능을 담당하고 있다.

오누이가 호랑이의 추적을 피해 나무 위로 올라갈 수 있었던 것은 '도끼' 때문이었다.

> ㉮ 범은 아이들을 쳐다보고 '너희들은 어떻게 올라 갔니?' 물었다. '뒷집에 가서 참기름을 얻어다 바르고 올라왔다.' 하였다. 참기름을 얻어다 발랐으나 미끄러워서 범은 오르지 못하였다. 또 어떻게 올라 갔느냐고 묻기에 '뒷집에 가서 들기름을 얻어 바르고 올라 왔다.'고 하였다. 범은 그래도 오르지 못하였다. 세 번째 범이 물었을 때 계집아이는 '<u>도끼로 찍고 올라 왔지 어째.</u>' 하였다. 범은 도끼로 나무를 찍어 발버팀을 만들면서 올라 왔다.[51]

> ㉯ 큰 사내 아이는 앞집이서 기름을 얻어다가 발르고 올라왔다고 했다. 범은 앞집에 가서 기름을 얻어다가 나무에 발르고 올라갈라고 하넌데 미끄러워서 올라갈 수가 없었다. 범은 야야 어떻게 해서 올라갔느냐고 다시 물었다. 철없는 어린 기집애가 <u>옆집에서 도끼를 얻어다가 나무를 찍으면서 올라왔다</u>고 했다. 범은 <u>옆집에 가서 도끼를 얻어다</u>

51) 손진태, 앞의 책, p. 662.

가 나무를 찍으면서 올라왔다.[52)]

오누이의 말 속에 뜬금없이 '옆집'(혹은 뒷집, 앞집)이 등장한다. 호랑이를 피해 부랴부랴 집을 나온 오누이가 이웃집에 들를 시간적인 여유가 있었을 리 만무하다. 그러나 대부분의 유화(類話) 속에서 오누이는 '옆집' '앞집' '뒷집' 등의 이웃집을 분명히 밝히고 있다. 오누이가 나무에서 내려오지도 않았는데 '옆집'에서 가져온 도끼가 다시 '옆집'에 되돌아가 있을 리 없다. 그런데도 많은 유화(類話) 속에서 호랑이는 '옆집'에 가서 도끼를 가져온다. 필요 이상으로 '옆집'이 강조되고 있는 것이다.

굳이 '이웃집'에 가서야 가져올 수 있는 그것은 달리 말해 '우리집에는 없다'는 뜻이 된다. '도끼'란 무엇인가. 그것은 남성의 도구이다. '생계'와 관련된 그것은 '가장'(家長), 즉 '아버지'의 도구이다. '옆집'에서 가져왔다는 것은 옆집의 아버지에게서 가져왔다는 말이다. 그것은 '아버지가 없는 우리집에는 없는 것이다.' 아이들이 호랑이 어머니를 속이기 위해 이용한 '참기름' '들기름'이 어머니의 공간인 부엌에 있는 어머니의 물건이라면, 아이들이 실제로 사용한 도끼는 분명히 아버지의 도구이다. 아이들은 '도끼'를 통해 무의식적으로 '아버지'의 존재를 동원하고 있는 것이다. 아이들은 '똥'에 이어 '도끼'로써 위험에 직면한 자신의 신변을 방어하고자 한다. '똥'이 '페니스'와 관련이 있다면, 이보다 한층 강화된 '도끼'는 생김새는 차치하고라도 기능적인 면에서 '아버지의 법'(힘, 권력)인 '남근'(phallus)을 상징한다.[53)] 나무를 '찍음'으로써 나무를 오르는 '발판'(발버팀)을 만들

52) 임석재, 『韓國口傳說話』 4, p. 168.

53) 이로써 우리는 서양 동화 속의 주인공들이 종종 초월적인 존재로부터 '식탁보', '황금알을 낳는 거위', '막대기'를 차례차례 선물받고 (정신분석적인 시각으로 볼 때, 각각의 선물들은 구강기, 항문기, 성기기와 관련이 있다) 이들을 사용하여 위기를 극복하고 비로소 정착하듯, 이 짧은 이야기 속에

어준 ‘도끼’ 역시 ‘아버지’의 대응물로 작용하고 있다.

어머니에게 부여된 것이 ‘보호’ 기능이라면 아버지는 ‘금지’로써 상징계(the symbolic)의 질서를 관장한다.

> 하느님은 두 형매(兄妹)를 불러다 놓고 “여기는 놀고 먹지는 못하는 곳이다. 형은 해가 되고 누이는 달이 되거라.” 명령하였다.[54]

오누이는 동아줄을 내려주는 하느님(아버지)의 직접적인 개입에 의해 비로소 호랑이 어머니로부터 완전히 벗어나 ‘아버지의 법’의 세계로 진입한다. 이미 ‘시험’에 통과한 오누이에게 하느님(아버지)은 다시 한번 아버지의 법질서의 엄격한 기준을 각인시킨다. 이제 ‘여기는’ ‘놀고먹지 못한다’는 것이다. 하느님(아버지)의 명령 속에는 쾌락원칙과 현실원칙, ‘저기’와 ‘여기’가 분명히 경계지어져 있다. 엄마품에 안겨 놀던 어린 시절은 이제 더 이상 갈 수 없는 고향, 아련한 추억 속의 낙원으로만 남게 되었다. 이름도 없이 한 개체처럼 묶여 있었던 ‘오누이’는 이제 ‘해’, 그리고 ‘달’이라는 ‘이름’을 부여받고, 노는 것이 금지된, 아버지가 지배하는 법의 세계에서 우주 질서를 관장하는 독립된 주체로 우뚝 서게 된 것이다.

오누이가 당당히 시험에 통과한 반면, 호랑이 어머니에게는 불행한 결말이 기다리고 있었다. 자식의 발목을 잡아둠으로써 자신의 만족을 꾀하려는 뒤틀린 모성은 결국 ‘죽음’으로써 최후를 맞이한다. 상상적인 복귀에 의해 허구적으로 재현된 ‘호랑이 어머니’는 필연적으로 비극적인 운명에 처해 있었다. ‘상징계’의 엄격한 시험대 앞에서 욕망의 산물인 ‘호랑이 어머니’는 ‘죽음’으로써만 상징적 질서에

---

서 ‘구강기’, ‘항문기’, ‘성기기’(남근기)에 이르는 아이의 성장과정을 모두 찾을 수 있다.

54) 손진태, 앞의 책, p. 157.

통합될 수 있는 것이다.

호랑이 어머니는 수숫대를 베어낸 수수 그루터기에 항문이 찔려 피를 많이 흘리고 죽는다. 수숫대가 붉은 이유는 호랑이가 흘린 피 때문이다.[55] '수숫대가 붉은 사연'이라는 제목은 '민담'보다 '전설'로서의 성격을 부각시키고, '호랑이의 죽음'과 함께 수숫대의 붉은색을 강조한다. 우리 민속에서 '붉은색'은 '보호'의 색이다. 호랑이가 떨어진 곳이 왜 하필 수수밭일까? 수수는 액막이를 위해 제대에 올려지는 '수수떡'의 재료이다. 이때 '수수떡'은 반드시 '붉은' 팥으로 고물을 한다. '붉은색'으로 악귀를 막고 무사안녕을 기원하기 위해서이다.[56] 이처럼 호랑이가 찔려 죽은 '붉게 물든 수숫대'에서 '액막이'의 의미를 찾을 수 있다.[57]

---

55) 이하 '호랑이의 죽음'과 관련된 부분에서는 '호랑이 어머니' 대신에 '호랑이'라는 명칭을 사용하기로 하겠다. 이는 「쥐 둔갑 설화」에서 주인공이 자신과 똑같은 모습으로 둔갑하여 자신의 자리를 차지한 쥐를 퇴치할 때, 죽인 것은 자신과 외모가 같은 사람이었지만 실제 주검은 '쥐'이듯, 죽은 것은 '호랑이 어머니'의 이드(id)적인 속성, 즉 포악한 '호랑이'이기 때문이다.

56) 떡의 기원은 원시시대로 추정되는데, 이미 청동기 시대에 시루를 사용하여 음식을 했다고 한다. 아기 생일날에 액땜으로 하는 '수수떡'(수수떡은 다른 이름으로 '수수팥떡', '수수경단'으로 불리기도 한다) 등의 고사떡은 극히 원초적 음식의 하나로 토착 신앙심에 연유한 상고(上古)적 풍습이다.—한국문화재 보호재단 편, 『한국 음식 대관』 제3권: 떡·과정·음청, 한림출판사, 2000, pp. 11-14.

57) 한편, '수수떡'에서 '떡'의 의미를 되짚어 보자. '떡'은 이야기의 도입부에서 어머니가 호랑이에게 제일 먼저 빼앗긴 것으로 '모성'을 상징하는 것이었다. 이러한 '떡'의 의미는 '수수떡'에 함축된 의미를 강화한다. 수수떡은 어린아이의 백일이나 돌잔치 때 어김없이 상에 올려지는 음식이다. '수수떡'에는 액을 소멸하고 악귀로부터 어린 자식을 지키려는 어머니의 사랑, '모성'이 들어 있다.

호랑이가 수숫대에 찔려죽었다는 점에서 '하느님(아버지)'의 벌이 단순히 호랑이 퇴치에만 그치는 것이 아니라 이와 동시에 더 이상 이런 일이 일어나지 않도록 '액막이'를 하고, 모성(母性)의 본래의 의미를 되새기게 해준 것에 있지 않을까 한다. 이 점은 사람들의 보편적인 바람일 수도 있을 것이다.

「해와 달이 된 오누이」는 「해와 달의 유래」, 「해님 달님」, 「수숫대가 붉은 사연」의 제목으로도 불린다. 이들 제목의 공통점은 이야기의 결말 부분이 강조되어 있다는 점이다. 연구자들의 관심도 '어머니'보다는 '오누이', 특히 '해와 달'과 관련하여 오누이의 성장(승천) 문제에 초점이 맞춰져 왔다. 아이의 성장은 어머니와 불가분의 관계에 있다. 이야기의 처음부터 끝까지 오누이의 성장에는 어머니가 관련되어 있었다.

이 이야기는 어머니가 '호랑이 어머니'가 되는 과정과 오누이가 각각 '해와 달'이 되기까지의 과정이라는 두 개의 구조로 이루어져 있다. 「해와 달이 된 오누이」는 많은 구전 설화 가운데 단연 노른자위를 차지한다. 아이를 둔 부모라면 누구나 한 번쯤 아이 앞에서 호랑이가 되어 "떡 하나 주면 안 잡아먹~지"를 했을 법한, 널리 알려진 이야기이다. 이 이야기는 어머니가 시도한 상상계로의 복귀가 결국 어떤 결말을 가져오며, 오누이가 그런 어머니로부터 벗어나지 않았을 경우 어떤 삶을 살게 될지 예시해준다. 프로이트는 아이가 사회의 질서에 편입되어가는 과정이 일생 중 제일 중요한 문제라고 하고, 부모들은 가장 짓기 힘든 것이 '자식 농사'라고들 한다. 「해와 달이 된 오누이」가 오랜 세월 동안 꾸준히 아이들에게 읽히고 있는 이유는, 아이들의 가장 보편적인 관심사, 즉 아이들이 인식하는 '모성'에 대한 양면성과 어머니와의 분리를 통해 획득할 수 있는 독립적이고 자율적인 존재로서의 오누이의 삶이 작품 속에 잘 융화되어 있기 때문일지도 모르겠다.

## 2. 환상 속의 그대, '대상 (*a*)'를 찾아서
### —「나무꾼과 선녀」(수탉 유래담)

「우렁각시」와 「나무꾼과 선녀」는 인물, 사건, 배경 등 이야기의 기본 구조가 유사하다. 모두 홀어머니와 사는 과년한 총각이 환상적인 여인과 부부의 연을 맺지만, 결국 아내를 떠나보내고 자신은 죽어 '동물'이 된다. 평범한 주인공이 비범한 여인을 몰래 엿본 후, 무리하게 아내로 삼는 과정도 유사하다. 주목할 만한 점은 두 이야기 모두 주인공의 불행한 결말에 '어머니'가 결정적인 원인을 제공한다는 점이다. 「우렁각시」는 며느리 몰래 누룽지를 혼자 차지하려는 어머니의 욕심이 발단이 되어, 「나무꾼과 선녀」는 어머니가 끓여준 호박죽 때문에 주인공은 아내를 잃고 불행한 운명에 처하게 된다.

정신분석에서 '어머니'는 특별한 의미를 갖는다. 프로이트와 라캉에 의하면 모든 인간에게는 '어머니'에 대한 향수가 있다. 이는 엄마 품에 안겨 있던 그때의 '안락함'과 '편안함', 근원적인 모성에 대한 그리움이다. 인간은 잃어버린 낙원에 대한 향수를 달래기 위해 끊임없이 대상을 찾아다닌다. 결핍된 것을 충족시켜줄 대상, 그것을 라캉은 '대상 (*a*)'(오브제 쁘띠 아, objet (petit) *a*)[58]라고 명명한다. 그러나

58) '대상 (*a*)'는 국내 번역서의 일반적 표기를 따른 것이다. 불어 원어인 'objet (petit) *a*'를 그대로 번역하면, '대상(작은) *a*' 이다. 이때의 *a*는 '대상'을 의미하는 불어 autre의 이탤릭체의 첫 문자로서, '작은'(petit)이라는 표현과 소

대상 (*a*)는 존재하는 어떤 것이 아니다. 그것은 환상이 만들어낸 이미지일 뿐이며 상상계적인 대체물이기 때문이다. 욕망 충족을 위해 부단히 대상을 바꿔나가는 인간의 노력에도 불구하고 대상 (*a*)는 영원히 채울 수 없는 결핍이요, 충족될 수 없는 구멍으로 남는다. '욕망은 환유다'라는 라캉의 공식은 어머니와의 합일을 꿈꾸며 끊임없이 다른 대상으로 자리바꿈을 하는 인간의 모습을 단적으로 표현한 것이다.

이 글은 '땅과 하늘', '나무꾼과 선녀', '어머니와 아버지'의 세계로 이분화되는 서사구조 속에서 주인공이 두 개의 세계를 왕래하며 결국 불행을 자초할 수밖에 없었던 근본적인 원인을 추적해보고자 한다. 그간 도외시되었던 '선녀'의 입장과, 스토리 전개에 아무 영향을 주지 않으면서도 모든 유화(類話)에 반드시 등장하는 여러 명의 '선녀들', 그리고 '사슴', 선녀의 '옷', '물(연못)'에 대한 숨은 의미들을 밝혀나갈 것이다.

## 2.1. 텍스트 읽기

「나무꾼과 선녀」는 내용상 크게 '나무꾼 승천담', '천상시련담', '수탉유래담'으로 분류된다.[59] 나무꾼이 두레박을 타기까지의 내용은 세 가지 유형이 모두 일치하고, 두레박을 타고 하늘로 오른 이후의

---

문자 *a*를 이탤릭체로 사용하는 것은 '큰 타자 A'와 구분하기 위한 것이다.

59) 필자가 살펴본 바에 의하면 아이들이 읽는 전래동화 역시 크게 세 가지 유형을 따르고 있다. 그림책의 경우는 세 가지 유형 중 내용이 가장 짧은 '나무꾼 승천담'이 많은데 이는 지면이 제한되어 있는 '그림책'의 제약적인 특성과, '나무꾼 승천담'이 과거에 여러 차례 교과서에 실렸던 사실이 각색자에게 적지 않게 작용했기 때문으로 생각된다. 필자가 확인한 바로는 최소한 1950-1960년대 국민학교 '국어' 교과서에 전문(全文)이 수록된 「나무꾼과 선녀」는 모두 '나무꾼 승천담'이다. 따라서 1980년대에 채록된 『구비대계』의 유화 가운데에는 교과서의 영향을 받은 것이 적지 않으리라 추측된다. 실제로 제보자 스스로 교과서에 실린 이야기라고 미리 밝힌 경우도 있다.

내용의 차이에 따라 유형이 구분된다. '나무꾼 승천담'은 승천한 선녀를 뒤따라 두레박을 타고 하늘로 올라간 나무꾼이 선녀와 아이를 만나 행복하게 산다는 이야기이고, '천상시련담'은 두레박을 타고 하늘로 올라간 나무꾼이 선녀의 친정 식구들에게 사위가 되기 위한 일종의 '자격시험'을 치르고 선녀의 절대적인 도움으로 시험에 합격하여 하늘에서 행복하게 살게 된다는 이야기이며, '수탉유래담'은 두레박을 타고 하늘로 올라간 나무꾼이 땅에 있는 노모(혹은 친척)를 그리워하여 하강을 했다가 선녀의 금기를 어겨 하늘로 오르지 못하고 죽어 수탉이 된다는 이야기이다.

이 밖에 선녀가 홀로 혹은 아이들을 데리고 승천하고 나무꾼은 땅에 남겨지는 것으로 끝이 나는 '선녀 승천담'이 있고, 천상의 시련을 극복하고 선녀와 살던 나무꾼이 다시 지상으로 하강하여 수탉이 된다는 '천상시련담'에 '수탉유래담'이 결합된 유형도 있다. 참고로 조선총독부에서 발행한 『조선동화집』(大正 13년, 1924)에 실린 「天女の羽衣」가 있는데 이 이야기는 유화(類話)가 전혀 없으며, 「나무꾼과 선녀」의 본래의 내용과는 거리가 먼 일종의 효행담으로,[60] 『조선동화집』에 실린 대부분의 이야기가 심하게 왜곡되고 변형된 것으로 미루어 보아 별도의 유형이 존재하는 것이 아니고 인위적인 손질에 의해 구조 자체가 변형된 것으로 보인다.

일반적으로 「나무꾼과 선녀」를 세 가지 유형으로 분류하여, 이 가운데 분량이 가장 짧은 '나무꾼 승천담'을 '기본형'으로, 다른 유형은

---

60) 이 이야기의 주인공은 나무꾼이나 총각이 아닌 '효자'(一人の孝行息子)이고, 홀아버지와 살며, 사슴이나 노루는 등장하지 않는다. 주인공은 아버지의 병을 고치기 위해 천녀(天女)들이 갖고 있다는 선도(仙桃)를 구하던 중 우연히 천녀들의 목욕장면을 목격하여 천녀의 옷을 숨긴다. 주인공의 효성에 감동한 천녀는 주인공에게 선도 3개를 주고, 효자는 천녀의 옷을 내주어 천녀는 승천한다. 효자는 선도 한 개로 아버지의 병을 고치고 자신도 하나를 먹어 불로장생하고 나머지는 정원의 소나무 뿌리에 심었더니, 소나무가 상록수가 되었다는 내용이다.

'변이형'으로 보기도 하지만, 필자로서는 '나무꾼 승천담'보다는 '선녀 승천담'을 '기본형'으로 보는 것이 타당할 것으로 생각된다. 왜냐하면 '선녀 승천담'은 유형 가운데 가장 간략하여 그 내용이 모든 유형에 포함되어 있고, 우리의 설화뿐만 아니라 중국과 일본, 만주, 몽고 등지에도 날개옷을 되찾은 선녀가 승천하는 것으로 끝이 나는 이야기들이 있으며,[61] 무엇보다 설화의 특성을 고려할 때, 옷을 담보로 선녀를 강제로 아내로 삼은 나무꾼은 땅에 남겨지고, 선녀는 승천하는 것으로 끝나는 것이 나무꾼의 과도한 욕심과 부당한 행동에 대한 인과응보적인 결말이기도 하기 때문이다.[62]

이 글에서는 세 가지의 유형 가운데 '수탉 유래담'을 기본 텍스트로 삼고자 한다.[63] 우선, 앞에서 기본형으로 본 '선녀 승천담'의 성격을 그대로 보유하고 있고, 필자가 찾아본 바에 의하면 모든 유형을 막

---

61) 「나무꾼과 선녀」는 중국, 일본, 만주, 몽고 등지에 분포되어 있는 광포설화이다. 우리나라를 포함하여 이들 나라에서 선녀가 승천하는 것으로 끝이 나는 '선녀 승천담'은 다음과 같다.
- 손진태의 『한국민족설화의 연구』에 소개된 설화: '조녀(鳥女)설화'(p. 195), 몽고의 '곡조(鵠鳥)설화'(pp. 196-197), 만주족의 '청(淸)의 선조에 관한 설화'(pp. 197-198)
- 성기열의 「민담 '선녀와 나무꾼'의 한일 비교」(『신라문화제 학술발표회 논문집』 제3권, 1982, 동국대학교 신라문화 연구소)에 소개된 설화: '일본'의 설화(p. 142), '뉴헤브리데스'의 설화(pp. 144-145)
- 이능화의 『조선여속고』(경성: 한남서림, 1927)에 실린 「금강산 초부우의 선녀설화(金剛山樵夫羽衣天女說話)」(pp. 5-6)
- 『구비대계』에 수록된 설화: 강원도 횡성군 갑천면의 「나뭇군과 선녀」(pp. 420-424), 전남 화순군 춘양면의 「나뭇군과 선녀」(pp. 508-510), 전북 남원군 송동면 「선녀와 나무꾼」(pp. 283-285)
- 『한국구전설화』 3, 황해도의 「나무꾼과 선녀」(pp. 255-256)

62) 한편, 외국의 유화에서 아이들을 두고 승천한 선녀에 대한 화풀이로 남편이 아이를 매질하거나, 아이들을 데리고 가출한 아내를 쫓아간 남편이 아내를 죽이는 등 '나무꾼' 역의 주인공이 '악인'(惡人)으로 설정된 경우도 있다.—이는 각각 성기열의 앞의 논문에 소개된 '보르네오'의 설화(p. 144)와 '북방 에스키모족' 설화(pp. 145-147)가 해당한다.

63) '수탉유래담'에는 '선녀 승천담'이 포함되므로 '선녀 승천담'의 의미는 '수탉유래담'의 분석 과정에서 파악될 것이다.

론하고 우리나라에서 채록된 「나무꾼과 선녀」의 최초의 채록본과 두 번째와 세 번째로 채록된 이야기까지도 모두 '수탉유래담'이기 때문이다.[64] 이에 다른 유형을 텍스트로 삼을 수 없는 이유는 다음과 같다.

우선, '나무꾼 승천담'에서 과오를 범한 나무꾼이 승천하여 아무 어려움 없이 행복하게 산다는 결말은 등장인물들의 선행과 악행에 따라 행불행이 결정되는 설화의 일반적인 특성에 위배되며, 나무꾼을 피하여 아이들까지 데리고 승천한 선녀가 하늘의 허락 없이 몰래 두레박을 타고 자신을 뒤쫓아 온 나무꾼을 '반갑게' 혹은 '기쁘게' 맞이하여 행복하게 산다는 내용이 개연성이 없다. 또한, 설화에서의 '결혼'이란 '입사의례'와 관련되는 상징적인 장치로서 '미혼'에서 '기혼'으로의 변화를 통해 주인공의 성숙이 의미심장하게 다뤄지기 마련인데, '강제혼'으로 '결혼'의 본래의 의미를 무시한 미숙한 나무꾼이 행복한 결혼생활을 영위한다는 결말은 이에 위배되기 때문이다. 한편, '천상시련담'은 일반적으로 '혼사시련담' 혹은 '혼사장애담'으로 분리되고 있는데 필자로서는 '천상시련담'이 '혼사시련담'의 하위 유형이 아니라 '기본형'에 '혼사시련담'이 접목이 된 것으로 보인다. 이른바 '혼사시련담'의 대표적인 설화인 「해모수」, 「서동」, 「온달」에서 각각의 주인공들이 온전히 '자력'(自力)으로 시험에서 승리하여 '사위'로서의 자격을 획득하는 데 반해, '천상시련담'의 나무꾼은 전적(全的)으로 '선녀'에게 의존하여 시험에 통과한다. 이는 '혼사시련'이라는 본래의 의미에 위배되는 것인데 이는 기존의 나무꾼의 '의존적'인 성격에 혼사시련담이 접목되었기 때문으로 보인다.[65]

이상의 이유로 이 글에서는 '수탉유래담'을 텍스트로 삼기로 한다. 단, 나무꾼이 두레박을 타고 하늘에 오르기까지의 내용은 모든

64) 이에 대해서는 이어지는 '수탉유래담의 유화' 중 ①, ②, ③ 참조.
65) 또한 이 유형 역시 나무꾼을 버리고 홀로 승천한 선녀가 아무 동기 없이 태도를 바꿔 나무꾼을 적극적으로 돕는다는 점이 앞뒤가 맞지 않는다.

유형이 일치하므로 이 부분에 대해서는 모든 유형의 유화들을 함께 고려하기로 한다. '나무꾼 승천담'의 경우는 '수탉유래담'에 전체 내용이 포함되므로 분석과정에서 기본적인 의미들은 파악될 것이다.

'수탉유래담'의 유화(類話)는 다음과 같다.

① 「The Heavenly Maiden and the Wood Cutter」(정인섭, 『Folk tales from Korea: 우리고담』, London: Routledge & Kegan Paul, 1952, pp. 21-25. ※ 1913년 채록)[66)]

② 「웅계전설(雄鷄傳說)」(羽衣傳說)(손진태, 『조선민담집』, 大正 15(1926), 소화 5, 조선총독부, pp. 74-80. ※ 1923년 8월 채록)[67)]

③ 「숫닭의 래력」(≪개벽≫ 제32호, 1923, 2월, pp. 62-67. ※ 고래동화(古來童話) 현상모집 당선 동화)

④ 「나뭇군과 선녀, 노루 이야기」(『구비대계』 7-1, 경북 월성군 현곡면, pp. 268-271)

⑤ 「닭이 높은 데서 우는 유래」(『구비대계』 3-2, 충북 청주시 청원군 탑동, pp. 250-258)

⑥ 「나뭇군과 선녀」(『구비대계』 4-2, 충남 대덕군 구즉면, pp. 340-346)

---

66) 유화 중 채록시기가 가장 빠른 것은 ①의 이야기로, 전문(全文)이 영어로 기록되어 있으며, '1913년 온양의 정덕봉'에 의해 구술된 것(told by Zŏng Dŏg-Bŏng; Ŏnyang, 1913)이라고 명시되어 있다. 이 유화의 경우, 구술자의 구술 내용에 채록자가 손질을 가하여 다른 유화에 비해 설명과 묘사가 지나치게 자세하다. (가령, 사슴이 나무꾼에게 선녀들이 목욕하는 장소를 가르쳐 주는 대목에서 '내일 오후 2시 전 금강산에 올라가 무지개가 닿는 지점의 산봉우리들 사이에 있는 연못'—p. 22—이라고 설명하는 식이다) 그러나 이야기의 기본 줄기는 수탉유래담의 구조를 변형시키지 않고 그대로 따르고 있다.

67) 전문(全文)이 일어(日語)로 기록되어 있으며, 1923년 8월 경성(京城)에서 방정환(方定煥)이 구술한 것이라고 명시되어 있다. 이 이야기 역시 설명과 묘사가 지나치게 자세하지만 (예를 들어, 다른 유화에는 없는 표현으로 '연못 주변의 큰 바위 위에는 하얀 비단과 같이 하얗고 아름다운 선녀들의 옷이 벗어 놓아져 있었기 때문에 그는 발소리를 죽이고 나무 사이와 풀 아래로 기어가서'—p. 76— 등과 같은 구체적인 정황 묘사) 이야기의 구조는 수탉유래담의 구조를 그대로 따르고 있다.

이 글에서는 이상의 '수탉유래담'의 모든 유화를 기본 텍스트로 삼는다. 이 가운데 다른 유화와 공통된 줄거리를 중심으로 ⑥의 이야기를 소개하면 다음과 같다. 괄호 속은 이 텍스트에는 없으나 다른 유화의 공통된 내용을 밝힌 것이다.

「나뭇군과 선녀」

옛날, 어느 (깊은) 산골에 한 사람(총각)이 (나이 30이 넘도록, 혹은 늦도록 장가를 가지 못하고) 나무 장사만 해먹고 살았는데 홀어머니와 함께 가난하기 짝이 없는 생활을 하였다. 어느 날, 나무를 하는데 사슴 한 마리가 헐레벌떡거리고 와서 포수(사냥꾼)가 죽이려고 하니 숨겨달라고 하였다. 나무꾼은 엉겁결에 나무 한 것을 모아놓은 데다가 사슴을 파묻었다.(숨겨주었다) 뒤이어 쫓아온 포수가 눈을 헤번떡거리며 사슴을 보지 못했냐고 묻자 나무꾼은 숲 속으로 도망갔다고 거짓말을 하여 사슴의 목숨을 구한다. 사슴은 나무꾼에게 소원이 뭐냐고 묻는다.(소원을 묻는 과정이 생략된 경우도 있음) 나무꾼이 장가를 들고 싶다고 하자 사슴은 자기가 시키는 대로만 하면 예쁜 색시를 얻을 수 있다고 하며 산속 연못에 천상 옥녀(선녀, 천녀) 삼형제(7 혹은 8선녀)가 저녁마다(혹은 한 달에 한 번, 단옷날) 목욕을 하러오는데 기다렸다가 (차례로 내려오는 선녀 중) 제일 막내 선녀의 날개 옷(혹은 속옷)을 감춘 후, 목욕을 마치고 모두 하늘로 올라갈 때 막내 선녀가 혼자 올라가지 못하고 있을 테니 그때 그 선녀에게 나와 함께 살면 그때 옷을 내주겠다고 하면 그러자고 할 것이니,[68] 아이를 넷(혹은 둘, 셋) 낳을 때까지는 절대 옷을 내주지 말라고 한다.

나무꾼은 사슴이 일러준 대로 하여 선녀를 아내로 얻게 되었으나 아이를 셋 낳았을 때 선녀가 옷을 간절히 찾자 사슴의 당부를 어기고 옷을 내주었다. 그러자 옷을 입은 선녀는 아이들을 겨드랑이에 하나씩 끼고

68) 이 이야기에서는 나무꾼이 옷을 감춘 사람이 자신이라는 사실을 밝히지 않지만 다른 유화에서는 대부분 나무꾼이 선녀에게 옷을 훔친 사실을 밝히므로 이렇게 적었다.

하나는 등에 업고 나무꾼만 남겨둔 채 승천하였다. 며칠 후, 상심한 나무꾼 앞에 사슴이 다시 나타나서 예전의 일로 선녀들이 놀라서 이제는 천상에서 두레박을 내려 물을 길어 올려서 목욕을 하니 그 두레박을 타고 가면 선녀를 만날 것이라고 알려준다. 나무꾼은 사슴의 말대로 두레박의 물을 쏟고 거기에 들어앉아서 천상으로 올라간다.

선녀와 아이들을 만나 잘 살던 나무꾼은 땅의 어머니가 그리워져 선녀에게 어머니를 한번 만나보러 가고 싶다고 한다. 그러자 선녀는 용마를 내주며, 만약 어머니를 만나서 말에서 내리면(혹은 땅을 밟으면) 영원히 자식 구경도 못하고 땅에서 살게 되고, 말에서 내리지 않으면 나와의 인연을 끝까지 유지할 수 있다고 말한다. 나무꾼은 땅으로 내려와 어머니를 만났는데 (어머니는 나무꾼을 만난 반가움에 호박죽(팥죽, 박국)을 끓여 내온다. 나무꾼은 그걸 받아먹다가 말의 잔등에 뜨거운 호박죽이 떨어져 말이 놀라서) 말이 펄쩍 뛰어오르는 바람에 나무꾼은 그만 말에서 땅으로 떨어지고 만다. 그리하여 나무꾼은 다시는 하늘로 오르지 못하고 죽어 수탉이 되어 하늘만 바라보고 울게 되었다.

## 2.2. 나무꾼과 사슴

### 1) 나무꾼

그리스 신화 속에서 아폴론의 아들인 악타이온(Actaeon)은 숲 속의 맑은 샘에서 님프들과 목욕을 하고 있던 여신 아르테미스(Artemis)의 나체를 보았다는 이유로 아르테미스의 저주를 받아 머리에 뿔이 솟은 사슴으로 변하여 사냥개들에게 물어뜯기는 죽음을 당한다. 악타이온이 사슴으로 변하여 비참한 최후를 맞이하는 비극적인 이 신화는 「나무꾼과 선녀」와 어딘지 모르게 닮은 점이 있는 것 같다. 신화의 내용이 단순하고 비극성이 강조되는 반면, 「나무꾼과 선녀」는 다양한 삽화들이 삽입되어 있고, 결말부의 주인공의 불행이 신화처럼 비극적인 분위기로 처리되지 않아 언뜻 두 이야기가 서로 무관한 것처럼 느껴지지만, '깊은 산속'이라는 공간적 배경과, 주인공이 천상의 여인들의 목욕 장면을 목격하고, 동물로 둔갑되는 운명에 처하게 된 점이나, 주인공과 사슴의 관계, 사냥꾼 혹은 사냥개의 출현 등 두 이야기 속의 유사한 장치들은 두 이야기가 전혀 별개의 것이 아니며, 인간의 심리에 보편적인 무엇인가가 존재하고 그것이 각각의 이야기 속에서 구현되고 있을지도 모른다는 사실을 암시해주는 듯하다. 나무꾼과 사슴의 관계를 파악함으로써 신화 속의 주인공 악타이온에게 내려진 저주의 의미 또한 대략적으로나마 밝혀질 수 있으리라 생각한다.

'나무꾼과 선녀'라는 제목 때문에 널리 알려진 '나무꾼'이라는 호칭은 정작 설화의 내용 속에서는 자주 언급되지 않는다. 주인공이 '나무꾼' 혹은 '초부'(樵夫)이며, 나무하는 일을 하루도 거르지 않는 점이 강조된 이야기들도 있지만 수십 편의 유화를 살펴보았을 때 주인공에게 가장 공통되는 호칭은 '총각'이다.[69] 구술자의 구술을 직접 기록한 글에서는 '나무꾼'이라는 표현이 한 번도 사용되지 않는 경우도 허다하다. 주인공의 신분이 밝혀진 경우, 주인공은 대개 남의 집 '머슴'이다.[70]

첫 장면에서 '나무를 하고 있는 사람'으로 묘사되고 있는 '총각'은 대부분의 유화에서 이후 더 이상 나무를 하는 모습을 보여주지 않는다. '나무꾼'의 사전상의 의미가 '땔나무를 하는 사람'인 점을 고려하면 '나무꾼'이라는 표현이 틀린 것은 아니다. 어떻든 주인공은 나

69) 주인공에게 부여된 호칭은 '총각'이 가장 많고 그 밖에 '초부', '초군', '나무꾼', '노총각', '늙은 총각', '총각 중에도 아주 늙은 노총각', '30 된 총각', '총각놈', '홀아비', '삼십도령', '게으르고 머구리 병신총각', '남정네', '떨거머리 총각'(떠꺼머리 총각), '나무 총각', '머슴', '촌머슴', '나무하는 도령', '움드리 총각' 등으로 불린다.

70) 설화의 제목이 「선녀와 머슴」인 경우도 있다.—『구비대계』 6-3, 전남 고흥군, pp. 341-344.

무를 하고 있었기 때문이다. 그런데 '나무꾼'이라는 단어가 '선녀'와 함께 사용될 경우, 의미가 조금 달라진다. '나무꾼과 선녀'에서 '나무꾼'은 '어떤 일을 직업적 · 전문적으로 하는 사람'으로서의 '~꾼'의 의미를 드러낸다. 접속 조사 '~과(와)'가 나무꾼을 선녀와 같은 자격으로 이어주기 때문이다. 설화에서 가장 많이 사용된 호칭이 '총각'이고, 설화의 내용이 '결혼'에 집중되어 있다는 점을 생각해볼 때 주인공은 '나무꾼'보다 '총각'으로 불리는 것이 타당하다. 그러나 오랜 세월 동안 사람들은 총각을 '나무꾼'으로 부르는 것에 이의를 제기하지 않았다. 오히려 '나무꾼'에 더욱 익숙해져 있는 것 같다.

이름이 없는 주인공들에게 호칭은 주인공의 성격을 단적으로 드러낸다. 예를 들어 '선녀'와 '우렁각시'에는 각각 보편적인 이미지가 있으며, 그것은 곧 인물의 성격을 대변한다. '총각'(특히 '노총각') 역시 '결혼'과 관련된 무엇을 떠오르게 한다. 이런 점을 고려할 때 '총각'을 제압하고 제목의 맨 앞자리까지 차지한 '나무꾼'이라는 기표 속에는 아무래도 주인공의 가장 중요한 성격을 대변하는 무엇인가가 함축되어 있을 것 같다. '총각'을 '나무꾼'이라고 바꾸어 굳이 제목에 드러내고, 그 제목이 그대로 오랜 세월 동안 구전되어 온 데에는 사람들이 인정하는 주인공의 성격이 '나무꾼'이라는 호칭에 집약되어 있기 때문일지도 모른다. 일반적으로 독자들은 제목을 먼저 읽고 작품을 읽어나가고 구술자 또한 제목을 먼저 들려준 후 구술을 하므로 '나무꾼'이라는 단어가 설화 속에서 전혀 언급이 되지 않았다고 하더라도 독자와 청자들은 '총각'을 '나무꾼'으로 이해할 가능성이 높다. '나무꾼'이라는 호칭 속에 숨겨진 주인공의 성격은 이 이야기의 구조를 살펴봄으로써 파악할 수 있을 것이다.

「나무꾼과 선녀」의 공간적 배경은 크게 '땅'과 '하늘'로 나뉜다. '땅'의 경우는 '산속', 그것도 '금강산'이나 '백두산'과 같은 '깊은 산속'으로 한정된다. 주인공이 땅에서 하늘로 그리고 다시 땅으로 옮겨

다니다가 결국 죽어서 땅과 하늘의 속성이 공존하는 '수탉'으로 변한다는 것이 이야기의 기본 줄기이다. 이 이야기의 구조는 '땅'과 '하늘'이라는 두 개의 공간을 골격으로 이루어져 있다. 제목인 '나무꾼과 선녀' 역시 각각 '땅'과 '하늘'로 나뉜다. 심리적인 시각으로 보았을 때, 주인공의 삶을 결정짓는 역할을 담당하는 '어머니'는 '땅'이며, 부재(不在)로써 주인공의 삶에 중요한 영향을 미치는 '아버지'는 '하늘'이다. 라캉의 정신분석 용어를 빌면 땅은 근원적인 모성이 존재하는 '상상계'요, 질서와 금기가 엄격한 하늘은 아버지의 법이 지배하는 '상징계'이다. 산속을 뛰어다니는 야생 짐승인 '사슴'(노루)은 땅의 존재이고, '용마'는 하늘에 속해 있다. '물'(연못)이 땅에만 있는 것인 반면 긴 줄이 달린 '두레박'은 하늘로부터 내려온 것이다. 주인공의 인생을 함축하고 있는 '수탉'은 날개가 달린 새라는 점에서 '하늘'과 관련이 있지만, 결코 땅을 벗어나지 못한다는 점에서 '땅'에 속한다. 정리해보면 다음과 같다.

| 땅 | 하늘 |
|---|---|
| 어머니<br>상상계<br>나무꾼<br>물(연못)<br>사슴/수탉 | 아버지<br>상징계<br>선녀[71]<br>두레박<br>용마 |

이야기의 대략적인 구조를 염두에 두고, '나무꾼'이라는 단어에

71) 사실, '선녀'에 대한 일반적인 관념과 나무꾼이 처음 선녀를 목격한 순간을 고려할 때, '선녀'에게서는 상상계적이고 상징계적인 요소를 모두 찾을 수 있다. 그러나 '선녀'가 나무꾼에게 '옷'을 빼앗김으로써 '선녀'로서의 기표를 상실하여 더 이상 '선녀'가 아닌 때를 제외하고, 나무꾼에게 선녀는 '상징계'를 표상하는 '하늘'의 구성원으로서 '허락'과 '금기'로 나무꾼을 계도하는 상징계적 인물이다. 이에 대해서는 분석 과정에서 자세히 다뤄질 것이다.

숨겨진 의미에 대해 살펴보기로 하자.

구전 민요 '초부가'(樵夫歌, 나무꾼의 노래)의 가사와 곡조는 그 옛날 '나무꾼'의 삶을 대변한다.[72] 특히 나무꾼 혼자서 부르는 노래는 한결같이 타령조에 처량한 신세를 한탄하는 내용으로 이루어져 있다. 이 때문에 초부가는 우리 민요 가운데 가장 애절한 노래로 꼽히기도 한다. 초부가의 가사는 주로 "어떤 사람 팔자 좋아 호의호식 잘사는데 이내 신세 어이하야 지게 목발 못 면하나" 하는 기구한 운명을 한탄하는 내용과, "보선짝도 짝이 있고 토시짝도 짝이 있고 털먹신도 짝이 있는데" 식의 '결혼'과 관련하여 처녀 총각이 연애하는 내용으로 이루어져 있다. "죽자 하니 청춘이오 사자 하니 고생이라"는 가사는 나무꾼의 삶을 단적으로 표현한 것이다.

이야기 속의 주인공 역시 30이 넘도록 장가도 가지 못한 늙은 노총각에다 홀어머니를 모시고 궁핍하게 사는 처량하고 '불쌍한'[73] 나무꾼이다. 아무도 없는 깊은 산속에서 홀로 나무를 하는 나무꾼은 외롭고 힘들다. 나뭇단보다 무거운 삶의 무게가 나무꾼의 지친 어깨를 짓누른다. 주인공이 나무를 하는 모습으로 소개되는 도입부에는 나무를 하며 근근이 생계를 이어가야 하는 나무꾼의 고단한 삶이 함축되

---

72) 유화 가운데 구술자가 직접 초부가의 일부를 부른 것이 있는데 인용하면 다음과 같다.

"어느 사람은 팔자 좋아서러, 금 · 옥에다가 좋은 의복에다가 좋은 음식에다 이래 묵고 이렇구마는, 나는 내 팔자는 왜 이래서러 그래 팔월 대보름날 벤또밥을 싸가지고 딩기밥 싸가지고 나무하는 내 팔자야."(『구비대계』 8-9, 경남 김해군 진례면, 「나뭇군과 선녀」, p. 357)

"후후야 가리 갈가마구여 / 세상 사람이 다 장개를 가고 / 동물도 다 내 외짝이 있는데 / 나는 이 넘우 팔자가 외 이다지도 허무한고 / 후후야 가리 갈가마구야" (『구비대계』 7-3, 경북 월성군 현곡면, 「나뭇군과 선녀, 노루 이야기」, p. 268)

"에구야 가리가리가리 갈가무야 난질 가거라 기리기리 갈가무야"(『구비대계』 7-16, 경북 선산군 장천면, 「선녀와 나무꾼」, p. 504)

73) 『구비대계』 8-14, 경남 하동군 진교면, 「나뭇군과 선녀」, p. 347.
「숫닭의 래력」, ≪개벽≫ 제32호, 1923. 2, p. 62.

어 있다.

나무꾼은 초부가(樵夫歌)에서 "어떤 나무는 팔자가 좋아서 기둥이 되고, 어떤 나무는 팔자가 사나워서 똥가래가 되느냐"[74]고 하며 자기 자신을 '나무'에 비유한다. 나무꾼은 나무를 베는 일을 하는 사람을 뜻하지만 '나무꾼'이라는 기표에는 '나무'가 존재한다. 나무란 무엇인가. 그것은 평생 뿌리를 '땅'에 단단히 고정한 채 살아가야 하는, 땅을 떠나서는 존재할 수 없는, 땅과 뗄 수 없는, 땅에 속해 있는, 땅의 일부이다. '나무'가 '기둥'이든 '똥가래'든 세상에서 쓰이기 위해서는 베어져야 한다. 땅(산)에서 분리되어야 비로소 세상이 원하는 곳에서 세상의 편리에 맞춰 쓰일 수 있는 것이다. '총각' 대신 이름처럼 주인공을 따라다니는 '나무꾼'이라는 호칭에는 이미 땅을 떠날 수 없는 것으로 운명지어진, 결코 어머니를 떠날 수 없는, 주인공의 삶의 결말이 내재해 있다. '땅'에 굳건히 뿌리를 내려야만 살아가는 '나무'는 하늘에는 있을 수 없다. 나무가 없는 하늘에는 나무꾼 또한 있을 수 없다.

나무꾼의 속성은 '수탉'과 유사하다. '나무꾼'과 '수탉'은 모두 '땅'을 떠날 수 없다는 공통점을 가지고 있다. 둘은 모두 '어머니'에 종속되어 있다. 수탉은 날개는 있되 날 수 없는 짐승이다. '새'이지만 활동 공간은 하늘이 아니다. 수탉이 기껏해야 올라갈 수 있는 '지붕'은 '어머니'의 공간인 '집'의 꼭대기일 따름이다. 땅에 고착된 나무처럼, 아버지의 기표인 '꾼'이라는 접미사를 부여받고도[75] 어머니를 벗어나지 못하는 나무꾼과 같이, 수탉 역시 몸에 부여된 '아버지'의 흔

---

74) '나무꾼 노래', 『한국 민속 대사전』 1, 민족문화사, 1991, p. 247.

75) '나무'가 어머니의 기표라면 '꾼'은 아버지의 기표이다. '~꾼'의 사전상의 의미는 '어떤 일을 직업적, 전문적 또는 습관적으로 하는 사람'을 뜻한다. 여기에서 나무꾼은 '직업적, 전문적'으로 무엇을 하는 경우에 한정될 것 같다. '습관적'인 것은 '노름꾼', '술꾼', '싸움꾼' 따위로 '일'과는 관계가 없기 때문이다.

적(닭 벼슬, 날개)에도 불구하고 땅을, 지붕을, 어머니를 결코 벗어날 수 없는 '퇴화'된 날짐승이다.

모든 유화에서 '닭'은 굳이 '수탉'이라고 표현되어 있다. 그냥 '닭'이라고 해도 주인공이 남자이므로 의미는 충분히 전달된다. 혹은 이 설화가 지역적으로 고르게 분포되어 있다는 점을 생각할 때 '수탉'의 방언인 '장닭'이라는 표현이 더 어울릴 듯하다. 그러나 주인공은 어김없이 '닭' 혹은 '장닭'이 아닌 '수탉'이 된다. 유화 가운데에는 제목이 「수탉이 된 내력」인 경우도 있다. '수탉'에는 '암/수'의 구분, '수컷'의 의미가 드러나 있다. '나무꾼의 퇴행'을 의미하는 '수탉'의 '수', 즉 '수컷'에는 '남성성'을 부여받지 못한 미숙한 존재라는 의미 또한 함축되어 있다. '나무꾼'에서 '나무'를 고어(古語)인 '낡'으로 바꾸면 '나무꾼'은 '낡군'이 된다.[76] 공교롭게도 '낡군'은 '남근'과 발음이 유사하다. '나무꾼'과 '수탉'이 모두 '어머니'와 불가분의 관계에 있다는 점을 고려할 때, '나무꾼'에 담긴 '남근'이나 '수탉'의 '수컷'에서 주인공의 어머니에 대한 근원적인 욕망의 단서를 찾을 수 있다.[77]

우리는 이야기 속의 '총각'이 제목에서는 '나무꾼'이 되고, 주인공이 '총각'이나 '머슴' 대신에 굳이 '나무꾼'으로 불리는 이유를 살펴

76) 접미사 '꾼'은 1988년 맞춤법이 개정되기 이전에는 '군'과 혼용하여 사용되었다. 이것을 맞춤법이 개정되면서 '꾼'으로 통일한 것이다.−맞춤법 규정 제54항 '된소리 표기' 참조.

77) 라캉에 의하면 오이디푸스기에 아이는 아버지에 의해 상징적 거세를 겪음으로써 어머니와 분리된다. 아이는 남근을 가진 아버지와의 동일시를 통해 남근(phallus)을 '소유'(to have)하게 됨으로써 더 이상 어머니의 남근으로서 '존재'(to be)할 수 없게 된다. 그러나 어머니의 남근이 되고 싶은 욕망은 사라지지 않고 억압되어 주체는 대신 다른 대상을 욕망하게 된다. 그러나 어떤 대상도 욕망을 충족시켜주지 못한다.(J. Lacan, *ÉCRITS: A Selection*, Alan Sheridan, New York · London, W. W. Norton & Company, 1977, pp. 289-290 참조) 「나무꾼과 선녀」에서 하늘과 땅을 오가다 끝내 어머니(땅)에 종속되는 나무꾼의 행적과 결말은 나무꾼의 욕망의 근원이 무엇이었는지를 말해준다.

볼 수 있었다. ‘나무꾼’이라는 단어에는 아무리 날갯짓을 한들 결국은 발을 땅에 딛고 살 수밖에 없는 수탉과 같은 종속적인 삶이 집약되어 있으며, 주인공의 욕망의 실체 또한 암시되어 있다.

### 2) 사슴

주인공이 사슴을 처음 만난 것은 ‘꾼’으로서의 소임을 하고 있을 때이다.[78] 주인공이 ‘나무꾼’으로서의 모습을 보여주는 것 또한 이 때뿐이다. 주인공이 열심히 나무를 하고 있을 때 어디선가 ‘별안간’ ‘갑자기’ 사슴 한 마리가 숨을 헐떡거리며 나타난다. 사슴의 출현에 대해 주인공은 어떤 예측도 하지 않았으며 사슴과의 만남을 바라지도 않았다.

그간 ‘사슴’에 대한 해석은 대부분 ‘신령스런 존재’ 혹은 신비한 능력을 지닌 ‘초인적’이고 ‘신이한 존재’로 통일되어 왔다.[79] 연구자들의 시각은 사슴이 보은의 대가로 나무꾼의 소원을 들어주고, 아무나 할 수 없는 ‘금기’를 내린다는 점에 맞춰져 왔다. 그러나 만약 사슴이 영험한 힘을 소유한 신령스런 인물이라면 왜 한낱 사람인 사냥꾼에게 ‘쫓기고’ 있었으며, 금기의 주체가 사슴에게서 선녀에게로 넘어갔을까? 게다가 각색자의 손질을 거치지 않고 구술자의 구술을 그

78) 유화에서 ‘사슴’ 대신에 ‘노루’가 등장하는 경우도 많다. 참고로 토끼나 호랑이인 경우도 각각 한 번씩 있다. 이 글에서는 사슴과 노루를 ‘사슴’으로 통일하기로 한다. 노루는 사슴과에 속하는 짐승이며, 초기에 채록된 두 편이 모두 ‘사슴’으로 되어 있기 때문이다.

79) 최운식(「‘나뭇군과 선녀’ 설화의 고찰」, 『청람어문학』 1, 청람어문교육학회, 한국교원대학교, 1988, p. 79), 김기창(「금강산선녀설화 연구」, 『국제어문』 5, 국제어문학회, 1984, p. 28), 배원룡(『나무꾼과 선녀 설화 연구』, 집문당, 1993, p. 125)을 포함하여 분석심리학적인 시각으로 해석을 한 이부영(앞의 책, p. 194), 황경숙(앞의 논문, p. 58)과 이 밖에 필자가 찾은 모든 논문에서 ‘사슴’에 대한 해석은 ‘신성한 존재’, ‘신비한 존재’, ‘신령한 모습의 예언자’, ‘신비한 사자(使者)’, ‘영혼의 인도자’ 등으로 표현의 차이는 있으나 한 가지 의미로 통일되어 있다.

대로 기록한 채록본의 경우, '사슴'에게서 어떤 위엄도 찾을 수 없다. 연구자 가운데는 사슴을 '단아한 모습에 신비스런 뿔을 가진 신성스런 존재'라고 묘사한 사람도 있으나,[80] 이야기 속의 사슴은 단아하기는커녕, 첫 모습부터 숨을 "헐떡거리며" 혹은 "씩씩대면서" "헐레벌떡" 뛰어들어 오고, 대부분의 경우 나무꾼과 반말로 주고받으며, 간혹 존댓말을 사용하는 경우 나무꾼을 "도련님", "아저씨"라고 부르며 존대를 하는 쪽은 오히려 사슴이다. 사슴(노루)은 "사슴이란 놈이 포수를 만나가지구서 죽게 되니깐 도망해 오다가",[81] "노루란 놈이 헐떡헐떡 오디마는"[82] 식으로 구술자에 의해 '놈'자가 붙여진 경우도 종종 있다.

우리의 옛 이야기에 등장하는 신이한 존재 가운데 대표적인 인물로 '신선'이나 '도사'가 있다. 그들은 선(善)의 편에서 초인적인 능력으로 인간의 욕망과 탐욕을 다스리는 기능을 담당하는 인물이다. 그러나 사슴은 이들과 다르다. 사슴이 나무꾼의 소원을 들어주겠다고 제시한 방법은 남의 옷을 훔치라는 것이다. 더욱이 그 옷을 담보로 나무꾼과 아무 관계가 없는, 죄 없는 사람의 인생을 차압하라는 것이다. 사슴이 설사 비범한 면모를 갖추고 있다고 해도 다른 사람의 삶은 아랑곳하지 않고 도둑질이나 부추기는 사슴은 결코 선과 정의를 대변하는 '신령스런 존재'로 볼 수 없다.[83]

---

80) 최운식, 앞의 논문, p. 79.

81) 「선녀와 나무꾼」, 『구비대계』 1-4, 의정부시 가능동, p. 198.
※ 이 밖에도 '놈'자가 붙은 경우가 적지 않으며, '사슴'이나 '노루' 대신 '토끼'나 '호랑이'인 경우에도 '퇴끼란 놈이'(「나뭇군과 선녀」, 『충청남도 민담』, 최운식 편, 집문당, 1980, p. 195), '호랑이란 놈이'(「선녀와 머슴」, 『구비대계』 6-3, 전남 고흥군 풍양면, p. 342) 식으로 '놈'자가 붙어 있다.

82) 「선녀와 나뭇꾼」, 『구비대계』 7-15, 경북 선산군 장천면, p. 504.

83) 기존의 연구자들이 「나무꾼과 선녀」의 '사슴'을 한결같이 영험하고 신비한 존재로만 본 것은 사슴에 대한 선입견을 여과 없이 적용한 분석 방법과, 나무꾼 중심의 사고(思考)에서 비롯된 것으로 보인다.

설화 속의 산신령이나 도사는 심판관으로서 인간 세상의 질서를 관장하는 '아버지'의 역할을 담당한다. 우리는 앞에서 이 이야기의 구조에 대해 살펴보았다. 설화의 전체 내용을 고려할 때, 만약 '사슴'이 '신령스러운 존재'였다면 그는 법과 질서를 주관하는 아버지의 공간인 '하늘'에 속해야 마땅하다. 그러나 사슴은 땅을 벗어나지 못하는, 누구보다도 산(깊은 산속)과 불가분의 관계에 있는 존재이다.

나무꾼이 사슴을 처음 만났을 때의 장면을 생각해보자. 아무도 없는 깊은 산속에서 나무꾼이 홀로 외롭게 나무를 하고 있을 때, 사냥꾼(포수)에게 쫓긴 사슴 한 마리가 어디선가 갑자기 '벌떡벌떡' 혹은 '씩씩거리며', '겅충겅충' '훌뚝' 뛰어온다.[84] 사슴은 나무꾼에 의해 나뭇단, 혹은 나뭇가지단, 나뭇잎단 속에 숨겨진다. 사슴이 알아서 숨어들어가는 경우도 있다. 나무꾼은 사슴이 보이지 않도록 사슴의 머리를 나뭇가지나 나뭇잎으로 덮어주기도 한다. 나무꾼의 도움으로 사냥꾼의 추적을 따돌린 사슴은 나무꾼의 소원을 물어본다. 또는 나무꾼에게 물어보는 과정을 거치지 않고 사슴이 알아서 — 마치 이미 알고 있다는 듯 — 나무꾼에게 선녀들이 있는 곳을 말해주는 경우도 적지 않다.[85]

유화 속에서 사슴이 알려준 선녀들의 목욕 장소는 한결같이 나무꾼도 익히 알고 있는 장소이거나 쉽게 찾아갈 수 있는 장소이다.[86]

---

84) 유화들을 살펴보았을 때, 사슴의 현재 상황을 표현한 '의태어'는 유독 사슴에게만 부여된 것이다. 다른 등장인물에게는 의성어나 의태어로써 이렇게 '자세히' 인물을 묘사한 경우가 없다. 서사물에서 어떤 인물이든 첫 등장에 부여된 의성어나 의태어는 인물의 상황과 성격을 암시하는 상징적인 기능을 한다. '묘사의 생략'이 민담의 특성 가운데 하나인 점을 생각해보면 여러 유화들에서 사슴에게만 제시된 이러한 의태어는 사슴의 본성을 부각시킨다.

85) 임석재 전집 『한국구전설화』에 실린 「나무꾼과 선녀」는 모두 나무꾼에게 소원을 물어보는 과정이 생략되어 있다. 사슴(노루)이 알아서 나무꾼의 소원을 들어준다. 이 밖에 『구비대계』에 실린 설화에서도 이런 경우를 종종 발견할 수 있다.

여기서 한 가지 의문이 든다. 사슴이 알고 있는 선녀들의 목욕 사실을 나무꾼이 정말 몰랐을까? '매일매일' 땔나무를 구하기 위해 눈을 부릅뜨고 산속을 내 집처럼 드나들었을 나무꾼이 한 달에 한 번(보름달이 뜨는 날)이나 두 번, 혹은 일 년에 한 번(단옷날 혹은 칠월칠석)씩 정기적으로 선녀들이 단체로 연못에서 목욕을 한다는 사실을 모를 수 있었을까? 사슴이 준비된 선물을 내놓듯 선녀들 가운데 한 선녀를 '찍어' 주는 것을 보면('맨 왼쪽', '맨 오른쪽', '맨 가운데', '막내') 사슴은 오늘 같은 일이 생길 줄 알고 미리 대비한 것으로 보인다. 선녀를 미리 선정해놓을 정도라는 것은 이미 선녀들을 면밀히 관찰했다는 뜻이다. 선녀들이 정기적으로 목욕을 하러 내려오는 사실을 아는 것으로 보아서 사슴은 적지 않은 시간을 선녀들을 살펴온 것이 틀림없다. 이렇듯 선녀에 대한 사슴의 과도한 관심은 언뜻 이해가 가지 않는다. 그것은 인간들, 특히 장성한 남자들에게나 어울리는 행동이기 때문이다. 사슴이 선녀들의 목욕 사실에 대해 잘 알고 있다고 해서 사냥꾼에게 쫓기기나 하는 사슴을 전지전능한 신적인 존재로 볼 수도 없는 노릇이다.

다시 첫 장면을 떠올려보자. 사슴이 쫓기는 급박한 상황 속에서 나무꾼은 사슴을 '나뭇단' 속에 숨겨준다. 나무꾼이 사냥꾼의 눈을 피해 사슴을 '꼭꼭' 숨겨준 곳은 어떻든 '나무'이거나 '나무'와 관계가 있는 곳이다. 나뭇단 속의 사슴, 그것은 다른 말로 '나무꾼 속의 사슴'이다. 프로이트 식으로 말하면 생계를 위해 열심히 나무를 하고 있는 '나무꾼'이 '자아'(ego)라면 어디선가 '씩씩대며' 불쑥 튀어나온 '사슴'은 자아의 또 다른 면, 자아보다 센 힘으로 자아를 뚫고 올라오기 위해 호시탐탐 틈을 노리는 '이드'(id)이다. 사슴이 들려준 선녀들의 목욕 사실은 나무꾼 자신이 체험한 것이며, 사슴이 지정한 선녀

86) 어떤 유화에서도 가는 과정의 어려움이나 시간이 제시되지 않은 것으로 봐서, 나무꾼은 아주 쉽게, 어찌 보면 '금방' 연못에 도착한다.

역시 나무꾼이 일찍이 본능 충족을 위한 상대로 선정해놓은 대상이다. 벌거벗은 선녀들을 지켜보고 있는 나무꾼의 모습은 수십 마리의 암컷을 거느린 수사슴을 떠오르게 한다. 주인공은 자아의 깊숙한 곳에서 꿈틀거리며 솟아오르는 그것을 '사슴'의 목소리로 위장하여 듣고 있는 것이다.

30이 넘도록 장가를 못 간 노총각에게 가장 간절한 소원은 '장가'를 가는 것에 있었다. 우리는 '총각 중에서도 아주 늙은 총각'[87)]인 그가 짧지 않은 시간 동안 '억압'해온 것이 무엇이었는지 충분히 짐작할 수 있다. '억압된 그것은 이드를 통해서 자아와 의사소통할 수 있다.'[88)]

사슴이 나무꾼에게 보은을 한 이유는 나무꾼이 사냥꾼(포수)으로부터 자신을 보호해주었기 때문이다. 다시 말해 사냥꾼에게 잡히지 않도록 자신을 숨겨주었기 때문이다. 도입부에서 나무꾼은 사슴과도 말을 하고 사냥꾼과도 말을 한다. '사슴'이 이드라면, 사슴을 쫓는 '사냥꾼'(포수)은 초자아(super ego)이다.[89)] 사냥꾼은 사슴을 쫓는 도입부 외에는 더 이상 출연하지 않는다. 그리하여 나무꾼에게 직접적으로 어떤 영향도 주지 않는다. 사냥꾼이 사슴을 잡았더라면 이후의 상황은 달라졌을 것이다. 나무꾼과의 관계 속에서 사냥꾼은 마치 부재(不在)하는 아버지와도 같다.

여기서 다시 이야기의 초반에 제시된 나무꾼의 환경에 대해 살펴

---

87) 「숫닭의 래력」, 앞의 책, p. 62.
88) 프로이트, 「자아와 이드」, 『쾌락 원칙을 넘어서』, p. 110.
89) 사슴의 입장에서는 악인(惡人)인 사냥꾼(포수)은, 우리의 설화보다 서양의 전래동화 속에 자주 등장하는 인물로서 여러 동화 속에서 사나운 동물을 잡아서 주인공을 보호하는 초자아의 역할을 담당한다. 사냥꾼(포수)은 직업적으로 '동물'을 잡는 일을 하는 사람이다. 그들이 몸에 항상 '활'이나 '총'을 지니고 있으며 그것으로 길들여지지 않은 '야생 동물'을 잡는다는 점에서 우리는 사냥꾼(포수)에게서 '이드'를 억압하고 통제하는 '초자아'의 기능을 찾을 수 있다.

보자. 나무꾼은 장가를 못 간 늙은 총각일 뿐만 아니라 아버지 없이 홀어머니를 모시고 산다. 몇몇 연구자들은 단순히 현재 아버지가 부재한 상황을 나무꾼의 결핍으로 보았는데, 사실, 나무꾼이 30살이나 된 성인인 점을 고려한다면 현재 아버지가 없다고 해서 그것을 '결핍'으로 보기는 어렵다. 나무꾼의 결핍은 지금 아버지가 없다는 현재 상황이 아니라 과거에 '아버지가 없었다'는 사실에 있다. 장가를 못 갈 정도로 주인공이 처한 '극심한 가난'은 '아버지의 부재'가 어제 오늘의 일이 아니라는 사실을 말해준다. 어떻든 아버지는 오랫동안 가장으로서의 기능을 수행하지 못한 것이다. 주인공이 홀어머니를 부양하며 살고 있는 점을 생각해보자. 주인공은 '아버지'의 역할을 담당해왔다. 주인공이 '아주 늙은' 총각이 될 수밖에 없었던 가장 근본적인 이유는 아버지의 부재와 홀어머니에게서 찾을 수 있다.

남자아이는 아버지와의 동일시를 통해 사회의 구성원으로 자리 잡는다. '아버지'는 아이에게 최초의 '초자아'가 된다. 아버지는 법의 대리인이요, 도덕이요, 질서요, 가치체계이다. 아이는 아버지를 통해 비로소 '남성'으로 성장한다. 그런데 주인공에게는 그런 아버지가 없었다. 말하자면 주인공이 성숙한 자아로 자리 잡는 데에 표본이 되어줄 '초자아'가 없었던 것이다. 설화에 나타나는 주인공의 행적으로 미루어볼 때, '아버지의 부재'는 주인공이 아직 성숙하기 이전의 상태, 오래전의 일이 분명하다.

'자아'가 '현실원칙'에 있다면 '이드'는 '쾌락원칙'의 지배 아래에 있다. 프로이트는 자아와 이드의 관계를 '말 등에 탄 사람'에 비유하여 설명한다. 이때 말은 이드이고, 말 등에 탄 사람은 자아이다. 말 위의 사람은 자기보다 더 센 말의 힘을 제어해야 한다. 그러나 그렇지 못할 경우 말이 이끄는 대로 이끌려가거나 말 등에서 떨어질 수밖에 없다. 일반적인 사람들은 '빌려온 힘'(초자아)에 의해 말을 제압하지만 나무꾼에게는 그런 힘이 없다. '아버지'로 표상되는 '초자아'

가 없기 때문이다. 초자아를 대신해줄 사냥꾼마저 따돌리고 사슴과 마주한 나무꾼은, 마치 고삐를 쥐고 있는 힘을 놓음으로써 말이 이끄는 방향으로 갈 수밖에 없는 말 위의 사람처럼 야생 사슴에게 압도당한다.

그림(Grimm)동화 「오누이」에서 갈증을 참지 못하고 금지된 샘물을 먹어 '사슴'으로 변한 '오빠'는 '본질적으로 분화되지 않은 인성의 위험스러운 측면을 상징'[90]한다. 이드가 자아와 초자아의 통제력을 압도한 것이다. 「나무꾼과 선녀」의 사슴 역시 사냥꾼과 나무꾼을 제압하고 초자아의 위치에 선다. 어떻든 사슴은 선녀가 아이를 셋(둘, 넷) 낳을 때까지 옷을 내주지 못하게 함으로써 나무꾼에게 '아버지'라는 기표를 부여한다. 그러나 그것은 '결혼'이라는 상징적 관문을 통과하여 정당하게 부여된 '가장'으로서의 '아버지'가 아니라 이드의 무리한 요구와 성급한 욕망으로 인위적으로 획득한, 아이가 셋(둘, 넷) 딸린 어머니의 상대자로서의 '아버지'이다. 이런 점에서 '사슴의 금기'는 근본적으로 '선녀의 금기'와 성격이 다르다.

사슴이 제안한 행위는 순전히 나무꾼의 본능을 충족시키기 위한 것일 뿐이며, 범법행위이다. 이드가 초자아의 목소리를 빌려 초자아를 흉내 낸 것이다. 나무꾼은 사슴이 시키는 대로 아무 절차 없이, 더 이상 선녀가 아닌 선녀를 즉석에서 자신의 아내로 '취'한다. 사슴의 '아이 셋을 낳을 때까지 옷을 내주지 말라'는 '금기'는 선녀의 정체성을 영원히 박탈하겠다는 의지를 보여주는 것이다. 나무꾼은 본능적 에너지인 사슴에 의존하여, 사슴이 아니었다면 엄두도 못 낼 행위를 '감히' 실행에 옮긴다. 동서양을 막론하고 설화 속에 설정된 '결혼'은 '성장'과 관련이 있고, 미혼에서 기혼으로의 이행 단계인 '결혼식'은 성숙한 남녀의 입사식으로서 '행복'한 인생을 암시한다. '결혼'은 단

90) 브루노 베텔하임, 『옛이야기의 매력』 1, 시공주니어, 1998, p. 131.

어 자체에 '금기'의 의미가 포함되어 있다. 결혼식과 동시에 남녀는 금기의 그물에 갇히게 된다. 그러나 나무꾼에게 '결혼'은 처음부터 본능을 충족시키기 위한 수단에 불과했다. 다른 설화에 나타난 '결혼'의 의미를 생각해볼 때, 옷을 담보로 알몸의 낯선 여자를 즉석에서 아내로 삼고, 평생 볼모로 잡아두려는 행위는 '결혼'이 아니다.[91] 이는 '관습'과 '도덕', '질서'를 유지하기 위한 '금기'의 본래의 의미와도 상반된다.

'금기는 도덕적, 관습적 금기이다. 이것은 향락의 자유를 제한한다. 금기는 원시인들의 '터부'와 밀접한 관계가 있다. 터부의 목적은 대체로 해로운 것으로부터 중요 인물을 보호하거나, 중요한 인생사, 즉 출생이나 성년식, 결혼 등에 장애가 생기지 않도록 하고, 악령으로부터 인간을 지키고, 위험으로부터 유아를 보호하는 것에 있다.'[92] 말하자면 '악령' 혹은 '악마'와 같은, 실체가 불분명한 그 무엇으로부터 인간을 지키고 보호하는 것이 터부의 목적이다. 그러나 이러한 터

91) 아키바 다카시(秋葉隆)의 『조선민속지』(심우성 옮김, 동문선, 1993. pp. 104-110)에 의하면 우리나라에서 원시시대부터 지금까지 어떤 시대에도 '약탈혼'이 정상적인 혼인으로 인정된 흔적이 없으며 그러한 것이 인습이나 법률로 인정된 적도 없다고 한다. 이 책에서 필자는 "대정(大定) 17년, 발해의 옛 습속에 남녀 혼인이 예에 벗어남이 많으므로 예를 갖추지 않고 몰래 혼인하는 일을 못하게 조서(詔書)를 내리어 금절하였다"는 중국의 『금사(金史)』의 기록을 인용하여 중국의 금나라 초기에는 음성적으로 약탈혼이 행해져 이러한 풍속이 파급되어 함경도의 보쌈, 평안도의 약탈혼을 낳았을지도 모르지만, 조선에서 약탈혼으로 볼 만한 것은 특수한 사회 환경이나 특수한 계급 사이의 특이한 형태였다고 주장한다. 필자에 따르면 어떤 시대에도 약탈혼은 법률상 범법행위로 간주되었으며, 일반적이고 정상적인 혼인으로 인정된 적은 없었다고 한다. 그는 현존하는 미개인 중에서 약탈을 혼인의 정당한 방법으로 생각하고 있는 종족은 하나도 알지 못한다고 하며 종래의 학자들이 약탈혼을 상대(上代)의 유풍으로 해석하는 것을 강하게 비판하였는데, 이 책에서 그가 근거로 제시한 혼인에 관한 자료들은 오랜 옛날부터 '결혼'에 대한 사회적 관념이 어떤 것이었는지를 보여준다.

92) 프로이트, 「토템과 타부」, 『종교의 기원』, 이윤기 옮김, 열린책들, 1997, pp. 235-240.

부는 '악마에 대한 믿음과는 상관없이 스스로 선 자리를 발판으로 해서 권능을 키워나갔다. 관습의 강제, 전통의 강제가 되었다가 마침내 법률의 강제로 발전한 것이다.'[93] 터부의 바탕에는 '무의식 속에 강력한 욕망으로 자리 잡고 있는 행동을 저지'[94]하려는 신념이 짙게 깔려 있다. '근친상간 금지'라는 가장 뿌리 깊은 금기는 인간의 가장 보편적이고 근원적인 무의식적 욕망이 무엇이었는지를 말해준다.

역설적이게도 '금기'는 금지되어 있는 욕망을 상기시키며, 위반할 것을 촉구한다. 언어가 욕망을 낳듯 금기는 위반을 낳는다. 사슴이 나무꾼에게 부여한, '아이를 셋(둘, 넷) 낳을 때까지는 선녀 옷을 절대 내주어서는 안 된다'는 금기는 한편으로는 인간의 욕망, 다시 말해 결혼한 남자, 세 아이의 아버지, 결혼 생활이 어떤 것인지를 충분히 만끽한 한 아내의 남편으로서의 인간의 욕망이 어디에 있는지 알려준다. 그것은 '아내를 내보내는 것'에 있었다.

## 2.3. '옷'의 정체

### 1) 주물숭배(呪物崇拜, Fetishism)

「나무꾼과 선녀」에 등장하는 선녀의 수는 세 명인 경우가 가장 많다. 특히 이 경우는 자매지간이 많고 종종 '옥황상제의 딸들'로 소개되는 경우도 있다. 선녀들이 셋인 설화에서 선녀들은 따로따로 내려오고 따로따로 하늘로 올라간다. 유화에서 사슴이 선택해준 선녀의 공통점은 하늘에 '마지막'으로 올라갈 선녀이다. 사슴은 나무꾼에게 제일 '마지막'(맨 끝) 선녀의 옷을 숨기라고 지시한다. 언니들이 각각

---

93) 프로이트, 앞의 책, p. 242.
94) 프로이트, 앞의 책, p. 253.

옷을 입고 승천한 후, 홀로 남은 선녀의 몸을 가려줄 것은 아무것도 없었다. 알몸의 선녀를 가려줄 '마지막' 옷은 사슴의 사주를 받은 나무꾼의 손에 들려 있었기 때문이다. 그 옷은 선녀의 몸을 가려줄 마지막 옷인 동시에 '선녀들'의 '마지막 옷'이기도 한 것이다.

최초의 채집 자료를 포함하여 초기의 채록본들[95]에서 나무꾼이 훔친 선녀의 옷은 모두 '속옷'으로 명시되어 있다. 이 밖에 다른 유화들 속에서 나무꾼이 훔친 옷은 '날개옷', '깃옷', '속옷'('속곳', '고쟁이') 등으로 소개되기도 하는데 수식어 없이 '옷'인 경우가 대부분이다. 어떻든 모든 유화에서 나무꾼에게 옷을 빼앗긴 선녀는 실오라기 하나 걸치지 않았다. 나무꾼의 손에 들려 있는 옷은 선녀의 몸을 '마지막'으로 가려주는 것이었다. '속옷'은 '옷'의 이러한 기능을 구체적으로 표현한 것이다.

옷의 임자로서 선택된 선녀뿐만 아니라 나무꾼이 목격한 모든 선녀들은 한결같이 벌거벗은 상태에 있었다. 나무꾼은 선녀들의 목욕 장면은 물론 한 명 한 명 물에서 나와 알몸으로 옷을 입는 장면까지 모두 목격한다.

프로이트에 의하면, 여성의 알몸을 처음 목격한 소년은 여성의 몸에 페니스가 없다는 사실에 충격을 받는다. 페니스의 부재 사실을 인정하지 못하는 소년은 여성의 생식기가 '거세'된 것으로 인식하여 자신도 그렇게 될지 모른다는 '거세 공포'에 휩싸이게 된다. 이 때문에 소년은 여성의 페니스를 대신할 대체물을 정하게 되는데 그것이 바로 '주물'(呪物)이다. '주물'은 이렇듯 여성의 몸의 페니스 부재에 따른 소년의 거세공포에서 비롯된 것이다. 일반적인 경우, 이러한 거세공포는 오이디푸스기를 거치면서 아버지와의 동일시를 통해 극복된

---

95) '기본 텍스트' 자료 중 ①, ②, ③. 전문(全文)이 영어로 표기된 ①의 경우는 '속옷'을 의미하는 'under-garment'로, 전문이 일어인 ②의 경우는 한글로 '속옷'이라고 표기되어 있다.

다. 그러나 동일시할 대상인 아버지가 부재하여 어머니에게 고착되는 경우 소년에게 문제가 생긴다. 즉, 어머니와의 애착관계가 지속되는 경우, 소년은 거세공포를 극복하지 못하고 그것을 거부하기 위해 성인이 되어서도 어머니의 상실한 페니스를 대신할 대체물을 소유하고자 한다.

이러한 증상을 프로이트는 원시 종교의 개념을 차용하여 '주물숭배'라고 명명한다. 원시인들의 물신(物神)숭배와 유사한 것으로 본 것이다.[96] '주물'의 특징은 '페니스의 대체물'이라는 점에 있다. 프로이트에 따르면, 그것은 '상실된 여성의 음경을 대신하기 위한 신체의 한 부분이나 물체로서, 모두 여성에게도 페니스가 있다고 믿었던 마지막 순간을 기념하기 위한 것이며 '속옷'이나 '모발' '모피' '신발' 등이 이에 해당한다. 특히 '속옷'의 경우는 여성들이 옷을 벗는 순간의 광경이 결정화된 것으로 다른 남성들은 구애 과정을 통해 애써서 얻어내는 이러한 것들을 주물숭배자는 아무런 수고 없이 쉽게 얻어낸다. 주물은 여성의 거세 사실을 '거부'하기 위한 것이지만, 여성의 거세가 아버지에 의한 것이라고 판단하여, 아버지를 대신하여 거세를

96) '주물숭배'는 원어를 살려 '페티시즘'(fetishism)이라고 하거나 다른 말로 '절편음란증'이라고 번역되기도 한다. 프로이트에 의하면 어느 정도의 페티시즘은 정상적인 애정에도 통상적으로 존재하며 병적으로 바뀌는 것은 그 물건이(주물 혹은 절편음란물이) 유일한 성 대상이 될 때뿐이다.(「성욕에 관한 세 편의 에세이」(1905), 『성욕에 관한 세 편의 에세이』, pp. 260-261) '절편음란증'의 '증'이라는 말이 '병'(정신병)으로 인식할 여지를 주는 것에 비해 「나무꾼과 선녀」의 나무꾼의 행위를 '병'으로 단정하기 어렵고(그렇게 볼 여지가 있으나 그러기에는 제시된 근거가 너무 미약하다), 대상이 '선녀'인 만큼 선녀의 옷에 대한 인상이 원시종교의 '주물'과 유사한 점이 있으므로, 이 글에서는 '주물숭배'라는 말을 사용하기로 한다. 프로이트는 이후 「절편음란증」(1927)에서 자신의 음란물을 '숭배한다'는 말은 완전한 사실이 아니라고 지적한다. 왜냐하면 대부분 그것은 '거세의 상징물'(남성의 페니스)과 동일한 것으로 간주되기 때문이다.(프로이트, 앞의 책, pp. 33-34 참조) 따라서 외적으로 그렇게 보일지라도 그것을 '숭배'한다고 하기에는 실제 숭배와는 다르다.

실행할 목적으로 주물을 취하는 경우도 있다. 주물숭배는 성 대상에 대한 과대평가나 과도하게 아버지의 역할을 대신하려는 사람에게 일어난다.'[97]

과년한 총각에게 벌거벗은 처녀들의 목욕 장면을 목격한다는 것은 '황홀한' 사건이다. 그러나 '노총각' 나무꾼은 알몸의 선녀들을 눈앞에 두고 어떤 심리적인 반응도 보이지 않는다. 나무꾼은 선녀에게 흔히 부여하는 찬사 한 마디 하지 않는다. 나무꾼은 선택된 선녀에게 이성(異性)으로서의 어떤 관심도 보이지 않는다. 나무꾼의 상대는 선녀들 가운데 한 사람일 뿐이고 '옷의 임자'일 뿐 그 이상의 어떤 의미도 없는 것처럼 보인다. 나무꾼의 관심은 오직 선녀의 몸을 마지막으로 가려주는 '옷'에 있었다.

나무꾼에게 옷의 본질적인 의미는 벌거벗은 선녀의 사라진 신체부위를 대신할 상상적 대체물(呪物, fetish)이라는 점에 있다.[98] 선녀들이 굳이 한 사람 한 사람 차례차례 옷을 입는 점이나, 나무꾼이 마지막 단 한 사람의 선녀가 남을 때까지 기다린 점은 어떻든 '옷'에 '마지막'이라는 의미를 부여한다. 나무꾼이 훔친 선녀의 '옷'은 선녀의 음부를 가릴 유일한 것이었다.[99]

'아버지'의 역할을 수행하며 홀어머니를 부양하는 나무꾼의 환경적 여건이나, 나무꾼에게는 과분한 대상인 '선녀', '마지막 옷'에 대한 집착, 어머니와의 애착관계는 나무꾼이 훔친 옷이 나무꾼에게 어떤 의미인지를 추측케 한다.

---

97) 프로이트, 앞의 책, pp. 31-35, p. 260 참조.
98) 이런 점에서 선녀의 '옷'은 나무꾼의 '대상 (*a*)'이다. 라캉에 의하면 대상 (*a*)는 애매모호한 특성으로 인해 도착적인 욕망 속에서 가장 명확한 형태를 띠게 되며, 주물(fetish)적인 성격이 있다.-라캉, 「욕망, 그리고 '햄릿'에 나타난 욕망의 해석」, 『욕망 이론』, 이미선 역, 문예출판사, 1996, p. 141.
99) 만약, 옷의 의미가 선녀를 잡아두는 '저당물' 정도에만 있었다면 모든 유화에서 선녀를 굳이 '알몸'으로 만들 필요까지는 없었을 것이다.

한편, 나무꾼이 다른 주물숭배자(fetishist)들처럼 '옷'을 소유하는 것에 그치지 않고, 옷을 담보로 옷의 주인을 아내로 삼음으로써 '옷'은 또 다른 의미로 작용한다. '선녀의 옷', '하늘의 옷'인 그 옷은 '어머니'의 상대역을 담당할 수 있는 유일한 인물인 '아버지'라는 기표를 나무꾼에게 부여해준다.[100)]

### 2) 도둑맞은 날개, 잃어버린 '기표'

사슴은 나무꾼에게 '당신이 원하는 게 뭐냐?'("소원이 하여튼 뭣이냐?")[101)]고 묻는다. 그것은 나무꾼 자신의 내부로부터의 물음이다. 사슴의 선물은 나무꾼의 욕망이 어디에 있었는지를 알려준다.

> "사슴아, 인제 포수는 갈 디루 갔응게 너는 나와두 갠찮치."
> "이제 나와두 갠찮지."
> 인저 나왔어. 나와서는 하여간 나무꾼 아저씨가 지가 은혜를 갚구 접운디(싶은데) 첫째 <u>소원이 뭐냐</u>는 얘기여. (청중: 으으음….) 사심이가. (청중: 거 참!) 그래 나무꾼이 무한히 생각을 해 봐두 돈두 읎지 억천만사가 다 읎어두 <u>자긔 어머니가 일구월심이 장개 못 드는 것을(청중: 아아아….) 장단 걱정을 항게,</u>
> "어머님이 기시는디 저 장가 못드는 것이 질 큰 걱정입니다."
> (청중: 흐흠 참!) 그렁게 사심이가 '그러냐'구.
> "아 그러면 이쁜 새약씨를 하여간 취택하먼, 이쁜 새악씨를 구할 수 있응께 저 시키는 대루만 하세요." (청중: 거 어려운 얘기여….)

---

100) 우리는 여기서 나무꾼이 모든 선녀들의 옷을 훔치지 않은 이유를 찾을 수 있다. 그것은 나무꾼의 궁극적인 목적이 '아버지 되기'에 있기 때문이다. 표면적으로 나무꾼에게 필요한 것은 성적 대상이었지만, 실상 그것은 앞으로 태어날 아이들의 '어머니'이다. 만약 나무꾼이 선녀들의 옷을 모두 확보했을 경우, 그것은 대상들과의 성적인 관계만을 부각시켜 옷은 페니스의 대체물에만 머물고 만다.

101) 『구비대계』 3-2, 충북 청주시 탑동, 「닭이 높은 데서 우는 유래」, p. 252.

(중략)
그라구 난 담에—얘기를 쪼끔 잊어 빼렸네. 그 사심이 그렇게 얘기 할 때 그런 선녀를 만내두 자식 늿(넷) 낳기 전이는 그 옷을 내 주지 말라구 항겨. (청중: 아!—)[102]

나무꾼의 궁극적인 욕망은 선녀와의 결혼이 아니라 자식(아들)이 셋(둘, 넷)이나 되는 '아버지'가 되는 것에 있었다. 모든 유화에서 나무꾼은 선녀를 아내로 삼을 뿐만 아니라 자식들의 '아버지'가 된다. 그것은 '어머니의 욕망에 대한 욕망'이다. 라캉에 의하면 주체는 끊임없이 타자에게 '당신이 원하는 게 뭐야?'(What do you want?/佛, Che vuoi?)라고 질문하며 타자가 욕망하는 것을 욕망한다. 그리하여 타자의 욕망의 대상이 되고자 한다. 따라서 주체의 욕망은 '타자의 욕망에 대한 욕망'이다. '당신이 원하는 게 뭐냐?'는 사슴의 물음은, 나무꾼에게 '다른 사람이 내게 바라는 것이 뭐냐?'는 말이다.

나무꾼의 '아버지 되기'는 '선녀의 옷'을 통해서만 가능한 것이었다. 선녀의 옷은 선녀에게 결핍됨으로써 선녀의 욕망의 대상이 된다. '옷'을 훔친 나무꾼이 훔친 사실을 선녀에게 당당히 밝히는 이유를 여기에서 찾을 수 있다. 그것은 '당신의 욕망의 대상이 바로 내게 있다'는 사실을 알리기 위한 것이다. 그것으로 나무꾼은 상대에게 자신의 우월함을 과시한다. 옷이 나무꾼에게 우월함을 부여한 것이다. 나무꾼의 '이왕 이렇게 되었으니 나와 살자'는 말은 이제 나는 힘 있는 존재가 되었으니 나에게 종속하라는 말이다. 더 이상 선녀(天女)가 아닌 선녀는 나무꾼의 뜻에 순순히 따르는 행동을 보임으로써 그가 우월한 지위에 있다는 사실을 증명해준다.

㉮ 목욕을 다 하고 옷을 마커 입는데, 제일 일곱 째 있는 옷을 감지커뿌

102) 『구비대계』 4-2, 충남 대덕군 구즉면, 「나뭇군과 선녀」, p. 342.

렀어. 아이고, 그래 가 저거는(자기들은) 마 타고 갔뻐렀그던. 여섯키는 (여섯 사람은) 가뿟고, 하내이 남었는데,
"아이고, 제발 총각 옷 주소. 옷 주소."
카이께,
"내 내외가 돼야 옷 주지, 내외가 안 되만 옷을 안 준다."
이기라.
"그르만 천사(부득이) 내 참 시집을 가리다."
꼬 그랬어요. 그래 내외가 돼 머 이 세상 사람이 돼가 살었어요.[103)]

㉯ "총각, 옷 감췄걸랑 줘."
"나허구 살으면 주지."
"살께, 줘."[104)]

㉰ 샘에서, 그란께 그 때 얼른 노리가(노리고) 있다가 그 때 얼른 저 각씨를 잡으라고 옷을 딱 곰쳐부린께, 옷을 찾니라고 그렇게나 울어싸,
"당신하고 나하고 살면 이 옷을 주고 안 살면 안 줄란다."
그란께,
"살란다."
고 데꼬 왔단 말이요.[105)]

옷을 빼앗긴 선녀가 지나치게 무력해지는 것을 보며 우리는 '선녀'를 '선녀'이게 하는 모든 힘이 '옷'에 집약되어 있다는 사실을 알게 된다. 또한 선녀의 옷이 완전히 선녀의 소유물이 아니며, 선녀에게 고정된 것이 아니라는 사실을 알게 된다. 처음부터 선녀의 옷은 선녀로부터 분리될 수 있는, 실제 선녀의 몸과는 별개의 것이었다.

---

103) 「나뭇군과 선녀－노루 이야기」, 『구비대계』 7-1, 경북 월성군 현곡면, p. 270.
104) 「천국의 시련」, 『구비대계』 4-5, 충남 부여군 은산면, p. 306.
105) 「선녀와 나무꾼」, 『구비대계』 6-6, 전남 신안군 암태면, p. 684.

따라서 '옷'을 잃어버린 선녀는 더 이상 선녀가 아닌 것이다. 벌거벗은 선녀는 '명령'은커녕 '항의'조차 하지 못하는 힘없는 처녀일 뿐이다. '여자'(女)에 앞서 '하늘'(天)로서 존재했던 선녀는 옷을 빼앗김으로써 '하늘'(天)을 박탈당하고, 나무꾼의 '여자'(女)로서만 존재할 수 있게 된다. 옷을 벗은 선녀는 실제 생활에서 평범한 처녀와 다를 바가 없기 때문이다. 만약 나무꾼이 옷을 내주지 않았다면 선녀는 '선녀'라는 기표를 영원히 상실한 채, 한낱 나무꾼의 아낙으로서만 살아갔을 것이다.

나무꾼에게 '옷'은 일종의 담보물이다. 나무꾼은 "나하구 살멘 닙성(옷)을 주갔다"[106]고 한다. 선녀는 '할 수 없이' 나무꾼을 따라간다. 선녀는 '옷'이라는 보증금을 걸고 주인(나무꾼)에게 일정 수의 '아이'들을 세(稅)로 내야 하는 입장에 처한다. 그러나 나무꾼은 옷을 소유함과 동시에 옷에 소유당한다. 나무꾼이 옷을 소유한 것이 아니라 '옷이 나무꾼을 소유한 것이다.'[107] 옷은 나무꾼을 소유하고 나무꾼

---

106) 「나무꾼과 선녀」, 『한국구전설화』 1, 평북Ⅰ, p. 48.

107) '나무꾼을 소유한 옷'은 '주체에 대한 기표의 우월성'(라캉, 「'도난당한 편지'에 관한 세미나」, 『욕망 이론』, p. 108)을 말해준다. 라캉은 주체가 기표에 의해 지배당한다는 사실을 포우의 단편 「도둑맞은 편지」를 분석하는 과정에서 자세히 설명하였다.(라캉, 앞의 책, pp. 96-134) 라캉은 이 글에서 '편지'를 나타내는 'letter'가 '문자'의 의미도 갖는다는 사실을 지적하고, '편지'를 '기표'의 의미로 해석한다. 그는 편지의 소유여부에 따른 인물들의 관계 변화를 통해 기표의 자리바꿈이 주체의 의미를 어떻게 규정하는지를 밝히고, 편지를 소유한다는 것이 결국 편지(기표)가 '주체를 소유한다'는 의미(p. 120)임을 증명하였다. 편지(기표)의 소유가 권력을 소유하고 행사하는 것과 관련(pp. 122-123)되지만, 결국에는 편지를 소유했던 주체가 편지(기표)에 의해 사로잡히게 된다는 것이다.(p. 125) 편지를 둘러싼 인물 관계의 의미변화는 옷의 이동에 따른 나무꾼과 선녀와의 관계변화와 유사하다. 누구에게 이동하느냐에 따라 주체의 의미를 변화시키는 '편지'와 '옷'은 모두 그것 자체로는 고정된 의미가 없는 기표의 근본적인 속성을 말해준다.

※ 이하 '옷'의 '기표'로서의 속성에 대한 해석 중 일부는 앞에 언급한 '편지'(letter)와 관련된 라캉의 해석을 따른 것이다. 해당부분은 주석을 달아 밝혀놓았다.

은 선녀를 소유한다. 선녀의 옷에 부여된 힘은 실제 선녀와는 상관이 없으며 실제 옷과도 아무 상관이 없다. 그것은 내용과는 상관이 없는 겉껍데기일 뿐이다. 이런 점에서 옷은 물질적이다.[108] 나무꾼의 아낙이었던, 선녀 아닌 선녀가 '옷'을 되찾아 입으면 나무꾼의 아낙인 촌부(村婦)는 죽고, '선녀'가 재탄생한다. 이것이 '옷'이라는 기표가 갖는 물질적인 힘이다. 기표가 기의와 결합[109]되었을 때에만 의미가 발생하듯, 옷은 누군가가 소유(보유)할 때에만 의미를 가진다. 나무꾼과 선녀의 관계 속에서 옷은 '기표'로서 작용한다. '기표가 근본적으로 결핍을 드러내듯 선녀의 '옷'은 현존하면서 동시에 부재하는 것이다.'[110] 어딘가에는 있되 누구에게도 없는 것이다. '선녀'를 나타내줄 유일한 기표인 옷은 욕망의 원인이다. '옷'을 근거로 욕망이 형성된다. '옷을 소유한다는 것은 권력을 소유한다는 것과 같다.'[111] 인간이 기표에 완전히 종속되어 있듯이 '나무꾼과 선녀는 선녀의 '옷'에 사로잡혀 있다.'[112]

주체가 오직 기표로서만 자신을 나타낼 수 있듯, 선녀와 나무꾼은

---

108) 라캉은 「도둑맞은 편지」의 분석(앞의 글)에서 편지를 영적인 존재로부터 전달받았다고 할지라도 물질성을 드러내는 '문자'(letter) 또는 '편지'를 영혼과 혼동해서는 안 된다는 점을 분명히 밝힌다. '물질성'이란 편지의 내용, 즉 정신적인 것과는 전혀 상관이 없다는 것으로서의 '물질'을 말한다. 이런 점에서 '옷'은 '기표'와 같은 의미로 작용한다.(라캉, 앞의 책, pp. 111-112 참조)

109) 사실, 기표와 기의의 '결합'이라는 표현에는 어폐가 있다. 기표는 기의로부터 끊임없이 미끄러지기 때문이다. 이런 점에서 나무꾼이 옷을 '소유'한다는 표현도 적절한 것은 아니다. 이야기 속에서 보여주듯, 옷 역시 완전히 '소유'될 수 있는 것이 아니기 때문이다.

110) "기표는 어느 것으로도 환원될 수 없는 특이한 것이며 근본적으로 결핍만을 드러내는 상징이다.(…) 편지는 객관적 대상들과는 다르게 어느 곳에 있든지 현존하면서 동시에 부재하는 것이다."(라캉, 앞의 책, p. 113)

111) "편지의 소유는 권력을 소유하고 행사하는 것과 관련된다."(라캉, 앞의 책, pp. 122-123)

112) "그는 편지에 굴복하게 되고 왕비처럼 편지에 의해 사로잡힌다."(라캉, 앞의 책, p. 125)

선녀의 '옷'을 떠나서는 아무것도 아니다. 기표에 의해 인간관계가 형성되듯, '옷'의 자리바꿈에 따라 주객이 전도되고 나무꾼과 선녀의 관계가 규정된다. '옷'을 소유한 자와 소유하지 못한 자 사이에 주인과 노예의 관계가 형성되는 것이다. 기표가 불안정하고 유동적이듯, 선녀의 '옷' 또한 그것을 누가 소유하였는지에 따라 의미가 달라진다. 옷을 소유함으로써 나무꾼은 '아버지'가 되고, 일개 촌부는 비로소 '선녀'(天女)를 회복한다. '기표'가 상징계의 구성요소이듯, '옷' 역시 상징계, 즉 '하늘'의 산물이다. 선녀의 '옷'은 인간이 기표에 의해서만 존재한다는 사실을, 기표의 우월성을 여실히 보여준다.

이상으로 우리는 선녀의 옷에 함축된 두 가지 의미를 살펴볼 수 있었다. 나무꾼에게 그것은 '거세' 위협을 막아줄 페니스의 대체물이며, 또한 나무꾼과 선녀에게 각각 '아버지'라는 지위와 '선녀'라는 특권을 부여하는 '기표'로서의 의미를 갖는다.

## 2.4. 대상 (*a*)를 찾아서

많은 유화에서 사슴은 나무꾼에게 소원을 물어보는 절차를 거치지 않고 바로 (이미 나무꾼의 소원을 잘 알고 있는 듯) '색싯감'을 소개해주겠다고 하며 선녀가 있는 장소를 알려준다. 소원을 물어보는 경우, 나무꾼은 단지 배우자를 필요로 할 뿐, 상대에 대한 어떤 조건도 달지 않는다. 그런데 사슴은 나무꾼과 결코 어울리지 않는, 지나치게 과분한 '선녀'를 배우자로 소개해준다. 위험 부담에도 불구하고 나무꾼의 색싯감이 굳이 '선녀'로 설정된 데에는 특별한 이유가 있을 것 같다.

많은 유화에서 나무꾼은 옷을 내달라고 조르는 선녀에게 시달리면서 산다. 이런 일을 사슴이 예상하지 못했을 리 없다. 유화 중에는 선녀가 옷을 내달라고 조르고, 때로는 ‘협박’을 하는 경우도 있다. 또는 선녀가 옷을 되찾기 위해 계획적으로 나무꾼을 만취시켜 놓고 그 사이에 옷을 입고 승천하는 경우도 있다. 아이를 셋(둘, 넷) 낳기 전에는 ‘절대로’ 옷을 내주지 말라는 사슴의 당부에는 그전에 옷을 내줄 만한 상황이 전개될 것이라는 암시가 깔려 있다.

「나무꾼과 선녀」의 ‘선녀’는 상징계적이고 상상계적인 의미를 모두 함축하고 있다. 이야기 속에서 ‘선녀’는 ‘천녀’(天女)의 의미를 갖는다. 실제로, 옷을 되찾아 승천한 선녀는 나무꾼에게 ‘땅에 발을 내딛지 말라’고 ‘당부’함으로써 상징계를 확립하는 첫 번째 힘인 ‘금기’를 명령하는 역할을 담당한다. 선녀는 상징계를 대변하는 ‘하늘’, 즉 아버지의 법에 종속된 존재이지만, 우리의 일반적인 관념 속에 ‘선녀’는 한마디로 ‘환상 속의 그대’, 즉 상상계적인 인물이다. ‘매일매일’ 나무를 하며 근근이 생계를 이어나가는 것으로 묘사되는 ‘나무꾼’이 지극히 ‘현실적인’ 인물인 반면 ‘선녀’는 비현실적인 ‘환상적인’ 인물이다.[113)]

남자아이에게 최초의 ‘환상 속의 그대’는 ‘어머니’이다. 남녀를 막론하고 모든 아이에게 ‘어머니’는 최초의 자아 이상(ego ideal)이다. 아이는 이 자아이상을 통해 ‘(이상적인) 자아’를 확립한다. 아이에게 자아이상인 어머니는 말 그대로 ‘하늘 같은’ 존재이다. ‘선녀’는, 최초의 ‘자아이상’이자 ‘환상 속의 그대’로서의 어머니를 충족시킬 만한 이상적인 캐릭터이다. 실제로 선녀는 아이를 낳음으로써 ‘어머니’

---

113) 이런 점에서 ‘나무꾼과 선녀’의 관계는 라캉이 주체와 대상의 관계를 ‘$\$ \diamond a$’로 표현한 실례가 되어 준다. 이때 빗금친 S($\$$)는 결핍을 안고 있는 주체(분열된 주체)를 말하고, ◇는 주체와 대상 간의 빗나간 만남, 즉, 주체는 대상보다 작거나(<) 크거나(>) 할 뿐 결코 1대 1로 만날 수 없다는 것을 말하며 둘 사이에는 언제나 ‘환상’이 개입될 수밖에 없다는 사실을 나타낸다.—페터 비트머, 『욕망의 전복』, 홍준기 · 이승미 옮김, 한울아카데미, 1998, p. 81 참조.

라는 기표를 부여받는다. 또한, '벌거벗은' 선녀(들)는 최초의 대상으로서의 선녀의 의미를 더욱 굳건히 한다.

나무꾼이 처음 '물'(연못, 샘)에서 선녀들이 목욕하는 모습을 목격하는 장면을 떠올려보자. 「나무꾼과 선녀」 이야기를 통해 우리는 하늘에 결핍된 한 가지를 찾을 수 있다. 하늘에 없는 그것은 선녀들에게 땅으로 내려올 수밖에 없는 당위성을 부여한 것이기도 하다. 두레박을 내려서까지 땅에서 길어 올려야 하는 그것, 땅에만 있는 그것은 '물'이다. 나무꾼이 선녀를 만날 수 있었던 두 번의 계기도 '물' 때문이다. 나무꾼이 처음 선녀들을 볼 수 있었던 것은 선녀들이 목욕을 하기 위해 땅으로 내려왔기 때문이며, 두 번째 역시 물을 길어 올리기 위해 땅으로 내려온 두레박에 나무꾼이 몸을 실었기 때문이다. 나무꾼이 처음 선녀들을 보았을 때 선녀들은 벌거벗은 채 '물'에 몸을 담그고 있었고, 두레박에 올라타기 위해 나무꾼은 두레박의 물을 쏟아 붓고 물 대신 자신의 몸을 실었다. 선녀들은 '나무꾼'을 '물'로 착각하고 두레박을 끌어올렸다.

물이란 무엇인가. 상징계에 결핍된 그것은 문명화되지 못한 채 몸에 남아 있는 '성감대'와도 같은 것이다. 특히 설화에 제시된 연못이나 샘물인 경우 근원과 원천으로서의 의미가 더욱 강조된다. 상징계인 하늘엔 없는 그것, 아버지에게 결핍된 그것, '땅'에만 있는 그것은 '어머니'의 것이다. 이제 우리는 연못에 벌거벗은 몸을 담그고 있는 선녀들의 모습이 나무꾼에게 어떤 의미였을지 충분히 짐작할 수 있다. '목욕'은 선녀들을 벌거벗기기 위한 구실에 지나지 않는다. 선녀들이 '하늘'을, '옷'을 훌훌 벗어던지고 알몸을 담그고 있는 그곳은 '야생동물보호구역'과도 같은 곳이다. 나무꾼에게, 물속에 알몸을 담그고 있는 선녀들은 이미 오래전에 경험했던, 다시는 맛볼 수 없는 엄마 품에 안겨 있던 아련한 그 시절의 추억을 떠오르게 한다. 나무꾼에게 선녀들은 어린 시절의 근원적인 모성, 상상 속의 어머니, '그

때'를, '잃어버린 낙원'을 대신해줄 '대상 (*a*)'이다.

앞에서 언급했듯이, 대상 (*a*)는 존재하는 어떤 것이 아니다. 그것은 결코 획득될 수 없다. 근원적으로 결핍된 것이기 때문이다. 주체는 그것을 환상을 통해 허구적으로 충족할 뿐이다. 따라서 그것은 완전한 만족을 가져다주지 못한다. 이 때문에 주체는 끊임없이 대상을 바꿔나간다. 여기서, 나무꾼이 선녀를 처음 선택하게 된 경위를 생각해보자. 선녀에게 부여된 특징은 기껏해야 '맨 마지막', '맨 끝'의 선녀라는 의미밖에 없었다. 그것은 달리 말해 '맨 마지막' 혹은 '맨 끝'의 선녀라면 어떤 선녀라도 상관이 없다는 뜻이 된다. 선녀 개인에 대하여 특별한 가치를 부여하지 않은 것이다. 나무꾼은 선녀를 보고 옷을 선택한 것이 아니라, 옷을 보고 선녀를 선택하였다. 즉 나무꾼은 첫눈에 반한 선녀, 시각적으로 매력이 넘치는 특별한 선녀의 옷을 훔친 것이 아니라, 거꾸로 옷의 임자로서의 선녀를 아내로 취한 것이었다. 이는 주체에게 대상 (*a*)가 '전체'가 아니라 '부분'대상이라는 라캉의 주장과 무관하지 않을 듯하다.[114] 나무꾼의 욕망의 원인이자 부분대상인 선녀의 '옷' 역시 나무꾼의 대상 (*a*)이다. 나무꾼은 단지 욕망을 불러일으키는 대상, 성적 충동을 일으키는 사물(呪物)인 '옷'의 주인으로서 선녀를 욕망한 것이다. 한낱 평범한 나무꾼이 천상의 선녀를 대면하였는데도 선녀에 대한 어떤 시각적인 묘사도 되어 있지 않은 이유 또한 이 때문으로 볼 수 있을 것이다.

나무꾼은 일개 촌부(村婦)가 된, 선녀 아닌 선녀에게 만족하지 못한다. 주체가 한 대상에게 만족을 하지 못하고 이 기표에서 저 기표

114) 라캉은 그 예로 '젖꼭지, 똥, (상상적 대상으로서의) 남근, 오줌방사(urinary flow), 음소(phoneme), 응시(gaze), 목소리' 등을 들었는데, 라캉에 의하면 '부분대상'(partial feature)이라는 것은 대상 전체(total object)인 몸의 일부분이라서가 아니라 그것들을 생산하는 기능을 단지 부분적으로만 나타내기 때문에 '부분적'이라고 한다.—J. Lacan, *ÉCRITS: A Selection*, p. 315 참조.

로 자리바꿈을 해 나가듯, 세(둘, 넷) 아이의 아버지가 된 나무꾼은 이제 다른 대상을 꿈꾼다. 나무꾼의 마음 한구석에서 다른 환상이 나무꾼을 부추긴다. 여기서 우리는 이야기의 중심인물이 아니면서도, 여러 명(셋, 넷, 일곱, 여덟)의 선녀들이 모든 유화에 반드시 등장하는 이유를 찾을 수 있을 것 같다. 나무꾼의 '아내'인 선녀가 다른 선녀들에 비해 특별히 두드러진 인물로 그려지지 않는 것으로 보아서 이들을 '들러리' 정도로 인식하기는 어렵다. 이 이야기를 떠나서 심산계곡의 이른바 '선녀탕'에 얽힌 전설 속에서 선녀들은 으레 여럿이 함께 등장한다.

나무꾼이 처음 벌거벗은 선녀들을 목격한 때를 상상해보자. 그때 '물'속에 알몸을 담그고 목욕을 즐기고 있었던 선녀는 아내 말고도 더 있었다. 나무꾼이 그 사실을 잊었을 리 없다. 깊은 산속에서 외롭게 나무를 하며 무미건조한 생활을 하는 노총각에게 여러 명의 여자들이 알몸으로 목욕하는 장면은 사막의 오아시스와 같은 것이었을 것이다. 벌거벗은 선녀들, '옷'을 벗어버린 그들은 '선녀'라는 기표를 벗어버린 선녀 이전의 존재, 언어 이전의 존재이며, 원초적 어머니이다. '결혼'이라는 현실 속에서 다시 사막의 낙원, 오아시스에 대한 갈증을 느끼는 나무꾼에게 그들은 나무꾼의 결여를 채워줄 것 같은 절대적인 존재이다. 아내를 내보낸 후의 나무꾼의 행적은 나무꾼의 본심이 어디에 있었는지를 말해준다.

선녀가 떠난 후, 나무꾼은 곧바로 선녀를 찾아 나서지 않는다. 어느 날, 나무꾼 앞에 생각지도 않았던 사슴이 다시 나타난다. 언젠가 그랬듯이 사슴은 이번에도 나무꾼의 소원을 들어준다. 사슴이 제안한 것은 하늘로 가는 '두레박'을 타라는 것이었다. 두레박은 무엇인가. 그것은 땅에서 물을 퍼 올리기 위하여 하늘로부터 내려온 것이다. 그것은 "그때 한번 선녀들이 놀래가지구서"[115], "지난번의 일에 질려서"[116] 더 이상 땅으로 내려오지 못하게 된 선녀들이 '나무꾼을 피해' 새롭게 마련한 도구이다. 게다가 두레박의 종착지는 '선녀들의 목욕장소'이다. 아내와 아이들을 찾겠다는 나무꾼의 의지는 위선적인 신념일 뿐, 실상 나무꾼이 향한 곳은 처음과 같은, 바로 그 벌거벗은 선녀들의 목욕장소이다. 사슴은 '전과 같은 방법으로' 나무꾼을 도와주었다. 나무꾼을 다시 '선녀들의 목욕장소'로 안내했기 때문이다. 나무꾼은 사슴의 말대로 두레박의 물을 쏟고 물 대신에 자신의 몸을 싣는다. 나무꾼의 행동은 '하늘'의 허락을 받지 않은 무임승차(無賃乘車)이다.[117] 물이 담겨 있던 두레박에 몸을 싣는 행위에는 다분히 '성적 결합'의 의미가 깔려 있다. 나무꾼은 언젠가 그랬던 것처럼 '벌거벗은 선녀들'이 있는 곳으로 향한다. 우리는 이후, 나무꾼 앞에 어떤 장면이 펼쳐질 것인가를 충분히 상상할 수 있다.

나무꾼은 세(둘, 넷) 명의 '아이들(아들들)'에 의해 '아버지'라는 기표를 부여받았다. 그러나 그것은 어딘지 모르게 불안하다. 나무꾼이 획득한 '아버지'라는 기표는 상징적 질서 속에 편입되면서 자연스럽게 부여된 것이 아니라 나무꾼이 상상적 대체물을 통해 강압적으로 빼앗은 것이기 때문이다. 말하자면 나무꾼과 선녀의 관계는 '결혼'이라는 통과의례를 통해 상징적으로 형성된 것이 아니라, 이드를 통제할 수 없을 정도로 미숙한 자아의 대상에 대한 과도한 집착과, 남근에 대한 성급한 욕망으로 이루어진 것이기 때문이다.

옷을 되찾은 선녀가 그 자리에서 뒤도 돌아보지 않은 채 아이들을 데리고 승천하는 모습은 선녀에게 나무꾼과의 결혼생활이 어떠했는지를 짐작할 수 있게 해준다. 표면적으로 볼 때, 나무꾼은 선녀를

115) 『구비대계』 4-2, 충남 대덕군 구즉면, p. 344.
116) 손진태, 앞의 책, p. 78.
117) 따라서 일부 논문들이 이를 '승천'(昇天)이라고 표현하는 것은 오해의 여지가 있다. '승천'은 단순히 하늘에 오르는 행위를 가리키는 것일 뿐만 아니라, 숭고한 죽음을 일컫거나 '정신적인 성숙'(성장)의 의미를 내포하고 있기 때문이다.

처음부터 떠나보낼 생각이 없는 것으로 그려져 있다. 실제로 나무꾼은 선녀를 떠나보낸 뒤 옷을 내준 사실을 후회하였으며, 선녀와의 재결합을 원하였다. 어찌 되었든 나무꾼이 선녀의 옷을 내준 것은 전적으로 선녀의 바람 때문인 것으로 나타나 있다. 그러나 옷을 내줄 경우, 선녀가 자신을 떠날 것이라는 사실을 익히 알고 있었던 나무꾼이 굳이 위험을 무릅쓰고 옷을 내준 이유가 꼭 선녀의 간절한 바람 때문이었을까? 우리는 앞에서 금기가 오히려 금지된 욕망을 상기시킨다는 사실을 통해 나무꾼의 욕망이 어디에 있었는지에 대해 살펴보았다. 아이 셋(둘, 넷)을 낳기 전까지 옷을 내주지 말라는 사슴의 금기는 아이 셋(둘, 넷)을 낳은 후에는 옷을 내주어도 '선녀를 내보낼래야 내보낼 수 없다'는 뜻이기도 한 것이다.

선녀는 나무꾼을 떠날 때 아이들을 모두 데리고 승천한다. 거의 모든 유화에서 선녀가 어떤 방법으로 아이들을 데리고 승천하였는지에 대해 비교적 구체적으로 묘사되고 있다는 점은 주목할 만하다.

㉮ 아 입구서는 이쪽이다 어린아 하나를 찌구 이쪽이다 하나 찌구 하나를 등어리(청중: 어, 어.) 얹구서는 그냥 천상으루 올라가네. (청중: 참 허망하네) 하 그러니 즤 어머니랑 그 나무꾼 애랑은 인저 애만 났다 뿐이지 할 도리가 있어야지. (청중: 거참 허망하네) 아 닭 쫓던 개 울쳐다 보기지 그런 꼴이 워딨어.[118]

㉯ 그 옷을 입디 고만 아들 한 쪽 옆으로 하나씩 끼고, 끼디 아 고만 무지개가 죽 서디 고만 따라가 하늘로 올라가뼀다.[119]

㉰ 그 난 아들들을 하나는 여기다 (왼쪽 겨드랑이를 가리키며) 끼고, 하나는 여기다 (오른 쪽 겨드랑이를 가리키며) 끼고, 하나는 등에다 업

118) 「나뭇군과 선녀」, 『구비대계』 4-2, 충남 대덕군 구즉면, p. 344.
119) 「은혜갚은 짐승들」, 『구비대계』 8-6, 경남 거창군 마리면, p. 914.

구 그렇게 하구선 다 데리고 올라 가버렸어. 그 날개 옷을 입구.[120]

아이가 둘인 경우엔 양 옆 "겨드랑이(혹은 옆구리)에 하나씩 끼고", 셋일 경우엔 "둘은 겨드랑이에 하나씩 끼고, 하나는 보듬거나(안거나) 등에 얹고(업고)" 데리고 간다. 어떤 경우이든 선녀가 아이들을 데리고 가는 방법은 '끼고' 가는 것이다. 구술자들은 종종 제스추어까지 해보이며 '낀다'는 점을 강조한다.

또한 아이가 셋인 경우, 승천 방법을 설명하는 과정에서 사슴이 왜 아이를 셋 낳기 전에는 옷을 내주지 말라고 했는지에 대한 이유가 화자(구술자)에 의해 밝혀지기도 한다. 사슴이 직접 설명한 것이 아니므로(간혹 사슴 혹은 노루가 다시 등장했을 때 밝히는 경우도 있다) '밝힌' 것이라기보다 화자(구술자)의 추측이라는 표현이 적당하다. 어떻든 그것은 아이가 둘인 경우에는 둘은 양쪽 겨드랑이에 끼고 갈 수 있지만 셋은 모두 데리고 가기 힘드니 선녀가 승천을 포기하고 땅에 머문다는 것이다. 이 말에는 '어머니'라면 결코 한 명의 자식도 두고 떠날 수 없다는, '어머니'에 대한 강한 믿음이 전제되어 있다. 우리는 이를 통해 한 명의 자식이라도 두고 갈 바에는 아예 떠나는 것을 포기한다는 것이 '어머니'에 대한 일반적인 신념이라는 것을 알 수 있다. 이와 함께 사슴이 일러준 방법이 결국 '어머니'의 약점을 이용한 것이라는 사실도 추측할 수 있다. 자식을 셋(둘, 넷) 낳은 후에는 '옷' 대신에 '자식'을 담보로 선녀를 잡아둘 수 있다는 것이다. 선녀가 자식을 '끼고' 간다는 것은 '어머니'라는 기표를 끼고 승천한다는 말이다.[121] 선녀는 예전의 선녀가 아니다. 선녀에게 '하늘(天)-여자(女)-

120) 「닭이 높은 데서 우는 유래」, 『구비대계』 3-2, 충북 청주시 탑동, p. 256.

121) 아이들을 양쪽 겨드랑이에 끼고, 등에 업고 승천하는 선녀의 모습은, 머리에 무엇인가를 이고, 갓난아이를 등에 업고, 아이의 손을 잡고 홀로 걸어가는 우리의 어머니상과 오버랩된다.

어머니(母)'로서의 의미가 단계적으로, 그리고 복합적으로 작용한다.

다시 선녀의 승천 방법에 명시된 '낀다'는 표현을 생각해보자. '~을 끼고 산다'는 말은 어떤 것에 지나치게 의존하거나 집착할 때 사용하는 표현이다. '자식'과 관련된 '낀다'는 표현으로, '끼고 돈다'라는 말이 있다. 일반적으로 어머니가 자식을 과도하게 보호하는 것으로 보일 때 아버지나 윗사람이 이를 나무라거나 경계하기 위하여 이런 표현을 사용한다. 나무꾼과 선녀 사이의 자식의 성별이 밝혀진 경우 대부분이 '아들'인 점을 고려할 때, 구술자들이 굳이 밝힌, 선녀가 아들을 '끼고' 가는 장면은 '이상화된 어머니와 어머니에 종속된 아들'이라는, '나무꾼과 그의 어머니'의 관계가 '선녀와 그의 아들'로 대치되어 나타난 것인지도 모른다.

아내와 자식을 만나 다시 보금자리를 꾸민 나무꾼은 땅의 '어머니'를 그리워한다. 나무꾼은 어머니를 만나러 가기 위해 선녀의 '허락'을 구한다.

㉮ 올라가가지구 인제 그 선녀랑 애덜이랑 만났지. 만나설랑 인저 참 잠시라두 또 유쾌한(청중: 으음.) 참 재미를 보다가 결국은 마누래두 좋구 자식두 좋지만, 나는 어머니한티 질 딱하거든.(청중: 그렇지 그렇지…음.) 그래 자기 마누래보구 그랑 겨.
"나는 지하에 계시는 어머니가 나를 하나 길러 가지구서 후세 영화를 볼라구 이렇게 고상을 하셨는디 지금 우리 내외만 좋고 살면 안 둥게, <u>어머니를 가서 내 보고 올 수가 읎느냐</u>."닝께 "아 보고 올 수가 있다."구, (청중: 음.) 그래 부모한티 효성이 있응께 인저 선녀두 그걸 이해를 헝 게지. (청중: 그렇지, 암만….)[122]

㉯ "<u>아다시피 어머니가 지금 산 깊은 산기슭에서 혼자 사는데 내가 다시금 오더래도 한 번 만 보고 올라 왔으면 좋겠다.</u>"

122) 「나뭇군과 선녀」, 『구비대계』 4-2, 충남 대덕군 구즉면, p. 345.

고 그러니께, 그 처가,
"그건 안 되는데, 안 되는데…."
하면서 잠잠하게 그러더래요. 그런데 참 그 신랑이 하도 낙심하고 뭐 식사도 잘 않구, 걱정을 하구 있으니께,
"그러면 꼭 갖다 오는데 나 시키는대로 꼭 하니 해야 한다."구.
"그럼 그렇게 하겠다."구.[123)]

나무꾼은 선녀에게 '어머니'를 만나기 위해 땅으로 내려갈 수 있는 방법을 물어본 것이 아니라, 어머니와의 만남 자체에 대한 '승낙'을 받는다. 땅에서의 나무꾼과 선녀의 종속적인 관계가 전도된 것이다. 선녀는 나무꾼의 청을 들어주되, 한 가지 단서를 단다. '땅에 발을 디디지 마라'가 그것이다. "말에서 내리지 마라", 혹은 "호박죽(팥죽, 박국)을 먹지 마라" 또한 결국 땅에 발을 닿게 하지 않기 위한 금기이다. 땅에 발을 딛는 행위(말에서 내리는 행위)에는 어머니와의 '성적 결합'의 의미가 깔려 있다. 선녀의 금기는 '어머니와 결합하지 말라'는 의미로 해석할 수 있다.

선녀의 '금기'의 내용은 선녀가 나무꾼과 그의 어머니의 관계를 어떻게 인식하고 있는지를 보여준다. 또한 이를 통해 선녀가 나무꾼과의 결혼생활을 접을 수밖에 없었던 이유가 나무꾼뿐만 아니라 시어머니, 즉 나무꾼의 어머니에게도 있다는 사실을 추측할 수 있다. 선녀는 아이를 둘(셋) 낳을 동안의 적지 않은 시간을 나무꾼의 아내로서 시어머니와 한 집에서 살았다. 선녀는 나무꾼과 시어머니의 관계를 가장 가까이에서 파악할 수 있는 인물이다. 나무꾼이 어머니와의 만남에 대해 선녀에게 굳이 '허락'을 구한 이유도 선녀의 이런 점을 잘 알고 있기 때문인지 모른다. 나무꾼으로서는 홀로 있는 어머니가 걱정이 되어서 만나겠다는 것이지만, 그간의 나무꾼의 행적으로

123) 「닭이 높은 데서 우는 유래」, 『구비대계』 3-2, 충북 청주시 탑동, p. 257.

미루어볼 때 나무꾼이 어머니를 그리워하는 궁극적인 이유는 다른 데에 있는 것 같다. 그것은 나무꾼의 궁극적인 대상 (*a*)가 어머니이기 때문이다. 어떤 것에도 만족하지 못한 채 상상계에 고착된 나무꾼으로서는 끝내 어머니 품으로 돌아갈 수밖에 없는 것이다.

어머니가 나무꾼에게 호박죽을 끓여주지 않았던들 나무꾼의 삶이 불행으로 끝나지는 않았을 것이다.

> 그래서 인자 그 색씨가 시키는대로 내리지 않고 말 위에 앉아서 인자 자기 어머니한테 인자 인사를 하고 저기를 하면서,
> "난 이라구 저라구 한 사실이 있구 거시기 하니께루 이 땅에 내릴 수가 없다구. 내릴 것 같으면 저 하늘나라에 다시 올라 갈 수 없니께 그렇다."
> (중략)
> 그래서 막 인사를 하고 갈려구 하는 판인디 자기 어머니가 부엌에 들어가면서,
> "지금 호박죽이 끓었으니께 너 참 그렇게 맛있게 먹던 호박죽이나 한 그릇 먹고 가라."구.
> 그래 약간 좀 멈췄어요. 자기 어머니 참 그 소원이 참 저기하다구. 그래서 인저 떠다 가서 참 그 솔직히 그 참 끓기만 했지 좀 식어야 하는데, 아 그 뜨거운 것을 이렇게 (손을 내밀면서) 떠다가 주니께루 주니까루 말 안장에서 이렇게 (손을 내밀면서) 받았어요. 받아 가지구 말 안장에 이렇게 (숟가락질 시늉을 하면서) 먹는데, 아이 손도 뜨겁지 입도 뜨겁지 하니까 그냥 놓쳐버렸어요. 그 그릇을. 놓쳐버리니께 아 그 말, 그 말이 안 뜨겁겠어유? (중략) 그러니께 소리를 벽력같이 막 질러대니까 혼자 혹 주인을 버리고 그냥 올라가 버렸잖어요.[124]

어머니가 하필 먼 길을 온 아들에게 뜨거운 죽을 끓여준 것은 상식에 어긋나는 행동이다. 유화를 살펴보았을 때, 어머니가 아들에게

124) 「닭이 높은 데서 우는 유래」, 『구비대계』 3-2, 충북 청주시 탑동, pp. 257-258.

준 음식은 '호박죽'이나 '팥죽', '닭죽', '박국'이다.[125] 이 음식들은 이야기 속에서처럼 아들을 말 위에서 기다리게 하고 짧은 시간 안에 뚝딱 만들 수 있는 것들이 아니다. 어머니가 미리 만들어 놓지 않은 다음에야 그렇게 빨리 아들에게 줄 수 없는 것이다. 어쩌면 어머니는 '죽'을 빌미로 아들을 오래 잡아두고 싶었는지도 모른다. 한편, '죽을 끓인다'는 다른 말로 '죽을 쑨다'고도 한다. 이는 '어떤 일을 망친다'는 의미의 관용구이기도 하다. 동음이의어를 꿈 분석에 자주 활용하는 프로이트의 방식을 빌면, 죽을 끓이는 어머니의 행동에서 아들의 인생을 '죽 쑤었다'는 의미를 유추할 수 있다. 어머니의 태도는 「해와 달이 된 오누이」에서 아이들을 방 밖으로 나가지 못하게 하는 오누이의 어머니와 닮은 점이 있다. 그러나 호랑이 어머니를 피해 달아난 오누이와 달리 나무꾼은 '어머니'를 거절하지 못함으로써 영원히 어머니의 땅에 종속되어 닭으로 퇴행하고 만다. 본래 날 수 있는 짐승이었으나 인간이 가축으로 사용함으로써 날개를 사용하지 않아 날 수 없게 된 퇴화된 '닭'의 특성은 끝내 母에게서 벗어나지 못한 나무꾼의 삶을 대변해준다.

나무꾼은 선녀의 금기를 어김으로써 끝내 '똥가래'로도 쓰이지 못하고 땅에 뿌리를 내린다. 나무꾼은 스스로 (아버지의) 팔루스를 소유하지 않음으로써 영원히 (어머니의) 팔루스로서만 존재하게 된 것이다. 선녀의 금기는 일종의 '터부'(taboo)이다. '터부는 금기를 범하도록 유혹하는 특성이 있다. 마찬가지로 터부를 범한 사람은 자기를 따

125) '수탉유래담'에서 가장 많이 등장하는 음식은 '호박죽'이다. 이 밖에 '박국'을 먹고 뻐꾹새가 된 이야기도 있다. 또한 간혹 '닭죽'인 경우도 있는데, 이는 주인공이 둔갑한 동물이 '닭'이기 때문이 아닌가 한다.
참고로 1913년에 정인섭이 채록한 『Folk tales from Korea: 우리고담』의 채록본에서는 '호박죽'(pumpkin porridge)으로 되어 있고, 1923년 8월에 채록된 손진태의 『조선민담집』에는 '호박죽, 或は팟죽'이라고 되어 있으며, 1923년 2월 ≪개벽≫지(제32호)에 실린 '숫닭의 래력'에는 '팟죽'을 쑤어 주는 것으로 되어 있다.

르라고 다른 사람들을 유혹하는 위험한 특성을 갖고 있다. 그의 행위는 전염성이 강하며 모방의 대상이 될 가능성이 다분하다. 그리하여 그는 기피의 대상이 된다. 터부를 범한 사람 역시 '터부'가 되는 것이다.'[126]

「나무꾼과 선녀」에서 나무꾼에게 일어난 일들은 누구나 한 번쯤 겪어보고 싶은 '환상적인 사건'이다. 모든 주체는 잃어버린 낙원을 열망하며, 자신의 결여를 환상적으로나마 충족시켜줄 것이라고 믿는 대상 (*a*)를 찾아 헤맨다. 그러나 나무꾼의 끔찍한 최후는 독자(청자)에게 나무꾼을 '터부'로서 자리 잡게 한다. 만약, '나무꾼 승천담'처럼 나무꾼이 수탉이 되는 형벌을 받지 않고 선녀와 행복한 삶을 사는 것으로 이야기가 종결되었다면 이야기 속에 숨겨진 중요한 교훈은 파괴되었을 것이다. 한 구성원의 터부 위반을 저지하지 않으면 모듬살이의 구성원들은 위반자의 뒤를 따르고 싶다는 유혹을 느낄 것이기 때문이다.[127] 그리스 신화의 악타이온과 그림(Grimm)동화 「오누이」의 오빠가 사슴이 되는 형벌을 받은 것은 모든 인간에게 내재해 있는 미숙한 동물적인 본능을 경계하기 위해서일 것이다. 그들이 하필 '사슴'이 되는 형벌을 받은 이유는 「나무꾼과 선녀」의 '사슴'의 의미와, 같은 성격의 형벌인 '수탉'을 통해 추측할 수 있으리라 생각한다.

「나무꾼과 선녀」는 주인공인 나무꾼이 선녀를 아내로 삼아 자식을 낳고 가정을 일구었으나 결국 결혼 생활을 유지하지 못하고 죽어서 동물로 퇴행한다는 비극적인 이야기이다. '나무꾼과 선녀'라는 표현은 두 인물의 관계에 초점을 맞추고 있다. 어머니에게 고착된 미숙한 나무꾼은 선녀와 결혼할 준비가 되어 있지 못했다. 결국 그는 자신뿐만 아니라 선녀와 자식들까지 불행하게 만들었다. 설화에서 '결

126) 프로이트, 「토템과 타부」, 『종교의 기원』, pp. 253-254.
127) 앞의 책, p. 255.

혼'이란 '성숙'을 의미하는 상징적인 장치이다. 이 이야기는 '결혼'이란 성숙한 자만이 할 수 있는 것이며, '성숙'의 첫 번째 조건은 어머니로부터의 분리라는 사실을 명백히 보여주고 있다.

「나무꾼과 선녀」는, 끝내 '상징계'를 표상하는 '하늘'의 일원이 되지 못하고 '땅'을 벗어날 수 없는 동물로 전락하여 비참한 삶을 살게 된 주인공을 통해, 인간의 근원적인 욕망이 무엇이며, 인간답게 살기 위해서는 무엇이 전제되어야 하는지를 제시해주고 있다.

## 3. 아버지 콤플렉스와 효녀 토템 – 「심청」

심청전의 주제는 '효행'(孝行)이다. 아이들의 전래동화의 제목으로 흔히 사용되는 「효녀 심청」은 주인공 심청의 '효행'을 강조한 것이다. 유교적 덕목인 '효'(孝)는 오랜 옛날부터 지금까지 사회의 질서를 유지하는 가장 대표적인 도덕적 규범으로 자리 잡아 왔다. 효의 대상에는 언제나 상징계를 관장하는 지배층, 즉 상징적 '아버지'가 자리 잡고 있다. '효'를 권장하는 주체는 한결같이 아버지의 법을 주관하거나 집행하는, 권력을 지닌 사람이다. 효행을 조성하는 담당자들의 특성 때문에 '효'는 권장을 넘어 의무가 되었고, 강조 이상의 강요의 성격을 띠게 되었다. 인간이라면 누구나 이유를 불문하고 지켜야 하는 가장 기본적인 도리로 자리 잡게 된 것이다.[128] 따라서 '효'와 '불효'의 관계는 '선'과 '악'이라는 극단적인 성격으로 인식되어 왔다. 효자(효녀, 효부)는 영웅으로 추앙되는 반면, 불효자에게는 영원히 지울 수 없는 패륜아라는 낙인이 찍힌다. '효'는 지위고하를 막론하고 무조건 따라야 하는 강력한 도덕적 법규이다. '효행'에 대한 당위성은 개인의 심리적인 영역까지 지배해왔다. 이를 위반하는 사람은 '죄인'이 되고, 그에게는 자의든 타의든 '죄의식'이 따라다닌다.

---

128) 「심청」은 1924년 보통 학교 조선어독본에 전문(全文)이 실린 이래로 꾸준히 교과서에 내용이 실렸으며, 제7차 교육과정의 교과서에는 삽화, 내용 잇기, 주제 토론 등의 형태로 전(全) 학년에 걸쳐 소개되었다.

부모를 위한 자식의 '인신공양'(人身供養)은 무조건적이고 완전한 것으로서의 '효'의 특성을 단적으로 보여준다. 단순히 몸의 일부를 떼어내는 것이 아니라 '몸 자체'를 바치는 것이다. '인신공양'은 본래 '신'에게 바치는 속죄 의식(儀式)의 한 가지이다. 상징적 아버지로서의 신을 위한 완전한 자기희생이다. 효행으로서의 인신공양은 '효'의 의미를 각인시켜준다. 설화 속의 '효자' 자식에게 '효'는 자신의 몸을 희생해서라도 반드시 실천해야 하는 강력한 신념이요, 기꺼이 '목숨'을 바칠 수 있는 '신앙'이다.

「효녀 심청」에는 '장님'으로 표상되는 무력한 부모와 영원한 '효녀'로 숭상되는 어린 심청의 심리적인 대결 구도가 숨겨져 있다. '효녀'는 사회적 요구에 의해 만들어진 영웅의 초상이다. 이 장에서는 심봉사와 심청을 중심으로 '효'에 가려진 의미들을 풀어보고자 한다.

## 3.1. 텍스트 읽기

「심청전」에는 다양한 종류의 판본이 있다. 모든 판본을 분석 대상으로 한다는 것은 어려움이 따를 뿐 아니라, 각색의 흔적이 뚜렷한 판본들을 일일이 고려할 필요는 없을 것 같다. 또한 간략한 구조의 경판 선행설이 우세하지만 판소리를 통해 널리 알려진 완판의 내용을 무시하고 경판만을 분석 대상으로 삼을 수도 없는 형편이다. 참고로 아이들용으로 각색된 전래동화의 경우, 대개 경판본의 구조를 기본으로 하되, 등장인물의 이름은 완판본을 따르고 있다.[129)]

---

129) 그러나 완판의 내용이 아주 생략된 것은 아니다. 예를 들어 심청이 국왕을 만났을 때 국왕이 이미 상처(喪妻)한 상태에 있었다는 점은 완판의 내용을 따른 것이다. 경판에서는 왕후가 아직 살아 있었다. 필자가 생각하기에, 교육적인 시각에서 국왕이 상처한 상태에 있는 것이 낫다고 판단하여 전래동화에서는 이 점을 취한 듯 보인다. 거꾸로 완판의 내용을 경판에서 애

분량 면에서 완판은 경판의 두 배나 된다. 당연히 완판은 경판에서 축약되거나 은폐된 부분이 많이 드러나 있다. 정신분석이나 분석심리학적 시각으로 작품 분석을 한 연구자들이 완판본을 텍스트로 삼는 이유 가운데 한 가지도 이 때문이 아닐까 한다.

완판은 경판에 비해 등장인물들이 과장되고 해학적으로 그려져 있다. 완판은 삽입된 요소가 많고, 지나치게 장황하고 앞뒤가 맞지 않는 부분도 간간이 보인다. 그러나 삽입된 것이 틀림없는 요소들이 오히려 심청전을 재미있게 하는 중요한 요인으로 자리 잡아 왔다. 추측컨대, 완판에서 각색되고 부가된 내용들은 경판에서 간략하게 처리하고 넘어간 무의식적 의미들을 적재적소에서 시의 적절하게 부각시켜주고 있기 때문이 아닐까 한다. 가령, 경판에서는 전혀 사용하지 않는 '심봉사'라는 명칭은 심청의 아버지로서의 심봉사의 의미를 집약한 것이고, 완판에만 있는 심봉사의 젖동냥은 심봉사에 함축된 중요한 의미를 강조하고 있으며, 뺑덕어미의 출연은 심봉사가 심청을 내쫓은 근본적인 이유의 실마리를 암시해주고, 심봉사가 태수를 만나 신세를 한탄하는 구절과 마지막 눈뜨기 직전의 세세한 넋두리는 심봉사의 실명의 원인의 일단을 찾을 수 있게 해준다. 이밖에 경판의 '국왕'과 '왕후' 대신 사용된 '천자'와 '황후'라는 명칭은 이상적인 공간으로서의 궁궐의 의미와 심청의 지위를 극대화한 것이다.[130] 그러나 논리에 어긋나는 부분도 적지 않은데, 예를 들어 심봉사가 양반의 후예로서 청렴하고 지조가 곧다는 도입부의 소개는 심봉사의 실제

---

써 고쳤을 리는 없을 것이다. 선후관계를 따지자면 이 부분의 경우는 경판이 완판에 선행한 것이 거의 확실할 것 같다. 경판의 내용대로, 심청이 꽃봉오리에 숨겨진 채 궁궐에 들어갔고, 그때 아직 왕후가 살아 있었으며 국왕과 왕후가 불화가 있는 상태에서 왕후가 병사했다는 사실은 작품 분석에 간과할 수 없는 중요한 의미를 제공한다. 이에 대해서는 본문에서 다시 자세히 다루기로 한다.

130) 한편, 분석자에게 이런 '드러남'은 분석에 대한 의욕을 반감시키는 요인이 되기도 한다. 또한 '은폐'의 의미를 상실시키는 것일 수도 있다.

성격과 전혀 맞지 않고, '끼니도 잇기 어려운' 가난한 형편에 아이를 바라거나, 곽씨부인이 심청에게 옥가락지를 물려주는 점 등이 그것이다. 이런 요소들은 원전으로서의 의미를 반감시킨다.[131)]

이 글에서는 다른 판본과 구조가 공통된 경판(24장본)을 기본 텍스트로 하되, 등장인물의 이름은 알려진 대로 완판을 따르고, 분석과정에서 필요한 경우는 완판(71장본)의 내용 역시 참고하기로 한다.[132)]

경판의 내용을 소개하면 다음과 같다. 단, 등장인물의 명칭은 완판을 따르기로 한다.

> 명(明)나라 성화 연간에 남군 땅에 심학규라는 한 명사(名士)가 있었는데, 명문거족 출신이었으나 벼슬에 뜻이 없어 당대의 이름난 선비가 되었고, 곽씨부인 역시 높은 가문의 딸로 타고난 자질이 넉넉하고 용모가 아름다웠다. 혼인한 지 10여 년 동안 슬하에 자식이 없더니 부인이 신비한 태몽을 꾼 후, 딸을 낳았다. 부부는 아들이 아닌 것을 아쉬워했으나 이름을 심청이라 짓고 보물처럼 사랑하였다.
>
> 그런데 청이 세 살 되던 해, 곽씨부인이 병을 얻어 세상을 떠나자 살림살이가 기울고 심학규의 몸에 병마저 들어 마침내 눈병을 얻은 몇 달이 되지 못하여 봉사가 되었다. 형편이 말이 아니어서 심청이 아버지의 굶주리는 모습을 슬퍼하여 동냥을 다니며 끼니를 이었다. 하루는 청이 늦도록 돌아오지 않자 심봉사가 청을 마중나갔다가 문득 발을 헛디뎌 구렁에 빠졌는데 마침 지나가던 노승이 심봉사를 구해주었다. 심봉사는 쌀

131) 이 글에서 무엇이 선행하느냐 하는 문제를 언급할 수는 없을 것 같다. 그렇다고 상대적으로 비교하여 경판을 원전으로 보기도 어렵다. 내용과 기본 골격은 유사하지만 경우에 따라서는 서로 다른 작품으로 볼 수도 있기 때문이다. 예컨대, 일찍이 완판의 기본 구조가 존재했을 수도 있으며, 기본 구조가 판소리나 소설로 정착되는 과정에서 내용이 부가되어 현재의 판본이 나왔을 수도 있다. 또는 경판과 완판이 혼합된 근원설화가 있었을 수도 있다.

132) 텍스트는 고려대학교 민족문화연구소에서 발간한 번역본(『심청전』, 정하영 역주, 한국고전문학전집 13, 1995)으로 하며, 필요한 경우, 같은 책에 실린 원본을 인용하기로 한다.

삼백 석을 시주하면 눈을 뜰 수 있다는 노승의 말에 솔깃하여 권선책에 쌀 3백 석을 시주하기로 적어 넣게 하였다. 집으로 돌아온 심봉사는 자신의 행동을 후회하며 부처님을 속이게 된 것을 슬퍼하였다. 양식을 빌어온 청이 심봉사의 슬퍼하는 이유를 묻자 심봉사는 "너를 마중한다고 하염없이 더듬어 가다가 구렁에 빠져 거의 죽게 되었는데" 하며 쌀 3백 석을 시주하기로 한 약속을 말한다. 심청은 심봉사를 안심시킨 후, 잠이 들었는데 꿈에 노승이 나타나 좋은 일이 있을 것이라는 말을 남긴다. 심청은 마침 인단소에 제물로 바칠 처녀를 사러 다니는, 남경에서 배를 타고 다니는 장사꾼들을 만나 쌀 3백 석에 자신을 팔기로 한다. 심청이 배를 타기 전날 심봉사에게 모든 사실을 말하자 심봉사는 홀로 누구를 바라고 살아야 하느냐며 대성통곡한다. 이웃 사람들이 저마다 청을 효녀라고 칭송하고 가련히 여기는데 심청은 이웃 사람들에게 심봉사를 부탁한다. 심청의 효심에 탄복한 장사꾼들이 심봉사에게 쌀 50석을 더 준다.

심청은 마침내 인단소에 몸을 던졌는데, 동해 용왕의 시녀인 선녀들의 호위를 받으며 조각배를 타고 용궁에 가게 된다. 그곳에서 용왕을 만난 심청은 자신이 본디 용왕의 딸이었으나 죄를 지어 옥황상제께 벌을 받아 심봉사의 딸로 태어났으며, 지극한 효성으로 이제 죄를 용서받아 다시 인간세상으로 나가 평생 즐거움을 누리며 살 것이라는 말을 듣는다. 심청은 조각배에 태워져 다시 인단소로 나가게 되었는데 심청이 탄 배가 큰 꽃송이로 변하고 심청은 겹겹이 싸인 꽃송이 속에서 감로수를 먹으며 지낸다. 마침 이전의 장사꾼들이 꽃송이를 발견하고 괴이히 여겨 좋은 화분에 담아 임금에게 바친다. 국왕이 꽃을 보고 크게 기뻐하며 그 꽃을 장 안에 두고 아침저녁으로 사랑하였다. 국왕은 왕비와 불화하였는데 불행히 왕비가 병을 얻어 세상을 떠난다.

이후 꽃 속에서 나온 심청을 국모감으로 본 왕은 신하들의 축복 속에 심청과 혼례를 올린다. 심청은 국왕과 금슬이 좋았으나 심봉사를 잊지 못하여 국왕에게 맹인잔치를 열기를 청하여 온나라의 맹인들을 모두 불러들이게 한다. 심청은 마침내 심봉사와 상봉하고 심봉사는 마침내 눈을 뜨게 된다. 국구(國舅)가 된 심봉사는 좌승상 임한의 딸과 혼인을 하고 심청은 지난날을 일장춘몽처럼 여기며 산과 바다 같은 은혜와 정을 느낀다.

## 3.2. 심봉사

### 1) '沈봉사', '心봉사' - 심인성(心因性) 시각장애

심청이 '왕후'가 될 수 있었던 것은 심봉사의 '시각장애' 때문이었다. 심봉사가 시각장애로 인해 굴헝(구렁)에 빠짐으로써 심청의 삶이 바뀌었기 때문이다. 내용상으로 볼 때, 심봉사의 시각장애는 다른 효행 설화에서처럼 단순히 병약한 부모를 표현하는 것 이상의 중요한 의미를 갖는다. 심봉사의 실명(失明)을 하나의 현상 혹은 상징으로만 보기에는 심봉사가 작품에서 차지하는 비중이 너무 크다. 심봉사의 성격을 파악하기 위해서는 심봉사의 가장 중요한 신체적 특징인 실명의 원인과 성격에 대한 이해가 전제되어야 할 것 같다.[133]

심봉사의 '실명' 이유는 간략하게 소개되어 있다. 분량이 방대한 완판에서도 이 부분에 대해서는 한 줄 정도로 짧게 언급되어 있다. 심봉사의 실명 이유는 두 판본에서 각각 다르게 소개되어 있다.

> ㉮ 기쁨이 다하면 슬픔이 오는 것은 예부터 늘상 있었던 일로서, <u>정씨가 문득 병을 얻어 마침내 세상을 떠나게 되었다. 공(公)이 크게 슬퍼하며 (중략) 공의 살림살이가 점점 기울고, 몸에 병마저 들어 병석을 떠나지 못하는 중에, 눈병을 얻어 몇 달이 되지 못하여 지척을 분간치 못하게 되었다.</u> 그러다보니 생계가 더욱 어려워져서 약간 남아있던 살림살이 마저 모두 팔아 끼니를 이으니 형편이 말이 아니었다.(경판, p. 19)

---

133) 경판본의 경우, 주인공인 심청의 시점으로 서술되고 있기 때문에 심봉사의 심리 상태를 이해하기 위해서는 심봉사의 실명에 대해 살펴볼 필요가 있다. 심봉사의 '닫힌 눈'에 숨겨진 사연이 작품 전체의 숨겨진 의미를 파악하는 데에 실마리를 제공해주리라 생각한다.

㉯ 대대로 벼슬을 한 집안으로 이름이 났었으나, 집안 형편이 기울어져 스무 살이 못 되어 앞을 못 보게 되니, 벼슬 길이 끊어지고 높은 자리에 오를 희망이 사라졌다.(완판, p. 75)

경판에서는 '곽씨부인의 죽음'이 궁극적인 원인이고, 완판에서는 곽씨 부인과 상관없이 집안 형편이 기울어 스무 살이 못 되어 앞을 못 보게 되었다.[134] 각각의 이유는 다르지만 실명의 원인이 외부에서 비롯된 정신적 충격에 있다는 점에서는 같다. 또한 후에 시력(視力)이 회복된 것으로 미루어 보아 심봉사의 시력이 완전히 없어진 것이 아니라는 사실을 확인할 수 있는데, 시력은 살아 있었으나 어떤 원인으로 인해 오랫동안 볼 수 없었던 것이다.

의학 용어로, 정신적 충격에 의한 실명(失明)을 '심인성(心因性) 시각장애'라고 한다. 정신분석 용어를 빌려 좀 더 구체적으로 말하면 이는 '히스테리성 실명'에 해당한다. 히스테리는 신경증의 한 유형으로서 심리적 요인에 의해 신체에 장애가 나타나는 병을 말한다.[135][136]

134) 도입부에 소개된 '곽씨부인'과 관련된 완판의 내용은 신빙성이 없다. 조선 후기, 극심한 빈곤에 시달리던 서민들이 생계를 유지하기 위해 자식을 싼 값에 팔아넘긴 일이 비일비재했던 실제 사회 배경을 고려한다면, '끼니조차 잇기 힘들'(완판, p. 75)다는 가정 형편에 자식을 바란다는 점은 현실성이 부족하며, '성생원을 모셔다가' 진맥을 하고 온갖 종류의 약을 쓴 점이나, 품을 팔아 밥을 얻어먹는 형편에 곽씨부인이 자신이 '끼던' 옥가락지를 갓 태어난 심청에게 물려주라고 하는 점 등은 납득하기 어렵다. 심봉사와 곽씨부인과 관련된 도입부의 내용은 경판이 신뢰할 만하다. 따라서 심봉사의 실명(失明)의 시점을 경판에 의거하여 심봉사의 '상처'(喪妻) 후, 즉 곽씨 부인의 죽음 후로 보는 것이 타당할 듯하다. 그러나 그렇다고 해도 이것만으로 실명 시점을 확정하기 어려우므로 이 글에서는 경판을 신뢰하되, 두 판본의 상황을 모두 고려하기로 한다.

135) 히스테리의 대표적인 증상으로는 다양한 종류의 신경통과 신경 마비(그 중에는 수년간 지속되는 증상들도 많다), 경직, 발작, 간질성 경련, 틱(Tic)의 성질을 띠는 장애들, 거식증, 만성구토, 여러 형태의 시각장애와 시각적 환영 등이 있다.－프로이트・브로이어(J. Breuer), 「히스테리 현상의 심리기전에 대하여」, 『히스테리 연구』, 김미리혜 옮김, 열린책들, 1998, pp. 14-15.

'히스테리성 실명'은 히스테리의 대표적인 신체장애 가운데 하나이다. 프로이트는 히스테리성 실명을 '보는 행위에서 무의식과 의식 사이의 과정이 분리된 결과로 보지 못하는 것이며, 그가 보지 못한다고 생각하는 것은 충분한 근거가 있는 심리적인 상태의 표현'[137]이라고 설명

136) 현대의 신경정신의학에서는 '히스테리'(히스테리 신경증)라는 용어 대신에 '전환장애', '신체화 장애', '해리 장애' 등의 용어를 사용한다. 각각의 개념이 나누어지기도 하고 혼용되기도 한다. 이는 미국 정신의학회의 '정신장애에 관한 진단 및 통계편람'(DSM. Diagnostic and Statistical Manual of Mental Disorder)에 의한 것으로 1952년(DSM-Ⅰ) 이후, 1968년(DSM-Ⅱ), 1980년(DSM-Ⅲ)을 거치면서 '히스테리'라는 용어는 여러 가지 다른 표현으로 변화되었다.-김정일·정인과·곽동일, 「전환장애와 신체화 장애의 임상적 비교 연구」, 『신경정신의학』 26권 2호, 1987, p. 306; 송지영·공재연·장환일, 「히스테리아의 추적 관찰」, 앞의 책, 28권 5호, 1989, p. 841; 김호찬·오동원·도정수, 「신체화장애의 임상 양상」, 앞의 책, 31권 2호, 1992, p. 240 등 참조.

필자가 조사한 바로는 국내에서도 '히스테리' 대신에 앞의 세 가지 표현 혹은 그 이상으로 나뉘어 사용되고 있으나, 일반적으로 '전환장애'(conversion disorder)라는 용어가 '히스테리'(히스테리 신경증)를 대신하는 말로 통용되고 있는 것 같다. 여러 가지 관련 자료에 따르면, '전환'이라는 용어는 프로이트가 종종 히스테리를 심리적 불안과 갈등이 신체적 증상으로 '전환'되었다는 의미로 사용한 것에서 유래한 것으로 보인다.('전환(獨, konversion)이라는 용어를 사용해서 히스테리의 특징인, 심리적 흥분을 만성 신체 증세로 바꾸는 것을 짧게 표현할 수 있다.'-프로이트, 『히스테리 연구』, p. 122)

또한, 현대 의학계에서 '히스테리'라는 용어를 기피하는 이유 가운데 한 가지는 히포크라테스에 의해 최초로 사용된 '히스테리'가 '자궁'이라는 의미를 가진 그리스어 'hystera'를 차용한 것으로, '여성'에만 국한된 질병이라는 과거의 인식이 현대에는 적합하지 않다고 판단하였기 때문으로 보인다.

137) 프로이트, 「시각의 심인성 장애에 관한 정신분석적 견해」, 『억압, 증후 그리고 불안』, 황보석 옮김, 열린책들, 1997, p. 87.-여기서 프로이트는 히스테리성 실명 환자가 최면술사의 암시나 자신이 볼 수 없다는 '자기 암시'의 결과로 보지 못하는 것이 아니라는 점을 거듭 강조하였다. 그가 보지 못한다는 것은 암시의 결과로서 보지 못하는 것이 아니라 충분한 근거가 있는 심리적인 상태의 표현이다.(같은 책, pp. 85-87 참조)

프로이트는 히스테리성 실명을 성적 절시증(보는 성적 즐거움)에 대한 억압의 결과로 보았다. 그에 의하면 환자는 '너는 사악한 감각적 즐거움을 얻기 위해 시각 기관을 오용하려고 했으니까 더 이상 아무것도 보지 못하

한다. 라캉 식으로 볼 때, 히스테리의 증상들은 '주체가 상징계의 지배기표를 받아들이기를 거부하는 행위, 즉 그의 몸을 기표에 굴복시키지 않으려는 시도에 의해 발생하는 것으로 사회적으로 인정된 지배기표와 일치하지 못하거나 만족스런 관계를 가질 수 없을 때 느끼는 부끄러움, 무의미성, 분노 등에 의해 나타난다.'[138] 히스테리를 만성적으로 앓고 있는 환자의 공통점 가운데 한 가지는 고통스러운 질병을 오히려 삶을 유지하기 위한 방편으로 사용한다는 점이다. 자신의 병이, 싫어하는 것을 피할 수 있게 해주고 원하는 것을 얻게 해주기 때문이다.[139] 따라서 환자는 쉽사리 병을 포기하지 않는다. 환자는

---

는 것이 마땅하다'고 말하는 버릇이 있다.—「시각의 심인성 장애에 관한 정신분석적 견해」, 앞의 책, p. 92.

다른 기관에 비해 '눈'은 성적 의미가 크고 '거세'와 관련된 상징적 의미도 찾을 수 있으나 심봉사의 경우에는 이렇게 볼 만한 근거가 약하다. 단지, 경판본대로 곽씨부인의 죽음이 원인이 되어 실명했을 경우, 심봉사가 곽씨부인과의 사이에 드러나지 않는 어떤 이유가 있어서 스스로 단죄한 것으로 볼 수 있는 정도이다. 경판에서는 두 사람 사이의 관계에 대해서 어떤 언급도 없으므로, 자세히 알 수 없으나 10여 년 동안 자식이 없었다는 사실로 미루어볼 때 결혼 생활이 썩 만족스럽지는 못했을 것이라고 짐작할 수 있다. 실제로 그들은 "슬하에 자식이 없어서 부부가 늘 서로 마주 보면서 슬퍼했다."(경판, p. 19)

138) 어도선, 「라캉의 정신분석을 통한 우리시대의 욕망 읽기: 이론과 응용」, 한국비평이론학회, 2000년 여름 비평학교 강의록, p. 23.

139) 이에 대해서는 프로이트의 「도라의 히스테리 분석」에서 도라의 질병의 목적이 아버지가 K씨 부인과의 관계를 끊음으로써 아버지의 사랑을 독차지하기 위한 것에 있다는 것을 설명하는 부분에서 자세히 다루고 있으며(『꼬마 한스와 도라』, 김재혁 · 권세훈 옮김, 열린책들, 1997, pp. 231-236), 환자가 질병을 이용하여 이차적으로 주어지는 이득으로 인해 병으로부터 벗어나려고 하지 않는다는 사실(일차적 이득이 신체적 질환을 통해 심리적인 갈등을 인식할 필요가 없게 되는 것에 있다면)에 대해서는 프로이트의 '신경증'과 관련된 많은 논문들 속에서 예화를 통해 여러 차례에 걸쳐 소개되고 있다. 히스테리 즉, 전환장애나 신체화장애와 관련된 현대의 많은 임상 조사에서도 질병을 통해 환자가 얻는 '이차 이득'은 어김없이 고려된다.—이에 대해서는 박재훈, 「히스테리 신경증의 증상 양상 변화」, 『신경정신의학』 21권 4호, 1982, p. 607; 오덕원, 「전환장애의 치료와 관리」, 『한국전문물리치료학회지』 4권 2호, 1997, p. 80, p. 86; 김명진 · 최병만 · 이

'증상들에서 기인하는 이 불쾌감을 벗어버리고 싶어하지만, 질병을 통해서 얻는 이득을 포기할 생각은 없는 것이다.'[140] 가족과 주변인들의 지나친 관심과 배려는 환자로 하여금 병에 적응하도록 하여 병을 지속시킨다. 프로이트에 의하면 '히스테리 환자에게 질병은 삶을 살아가기 위한 유일한 무기가 된다. 따라서 고통을 극복하려는 환자의 의도는 완전히 진심에서 우러나온 것이 아니며 질병 상태는 대개 특정한 인물을 대상으로 하기 때문에 이 인물이 없어지면 자동적으로 사라진다.'[141]

이제 작품으로 돌아와 보자. 두 판본 모두 심봉사에 대한 소개로 이야기를 시작한다.

> ㉮ 명(明)나라 성화 연간에 남군 땅에 한 명사(名士)가 있었는데 그의 성(姓)은 심(沈)이요, 이름은 현이었다. 본래 명문거족(名門巨族)이었으나 그에게 이르러서는 벼슬에 뜻을 두지 아니하여 당대의 이름난 선비가 되었고, (…)(경판, p. 19)

> ㉯ 송나라 말년에 황주 도화동에 한 사람이 있었는데, 성은 심(沈)이고, 이름은 학규였다. 대대로 벼슬을 한 집안으로 이름이 났었으나, 집안 형편이 기울어져 스무 살이 못 되어 앞을 못 보게 되니, 벼슬길이 끊어지고 높은 자리에 오를 희망이 사라졌다. 시골에서 어렵게 사는 처

상룡, 「전환장애로 입원한 환자 41예에 대한 임상적 고찰」, 『동의신경정신과 학회지』 11권 2호, 2000, p. 135; 송지영·곤재연·장환일, 「히스테리아의 추적 관찰」, 『신경정신의학』 28권 5호, 1989, p. 845 등을 참조할 것.

140) 프로이트, 『정신분석강의 하』, 임홍빈·홍혜경 옮김, 열린책들, 2002, p. 543.

141) 프로이트, 「도라의 히스테리 분석」, 『꼬마 한스와 도라』, pp. 233-235.—프로이트는 이는 삶을 유지하기 위한 질병의 가장 강력한 동기가 환자에게서 달아났기 때문이라고 한다. 질병의 동기를 없앰으로써 환자는 한동안, 혹은 지속적으로 질병에서 해방되는 것이다. 그는 이를 두고 기적적으로 치유된다기보다는 '증상이 저절로 사라진다'(p. 235)고 표현한다.

지이고 보니 가까운 친척도 없고 게다가 눈까지 어두워서 알아 주는 사람은 없었지만, 양반의 후예로 행실이 청렴하고 지조가 곧아서 사람들이 모두 군자라고 칭송했다.(완판, p. 75)

경판의 경우, 앞의 인용문은 작품 전체를 통틀어 화자가 심봉사의 이력(履歷)에 대해 알려주는 유일한 정보이다. 두 판본에서 심봉사를 표현하는 단어들을 종합해 볼 때, 심봉사라는 인물은 명문거족 출신으로 욕심이 없으며, 청렴하고 지조가 곧은 뛰어난 선비이다. 또한 경판의 '명사', '이름난'('이름난 선비'라는 표현이 반복됨)과 완판의 '사람들이 모두'라는 표현으로 미루어 보아, 사람들과의 관계 속에 있으며 사람들의 이목을 받고 있다는 사실을 알 수 있다. 즉, 심봉사는 혼자 칩거하며 글공부나 하는 선비가 아니라, 명문거족 출신의 명사(名士)로서 사람들의 시선을 신경 쓰면서 살고 있는 선비라는 것이다. 심봉사의 신분이 '선비'라는 점, 그리고 '청렴', '지조', '군자' 등 그를 수식하는 단어, '명문거족' 혹은 '양반의 후예'라는 환경적인 요인들은 심봉사의 자아가 초자아의 강한 영향 아래에 있으며, 일반인들에 비해 본능적인 삶(이드)을 억압할 만한 상황에 있다는 것을 말해준다.[142)]

그러나 완판본에서 이후의 실제 심봉사의 성격은 도입부에서 묘사한 대로 '집안 형편이 기울어져' '앞을 못 보게' 될 정신의 소유자로 보기 어렵게 그려져 있다. 완판의 경우, 도입부에 소개된 심봉사

---

142) 도입부에 제시된 심봉사의 환경은 심봉사가 '신경증'에 걸릴 가능성을 충분히 갖추고 있는 상황에 있다는 사실을 암시한다. 프로이트에 의하면 신경증은 자아와 이드 사이에서 생겨난 갈등의 결과로서 자아가 현실에 대한 방어로 이드의 한 부분을 억압하여 발생한다. 신경증의 결정적인 요인은 자아가 (지나치게) 현실의 (환경적) 영향의 지배를 받는다는 점이다.—「신경증과 정신증」, 「신경증과 정신증에서 현실감의 상실」, 『억압, 증후 그리고 불안』, 황보석 옮김, 열린책들, p. 198, p. 207 참조. ※ 괄호 안은 필자. 마지막 문장('신경증에서의~점이다')은 신경증과 정신증을 비교하는 내용에서 신경증에 관련된 부분만을 발췌한 것으로, 필자가 이해를 돕기 위해 앞뒤 문맥에 맞춰 괄호의 내용을 삽입하였다.

와 실제 심봉사의 성격은 딴판이다. 또한 심봉사를 수식하는 '청렴', '지조'라는 표현은 심봉사의 성격뿐만 아니라 작품 전체의 내용과도 어울리지 않는다.[143] 그러나 도입부만 놓고 볼 때 심봉사는 두 판본에서 모두 '심인성' 장애를 일으킬 만한 여건을 갖춘 인물이며 실제로 심봉사는 물리적 힘이나 유전적 요인에 의해서가 아니라 정신적 외상으로 인해 실명하였다.[144]

심봉사의 실명 후, 즉 곽씨부인과 사별 후, 심봉사에게 일어난 가장 큰 변화는 심봉사가 '(동네) 사람들'[145]의 관심의 중심에 있게 되었다는 점이다. 완판에서는 화자에 의해 '(동네) 사람들'이 처음부터 소개되지만('사람들이 모두 군자라고 칭송했다', p. 75) 경판에서는 심봉사가 실명한 후, 심청이 구걸을 하러 다니면서 비로소 등장하기 시작한다.('모두 가련히 여겨 도와주기를 아끼지 아니했다', p. 21) 이후 '(동네) 사람들'은 전면에 나서지 않으면서 심봉사와 심청의 행동에 적지 않은 영향을 미친다. '(동네) 사람들'은 경판에 비해 완판에

143) 이는 곽씨부인에 대해 말할 때 '목란 같은 절개'를 가졌다거나 '백이숙제처럼 청렴'하다거나 하는 표현이 작품 성격과 전혀 어울리지 않는다는 점과 같다. 완판의 심봉사는 어떤 형태로든 각색이 이루어진 것이 틀림없는 것으로 판단된다. 작품 전체를 고려할 때 심봉사의 성격이 일관성 있게 그려진 것은 경판본이다. 완판의 경우, 완판에서 그린 별도의 심봉사라는 캐릭터가 있는 상태에서 앞부분만 경판의 내용을 취했든지, 아니면 경판의 내용을 기본으로 하고 이를 각색하여 전혀 다른 인물을 만들어낸 것이든지 둘 중 하나가 될 것이다.

144) 경판에서 심봉사는 '눈병을 얻어 몇 달이 되지 못하여 지척을 분간치 못하게 되었다'(p. 19)고 하였는데, 이때 눈병의 궁극적인 원인은 '문득 병을 얻어 마침내 세상을 떠나게'(p. 19) 된 부인의 죽음과 깊은 관련이 있다. 왜냐하면 심봉사의 실명의 직접적인 원인인 '눈병'은 심봉사가 부인의 죽음으로 '크게 슬퍼하며' '밤낮으로 슬퍼하'(p. 19)다가 '몸에 병마저 들어 병석을 떠나지 못하는 중에'(p. 19) 생긴 것이기 때문이다.

145) '(동네) 사람들'을 지칭하는 원본의 표현은 다음과 같다. 경판: '져ᄆᆡ다', '좌우 닌니 남녀', '제인', '닌니 ᄉᆞᄅᆞᆷ' / 완판: '사ᄅᆞᆷ', '상ᄒᆞ촌 사람덜', '도화동 사랼덜', '보고 듯난 사ᄅᆞᆷ들', '원근', '동ᄂᆡ 남녀 노소', '동중 사ᄅᆞᆷ들'.

서 비중 있게 다뤄지는데, 심청이 죽은 후 '타루비'(墮淚碑)를 세운 점이 대표적인 예이다. 동네 사람들은 두 판본에서 모두 심청이 부활한 후에는 일체 언급되지 않는다. 단, 완판의 경우 '뺑덕어미'가 동네 사람들의 역할을 대신하나 뺑덕어미는 황성 가는 길에, 즉 심봉사와 심청의 상봉을 앞두고 사라진다.

경판에서는 심봉사가 동네 사람들에게 어떤 태도도 취하지 않는 반면, 완판은 심봉사가 적극적으로 젖동냥을 하러 다님으로써 사람들의 관심의 대상이 된다.[146]

㉮ 청이 점점 자라 아버지가 굶주리는 모습을 보고 슬퍼하여 동네로 다니면서 빌어다가 끼니를 이으니, 그 딱한 모습을 모두 가련히 여겨 도와주기를 아끼지 아니했다.(경판, p. 21)

㉯ "여보시오 아주머님, 여보 아씨님네, 이 자식 젖을 좀 먹여주오. 나를 본들 어찌하고, 우리 마누라 살았을 제 인심으로 생각한들 차마 어찌 괄시하겠으며, 어미 없는 어린 것이 불쌍하지 아니하오. 댁네 귀하신 아기 먹이고 남은 젖 한 통 먹여주시오."
하니, 뉘 아니 먹여주리. 또 6, 7월 김매는 여인 쉬는 참 찾아가서 애걸하여 얻어 먹이고, 또 시냇가에 빨래하는 데도 찾아가면 어떤 부인은 달래다가 따뜻이 먹여주며 훗날도 찾아오라 하고, (…)(완판, p. 97)

경판에서는 심봉사가 딸을 위해 젖동냥은커녕, 구걸하는 부분조차 소개되어 있지 않다. 위의 인용문에서 알 수 있듯 심봉사는 '굶주리'고 있을 뿐, 심청이 구걸을 하러 다닌다. 심봉사의 시각장애가 정신

146) 완판에서 심봉사는 곽씨부인 생전에 이미 봉사였다는 사실만으로도 의존적이며, 이에 실제 의존적으로 그려지고 있다. 경판에서는 이에 대한 언급은 없으나 곽씨부인 사후 몸에 병이 들고, 실명했으며, 크게 슬퍼하는 부분이 강조되어 있다는 점에서 곽씨부인을 정신적으로 상당히 의지하였으리라는 것을 추측할 수 있다.

적 충격에 의한 것임을 감안할 때 경판의 심봉사는 상당히 사실적으로 그려져 있다. 부인과 사별 후, '살림살이가 점점 기울고, 몸에 병마저 들어 병석을 떠나지 못하는 중에, 눈병을 얻어 몇 달이 되지 못하여 지척을 분간치 못하게 되었'(p. 19)으며 어린 딸을 두고도 '굶주리'기나 하는 심봉사는 일반적으로 히스테리 신경증이 여러 가지 증상이 동반해서 오며 일상생활에 의욕을 상실하고, 경우에 따라서는 소아 상태로 퇴행하는 모습을 보인다는 실제 증상과 아주 유사하다. 이는 완판의 심봉사가 실명 후 다른 신체적 · 정신적 증상이 없으며, 실명 직후 실명 때문에 일상생활에서 겪는 어려움이 전혀 제시되지 않은 점과 대조적이다. 한창 나이인 스무 살에 실명을 했다면 최소한 '결혼'이나 이성(異性) 문제와 관련된 어려움 정도는 제시되었을 만한데 이에 대한 언급이 전혀 없다.

한편, 경판에서는 심청의 유아기 때의 시간을 뛰어넘어 '심청이 점점 자라'난 후로 이어진 반면(이는 후에 동네 사람들의 '심청이 7, 8세부터 고생이 극심하여 우리가 늘 부귀와 빈천이 고르지 못함을 탄식했는데'(경판, p. 33)라는 말로 미루어볼 때 심청의 나이는 7, 8세 정도인 듯하다) 완판에서는 강보에 싸인 심청이 심봉사의 젖동냥에 의해 키워지는 부분이 세세하게 묘사되어 있다. 경판에서 생략한 시간을 완판이 적절하게 메워주고 있는 것이다. 이때 심봉사가 '젖어미'들에게 '젖'동냥을 하러 다닌다는 삽화는 심봉사에게 새로운 의미를 부여한다. 이에 대해서는 이후에 다시 다루기로 하겠다.

경판에서는 심봉사가 동냥하지 않고 청이 동냥하는 반면, 완판에서는 심봉사가 직접 이웃을 찾아다니며 구걸하는 점이 다르지만 사람들의 관심을 끄는 데에 '심청'이 이용된다는 점에서는 같다. 심청을 위해 구걸한 '젖'은 사실 심봉사 자신을 위한 '관심'과 '사랑'일 수도 있는 것이다. 실제로 심봉사가 동네 사람들의 관심을 끌 수 있었던 것은 자신의 '시각장애'와 '어린 딸' 덕분이었다.

두 판본에서 심청이 심봉사를 대신해 구걸에 나선 것은 '7, 8세'(경판) 혹은 '예닐곱 살'(완판) 되던 때부터이다. 만약, 이때에 심봉사가 눈을 뜬다면 심봉사에게 어떤 변화가 일어날지 생각해보자. 가장 큰 변화는 심봉사가 사람들의 관심의 대상에서 벗어난다는 점이다. 또한 심청이 아직 어린 나이이므로 심봉사는 어린 심청의 생계를 책임져야 할 것이다. 심봉사에게서 '실명'(失明)을 빼앗는다면, 즉 시력을 회복시켜 준다면 한마디로 그것은 '그를 완전히 속수무책으로 만들어버리는 것이다.'[147] 심봉사는 상처(喪妻) 후, '약간 남아 있던 살림살이마저 모두 팔아 끼니를 이으니 형편이 말이 아니었'(경판, p. 19)으며, 곽씨부인 생전에도 '끼니조차 잇기 힘들었'(완판, p. 75)던 살림은 더욱 어려워진데다, 이미 심청이 구걸해 온 것으로 살아가는 것에 익숙해져서 눈을 뜬다고 한들 심봉사가 할 수 있는 일은 아무것도 없게 되었다. 젖동냥을 하든, 심청의 구걸에 의존을 하든 심봉사에게 '실명'은 삶의 밑천이다. 심봉사에게는 눈을 뜰 이유가 없으며 궁극적으로 심봉사는 결코 눈을 뜨고 싶지 않다.[148]

---

147) 프로이트, 「도라의 히스테리 분석」, 『꼬마 한스와 도라』, p. 233.

148) 화주승이 심봉사를 구해주고 눈을 뜨게 해주겠다는 장면은 프로이트가 예로 든 '기와장이'의 경우와 흡사하다. 프로이트에 의하면 기와장이가 다리가 구부러지는 불행을 당하여 길거리에서 동냥을 하며 삶을 연명하고 살 때, 누군가가 기적을 행하는 사람처럼 다가와 구부러진 다리가 펴져서 걸을 수 있게 해주겠다고 약속할 경우, 그의 표정에서 특별히 행복감을 읽을 수 없을 것이라고 한다. 그를 실직하게 만든 구부러진 다리는 수입의 원천이 되었으며, 그는 그 사이 자신의 본업을 잊어버렸을 뿐만 아니라 노동습관을 상실했고, 나태와 술에 익숙해져 있었기 때문이다. 이러한 질병의 동기를 흔히 아동기에서 찾을 수 있는데 애정을 형제자매들과 나누기 싫은 아이의 경우, 자신의 병으로 인해 부모의 애정이 자신에게로 쏠린다는 것을 알아차린 아이는, 부모의 사랑을 독차지하기 위해 병을 일으킬 만한 정신적 자료가 주어지기가 무섭게 이 방법을 이용한다. 아이는 성인이 되어서도 같은 방법을 이용하는데, 즉 어린 시절에 그 효과를 경험한 방법을 목적에 맞게 사용하여 관심의 대상으로 살아간다. 무의도성(無意圖性)의 질병이 실은 '의도의 산물'인 것이다.—프로이트, 「도라의 히스테리 분석」, 앞의 책, pp. 233-234 참조.

그렇다면 심봉사는 왜 '개안'(開眼)을 조건으로 공양미 삼백 석을 약속한 것일까? 우선, 독자(청자)는 화주승의 출연을 통해 심봉사의 시력이 완전히 상실된 것이 아니며 회복될 수도 있다는 사실을 처음으로 알게 된다. 또한 심봉사 자신이 개안의 가능성을 믿고 있다는 사실도 알게 된다.

심봉사가 화주승을 만나게 되는 장면은 두 판본 모두 '심청의 늦은 귀가'로 시작한다.

> ㉮ 하루는 청이 밥을 빌러 나가 늦도록 돌아오지 않았다. 공은 배도 고프고 걱정이 되어 지팡이를 짚고 짚신을 끌어 사립문에 기대어 기다리다가, 길을 찾아 점점 나아가던 중에 문득 발을 헛디뎌 구렁텅이에 빠져 요동도 못하고 실로 위급한 지경에 이르렀다. 그때 한 노승이 지나다가 보고 (…)(경판, p. 21)

> ㉯ 이때에 심봉사는 홀로 앉아 심청을 기다릴 제, 배고파 등에 붙고 방은 추워 턱이 떨어질 지경인데, 잘 새는 날아들고 먼 절에서 쇠북 소리 들리니 날 저문 줄 짐작하고 혼자 하는 말이,
> '내 딸 심청이는 무슨 일에 빠져서 날이 저문 줄 모르는고. 주인에게 잡히어 못 오는가, 저물게 오는 길에 동무에게 붙잡혀 있는가?'
> 눈바람에 길가는 사람보고 짖는 개소리에,
> "심청이 오느냐?"
> 하면서 반기기도 하고, 괜히 눈보라가 떨어진 창가에 부딪치기만 해도 행여 심청이 오는 소리인가 하여 반겨 나서면서,
> "심청이 너 오느냐?"
> 하고 나가봐도 적막한 빈 뜰에 인적이 없으니 공연히 속았구나. (…)(완판, p. 107)

심청이 늦도록 돌아오지 않았다는 사실은 이후 심봉사의 입을 통해 두 번 더 말해진다.

㉮ "나는 본디 앞을 못 보는 사람인데 자식이 나가 돌아오지 아니하기로 혼자 더듬거리며 찾아 나오다가 하마터면 죽을 뻔했습니다.(…)"(경판, p. 21)

"요사이 공연히 마음이 슬퍼지고 팔자가 기박한 것이 뼈에 사무치게 서럽게 생각되더구나. 그래서 문을 나서서 너를 마중한다고 하염없이 더듬어 가다가 구렁에 빠져 거의 죽게 되었는데, 다행스럽게 화주승을 만나 목숨을 구했더니, (…)"(경판, p. 23)

㉯ "(상략) 아까 너를 기다리다 저물도록 안 오기에 하도 갑갑하여 너를 찾아 나가다가 한 길이 넘는 개천에 빠져서 거의 죽게 되었더니, 뜻밖에 몽운사 화주승이 나를 건져 (…)"(완판, p. 113)

완판의 경우엔, 심봉사가 심청에게 공양미 삼백 석에 대한 말을 꺼내기 전에 심청이 먼저 "나를 찾아 나오시다가 이런 욕을 보셨나요"(p. 113)라고 말한다. 심봉사는 화주승과 심청에게 각각 실족에 대한 사연과 공양미 삼백 석 시주에 대해 설명하면서 '심청의 늦은 귀가' 사실을 꼭 밝힌다. 사실, 심봉사의 말에서 굳이 '자식이 나가 돌아오지 아니하기로'나 '너를 마중한다고'나 '너를 기다리다 저물도록 안 오기에'라는 구절은 없어도 된다. 딸을 진심으로 위하는 부모라면 행여 딸에게 부담이 될 것을 우려하여 일부러 생략하는 것이 마땅하다. 심봉사는 같은 말을 반복함으로써 심청을 향한 원망을 드러내고 있다. 또한 심봉사는 화주승과 심청에게 '죽을 뻔했다'("거의 죽게 되었더니")고까지 한다. 심봉사의 말에는 일이 이렇게 된 데에는 네게도 책임이 있다는 뉘앙스가 담겨 있다. 인용문의 밑줄친 부분을 요약하면, '자식이 나가 돌아오지 아니하기로 죽을 뻔했습니다', '너를 마중한다고 거의 죽게 되었는데', '너를 기다리다 거의 죽게 되었더니'가 된다. 한마디로 '심청 때문에 죽을 뻔했다'는 것이다. 심봉사가 심청이 늦은 사실을 굳이 짚고 넘어가는 이유는 심청이 때문에 자신이 죽을 뻔한 지경에 놓여 있었으며, 공양미 삼백 석에 팔려가는 데에 심청이 원인 제공을 했다는 사실을 심청에게 밝히고 싶었기 때문으로 볼 수 있다.

심청이 13세 혹은 15세의 나이가 되어 더 이상 어리지 않다는 사실을 생각해보자. 심봉사는 그동안 자신의 시각장애와 더불어 심청이 어리기 때문에 사람들의 관심을 받을 수 있었다. 어린 심청 때문에 '젖어미'들도 만나러 다닐 수 있었다. 그러나 심청이 자라자 심봉사는 그럴 기회를 박탈당한다.

> "(…) 제 나이 예닐곱이나 되었는데 낳아서 길러 주신 부모 은덕을 이제 갚지 못하면 후에 불행하신 날에 애통한들 갚겠어요? 오늘부터 아버지는 집이나 지키시면 제가 나서서 밥을 빌어다가 끼니 걱정 덜게 해드리겠어요."
> 심봉사가 웃으며 하는 말이,
> "네 말이 기특하구나. 인정은 그러하나 어린 너를 내보내고 앉아 받아먹는 내 마음은 어찌 편하겠느냐, 그런 말 다시 마라."(완판, p. 99)

심봉사는 끝내 "기특하다 내 딸아, 효녀로다 내 딸아, 네 말대로 그리하여라."(완판, p. 99) 하며 심청의 뜻에 따르지만, 이후 세월이 흐른 지금(경판에서는 13세, 완판에서는 15세이다), 심봉사가 생각하기에 심청은 자신을 잘 보호해주지 못한다. '거의 죽게' 만들어 놓았다.[149)]

---

149) 참고로 완판본에서 심봉사의 '내 딸 심청이는 무슨 일에 빠져서 날이 저문 줄 모르는고. 주인에게 잡히어 못 오는가, 저물게 오는 길에 동무에게 붙잡혀 있는가?'(완판, p. 107)라는 생각은 밤늦도록 귀가하지 않는 과년한 딸에 대한 부모의 '걱정'이라고 보기 어렵다. '무슨 일에 빠져서'라는 표현은 부정적인 뉘앙스가 강하다. 이는 백제의 가요 「정읍사」에서 행상 나간 남편을 기다리는 아낙이 '즌듸를 드듸욜세라' 하며 밤늦도록 어디에선가 남편이 딴짓을 할 것을 염려하는 마음에 가깝다.

지금까지 심봉사에게 관심과 사랑을 보내준 사람은 곽씨부인이거나 '젖어미'로 표상되는 동네사람들이었다. 그러나 심봉사의 입장에서 심청은 그들을 대신하지 못한다. 심청은 아버지를 제대로 보필하지 못하고 위기 상황까지 만든 장본인이다. 심봉사가 지속적인 관심과 사랑을 받기 위해서는 심청의 자리가 비어 있어야 한다.[150] 실제로 심청이 팔려간 후, '이웃사람들이 그 형편을 참혹히 여겨 붙들어 손발을 주무르고 더운 물을 입에 떠넣어 구호'(경판, p. 49)하고, 쌀 50석을 맡은 노부부는 '더욱 가련히 여겨 음식을 마련하여 극진히 대접하고, 나무를 베어다가 방을 덥혀 정성스럽게 보살펴주었다.'(경판, p. 51)

심봉사는 화주승의 말을 듣고 '문득 적선하고 싶은 마음이 생겨서'(경판, p. 23) 혹은 '홧김에'(완판, p. 113) 공양미 삼백 석 시주를 약속하고는 후회한다. '문득', '혹하여'(혹ᄒᆞ여), '홧김에'(홰찜의)라는 표현은 '무의식 중에'라는 의미와 유사하다. 정신분석적으로 볼 때 심봉사의 진심은 '문득' 한 행동에 있다.

공양미 삼백 석을 약속한 시점이 심봉사가 '심청 때문에' '죽을 뻔하게' 된 직후라는 점을 생각해보자. 공양미 삼백 석은 두 식구가 평생을 먹고도 남을 정도로 많은 양이다.[151] 공양미 삼백 석은 여러 '목숨'을 담보로 할 정도의 엄청난 양이다. 이성적인 판단력을 상실했다고 해도, 심봉사가 순간적이나마 자신의 처지에 공양미 삼백 석이 얼마나 많은 양이며 이를 해결해줄 수 있는 사람은 심청뿐이라는 사실을 몰랐을 리 없다. 또한, 심봉사는 화주승과 구두(口頭)로 약속하지 않았다. 화주승이라는 증인이 동석한 가운데 제 이름을 써넣어 문서화함으로써 '계약'을 체결하였다. "권선책에 쌀 3백 석을 적으시

---

150) 이때, 완판에 삽입된 뺑덕'어미'는 심봉사가 필요로 한 대상의 실체가 무엇이었는지 알려준다.

151) '석'은 다른 말로 '섬'이며, 한 섬은 쌀 한 가마니(80kg)에 해당한다. 참고로 『조선민간전설집』(최상수, 통문관, 1984)에 실린 '관음사' 연기(緣起)설화(pp. 100-101)에는 '공양미 50석'이라고 되어 있다.

오” (“심학규 쌀 3백 석”)라고 한 심봉사의 진심은 ‘아버지의 이름으로’ 심청을 내보내는 것에 있었다.

### 2) 아버지의 부재(不在)

‘백문이 불여일견(百聞不如一見)이다’라는 고사성어는 ‘보는 것’(시각)의 중요성을 강조한 말이다. ‘눈멀다’는 ‘이성(理性)을 잃다’라는 의미이고, ‘눈먼 돈’이란 ‘주인 없는 돈’을 말한다. ‘눈이 높다(낮다)’ 혹은 ‘눈이 정확하다’ 등의 말에서 ‘눈’은 어떤 사물(사람)에 대한 ‘판단력’을 의미한다. 일반적으로 ‘눈’은 다른 감각기관에 비해 중요성이 강조되어 왔다.

상징적인 의미에서, ‘눈먼 아버지’인 심봉사는 주인의 기능 즉, ‘아버지의 기능을 상실한 아버지’이다. 그런데 ‘심봉사’는 시각을 상실함과 동시에 ‘이름’도 잃어버렸다. 부인인 곽씨부인조차 심봉사를 ‘봉사님’이라고 부른다. 심봉사가 눈을 뜨기 전까지 심봉사를 심봉사로 부르지 않는 유일한 인물은 ‘심청’이뿐이다. 심봉사는 심청으로부터 ‘아버지’라는 기표를 부여받는다. 라캉에 따르면, 주체는 타자의 응시(gazing)로부터 한시도 자유로울 수 없다. 주체는 ‘보여주기’(the showing)를 통해 타자의 응시에 보답하고 인정받고자 한다. 타자를 대표하는 기표, 즉 큰 타자를 상징하는 기표가 바로 ‘아버지’이다. 그러나 심청에게는 자신을 인정해줄 아버지가 없다. 심청에게는 ‘(동네) 사람들’이 타자의 역할을 대신한다.

작품에 대한 사전 지식이 없다고 가정할 때, 우리는 ‘심봉사’라는 단어에서 성별을 구분할 수 없다. ‘심학규’가 ‘심봉사’가 됨으로써 ‘남성성’도 사라진 것이다.[152] 심청과 한 핏줄임을 나타내는 ‘심’씨

152) 반면, 경판의 ‘공’(公)이라는 호칭에는 상징적 아버지로서의 의미와 남성성이 살아 있다. 그러나 등장인물의 호칭에 관한 한 경판본을 따르는 경우

성 외에는 '봉사'로서의 의미만 부각되어 있다. 이름도 없고, 시각도 상실하여 아버지로서의 권력을 잃은, '심봉사'라는 호칭에는 '아버지의 부재'의 의미가 함축되어 있다.

경판에는 없고 완판에만 있는 것으로서 가장 널리 알려진 삽화 가운데 하나가 심봉사의 '젖동냥'이다. 어린 심청에게 심봉사는 '젖'을 공급해주는 사람이다. 아버지는 물론 남성성마저 상실된 '심봉사'가 '동냥젖'으로 심청을 키웠다는 점에서 심청에게 심봉사는 '어머니'이다.

심봉사는 '어린아이 있는 집을 차례로 물어 동냥젖을 얻어 먹'(p. 95)인다. 심봉사의 젖동냥은 어린 심청을 위한 것이지만 심봉사 역시 매일 젖어미들을 만나는 셈이다. 심봉사의 시각장애가 만성(慢性)적인 심인성 장애라고 할 때, 심봉사는 대상들에게 절대적으로 의지하는 의존적인 상태에 있다. 경판의 심봉사는 '굶주리'기나 할 뿐, 구걸조차 어린 딸에게 의존하는 무력한 인물이다. 심봉사에게 동냥젖을 주는 '마누릐님', '아씨님네', '엇던 부인', '엇던 녀인'들은 모두 어린아이의 '어머니'이다. '젖'은 동음이의어로 '가슴'의 의미가 있다. 가슴으로서의 '젖'이 '어머니'의 품과 구강의 만족을, 쥬이상쓰(jouissance)를 느끼게 하는 보편적이고 구체적인 '대상 (*a*)'라는 점을 생각할 때, 심봉사가 '젖동냥'을 위해 매일 만나는 젖어미들은 심봉사에게 원초적 어머니와의 관계를 떠오르게 할지도 모른다. '강보에 싸인'(완판, p. 90) '어린아이'가 젖어미의 품에 안겨 젖을 먹고 있는 상황은 심봉사가 이미 오래전에 잃어버린 그때의 낙원을 그대로 재현하고 있는 것이다.[153]

---

는 거의 없다. '심현'보다 '심학규'가, '공'보다 '심봉사'가 널리 알려진 이유 또한 '심봉사'라는 호칭에 숨겨진 의미가 '공'보다 타당하기 때문일지 모른다.

153) 뺑덕'어미'의 출연은 심봉사에게 있어서의 젖어미들의 의미를 강화시킨다.

심봉사의 개안 장소가 '황성'의 '궁중'인 점은 의미심장하다. 심봉사의 고향이 상상계적인 공간이라면,[154] 황궁은 상징계적이다. 경판에서 도입부에 이름이 소개된 이후, 시종일관 화자에 의해 '공'(公)으로 지칭되던 심봉사는 이곳에서 처음으로 '심현'으로 불린다. 완판의 경우, 심봉사의 이름이 드러나는 곳은 화주승에게 공양미 삼백 석을 시주하기로 약속할 때와, 황성가는 길에 만난 태수에게 자신의 신분을 밝힐 때, 천자가 부원군으로 봉할 때이다. 심봉사는 '개안'(開眼)과 동시에 '아버지'의 자리를 회복한다.

심봉사의 시각장애는 '만성'(慢性)이다. 필자는 앞에서 심인성 장애가 '만성'일 경우, 질병을 유지시켜주는 공통적인 이유를 '주변인'들에서 찾았다. 주변인들의 관심과 사랑을 받기 위해 환자는 병에서 벗어나려고 하지 않는다. 따라서 심봉사의 시각장애가 유지된 데에는 '동네 사람들'도 한몫을 하였다고 보았다. 프로이트에 의하면 심인성 장애를 치료하기 위해서는 '질병의 동기'와 싸워야 한다. 질병의 동기가 제거된다면 환자의 증상은 '저절로 사라진다.' 다음은 심봉사가 개안하는 장면이다.

㉮ "아버님, 저를 모르시겠습니까? 뱃사람에게 팔려 인단소에 빠져 죽은 청입니다. 임금님의 은혜가 망극하여 몸이 영화롭게 되고 아버님을 다시 뵙게 되니 이제 죽은들 무슨 한이 있겠습니까?"

---

154) 경판의 '남군 땅'이나 완판의 '도화동' 모두 심봉사가 이곳에서 태어났다는 사실은 밝혀져 있지 않지만, '○○ 출신'이라는 식의 타지(他地) 사람이라는 표현도 없다. 따라서 글의 전개로 볼 때 실질적 고향으로 보아도 무방할 듯하다. 설사, 심봉사가 태어난 곳이 아니라고 해도 심봉사에게는 동네 사람들과 동고동락하며 인생의 대부분을 보낸 고향과 다름없는 곳이다. '고향'은 단어 자체만으로도 상상계적이다. 완판의 '천자', '황후', '황성'(황셩)은 '중국' 땅을 말하는데, 그렇다면 '도화동'은 심봉사에게 '모국'(母國)이라는 의미이다. '어머니 나라'를 뜻하는 '모국'은 '고향'의 의미를 한층 드러낸 말이다.

하니, 심현이 크게 소리 질러 말하기를,
"네가 진정 내딸 청이냐? 죽은 딸이 어찌하여 이렇듯 귀히 되었단 말이냐? 내 눈이 없어 너를 못 보는 것이 한이로다."
하며 한 번 찡그리고 눈을 번쩍 뜨니 두 눈이 뜨였다.(경판, p. 69)

㉯ "처자는 있으신가요?"
심봉사가 땅에 엎드려 눈물을 흘리면서 여쭈었다.
"여러해 전에 아내를 잃고, 초칠일이 못 지나서 어미 잃은 딸이 하나 있었습니다. (…)"
황후께서 들으시고 눈물을 흘리며, 그 말씀을 자세히 들으니 분명히 아버지인 줄을 알 수 있었다. (…)
"아버지, 제가 정녕 인당수에 빠져 죽었던 심청이어요."
심봉사가 깜짝 놀라,
"이게 웬말이냐?"
하더니 어찌 반갑던지 뜻밖에 두 눈에서 딱지 떨어지는 소리가 나면서 두 눈이 활딱 밝았다.(완판, p. 205)

심봉사가 눈을 뜬 것은 심청과 재회했을 때이다. 겉으로는 심봉사가 심청이 죽지 않고 살아 있다는 사실을 알고 충격을 받아 개안한 것으로 보이지만, 사실 심봉사는 심청이 '왕후'(황후)가 되었다는 사실을 안 직후 눈을 떴다. 심봉사는 죽은 것으로 알고 있었던 심청이 살아 있는 것을 보고, '어떻게 살아났느냐?'고 묻지 않고 '어찌하여 이렇듯 귀히 되었단 말이냐?'고 묻는다. 이 말은 완판의 '이게 웬 말이냐?'에 숨겨진 의미가 무엇인지 알려준다.

심청이 태어나기 전부터 '봉사'였던 심봉사는 아직 한 번도 심청을 본 적이 없다. 더욱이 심청의 나이를 고려한다면 심청과 헤어진 3년 동안은 심청이 신체적으로 많은 변화를 겪는 시기로, 눈을 뜬다고 한들 심청을 확인할 수도 없는 노릇이다. 이야기 전체에서 심봉사가 눈을 뜨기를 간절히 바라는 심정을 토로하는 것은 이 장면뿐이다. 심봉사가 자신의 딸인 심청을 보고 싶어하는 것도 이 장면뿐이다. 이전까지 심봉사는 심청을 한 번도 보고 싶어한 적이 없다. 심청이 갓 태어났을 때도 심봉사는 심청을 보고 싶다는 바람을 표현한 적이 없다. 심청의 편부(偏父)인 심봉사는 이상하리만치 유일한 피붙이인 심청을 보고 싶어하지 않았다. 한 번도 보고 싶었던 적이 없는 자식이 장성한 뒤늦게야 보고 싶어진 이유는 무엇일까? 만약, 심봉사가 죽었던 심청이 다시 살아온 사실이 믿기지 않아서 눈으로 직접 보고 확인하고 싶었다면 그것은 더욱 앞뒤가 맞지 않는다. 심봉사가 한 번도 보지 못한 딸을 '확인'하고자 했다면 눈이 아닌 다른 감각기관을 이용했을 것이다. 자식을 어려서부터 키운 맹인 부모라면, 으레 손이나 다른 감각기관을 이용하여, 자식만의 어떤 신체적 특징으로 제 자식 인지의 여부를 확인하려고 했을 것이다. 심봉사가 심청을 보고 싶어한 이유는 심봉사의 '어찌하여 이렇듯 귀히 되었단 말이냐?'라는 말에서 해답을 찾을 수 있을 것 같다. 심봉사가 심청을 보고 싶어한 이유는 심청이 '귀히' 되었기 때문이다. 심봉사는 '귀히' 된 심청의 모습을 보고 싶은 것이다.

그런데 여기서 짚고 넘어가야 할 것이 있다. 심봉사는 심청이 '왕후'가 된 것을 확인하려고 눈을 뜬 것이 아니라는 사실이다. 애초에 심봉사가 만난 사람은 심청이 아니라 왕후였다. 심봉사는 애초에 심청을 심청으로 만난 것이 아니라 왕후로서 만났다. 심청이 자신을 왕후라고 소개한 것이 아니라(심청은 자신을 왕후라고 소개한 적이 없다), 왕후가 심청이라고 밝힌 것이다. 즉, 심봉사가 '왕후'로 알고 대면한 사람이 자신의 신분을 '심청'이라고 밝힌 것이다. 심봉사가 눈을 뜨게 된 것은 심청이 왕후인지를 확인하기 위해서가 아니라, 눈을 뜨기 전에 이미 왕후가 심청이라는 사실을, 혹은 심청이 왕후라는 사실을 확인하였기 때문이다. 즉, 그 확인에 대한 결과로 '실명'이라는 '증상이 저절로 사라진'[155] 것이다. '왕후의 아버지'가 된 심봉사에게 연민을 느낄 사람은 없을 것이며, 더 이상 예전의 관심과 사랑이 필요하지도 않다. 굳이 '맹인'이 아니어도, 새롭게 부여받은 지위만으로도 만인의 이목이 집중되기에 충분하며 평생 우대를 받으며 살 수 있기 때문이다. 심봉사로서는 눈앞의 왕후가 바로 자신의 딸 심청이라는 사실을 확인함으로써 질병을 유지할 동기가 제거된 것이다.[156)]

그런데 심봉사가 눈을 뜬 것은 단지 이 때문만은 아닌 것 같다. 심봉사는 '내 눈이 없어 너를 못 보는 것이 한'(경판, p. 69)이라고 하며 심청을 간절히 보고 싶어한다. 그러나 그렇다고 해도 한 번도 본 적이 없는 심청을 보고 싶다는 심봉사의 바람은 눈을 뜨게 할 정도의 간절함으로 느껴지지는 않는다. 어차피 심봉사는 눈을 뜬들 심청을 알아볼 수도 없기 때문이다. '보고 싶다'는 것은 눈을 통해 직접 '느끼고' 싶다는 것, 혹은 직접 보고 무엇인가를 '확인'하고 싶다는 말이다. 심봉사가 눈을 뜨기 위해서는 심청의 무엇을 보고 싶은 것인지, 좀 더 구체적인 명분이 있어야 할 것 같다. 그것은 심봉사가 반드시 눈으로서만 확인할 수 있는 것이어야 할 것이다. 오랜 세월 동안 감겨 있던 눈을 기적적으로 뜨게 할 정도로 심봉사가 심청에게서 간절히 보고 싶었던 것은 무엇이었을까?

심봉사가 왕후를 가까운 거리에서 대면하고 있는 장면을 상상해 보자. 앞을 보지 못하는 심봉사는 다른 감각기관이 발달해 있다.('눈이 어두워 보지는 못하고 귀는 밝아 눈치로 가늠하고 앉았다가'—완판, p. 95) 바로 앞에서 왕후의 목소리를 듣고, '버선발로 뛰어 내려'

155) 프로이트, 「도라의 히스테리 분석」, 앞의 책, p. 235.

156) 프로이트에 의하면 의사가 예약된 진료 시간을 초과하여 어떤 환자를 치료하느라 다음 환자를 돌보지 못하게 되면, 상황이 근본적으로 변해버리는 경우가 있는데 그것은 다음 환자에게 지금까지 끈질기게 따라다니던 고통이 단숨에 없어진다는 것이다. 이는 삶을 유지하기 위한 질병의 가장 강력한 동기가 환자에게서 달아났기 때문이다. 프로이트, 「도라의 히스테리 분석」, 앞의 책, p. 235.

온 왕후에게 안기기까지 한 심봉사에게, 장성하여 '부인'이 된 심청이 어떤 인물처럼 느껴졌을지 짐작할 수 있다. 심봉사는 심청에게서 곽씨부인을 떠올리고, '부인'이 된 심청을 통해 '곽씨부인'을 보고 싶었을지도 모른다. 심봉사가 실명하기 이전에 보았던 곽씨부인의 모습, 그것은 심봉사가 눈을 떠야만 비로소 '확인'할 수 있는 것이다.

심청은 자라면서 성격과 외모에서 母인 '곽씨부인'(경판: 정씨)과 유사하게 묘사된다.(각 인용문의 앞부분은 '심청', 뒷부분은 '심청 母'에 대한 묘사임)

㉮

· (상략) 그 용모가 빼어나서 세상에 보기 드문 미인이요, 복록(福祿)이 완전히 갖추어진 모습이었다. (중략) 가난한 시골에서 자라나서 구석진 곳으로 정신없이 돌아다니는 장사꾼들이 어찌 이같이 예쁘고 귀티나는 미인을 보았겠는가?(경판, p. 27)

· 부인 정씨는 높은 가문의 딸로서 타고난 자질이 넉넉하고 용모가 아름다웠다.(경판, p. 19)

㉯

· 두해 너댓 해 지나가니 천성이 재바르고 바느질 솜씨가 능란하여 동네 바느질로 공밥 먹지 아니하고, 삯을 주면 받아와서 아버지 의복과 반찬 하고, 일 없는 날은 밥을 빌어 근근이 연명해갔다. (중략) 얼굴이 빼어나고 효행이 뛰어나며 행동이 침착하고 하는 일이 비범하니 타고난 성품이지 가르쳐서 될 일인가?(완판, p. 101)

· 들에는 논밭이 없고 행랑에는 종이 없어, 가련하고 어진 곽씨부인 몸소 품을 팔아 삯바느질을 했다. (중략) 일년 삼백 예순 날, 하루 한시도 놀지 않고, 손톱발톱 잦아지게 품을 팔아 모을 적에, (중략) 가장 공경, 사절 의복 아침 저녁 반찬과 입에 맞는 갖은 별미, 비위 맞춰

지성 공경 언제나 한결같으니, 위아랫 마을 사람들이 곽씨부인 음전하다고 칭송했다.(완판, p. 77)

경판의 부인 정씨가 '높은 가문의 딸'인 점은 '왕후'가 된 심청과 유사하고, 완판의 '임사 같은 덕행과 장강 같은 아름다움'(p. 75)을 가진 곽씨부인과 '얼굴이 빼어나고 효행이 뛰어'난 심청이 유사하다. 외모나 성격은 물론 심봉사를 봉양하는 방법에서도 심청은 곽씨부인과 흡사하게 그려진다. 이는 곽씨부인이 용궁에서 심청을 만나 심청을 대하는 모습에서 더욱 드러난다.

"귀와 목이 희니 너의 아버지 같기도 하다. 손과 발이 고운 것은 어찌 아니 내 딸이랴. 내 끼던 옥지환도 네가 지금 가졌으며, 수복강녕 태평안락 양편에 새긴 돈 붉은 주머니 청홍당사 벌매듭도, 애고, 네가 찼구나. (…)"(완판, p. 161)

여기서 '옥지환'(옥가락지)은 곽씨부인이 자신의 것을 심봉사에게 '심청이 자라거든 날 본 듯 내어주'(p. 87)라고 준 것이며, 돈을 넣은 주머니도 곽씨부인에게 '나라에서 내려주신'(p. 87) 것을 곽씨부인이 심청에게 '내어 채워주'(p. 89)게 한 것이다.

심청뿐만 아니라 완판본에서 심청을 '수양 딸'로 삼고자 한 장승상부인 역시 곽씨부인과 유사한 성격을 가졌으며, 곽씨부인의 빈 자리를 대신하는 인물이다. 곽씨부인, 장승상부인, 왕후로서의 심청은 모두 '부인'이라는 호칭을 사용하고 있고, 유사한 성격으로 설정되어 있다. 곽씨부인은 '어질고 지혜로우'(완판, p. 75)며, '음전'(완판, p. 93)하고, 장승상부인은 '옷매무새가 단정하고 살결이 깨끗하여 복스럽게 보이'(완판, p. 103)며, '크신 덕'(완판, p. 107)을 가졌고, 왕후는 빼어난 미모에 '덕과 은혜가 지중'(완판, p. 171)하다. 왕후로서의 심청은 곽씨부인의 외모를 닮았고 장승상부인처럼 '높은 지위'에 올랐으며, 두 사람의 '어진' 성격을 그대로 닮았다.

히스테리 증상이 치유되는(사라지는) 대표적인 경우가 무의식적으로 억압된 질병의 최초의 원인을 환자 스스로가 '말'로써 풀어냈을 때이다. 이를 통해 환자는 질병으로부터 해방될 수 있다.[157] 그렇다면, 심봉사가 눈을 뜨기 전 왕후(심청)에게 한 말 속에는 심봉사의 실명의 원인을 추측할 수 있는 단서가 있을지도 모른다. 심봉사의 실명 시기를 부인의 죽음 이후로 밝힌 경판본에서는 심봉사가 '부인'에 대해서 한마디도 언급하지 않는 반면,[158] '집안 형편이 기울어져' 실명했다는 완판본에서는 이에 대한 언급은 전혀 없고 오히려 부인에 대한 회상으로부터 이야기를 시작한다.

완판본에서 "처자는 있으신가요?"라고 말문을 여는 왕후(심청)의 태도는 '분석가'와 닮은 점이 있다. 심봉사는 왕후의 물음에 따라 아내를 잃은 시점으로부터 회상을 시작한다. 완판본에서 심봉사는 황성으로 가는 길, 우연히 무릉태수를 만나 태수의 권유로 호소문을 쓰는데, 자신의 신세를 한탄하며 '즐거움은 부부만한 것이 없는데도 죽은 아내를 다시 만나지 못함이 한스럽네'(완판, p. 183)라고 곽씨부인에 대한 간절한 그리움을 밝힌 바 있다. 이때, 긴 호소문 속에 심청에 대

157) 이는 일찍이 브로이어(J. Breuer)에 의해 처음 증명된 것으로, 프로이트에게 적지 않은 영향을 미쳤다. 프로이트와 브로이어에 의하면, 질병의 동기를 환자 스스로가 말로써 풀어냄으로써 환자는 질병으로부터 완전히 자유로워질 수 있다. 두 사람은 언어의 도움, 즉 말하는 것 자체만으로도 감정을 소산시킬 수 있는 이러한 방법을 '카타르시스 효과'라고 명명하였다. 두 사람은 초기에 주로 유최면 상태에서 이 방법을 사용하였는데 이는 훗날 프로이트에 의해 자유연상기법으로 수정된다.－프로이트·브로이어, 「히스테리 현상의 심리기전에 대하여: 예비적 보고서」, 『히스테리 연구』, pp. 13-32 참조.

158) 그러나 왕후가 된 심청이 심봉사에게는 '곽씨부인'의 현신으로 여겨질 수도 있다는 점을 고려한다면 경판에서도 간접적으로나마 심봉사의 개안(開眼)에 '곽씨부인'이 관련이 되어 있다고 할 수 있다. 심청과 곽씨부인의 관계에 대해서는 다음 장에서 다루기로 한다.

한 언급은 한마디도 없다. 이런 점들로 미루어 볼 때 심봉사의 실명 원인은 '곽씨부인'과 관련이 있을 것으로 보인다. 심봉사와 곽씨부인 사이에 작품에 밝혀지지 않은 어떤 사연이 있고, 심봉사로서는 장성하여 '귀히' 됨으로써 더욱 '높은 가문의 딸'인 곽씨부인을 닮은 심청에게 곽씨부인을 향한 마음이 '전이'되었을 수도 있는 것이다. '심봉사-곽씨부인'의 관계는 '국왕-왕비'를 통해, '심봉사-심청'의 관계는 '국왕-심청'과 '심봉사-임한의 딸'의 관계를 통해 새로운 의미를 유추할 수 있을 것이다. 이는 '심봉사'에 대한 '심청'의 심리를 살펴보면서 풀어나가기로 하겠다.

## 3.3. 심 청

### 1) 인신공양과 효녀 토템

산 사람을 공양한다는 의미의 '인신공양'(人身供養)의 정확한 표현은 '인신공희'(人身供犧)이다. '공희'에는 '살생'의 의미가 내포되어 있다. 바다의 용왕에게 바쳐진 심청 역시 '인신공희'의 제물로 희생된 것이다. 심청의 경우는 처음부터 신의 마음을 달래기 위한 종교적 희생물로써 제물이 된 것이 아니라 '공양미' 삼백 석을 얻기 위해 몸을 판 것이므로 심청의 '인신공희'에는 '인신매매'와 '인신공양'(아버지를 위한 공양)의 의미가 모두 포함되어 있다. 이 글에서는 심봉사와 심청의 관계에 초점을 맞춰 '인신공양'이라는 표현을 사용하기로 한다.

'인신공양'은 고대 원시부족 사회의 종교적 의식에서 비롯된 일종의 '풍습'이다. 인신공양으로 바쳐진 제물은 사람들의 죄를 대신하는 '속죄양'이다. 사람들은 자신의 소유물 가운데 가장 신성하고 소중한 것을 골라 그것에 모든 죄를 전가하여 죽임으로써 희생물과 함께 자신의 모든 죄가 깨끗이 말살된다고 믿었다.[159] 심청이 뱃사람들의 제물이 된 것은 다른 인신공양의 경우처럼 타인에 의해 '선택'된 것이 아니라 심청 스스로 자청한 일이다. 심청은 바다의 용왕을 달래기 위한 제물이 되었지만 그것은 아버지 심봉사의 눈을 뜨게 하기 위한 것이다. 따라서 심청에게 인신공양의 궁극적인 대상은 용왕이 아니라 아버지인 심봉사이다. 심청은 뱃사람들에 의해 제물로 바쳐짐으로써 뱃사람들의 '속죄양'이 되었지만, 사실 심청 스스로 자신의 몸을 심봉사에게 바침으로써 자기 몸을 자신의 '속죄양'으로 삼은 것이다.

심청에게 자신의 목숨을 내놓아야 할 정도로 속죄해야 할 것은 없는 것 같다. 더욱이 심청은 누가 보아도 '이상(理想)적인 효녀'이다. 그러나 심청은 다른 설화에서처럼 부모의 목숨을 살리기 위해서가 아니라, 단지 아버지의 눈을 뜨게 하기 위해 (사실은 공양미 삼백 석 때문에) 제 목숨을 바친다. 어린 나이에도 불구하고 아무 망설임 없이 죽음을 선택하는 행위에는 피학적(被虐的)인 면이 있다.[160]

심청은 팔려가는 마지막 순간까지 "병드신 아버님을 버리고 수중원귀(水中寃鬼)가 될 일을 생각하오니 망극한 심사를 어디다 비기겠습니까?"(경판, p. 33) 하며 홀로 남은 심봉사를 걱정하였다. 그러나 막상 용궁에서 용왕이 "이제는 너의 고생이 다 끝나고 이후에 무궁한 복을 누릴 것이니 슬퍼하지 말아라"(경판, p. 47)고 하는데도 "제가 인간 세상에서 고초를 겪던 일을 생각하니 마음이 두렵습니다. 이제 여기 들어왔으니 도로 나가지 말고 여기 머물기를 원합니다"(경판, p. 47)라고 하며 용궁에 머물 것을 요구한다. 완판의 경우, 이 점은 더욱

---

159) '인신공양'에 관한 자세한 내용은 『사형: 사형의 기원과 역사, 그 희생자들』(카를 브루노 레더, 하서출판사, 2003) 중 '인신공양'(pp. 53-75), 『황금가지』(프레이저, 한겨레신문사, 2003) 중 '고대의 속죄양'(pp. 675-690)을 참조할 것.

160) 선행연구에서 살펴보았듯, 심청의 효(孝)의 '피학성'에 대해서는 류인균 · 조두영의 논문 「한국고전소설 '심청전'의 정신분석학적 연구」에서 지적된 바 있다.

두드러지는데 공양미 삼백 석을 대신 내주겠다는 장승상부인의 말에 "쌀 3백 석을 도로 내어주면 뱃사람들 일이 낭패"라거나 "약속을 정한 뒤에 다시 약속을 어기면 못난 사람들 하는 짓이니 그 말씀을 따르지 못하겠습니다"(p. 129) 하고 거절하는 심청의 태도는 죽음의 목적이 아버지의 눈을 뜨게 하기 위한 '공양미 3백 석'에 있지 않다는 것을 말해준다. 심청은 마치 죽기를 바라는 사람처럼 보인다.

프로이트에 의하면 '인신공양'[161]이라는 자기희생의 바탕에는 '살인죄'가 깔려 있다. 인신공양과 어울릴 수 있는 죄는 살인밖에 없는 것이다.[162] 이것은 사디즘과 마조히즘이 주체와 대상의 자리바꿈일 뿐 본질적으로는 동일한 것이라는 시각과 일치한다. 자신을 대상의 자리에 놓음으로써, 대상이 죽었으면 하는 바람이 거꾸로 자신에게서 일어난 것이다. 타자에 대한 공격성이 주체 자신에게로 향한 것이다.

심청은 7, 8세부터 소녀 가장으로서 살았다. 심청의 경우처럼 '효설화'의 주인공들은 한결같이 어린 나이에 부모를 부양한다. 효자(효녀)의 부모들은 모두 자식을 돌볼 수 없을 정도로 병들고 약한 존재들이다. 주인공들은 어릴 때부터 부모의 입을 통해 '효자', '효녀'로 불린다. 그것은 나약한 부모를 위해 희생적인 삶을 살고 있는 자식을 향한 부모의 애정과 고마움의 표현이지만, 한편으로는 자식의 더 큰 희생을 강요하는 것이기도 하다. '긴병에 효자 없다'라는 말은 오랜 병상의 부모의 봉양이 얼마나 어려운가를 표현한 말이다. 부모를 부양해야 한다는 현실만으로도 어린 자식에게는 '압박'인데 '효자'(효녀)로서의 자식은 한마디 불평조차 할 수 없는 처지에 있어야 한다. 이런 의미에서 '효'는 가학적(加虐的)이다. 어린 자식으로서는 부모에

161) '인신공희'로서의 '인신공양'을 말함.
162) 프로이트, 「토템과 타부」, 『종교의 기원』, p. 420.—프로이트에 의하면 신경증 환자들을 괴롭히는 자살충동은 다른 사람이 죽었으면 하고 바란 것에 대한 자책의 결과인 경우가 많다고 한다.

대한 애증이 교차하지 않을 수 없다. 부모에 대한 양가적 감정을 갖게 되는 것이다. 자식이 '적의'를 품는 것은 당연하다. 그러나 어린 자식은 부모를 어찌할 수가 없다. 부모를 제거하고 싶은 욕망이 거꾸로 자신에게로 향하게 된다. 이때 '인신공양'은 아주 좋은 해결책이다. 공격본능도 충족시키고, '효자'의 명분도 유지하고, 압박으로부터 벗어날 수 있게 해준다.

고대 원시부족 사회에서 유래한 인신공양의 풍습은 아버지에 대한 양가적 감정에 뿌리를 두고 있다. 프로이트에 따르면, 아버지의 학대를 견디지 못한 아들 형제들은 아버지를 살해한 후, 아버지의 자리에 특수한 동물을 토템으로 세워 신으로서 숭상했는데 일정한 기간이 지나면 숭배의 대상이던 토템 동물을 죽이고는 그 고기를 나누어 먹었다. 아버지의 대용물인 토템 동물을 죽이는 행위는 아버지 살해의 의례적인 반복이었다. 동물의 자리를 인간이 대신했을 때 그것은 인신공양으로 바뀐다. 근본적으로 토템의식은 아들들의 죄의식에서 비롯된 것으로 아들들은 토템의식을 빌려 자신들을 학대한 아버지를 살해하는 한편, 이에 대한 죄의식을 속죄하고자 한 것이다. 아버지를 한편으로는 원망하면서도 한편으로는 사랑하고 찬미하는 양가적인 감정, 복합적이고 모순된 감정을 프로이트는 '아버지 콤플렉스'(獨, Vaterkomplex)라고 명명한다. 인신공양은 아버지 콤플렉스와 밀접한 관련이 있다.[163)]

'효'와 '인신공양'은 각각 그것 자체로 (상징적) 아버지와 불가분의 관계에 있다. 인신공양은 본디 상징적인 아버지, 즉 신을 위한 것

163) 프로이트, 앞의 책, p. 178, pp. 403-417 참조.
한편, 프로이트는 상징적으로 그리스도의 몸과 피를 나눠 먹는 기독교의 성찬식을 인간제물의 신성한 살과 피를 나눠 먹는 토템 향연의 연장으로 본다. 그에 따르면, 그것의 목적은 본질적으로 아버지를 다시 축출하는 것에 있다. 만인의 죄를 대신하여 제물이 된 인물은 아버지를 대신하여 신으로 숭상되기 때문이다.(프로이트, 앞의 책, pp. 420-421 참조)

이지만 효행으로서의 인신공양은 실제 아버지(부모)를 위한 것이다.[164] 자신의 몸(목숨)을 바치는 행위자에게 대상인 실제 '아버지'는 '신'에 못지않은 절대적인 위치에 있다.

「심청전」이 수많은 각색과 손질을 거치면서도 변하지 않는 것 가운데 하나가 '뱃사람들'(장사꾼들)이 '복수'(複數)로 등장한다는 점이다. 그들은 제물로 쓰일 어린 처녀를 구하러 다닐 때 무리를 지어 다닌다.[165] 뱃사람들이 제물을 바치는 대상은 바다의 '용왕'이다. 가장 신성한 어린 처녀를 바침으로써 변덕스러운 용왕의 비위를 맞추고, 속죄양에게 자신들의 죄를 전가하여 다른 세계로 떠나보냄으로써 편안한 항해를 하고자 하는 것이다. '뱃사람들'의 이런 행동은 오랜 옛날 자신들이 살해한 아버지를 달래기 위해 신성한 토템동물을 바쳤던 '아들들'의 행동과 일치한다. 한편, 뱃사람들에 의해 '두 눈은 샛별처럼 밝'고, '세상에 보기 드문 미인'이며, '복록(福祿)이 완전히 갖춰진 모습'(경판, p. 27)으로 묘사되는 열세 살(열다섯 살)의 '심청'은, 일정 기간 신성한 신으로 숭상된 후 아들들에 의해 살해된 토템과 닮은 점이 있다. 심청에게 부여된 '이상적인 효녀상'은 그것 자체로도 고대 원시부족 사회에서 혈족이 공동으로 섬기고 신성시하였던 '토템'과 유사하다. '효'라는 단어에 이미 '혈연'의 의미가 내포되어 있다. 우리나라가 씨족사회에 뿌리를 두고 있다는 점을 고려한다면 '(동네) 사람들'이 그토록 '효'라는 말로써 심청을 찬양하고, 심청의 희생

164) 프로이트는 인신공양의 본래의 의미를 고대 원시부족사회로까지 거슬러 올라가서 찾았지만 효행으로서의 인신공양은 지금 바로 이 자리에서 직접적으로 그 의미를 보여준다.

165) 널리 알려진 '뱃사람들'이라는 호칭은 완판본(원본은 '션인들', 혹은 '선인덜')을 따른 것이고 경판본에서는 '장사꾼들'이라고 불린다. '장사꾼들'은 원본에는 '상고'(商賈)라고 되어 있고 번역본에는 '장사꾼'과 '장사꾼들'을 혼용하고 있는데, 후에 물건을 매매하고 돌아오다가 인당수에 이르러 "우리가 지난해에 심가 여자를 사다가 물에 넣고 가서 (…)"(강조점 필자)라고 말하는 점으로 보아 복수형인 '장사꾼들'이 타당할 것으로 보인다.

을 칭찬하되, 심봉사를 탓하지 않은 이유 또한 짐작할 수 있다.[166]

심청은 인당수에 가기 위해 뱃사람들과 '한 배'를 탄다.[167] 뱃사람들은 심청과 또래의 나이인 '십여 세'부터 배를 탔다.[168] 심청은 스스로가 제물인 동시에 아버지와의 관계에서 쌀 삼백 석을 '공양'하는 아들의 역할까지 담당하고 있다.[169] '토템공희'와 '인신공양', '공양미 삼백 석'은 아버지를 위한 '공양'이라는 점에서 일치하며, 원시부족의 '아들들'과 '뱃사람'과 '심청'은 '아들'의 역할을 담당하고 있다는 점에서 유사한 관계에 있다. 그림으로 표현하면 다음과 같다.

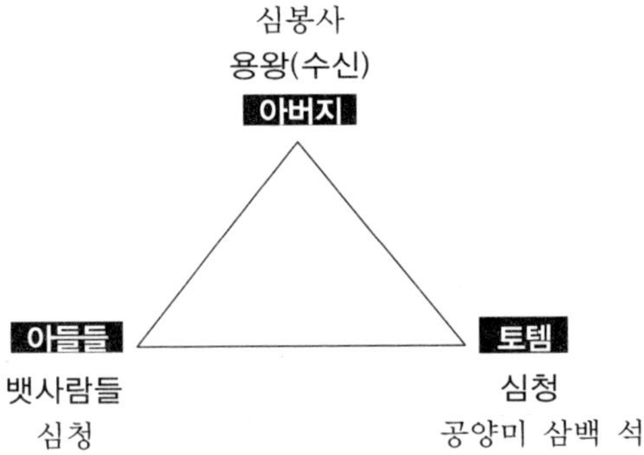


심청이 '이상적인 효녀'상으로 자리매김할 수 있었던 것은 공양미 삼백 석에 몸을 팔았기('인신매매') 때문이 아니라 '인신공양'(인신공

166) 설화 속의 인물인 심청을 실제 인물로 간주하고, 서로 자기 고장을 「심청전」의 무대라고 주장하는 오늘날의 세태는 '효녀 심청'이라는 숭고한 인물을 자신의 조상신으로서의 토템으로 삼으려는 부족 간의 다툼처럼 보인다.

167) '한 배를 탔다'는 것은 같은 운명에 처하게 된 경우를 은유적으로 표현할 때 사용하는 말이다. 뱃사람들과 심청이 어떻든 한 배를 탔다는 것은 유사한 상황에 있는 둘의 관계를 생각할 때 의미심장하게 다가온다.

168) "우리 동무 스물네 명 장사를 직업삼아 십여 세에 조수타고 서호를 떠다니니, 인당수 용왕님은 사람 제물 받잡기로 유리국 도화동에 사는 십오 세 효녀 심청을 제물로 드리오니"(완판, p. 149).

169) "제가 아버지를 모시기를 어머니 겸 모시고, 아버지는 저를 믿기를 아들 겸 믿사오니"(완판, p. 105).

희) 때문이다. 심청의 효행의 방법이 부모에게 자신의 신체의 일부를 잘라 먹게 하는 상징적인 의미의 '인신공양'이 아니라 고대의 본래의 풍습대로 '의례'에 의해 바다의 산제물이 되는 실질적 의미의 '인신공희'라는 점은 시사하는 바가 크다.

심청이 어린 나이에 죽음을 선택할 수밖에 없었던 환경적인 요소를 살펴보기로 하자. 심봉사는 물론이고 동네 사람들도 심청의 판단을 바꾸려는 사람은 없다. 심청의 죽음을 기정사실로 여기고 단지 슬퍼할 뿐이다. 작품 전체에서 '동네 사람들'이 가장 많이 전면에 드러나는 부분은 심청이 인신공양으로 팔려갈 때이다. 동네사람들의 말을 모아보면 다음과 같다.

㉮ "자로(子路)가 쌀을 져다 부모를 봉양하고, 맹종(孟宗)이 눈 속에서 죽순나물을 구해다 어머니께 드린 일이 천고에 드문 일이라 하지마는, 자기 몸을 죽을 곳에 팔아서 아비의 소원을 이뤘단 말은 듣지 못했으니, 열세 살 아녀자의 효성과 의기는 옛사람이 미칠 바 아니구나. 가련하다, 심청이 7, 8세부터 고생이 극심하여 우리가 늘 부귀와 빈천이 고르지 못함을 탄식했는데, 이제 수중원귀가 될 줄을 어찌 알았으리오."(경판, p. 33)

㉯ "네가 말하지 않더라도 네 효성에 탄복하고 있어, 너를 생각해서라도 네 아버님을 정성껏 보호할 것이니 아무 염려 말아라. 너는 이미 죽을 곳으로 나아가니, 죽어 후생에라도 부디 부잣집 자식이 되어 이승에서 쌓은 선행을 보답받도록 하여라."(경판, p. 35)

㉰ "하느님이 지공무사(至公無私)하시니 설마 열세 살 젊은이로 하여금 수중원혼이 되게야 하겠느냐? 반드시 보살핌이 있을 게다."(경판, p. 36)

㉱ "하늘이 낸 효녀로다. 천만고에 없던 저런 일을 오늘에 보는구나."(경판, p. 37)

완판본에서는 심청이 떠난 후 도화동 사람들이 심청의 '지극한 효성'을 기리며 다음과 같은 글을 지어 타루비(墮淚碑)를 세운다.

> "앞 못보는 아버지 위해/ 제 몸 바쳐 효도하려 용궁에 갔네./ 안개 어린 바다에 마음만 떠 있으니/ 봄 풀에 해마다 한이 서린다."(완판, p. 161)

동네 사람들의 반응은 심청이 성장해온 환경의 단면을 보여준다. 오랜 옛날부터 가난한 서민들의 '딸'은 인간 이하의 취급을 받아왔다. 특히 심청 또래의 어린 처녀는 심청과 같이 산제물이 되는가 하면, 귀인들이 죽을 때 함께 순장이 되기도 하고, 심지어 '인신조세'라 하여 세금으로 바쳐지기도 하였다.[170] 대규모의 기근이 휩쓸 때에는 굶주린 기민들이 자식을 버리거나 심지어 인육(人肉)을 먹을 수밖에 없는 상황이 전개되기도 하였다.[171]

심청이 팔려간 나이는 '여자의 일생에서 매매하는 데 가장 값이 비싼 제물'[172]로 취급되는 시점이다. 심청을 둘러싼 환경은 심청을 죽음으로 내몰았다. 눈먼 아버지는 어느날 문득 자식을 팔고, 입을 모아 칭찬하던 동네 사람들은 산제물로 팔려가는 심청을 두고 "아무 염려 말아라", "설마 열세 살 젊은이로 하여금 수중원혼이 되게야 하겠느냐?", "하느님이 반드시 보살핌이 있을게다"라고 위로하고, '하늘이 낸 효녀'라고 칭송을 하며 '효녀 심청'을 기리는 비(碑)까지 세운다. 동네 사람들이 어린 심청의 결정을 말리지 않고 기정사실로 받아들인 이유는, 심청이 선택한 죽음이 결과적으로 심청은 물론 모두에게 득이 되리라는 것을 알았기 때문일지도 모른다.

---

170) 이규태, 「인신매매」, 『한국인의 성과 사랑』, 문음사, 1985, pp. 60-61 참조.
171) 강만길, 『한국 근대사』, 창작과 비평사, 1991, pp. 144-145. 이 부분은 '조선후기' 농민들에 대한 기록이다.
172) 이규태, 앞의 책, p. 60.—이 책에 의하면 여자는 일생 중 '소녀' 때에 몸값이 가장 비싸다.

심청을 둘러싼 환경이 어린 소녀에게 심리적으로 고통을 안겨주었을 것이라는 점을 충분히 짐작할 수 있다. 심청은 자신의 삶의 기준이 오로지 아버지 심봉사에 있다는 것을 행동으로 보여주지만, 심청의 말 가운데에는 간간이 심청의 내면을 엿볼 수 있는 구절을 찾을 수 있다. 다음은 심청이 뱃사람들에게 자신의 몸을 팔 것을 약속한 후, 아버지가 슬퍼할 것을 우려하여 심봉사에게 거짓말을 하는 장면이다. 심청은 자신의 말에 대한 심봉사의 반응을 심봉사의 의도와 전혀 다르게 자기 방식대로 해석한다.

> "건넛마을 아무 어르신네 댁에 자식이 없어서, 늘상 저를 사랑하여 양식을 후하게 주곤 했어요. 이제 제가 그 어르신네에게 3백 석 쌀을 받고 몸을 팔아 시주하기로 했습니다. 화주승이 어느 때에 온다고 하던가요?"
> 공이 듣고 나서 한편으로는 다행하게 생각되었으나, 딸이 남의 집에 갈 일을 생각하니 가슴이 터질 듯해서 눈물을 흘리며,
> "네 말 같다면 부처님을 속이지 않게 되어 참으로 다행하기는 하다마는, 네가 남에게 높은 값을 받고 팔려가면 잠시도 내 곁에 있기가 힘들테니, 나 홀로 누구를 바라고 산단 말이냐?"
> 하며 슬피 울었다. 청이 우선은 그 아버지를 속이지만 간장이 찢어지는 듯하여 생각하기를,
> '내가 살아서 먹고 입는 것이 넉넉한 곳에 간다 하는데도 저렇게 슬퍼하시는데, 만일 내가 죽을 곳에 간다 하면 반드시 세상에 살지 않겠다고 하실테니, 살아서나 죽어서나 이런 불효가 어디 있을까?'
> 하며 눈물을 흘려 강물을 보태었다.(경판, p. 29)

심청이 자신의 몸을 팔아 시주하기로 했다는 사실을 알리며 화주승이 언제 오냐고 묻자 심봉사는 심청의 물음에는 답하지 않고, 심청이 높은 값에 팔려가게 된 것을 '참으로 다행하기는 하다'라고 하며 자신이 혼자 살 것을 염려하여 슬피 운다. 그런데 심청은 심봉사의

눈물을 자신이 팔려가서 슬퍼하는 것으로 '잘못' 받아들이는 것이다. 위의 인용문은 심청이 아버지로서의 심봉사에게 바라는 마음이 어떤 것이며, 심봉사가 이런 심청의 기대에 전혀 미치지 못하는 인물이라는 것을 보여준다.

아버지가 자신을 걱정할 것을 염려해서 거짓말을 했던 심청은 며칠 후, 마음을 바꿔 뱃사람들에게 팔려가기로 한 사실을 심봉사에게 알린다. 심봉사가 굳이 '심청의 늦은 귀가'를 밝혀 공양미 삼백 석의 발단이 심청에게 있다는 것을 드러냈듯, 심청 역시 자신이 공양미 삼백 석 때문에 산제물이 된다는 사실을 심봉사에게 밝힘으로써 자신의 안위만을 걱정하던 아버지를 '대성통곡'하게 만든다. 아버지가 염려할 것을 우려하여 거짓말을 했던 심청이 굳이 이를 번복하여 아버지를 위해 자신이 죽게 되었다는 사실을 알린 이유는 무엇일까? 심청은 열세 살(열다섯 살)의 어린 소녀이다. '죽음' 앞에서 초연한 태도를 보이기에는 너무 어린 나이이다. 심청은 뱃사람들이 자신을 데리러 온 결정적인 순간에 심봉사에게 자신의 목숨을 살릴 수 있는 기회를 주고 싶었을지도 모른다. 또한 심봉사를 통해 동네 사람들에게 이 사실을 알리고 싶었기 때문인지도 모른다. 그러나 변한 것은 아무것도 없었다. 심청에게 돌아온 것은 '하늘이 내려준 효녀'라는 칭송뿐이었다.

심청의 심봉사에 대한 진심은 왕후가 된 후, 국왕에게 맹인잔치를 청하는 부분에서 잘 드러난다.

> "(…) 사람의 몸에서는 두 눈이 일월(日月)과 같아서 눈이 밝아야 세상 만물을 다 보면서 좋고 나쁜 것을 분별하는데, 맹인은 그러지를 못하니 가엾고 불쌍하기 짝이 없습니다. 생각해 보면 다 같은 사람으로 그들만이 이처럼 좋은 경치를 보지 못하니 오죽 답답하겠습니까?"
> 왕이 물었다.
> "(…) 예부터 몸이 불편한 사람은 늘상 있는 법인데, 왕비께서 유독 그렇

게 슬퍼할 곡절이라도 있는지요?"

왕비가 사례하고 대답했다.

"그 말씀이 마땅하시나 저의 생각에는 이보다 더 불쌍한 사람이 없으니, (…)"

(중략)

왕이 그 어진 마음을 못내 칭찬하며,

"이만한 소원이야 쉬운 일인데 무엇을 근심하시오?"

하고, 그 다음날 분부를 내렸다.

"왕비께서 세상 맹인이 흑백을 분간치 못함을 불쌍히 여겨, 온 나라의 맹인을 한데 모아 좋은 술과 음식을 먹여 그 답답한 마음을 위로하고자 하니, 이는 드물고 귀한 은덕이다. (…)"(경판, p. 63)

위의 인용문에서 '불쌍하다'는 표현이 세 번 나온다. 왕후가 된 심청에게 세상에서 제일 '불쌍한' 존재는 '맹인'이며, 맹인이 불쌍한 이유는 '좋고 나쁜 것을 분별하지 못하기' 때문이다. 맹인에 대한 심청의 견해는 국왕에 의해 '흑백을 분간치 못함'으로 간략하게 요약되어 거듭 강조된다.

심청이 아버지 심봉사와 극적인 상봉을 하게 되고 '영험한 부처님'도 어쩌지 못한 심봉사의 닫힌 눈을 뜨게 한 '맹인잔치'의 의미 또한 이런 맥락에서 해석해야 할 듯하다. 세상에서 가장 불쌍한 맹인들을 위한다는 '맹인잔치'는 궁극적으로 심청을 위한 것이기 때문이다.

### 2) 심청 왕후와 맹인잔치

#### (1) 국왕과 심봉사

심청이 왕후가 된 후 '심청'의 이름은 사라졌다.[173] '심봉사'와의

173) 심청이 왕후가 된 후, 경판에서는 '심청'이라는 이름이 한 번도 거론되지 않는다. 심봉사를 재회하는 장면에서도 왕후(심청)와 심봉사에 의해 '청이'

혈연관계를 나타내는 '심'씨 성도 소멸되었다. 심청은 어린 '심청'에서 '왕후'로 거듭났으며 아버지로부터 완전히 독립하였다.

심청은 비록 정실(正室)로서 '왕후'가 되지만, 두 판본에서 모두 국왕의 '후처'이다. 완판에서는 심청이 국왕을 처음 만났을 때 이미 상처(喪妻)한 상태에 있었지만, 경판에서는 심청이 '큰 꽃송이'에 숨겨져 국왕에게 전달되었을 때 왕후는 아직 생존해 있었다. 단, 국왕은 왕후와 '불화'(不和)하였으며, 심청이 궁궐 내에서 꽃송이 속에 숨어 있을 때 왕후는 병을 얻어 세상을 떠나고 만다.

앞에서 우리는 심청이 곽씨부인과 많이 닮았다는 사실을 확인할 수 있었다. 용궁에서 심청이 처음 만난 선녀는 어린 심청을 보고 '부인'이라고 부른다. 이후 심청은 왕후가 됨으로써 실제로 '부인'이 되었을 뿐만 아니라 '높은 가문의 딸로서 타고난 자질이 넉넉하고 용모가 아름다운'(p. 19) 곽씨부인(정씨부인)처럼 '덕행이 외모에 나타나고'(p. 55) '존귀하게'(p. 61) 된다. 한편, 상처한 국왕은 심봉사와 유사한 처지가 되는데, 곽씨부인이 병사했듯 왕후도 병으로 세상을 떠났기 때문이다.

심청이 꽃 속에 몸을 숨긴 채 국왕에게 진상된 장면을 생각해 보자. 국왕은 그 꽃을 오색장에 넣어 침전 가까이 두고, 잠시도 떠나지 않았다.

> 이때 심청이 꽃 속에 몸을 감추고 감로수로 연명하며, 간간이 사람 없는 때는 장 밖에 나와 두루 구경하다가 사람의 자취가 있으면 꽃 속에 숨으니 알아채는 사람이 없었다. 이때 국왕이 왕비와 불화하여, 조회를 마치면 꽃장으로 향하여 사랑함이 아침저녁으로 더 하였다. 그러던 중에 불행히도 왕비가 병을 얻어 온갖 약이 효험을 내지 못하여 마침내 세상

---

라고 한 번 불린다. 완판 역시 '황후'가 된 후 '심청'이라는 이름은 사라지는데 재회 장면에서 심청과 심봉사에 의해 '심청'으로 한 번 불린다.

을 떠나고 말았다.(경판, p. 53)

국왕이 심봉사와 유사한 처지에 있다는 점을 고려할 때, 앞의 인용문에 제시된 국왕과 왕후(왕비)의 결혼 생활은 도입부에서 밝히지 않은 심봉사와 곽씨부인(정씨부인)의 관계를 추측할 수 있는 근거가 되어줄 수 있을 듯하다. 이때, 꽃송이 속에서 감로수로 연명하고 있는 심청은 마치 태아 상태에 있는 심청을 보는 것 같다. '장'(欌)이란 결혼한 여성과 밀접한 관계가 있는 것이므로, '장 안에 있는 꽃 속의 심청'은 '여성의 몸의 자궁 속의 태아'와 비슷한 환경에 있는 것이다. 즉, 인용문의 상황은 마치 심청이 모태 속에 있을 때의 심봉사 부부의 결혼 생활을 대변하고 있는 것처럼 보인다.

만약 그렇다면, 국왕과 왕후의 '불화'(不和)의 관계를 통해 심봉사와 곽씨부인의 관계를 추측할 수 있고, 이로부터 심봉사의 실명의 원인을 유추해낼 수 있을 듯하다. 국왕은 '꽃'을 '잠시도 떠나지 아니했'으며 왕후에게 무관심했다. 왕후에 대한 국왕의 이러한 태도는 심청이 태어나기 이전의 곽씨부인에 대한 심봉사의 태도를 짐작케 한다. 만약 심봉사가 국왕과 같이 부인에게 무관심하고 '꽃'과 같은 다른 여자에게나 관심을 가졌다면, 갑작스런 곽씨부인의 죽음이 심봉사에게 죄책감을 안겨주고, 이 때문에 실명을 한 것일 수도 있을 것이다. 그렇다면, 이는 프로이트가 심인성 시각장애의 한 가지 이유를 '너는 사악한 감각적 즐거움을 얻기 위해 시각 기관을 오용하려고 했으니까 더 이상 아무것도 보지 못하는 것이 마땅하다'[174]고 하는 '성적 절시증'(보는 성적 즐거움)의 억압의 결과에서 찾은 경우와 관련지을 수 있다.

국왕과 불화가 있던 왕후가 죽고, 국왕이 왕후 생전에 자신의 '침

174) 프로이트, 「시각의 심인성 장애에 관한 정신분석적 견해」, 『억압, 증후 그리고 불안』, p. 92.

전' 가까이 두면서 '아침저녁으로' '사랑'하던 꽃 속의 심청과 혼인을 올린다는 점에서, '국왕－왕후－심청'의 관계를 오이디푸스적 관계로 파악할 수 있을 것이다. 또한 국왕과 왕후가 심봉사 부부를 대변한다고 할 때, '심봉사－곽씨부인－심청'의 관계 역시 유사한 관계로 파악할 수 있다.[175] 이렇게 볼 때, 심청이 하필 상처(喪妻)한 국왕의 '후처'가 된다는 점이나, 경판본에서 심봉사가 딸만큼 어린 스물세 살의 신부(좌승상 임한의 '딸')와 재혼을 한다는 점, 또한 도입부에서 심봉사와 곽씨부인의 관계가 소개될 때, 혼인한 지 10여 년 동안 '조금도 부족한 점이 없었으나'('일즉 미흡ᄒᆞ미 업스되', 경판 p. 19)라고 하고, 왕후가 된 심청과 국왕과의 관계묘사에서도 역시 '조금도 부족함이 없으나'('일호 미흡ᄒᆞ미 업스나', 경판 p. 61)라고 유사하게 표현된 점도 같은 맥락에서 설명될 수 있을 듯하다.[176]

### (2) 공양미 삼백 석과 맹인잔치

완판의 표현을 따라 널리 알려진 '공양미'는 경판에서는 '백미'(白米)로 표기되어 있다. '공양미 삼백 석'과 '백미 삼백 석'은 '삼백 석'이라는 점에서 같지만 실제 분량으로 볼 때 도정을 거친 '백미'의 양

175) 앞에서 언급했듯이, 이러한 오이디푸스 관계는 류인균·조두영의 논문 「한국고전소설 '심청전'의 정신분석학적 연구」에서 심청의 오이디푸스 콤플렉스와 관련하여 지적된 바 있다.

176) 이 밖에 앞에서 심청이 심봉사에게 늦은 이유를 설명할 때 "제가 오늘은 서쪽 장자 집(번역본에는 '부자의 집'이라고 되어 있으나 여기서는 원본의 '장ᄌᆞ'를 따라 그대로 씀) 방아를 찧어 주고 양식을 얻어오느라고 늦었습니다"(경판, p. 23)라고 하고, 공양미 삼백 석에 팔려가는 것을 거짓으로 말할 때도 '건넛마을 장자'(번역본에서는 '어르신네')에게 팔려가게 되었다고 말하는데(경판, p. 29), 여기서 심청이 거듭 '나이가 지긋한 부자, 혹은 덕망 있는 어른'을 의미하는 '장자'를 거론한 점 역시 같은 맥락으로 파악할 수 있을 듯하다. 참고로 '방아 찧기'는 완판본에서 심봉사가 방아소리를 하며 방아 찧는 여종들과 주고받는 음탕한 농담 속에서 성행위를 의미하는 것으로 언급된다.

이 훨씬 많다. 어떻든 '삼백 석'은 엄청나게 많은 양이다. 한 사람이 1년에 1석을 소비한다고 할 때 300석은 300년을 먹을 수 있는 양이다. 심청이 심봉사에게 '건넛마을 어르신에게 백미 300석에 팔리게 되었다'고 했을때, 심봉사가 '높은 값'에 팔리게 되어 다행이라고 한 이유도 이 때문이다.

'쌀'이 주식이며 '가족'을 '식구'(食口)로 표현하는 우리나라에서 '쌀'은 '삶'과 직결되는 단어이다. '쌀'에는 '살다'의 의미가 함축되어 있다. 심청에게 300석의 '흰쌀'은 심청의 '몸'을 대신하는 것이다. 즉 '쌀=몸'이 된다. 더욱이 인신공양의 제물로서의 심청의 '몸'과 공양미로서의 '쌀'은 둘 사이의 관계를 더욱 밀접하게 해준다. '공양미 3백 석'은 「심청전」에 의해 정착된 고유명사라고 할 수 있을 정도로 널리 알려진 말이다. 사실, 이것은 '심청전'보다 '심청'을 떠오르게 한다. '공양미'의 '공양'은 심청의 인신공양을 연상시키고, '쌀'은 심청의 '몸' 혹은 '목숨'을, 300석은 무한한 양과 관련이 있다. 한편, 뱃사람들(장사꾼들)은 심청의 몸값으로 300석 외에 50석(완판에서는 쌀 2백 석과 돈 3백 냥)을 더 제공하는데 이는 심봉사가 제시한 몸값보다 훨씬 후하게 값을 쳐준 것이다. 뱃사람들(장사꾼들)에 의해 예상치 못한 '$+\alpha$'(플러스 알파)가 부가되어 심청의 실제 몸값은 '300석 이상'의 의미를 갖게 된다.

「심청전」에서 공양미 삼백 석 외에 '무한' 혹은 '엄청난 수'와 관련이 있는 것으로 맹인잔치에 초대된 '온 나라의 맹인들'이 있다.('각 도에서 왕의 분부를 받들어 한꺼번에 맹인을 남김없이 찾아 올리니 그 숫자를 헤아릴 수가 없었다.'—경판, p. 65) 지혜롭다는 심청이 '오로지 아버님을 찾으려고'(경판, p. 65) 전국의 맹인을 '한 명도 빠짐없이' '한 데' 불러모은다는 발상은 납득하기 어려운 부분이다. 게다가 심청이 국왕에게 심봉사에 대한 말은 숨기고 단지 불쌍한 맹인을 위로하기 위한 것이라고 밝혔는데도 불구하고, 국왕이 "만일 하나라도 빠지는 경우가 생기면 지방관을 파면하겠노라."(경판, p. 65) 하고 맹인들을 강제징집하듯 불러모은다는 점 역시 이해하기 힘든 부분이다. 또한, 완판에서는 심청이 국왕에 의해 도화동으로 관리를 보내 심봉사를 찾아보는 과정이 삽입되어 있지만, 경판에서는 아버지를 그리워할 뿐, 아버지를 찾기 위한 어떤 노력도 하지 않은 채 맹인잔치를 연다거나, 완판에서 3년이라는 세월이 흐른 뒤에야 심봉사를 찾으려고 한다는 점도 '하늘이 내린 효녀'가 취할 행동으로 보기 어렵다. 더욱이 심청은 자신의 목숨과 바꾼 것인 만큼 심봉사가 개안한 것으로 믿고 있는 편이 타당한데도 심봉사가 눈을 뜨지 못한 사실을 알고 있는 듯 '맹인'들 가운데 아버지를 찾으려 했다는 점도 앞뒤가 맞지 않는 대목이다.

여기서, 널리 알려진 '잔치'라는 표현이 경판의 경우 심청에 의해 마음속의 말로 한 번 사용될 뿐, 화자나 다른 등장인물에 의해서는 한 번도 언급된 바가 없다는 점에 주목해보자. 반면, 완판은 이 말이 자주 사용되는데 제일 처음 사용한 사람은 '심청'이다. 경판에서 심청은, '잔치'라는 말 대신에 '온 나라의 모든 맹인들을 모아 맛있는 음식으로 그 마음을 위로하는 것이 제 평생의 소원'(경판, p. 63)이라고 한다. 이는 다시 국왕에 의해 '온 나라의 맹인을 한데 모아 좋은 술과 음식을 먹여 그 답답한 마음을 위로하고자 하니'(경판, p. 63)로 반복된다.

'잔치'의 의미는 '경사가 있을 때, 음식을 차려놓고 여러 사람을 청하여 즐기는 것'을 말한다. 경사스런 일의 기쁨을 여러 사람과 함께 즐기기 위한 것이 '잔치'의 본래 목적이다. 맹인들을 위로하는 것이 잔치의 목적이었다면 굳이 '온 나라'의 '모든' 맹인들을 강제로 참석하게 할 필요는 없었을 것이다. 이는 '맹인을 위한 잔치'의 본래의 취지를 무색하게 한다. 심청이 굳이 '잔치'라는 표현을 사용하고 국왕이 의무적으로 모든 맹인을 참석케 한 것은 이 말에 걸맞는 다른 목적이 있었기 때문일지도 모른다. 이를테면 '미천한 몸이 갑자기 영화롭고 귀하게'(경판, p. 63) 된 것을 자축하고 널리 알리기 위해서, 특히 어린 딸의 목숨을 팔아넘긴 아버지 심봉사에게 왕후가 된 사실을 알리고 보여주기 위해서일지 모른다. 맹인잔치를 제안한 시점이 '왕비(왕후)의 위엄과 덕이 갖추어져 모든 일이 진선진미(盡善盡美)하고 찬미하는 소리가 온 나라에 진동'(경판, p. 61)한 후, '따뜻한 봄날을 맞이하여 궁중 정원에 작은 잔치'(경판, p. 61)를 연 직후라는 점 역시 이러한 추측을 뒷받침한다.

'잔치'에 빠지지 않는 것이 '먹을 것', 즉 '음식'이다. 잔치와 음식은 불가분의 관계에 있다. 특히 가난한 서민에게 '잔치'란 '먹는다'는 의미가 절대적이다. 실제로 심청은 온 나라의 모든 맹인들에게 '맛있는 음식'을 대접함으로써 그 마음을 위로하겠다고 한다. '맛있는 음식'은 국왕에 의해 한 번 더 반복된다. 필자는 앞에서 공양미 삼백 석이 '지나치게 많다'라는 의미에서 '맹인잔치'와 관련이 있다고 보았다. 무한할 정도로 많은 양의 쌀과 전국 각지에서 모여든 수많은 맹인은 '지나치게 많다'는 점에서 유사한 점이 있다. '쌀'이 심청의 '몸'을 의미한다는 사실을 생각해보자. '쌀'은 잔치에 빠지지 않는 가장 기본적인 음식재료이다. 수많은 맹인들이 먹었을 무한한 양의 쌀, 그것은 어딘지 모르게 심청이 목숨을 대신했던 '공양미 3백 석'과 관련이 있는 것 같다. 맹인잔치에서 맹인들이 먹은 엄청난 양의 음식, 그것은 '심청의 몸'을 의미하는 것일 수도 있는 것이다. 그렇다면 그것은 신성한 토템을 신에게 공양하고 그 살을 나눠 먹었던 고대의 토템향연과 비슷하며, 죄 많은 인간을 대신해서 속죄양으로 희생되었던 그리스도의 몸을 나누어 먹는 기독교의 성찬식과도 유사하다.

'잔치'의 대표적인 음식 가운데 한 가지가 '떡'이며, '떡'은 '쌀'로 만든 음식이라는 점을 고려할 때, 농경민족이 추수 때, 곡물신의 몸을 상징하는 떡(빵)을 만들어 나누어 먹음으로써 감사를 드리고 풍작을 기원했다[177]는 오랜 풍속과 '심청을 위한 맹인잔치'는 유사한 점이 있다. 쌀은 '대지'의 생산물이고 '대지'는 '태모신'(太母神)으로서 모성성이 강하다. 심청 역시 '천승국모'(千乘國母)가 됨으로써 만인의 '어머니'의 의미를 부여받는다. 심청이 '내외전을 터서 통하게 하고' '구름 위에 아득히' 높은 곳에 있는 '오봉루'에 앉아 '온갖 일을 다 보실 수 있'는 위치에서 잔치를 베푼 것은 자신의 존귀함을 만천하에 알리기 위한 것일 수도 있는 것이다.

심청이 하필 '맹인' 잔치를 연 것은 어떻든 '아버지' 때문이었다. '맹인잔치'는 겉으로는 세상에서 가장 불쌍한 사람들을 위로한다는 명분을 충족시키고, 안으로는 만천하에 자신의 위상을 알려 '아버지'에게 인정받고 싶다는 욕망을 동시에 충족시킬 수 있는 좋은 방법이다. 왕후가 된 이후의 심청은 효녀, 혹은 영웅 이상의 의미를 부여받는다. 해마다 '풍년'과 '태평성대'를 가져온 장본인인 심청은 '맹인잔치'를 통해 부처님도 어쩌지 못한 아버지의 눈을 뜨게 함으로써 부처(神)보다 높은 능력의 소유자임을 증명한다. '맹인잔치'를 통해 입증된 심청의 위상은 고대 원시부족의 아들들이나 기독교의 그리스도가 아버지를 대신하여 신의 자리를 차지하는 과정과 유사하다.

> 아버지에게 최대한으로 보상하고 화해하는 바로 그 순간 아들은 아버지에 〈대항한다〉는 그 소망을 달성한다. 아들은 아버지와 함께, 아니 아

---

177) 프레이저(James George Frazer), 『황금가지』 중 '신을 먹는 풍습'(pp. 578-591) 참조.—이 글에 의하면 유럽 농민들은 새로 거둔 햇곡식을 곡물정령의 '육신'으로서 먹는데, 예를 들어 작은 소녀 모양의 빵은 아가씨 형태의 곡물정령을 상징한다. 사람들은 빵을 나누어 먹는 '성찬'을 통해 곡물정령의 몸을 서로 공유한다고 믿었다. 한편 일본의 아이누 족은 '떡'을 만들어 그것을 먹음으로써 곡물 신에 대한 경배를 표현하였다. 프레이저는 농경민족의 이러한 성찬식이 수렵민족이나 목축민족이 자신들이 숭배하는 존재를 살해하여 나누어 먹는 의식과 다르지 않다고 보았다. 프로이트의 '인신공양'과 '부친 살해'에 관한 부분은 프레이저의 이론에 의거한 것이다.

버지를 대신해서 신이 되는 것이다. 이렇게 되면 아들의 종교는 아버지의 종교와 교대(交代)한다. 그리고 이 교대의 표상으로 그 이전의 토템 향연이 성찬식으로 부활한다. 이제 이 대목에 이르면 동포들은 아들의 고기나 피(아버지의 고기나 피가 아니다)를 향수(享受)하고, 이 향수를 통해서 신성을 성취한 아들과 하나가 되는 것이다.[178)]

불교 용어로서의 '공양'(供養)에는 '나눔'의 의미가 있다.[179)] 또한 그것은 단순한 식사가 아니라 수도의 한 과정이다. 공양이라는 방편을 통해 수도를 함으로써 나의 인격(人格)이 불격(佛格)으로 가까이 접근하게 되는 것이다.[180)] '맹인잔치'의 '음식'이 '쌀'(공양미)과 관련이 있고, 쌀(공양미)은 '심청의 몸'과 관련이 있다고 할 때 맹인잔치는 신성화된 심청의 몸을 나누는 의식(儀式)일 뿐만 아니라, '좋고 나쁜 것을 분별치 못하'(경판, p. 63)는 맹인들의 수도(修道)의 한 과정으로 볼 수 있을 것이다. 완판에서 심봉사를 비롯하여 모든 맹인들이 개안을 한 것은 상징적 의미가 지나치게 부각된 면도 있지만, '맛있는 음식으로 답답한 마음을 위로'(경판, p. 63)받음으로써 평생 동안 감겨 있던 눈을 뜰 수 있게 되었다는 것은 '공양'의 의미, 좀 더 정확히 말해 '공양미'에 담긴 본래의 목적이 이루어졌다는 것을 뜻하는 것이기도 하다. '눈을 뜨다'는 곧 '깨우치다'를 의미한다.

심청은 '효'(孝)라는 명분에 의해 희생당한 존재이다. 심청의 화려

178) 프로이트, 「토템과 타부」, 『종교의 기원』, p. 421.
179) '불교에서 공양이란 식사의 고마움을 수용한다는 의미뿐 아니라, 그 공덕을 남에게 베푼다는 의미까지 포함한다.'－홍윤식, 제44차 세계 성체대회 서강대 개교 30주년 기념: 「불교의 공양」, 『종교 신학연구』, 서강대 비교사상 연구원, 1990, p. 155.
180) 박선영, 제44차 세계 성체대회 서강대 개교 30주년 기념: 제2부 '제찬과 성찬' 심포지엄, 정리: 이찬수 · 윤영해, 『종교 신학연구』, 서강대 비교사상 연구원, 1990, p. 165.

한 부활과 승리는 어른 중심의 사회에서 으레 소외되고 무시당하는 아이들에게 대리만족을 안겨주었을지도 모르겠다. '효'는 체제와 질서를 유지하기 위한 대표적인 사회규범이다. 어른에게 복종하는 것이 미덕인 현실에서 아이들은 '효'와 유사한 다양한 규범들을 강요받는다. 사회와 학교가 「효녀 심청」이라는 제목으로 「심청」을 권장하는 이유는 아이들에게 '효' 사상을 고취시키기 위해서이지만, 정작 아이들이 「심청」에 관심을 갖는 이유는 다른 데에 있을 것 같다. 그것은 우선, 어린 주인공이 역경을 이기고 당당히 한 나라의 왕후가 된다는 영웅담과 같은 스토리 전개에서 찾을 수 있다. 여기에, 무력한 아버지에 의해 '죽음'으로 내몰렸던 어린 심청이 아버지보다 높은 지위에 올라 만인 앞에서 아버지의 미숙함을 깨우치고, 이를 맹인잔치라는 향연을 통해 승전고를 울리듯 만천하에 알린다는 승전담이 아이들에게 통쾌한 승리감을 맛보게 해주었기 때문일지도 모른다.

## 4. 주체의 분리와 재현 – 「콩쥐 팥쥐」, 「흥부 놀부」

「콩쥐 팥쥐」와 「흥부 놀부」는 선악형제담이다. 선악형제담은 권선징악을 주제로 한 민담의 대표적인 유형이지만, 선악형제담의 특징은 선과 악을 대변하는 두 인물이 한 형제자매지간이라는 점에 있다. 콩쥐와 팥쥐, 흥부와 놀부는 한 형제자매지간이라는 사실을 부각시키기라도 하듯 이름자가 겹치며, '콩쥐와 팥쥐'는 콩과 팥이라는, 생김새가 유사한 사물의 이름을 빌려 두 인물 사이에 어떤 연결고리가 있다는 것을 드러내고 있다. 이는 두 인물이 어떻든 '같다' 혹은 '하나다'라는 사실을 암시한다. 선과 악을 대변하는 두 인물이 한 형제자매지간이며, 그 사실이 굳이 이름에서 드러나 있고, 생김새가 유사한 사물의 이름을 인물의 이름으로 사용하고 있다는 점은 '권선징악'이라는 표면적인 주제 외에 이야기 속에 무엇인가 숨겨진 의미가 있다는 사실을 시사해준다.

내용상 두 이야기의 공통된 특성은, 선한 인물로 대변되는 주인공이 환상적인 사건을 통해 이상화되고, 이상화된 주인공을 다른 형제(자매)가 질투하여 주인공을 모방하려다가 낭패를 당하거나 불행을 자초한다는 점이다. 「흥부 놀부」의 경우는 놀부가 흥부를 '따라하다가' 봉변을 당하고, 「콩쥐 팥쥐」의 경우는 팥쥐가 콩쥐인 '척하다가' 들통이 나서 죽음을 당한다.[181] 이 밖에 나약하고 종속적이던 주인공

181) 「콩쥐 팥쥐」의 경우, 감사의 부인이 된 콩쥐를 시샘한 팥쥐가 콩쥐 행세를

(善人)이 개별성을 획득한 독립적인 존재가 된다는 점도 공통된 특성이다.

정신분석적인 시각에서 '콩쥐와 팥쥐' '흥부와 놀부'는 두 인물이 아니라 한 인물로 볼 수 있다. 즉, 각각의 인물은 한 존재의 미분화된 두 가지 인격으로 볼 수 있다. 이 글에서는 동정과 연민의 대상으로서 나약하고 미숙했던 주인공이 어느 날 갑자기 이상적인 인물이 됨으로써 자신과 불가분의 관계에 있던 형제 혹은 자매와 분리되고, 마침내 개별성을 획득하게 되는 과정을 라캉의 '주체화'의 과정으로 보고 이야기 속의 숨은 의미에 접근하고자 한다. 자신의 형제(자매)에게 종속되어 있던 주인공이 극단적으로 이상화되어 그들의 동일시의 대상이 되는 것을 상상적 동일시에 의한 '자아'형성으로, 주인공을 흉내 내려던 미숙하고 악한 형제(자매)가 제3자의 힘에 의해 응징되고 이로써 주인공이 완전히 독립적인 존재가 되는 것을 기표에 의한 '주체' 형성의 과정으로 볼 수 있을 것이다.[182)183)]

---

하다가 처벌을 받는다는 점 외에, 일부 유화에서는 계모에 의해 콩쥐와 경쟁관계에 놓인 팥쥐가, 불리한 조건에서도 훌륭하게 과제를 완수한 콩쥐의 행동을 모방하다가 봉변을 당하는 경우도 있다.

182) 사실, 라캉이 말하는 진정한 의미의 '주체'란 상징계 속에서 '재현'된 주체, 빗금 친 주체($)이다. '주체화'라는 의미가 '주체가 되어가는 과정'이라는 점을 생각할 때, '주체'라는 표현은 상징계의 문화적인 담론 속에서 새롭게 형성된 존재에게 부여될 수 있는 것이다. 그러나 라캉을 비롯하여 많은 학자들이 '주체'라는 표현을 주체화의 과정을 통한 결과적인 의미로만 사용하는 것이 아니라 이전의 상태, 즉 상징계 진입 이전의 존재 형태를 가리키는 명칭으로도 통용하고 있다.—1940년대부터 1960년대까지 라캉의 '주체'에 대한 정의의 변화에 대해서는 『라캉 정신분석 사전』(딜런 에반스)의 '주체' 부분 참조.

'다시'(再, re-)라는 의미가 함축된 '재현'(representation)이라는 말 자체가 이전의 주체가 다른 모습으로 거듭난다는 뜻이므로 이는 상징계 이전의 존재 형태를 '주체'로 보았다는 뜻이 된다. 이 글의 제목인 '주체의 분리와 재현'에서의 '주체' 역시 주체화 과정의 결과로 부여된 '주체'로서의 의미가 아니라 이전의 존재 형태를 총칭하는 의미로서의 '주체'를 말한다. 그러나 엄격한 의미에서 주체란 기표에 의해 표상된 것, 즉 빗금 친 주체($)를 말하는 것이므로, 앞으로 필자는 가능한 상징계에 진입한 이후, 기표

참고로, 「콩쥐 팥쥐」가 구전설화로서 유화가 다양하고 삽화가 풍부한 반면, 「흥부 놀부」는 단조로운 구성과 평면적인 인물에 전반적으로 작품의 성격이 진지함이 없고 오락성이 두드러진데다, '우화'적인 성격이 강하여, 이 책에서 대상으로 삼은 다른 작품에 비하여 숨은 의미가 약하므로 분석의 비중이 두 작품이 고르게 이루어지기 어렵다는 사실을 미리 밝혀둔다. 따라서 「흥부 놀부」의 경우는, 이 작품의 근원 설화로서 서사 구조가 유사한 「방이설화」를 함께 고려하여 분석해 나가기로 하겠다.

## 4.1. 텍스트 읽기

### 1) 콩쥐 팥쥐

「콩쥐 팥쥐」는 세계적으로 널리 분포되어 있는 이른바 '신데렐라' 이야기 유형의 하나이다. 「콩쥐팥쥐전」(1919)이라는 '소설'의 형태로

---

에 의해 정의된 존재 형태에만 '주체'라는 표현을 사용하되, 부득이하게 이전의 존재 형태를 가리키는 명칭을 사용해야 할 경우에는 다른 학자들처럼 필자 역시 '주체'라는 명칭을 사용할 수밖에 없다는 사실을 밝혀둔다. 달리 대체할 명칭이 없기 때문이다. 그러나 '주체'가 '주체화'의 결과로서의 본래의 의미뿐만 아니라, 상징계 진입 이전의 존재 형태에 대한 총칭으로도 사용된다는 사실을 염두한다면, 문맥상의 의미를 이해하는 데에 문제가 없을 것이다.

183) 한편, 제목에 사용된 '분리'(seperation)는 '분열'(獨, spaltung)과 구분하여 사용한 것이다. 필자가 찾아본 바로는 라캉은 '분열'을 주로 주체의 일반적 특성을 나타낼 때, 즉 모든 주체가 분열된 주체, 소외된 주체, 빗금 친 주체라는 의미를 나타낼 때 사용한다. 따라서 필자는 이것은 '분열'로, 나머지는 '분리'(seperation, splitting, divide—번역서에서는 이를 '분리'와 '분열'로 혼용함)라고 하기로 한다. 이 글의 제목에 삽입된 '분리'는 동일시의 결과에 따르는 개념으로 사용한 것이다. '분열'과 '분리'의 용어를 사용하여 예를 들어보자면, '라캉은 분열된 주체, 소외된 주체의 원천을 상상적 동일시에 의한 분리와 소외로부터 찾는다'라는 정도로 적용할 수 있겠다.

도 전해지며, 1920년대에 그림(Grimm)형제의 '아셴푸텔'(Aschenputtel, 一名 '신데렐라')[184]이 전래동화로 번역되면서 이의 영향을 받아 정착된 이야기라는 설(說)도 있으나, 서사 구조가 유사한 '신데렐라' 류의 이야기가 세계적으로 수백여 종[185]이라는 점을 감안할 때 「콩쥐 팥쥐」 역시 자생적인 민담의 한 형태로 파악하는 것에 무리가 없을 듯하다. 그러나 유화 가운데에는 더러 우리의 풍속이나 시대 배경과 맞지 않는 삽화가 삽입되어 있는 이야기들도 있는데, 이로 미루어 볼 때 현전하는 민담 가운데에는 서양의 '신데렐라'를 우리 식으로 변형한 것도 적지 않은 것으로 보인다. 채록 시기로 보아서 『한국구전설화』(임석재 전집)에 실린 「콩쥐 팥쥐」(전라북도 편 Ⅰ, pp. 263-269)가 가장 앞서지만, 이는 1918년과 1923년의 구술 내용을 합하여 채록자가 2차 손질을 한 것으로서 어디까지가 1918년의 내용인지 확인하기 어려우며, 다른 유화에 비해 길이가 지나치게 길고, 또한 우리의 유화에는 없고 서양의 이야기에만 있는 내용들이 삽입되어 있는 것으로 보아서[186] 이러한 유화들은 우리의 순수한 민담으로 보기에는 무

---

184) '아셴푸텔'(Aschenputtel)은 독일어로, '재투성이'라는 의미이다. 난롯가의 재를 다루는 일을 하는 하녀와 같은 존재를 의미하는데, 우리 식으로 표현하자면 '부엌데기' 정도가 된다.－브루노 베텔하임, 『옛이야기의 매력』 2, p. 382 참조.

185) 세계적으로 널리 분포되어 있어서 학자마다 차이가 있고 확인하기도 어렵지만, 대략 350~700여 종, 혹은 그 이상일 것으로 알려져 있다.

186) 예를 들어, 팥쥐의 발이 신발에 맞지 않자 팥쥐 어미가 팥쥐의 발가락을 잘라내는 부분이 있는데 이는 「신데렐라」에는 있으나 「콩쥐 팥쥐」의 다른 유화에는 전혀 없는 내용이다. 「신데렐라」(아셴푸텔)에는 계모가 자기 딸에게 "왕비가 되면 걸을 일이 없을 것이므로 잘라도 된다"고 하여 자르는 이유가 밝혀져 있는 반면, 임석재 본에서는 아무 설명 없이 잘라낸다. 이는 「콩쥐 팥쥐」의 경우, 신발의 주인이 '왕비'가 아닌 '감사 부인'이며 서구의 경우처럼 실내에서도 신발을 신고 의자에 앉아서 생활하는 것이 아니라는 점을 생각할 때 앞뒤가 맞지 않는다. 게다가 「콩쥐 팥쥐」의 신발은 '갖신'으로 페로(Perrault)본의 '유리구두'나 러시아 민담의 '황금구두'처럼 딱딱한 재질이 아니므로 '잘라내는' 행위는 썩 어울리지 않는다. 이 부분은 「신데렐라」의 이야기를 그대로 가져온 것 같다. 또한 신발 주인을 찾는

리가 있다.[187]

유화(類話)를 살펴보면 다음과 같다.

① 『구비대계』에 실린 유화

㉮ 콩쥐 팥쥐(1-4, 경기 남양주군 진접면)

㉯ 콩쥐 팥쥐(1-9, 경기 용인군 이동면)

㉰ 콩쥐 팥쥐(1-9, 경기 용인군 원삼면)

㉱ 콩쥐 팥쥐(해와 달의 유래)(5-1, 전북 남원군 송동면)

㉲ 콩쥐 팥쥐(5-1, 전북 남원군 산동면)

㉳ 콩조지 팥조지(5-2, 전북 완주군 고산면)

㉴ 팥조시와 계모(7-6, 경북 영덕군 창수면)

㉵ 콩남이와 팥남이(7-16, 경북 선산군 고아면)

㉶ 콩쥐 팥쥐(8-8, 경남 밀양군 삼랑진읍)

② 『한국구전설화』(임석재전집)에 실린 유화

―콩쥐 팥쥐(전남, 전북Ⅰ, 경남Ⅰ, 경남Ⅱ, 평북Ⅰ, 제주)[188]

③ 콩쟁이 팥쟁이(진성기, 『남국의 전설』, 박문사, 1964)

---

과정이 다른 유화들에 비해 길게 다뤄지고 있는데 이는 이어지는 후반부의 이야기를 고려할 때 다른 유화들처럼 간략하게 다뤄져야 전체적으로 비중이 맞다. 이 또한 결혼 후의 시련담이 없이 신발 주인을 찾는 것으로 끝이 나는 「신데렐라」의 영향 때문인 것으로 보인다.

187) 오윤선은 「'콩쥐 팥쥐 이야기'에 대한 고찰」(『어문논집』 42, 고려대 민족어문학회, 2000)에서 임석재본의 내용을 1918년에 무게를 두어 이 기록이 페로나 그림동화가 소개된 1920년보다 앞선다고 하여 「콩쥐 팥쥐」가 서양의 영향이 아닌 순수한 민담이라고 주장하였으나, 선행 관계를 밝히는 데 기록 날짜나 출판 일자에 의존하는 것은 무리가 있다. 예컨대, 우리나라에 서양의 선교사들이 들어온 시기는 이보다 훨씬 앞선 19세기 말엽이고, '주일 학교'의 역사도 오래전(주일학교가 최초로 세워진 시기는 1909년으로 알려져 있다)이었다는 점을 고려할 때 선교사들이 세계적으로 유명한 동화인 '신데렐라'를 전파했을 가능성을 배제할 수 없기 때문이다. 앞에서 언급한 대로 「콩쥐 팥쥐」는 '신데렐라'류의 한 가지이며 세계적으로 널리 분포된 이야기이므로 영향 관계를 떠나 우리의 자생적인 설화(민담)로 보아도 무방할 것으로 판단된다.

188) 임석재 전집에 실린 유화의 제목은 제주도의 '콩쟁이 폳쟁이'와 전남의 '콩쥐와 팥쥐'를 제외하고 나머지는 '콩쥐 팥쥐'로 통일되어 있다.

④ 콩례와 팥례(임동권, 『한국의 민담』, 서문당, 1972)

유화들을 검토한 결과, 소설이나 서양의 영향을 적게 받았으며 유화들 사이에서 공통적인 특성을 기본적으로 보유하고 있는 것으로 판단되는 두 편의 이야기(①-㉰, ①-㉳)를 기본 텍스트로 삼고자 한다. 분석 과정에서 다른 유화 역시 참고할 것이다.

내용을 요약하면 다음과 같다.

**「콩쥐 팥쥐」**[189)]

옛날에 콩쥐 팥쥐가 사는데, 팥쥐에게는 즈 어머니고 콩쥐에게는 서모인 계모가 콩쥐를 못살게 굴었다. 하루는 콩쥐에게는 막대기 호미를 줘서 밭을 매게 하고, 제 딸에게는 쇠호미를 줘서 밭을 매게 하여 먼저 매고 들어온 애는 밥을 주고, 나중 들어온 애는 내쫓는다고 하였다. 이때, 팥쥐에게는 명주수건을, 콩쥐에게는 호박잎을 호미에 걸어주었다. 콩쥐가 밭을 매다가 호미가 부러져 울고 있는데 하늘에서 검으런(검은) 황소가 내려와 밭을 다 매주었다. 그리고는 약과를 주어 실컷 먹고서는 싸가지고 가서 내쫓기지 않았다. 외갓집에서 잔치를 한다고 먹으러 오라고 하자 팥쥐 에미가 콩쥐에게 조 석 섬 쪄놓고, 베 석 삼 쪄놓고, 밑 빠진 독에 물 한 독 들여다 붓고, 밑 빠진 솥에 밥 한 솥 해 놓고 오라고 하였다. 엉엉 울고 있던 콩쥐는 두꺼비, 구렁이, 떼새, 까치의 도움으로 일을 모두 해결하였다. 또 엉엉 우니까, 하늘에서 검은 황소가 내려와 옷, 신, 가마, 하인을 마련해주어 잔칫집에 갈 수 있게 되었는데 가는 길에 신 한 짝을 빠뜨렸다. 이것을 선비가 주워 신발 주인에게 장가를 들겠다고 하였다. 신발을 먼저 신어 본 팥쥐 발에는 신발이 맞지 않고 콩쥐에게 꼭 맞아 선비와 콩쥐는 결혼을 하였다.

하루는 선비가 외출을 하면서 "목욕하러 가지 말라."고 일렀는데 콩쥐는 팥쥐의 꼬임에 빠져 팥쥐에 의해 물에 빠져 죽게 된다. 팥쥐는 콩쥐 행세를 하며 선비를 속이는데 선비는 눈치채지 못한다. 콩쥐는 꽃으로

---

189) 『구비대계』 1-9, 경기도 용인군 원삼면, pp. 460-466.

환생하여 팥쥐를 괴롭히는데 팥쥐는 이 꽃을 부엌 아궁이에 쳐 넣는다. 꽃은 빨간 구슬로 변하여 굴러나와 다시 콩쥐가 되었다. 콩쥐는 선비의 밥상 위에 젓가락을 짝짝이로 놓아 선비가 이를 알아차리자 “기집 바꾼지는 모르구서 젓갈 바꾼지는 아나 뵈.” 하며 선비 앞에 나타난다. 콩쥐는 선비에게 “웬수를 갚아야 산다.”고 하며 팥쥐를 죽여 즈 에미에게 해먹인 후, 그 사실을 계모에게 밝혀 계모마저 죽는다. 그리하여 콩쥐는 선비하고 잘 살았다.

**「콩조지 팥조지」**[190]

즈이 어머니가 죽자, 즈이 아버지는 서모를 얻었는데 서모는 팥조지를 데리고 왔다. 밭을 매라고 하는데 즈이 딸은 쇠 호맹이를 주고, 콩조지는 나무때기 호맹이를 주었다. 팥조지는 밭을 일찍 매고 들어가고, 콩조지는 막대기가 부러져서 엉엉 울고 앉아있는데 하늘에서 꼬부랑 소가 내려와서 좋은 호맹이를 주어 콩조지는 밭을 잘 매게 되었다. 누구 혼인날(뒤에서는 ‘굿’이라고 말함－필자 주)인데, 서모는 콩쥐에게 삼 한 테 삼아놓고, 밑 없는 항아리에다 물 한 항아리 길어 놓고, 밑 없는 솥에다 밥 한 솥 지어놓고, 나락 한 섬 찧어 놓고 그러구서 구경 오라고 하였다. 콩조지는 떼새들과 꼬부랑 소, 두꺼비의 도움으로 모든 일을 다 해놓았다. 콩조지가 구경갈 신도 없고 옷도 없어 엉엉 울고 있자 이번에는 꼬부랑 할머니가 와서 비단옷과, 하늘에서 내려 보낸 미투리와, 조랑말을 주어 구경을 가다가 신 한 짝을 잃어버렸다. 콩쥐가 신을 잃어버려 애를 태우는데 어떤 총각이 나랑 살면 신을 주겠다고 하였다. 콩조지는 굿을 보고 올테니 그때 달라고 하면서 굿구경을 갔는데 서모가 콩쥐를 보고 무엇을 주고 옷을 사 입었느냐며 죽일 듯이 야단을 하여 콩조지는 그냥 돌아오게 되었다. 돌아오는 길에 그 총각을 만나 그냥 살게 되었다. 한편, 팥조지는 좋은 데로 시집가서 잘 사는 콩조지가 부러워 죽을 지경이었다.

하루는 콩조지 신랑이 외출을 하며 “문 열어주지 말라.”고 하였다. 그

190) 『구비대계』 5-2 전북 편, 완주군 고산면 설화, pp. 538-543. ※ 이 설화의 경우, 구술자가 콩쥐와 팥쥐의 이름을 바꿔 말한 것을 인용문에서는 바로잡아 표기하였다.

러나 팥조지가 콩조지 집에가서 팥죽을 끓여와서 뜨거우니 문을 열어달라고 하여 콩조지는 문을 열어주었다. 그러자 팥조지는 물 구경을 가자고 콩조지를 꼬여 콩조지를 물에 빠뜨려 죽였다. 팥조지는 콩조지 행세를 하지만 의구심을 가졌던 신랑은 더 이상 눈치채지 못하고 그냥 살게 된다. 콩조지는 꽃으로 환생하였는데 신랑이 꽃을 꺾어 문고리에 걸어놓자 꽃은 팥조지가 지나가면 쥐어 뜯고 신랑이 지나가면 가만히 있었다. 팥조지는 꽃을 뷕작(부엌 아궁이인 듯—필자 주)에다 갖다 넣어버렸다. 이웃에서 팥조지에게 불을 꾸러와서 보니 구슬이 있어서 그걸 농속에 넣으니 콩조지가 되었다. 신랑이 일을 왔는데 콩조지가 젓가락을 짝짝이를 놓자 신랑이 젓가락이 짝짝이라고 말하였다. 그러자 방에서 "짝 저금을 놓은 지는 알아도 지집 바뀐 줄은 모르내벼." 하는 소리가 들렸다. 콩조지는 팥조지를 죽이지 않으면 집에 가지 않겠다고 하여 신랑이 팥조지를 죽였다. 콩조지는 팥조지로 국을 끓여 계모에게 주었다. 계모는 탄식하며 울었다. 그리하여 콩조지와 신랑하고 잘 살았는지는 모른다.

### 2) 흥부 놀부

'흥부'와 '놀부'는 종종 이야기 구조가 같은 다른 모방담의 등장인물들에게도 이들의 이름이 부여될 정도로 고유명사화된 이름이다. 『구비대계』에 실린 「흥부 놀부와 도깨비 방망이」는 「도깨비 방망이」('도깨비 방망이와 개암')와 유사한데,[191] 등장인물들의 이름만 '흥부' '놀부'라고 했을 뿐, 「방이설화」에 가깝다. 이 글에서는 간행연대가 가장 앞선 것으로 알려진 경판 25장본 「흥부전」[192]의 내용을 기본 텍

191) 『구비대계』에 '흥부 놀부'와 관련된 설화는 두 편이 실려 있는데, 「흥부 놀부와 도깨비 방망이」는 「도깨비 방망이」의 내용과 흡사하며, 「놀부 형보 이야기」는 도깨비 방망이 이야기에 '박' 모티프가 추가가 되어 단일 민담으로 보기 어렵게 되어 있다. 이는 종종 다른 모방담의 이름 없는 인물들에게 '흥부' '놀부'라는 이름이 부여되듯, 두 개의 이야기도 이 경우가 아닌가 한다.

192) 「흥부전」, 『흥부전/변강쇠가』 한국고전문학전집 14, 김태준 역주, 고려대학교 민족문화연구소, 1995.

스트로 하되, 근원 설화로서 이야기 구조가 유사한 「방이설화」 또한 비중 있게 다루기로 한다. 또한 「흥부 놀부」의 중요한 삽화인 '박'과 관련된 부분은 손진태의 『한국민족설화의 연구』에 실린 「박타는 처녀 설화」의 내용을 참고하기로 한다.

「흥부전」, 「방이설화」, 「박타는 처녀 설화」의 내용을 요약하면 다음과 같다.

**「흥부전」**

놀부는 형이요, 흥부는 아우였다. 놀부는 온갖 심술을 다 부리고, 심사가 흉악하여 부모 생전에 분재 전답을 홀로 차지하고 흥부 같은 어진 동생을 구박하여 내쫓고는 자신은 호의호식했다. 흥부는 수숫대로 집 아닌 집을 짓고는 대성통곡 울며 신세를 한탄했다. 흥부에게는 자식이 30명이나 있었는데 배고프다고 우는 아이들을 달래느라 지친 흥부의 아내는 흥부에게 놀부에게 가서 먹을 것을 얻어오라고 하지만 흥부는 놀부의 매질이 무서워 가기를 꺼려한다. 아내의 성화에 못 이겨 놀부 집에 간 흥부는 매만 맞고 문전박대를 당하여 서럽게 울며 집으로 오고 흥부의 아내는 우는 흥부를 달랜다. 흥부의 아내는 흥부에게 이것저것 일거리를 권하지만 흥부가 할 수 있는 일은 아무 것도 없다. 흥부는 마침 대신 매품을 팔고 오면 30냥을 준다는 김좌수의 말을 듣고 그렇게 하기로 약속하지만 이것도 뜻대로 되지 않는다. 어느 날 흥부는, 이무기의 습격을 받아 둥지에서 떨어진 제비 새끼의 다리를 치료해주는데, 흥부의 치료를 받은 제비가 제비황제로부터 박씨를 얻어다 흥부 앞에 떨어뜨리고 흥부는 그 박씨를 심는다. 박씨는 3, 4일 만에 순이 나고 잎이 나고 꽃이 피더니 박이 네 통이나 열렸다. 흥부는 박을 타서 박에서 온갖 보물과 진귀한 약과 집지위, 오곡, 양귀비까지 나와 하루아침에 부족한 것이 없는 부자가 된다. 이 소식을 들은 놀부는 흥부 집에 찾아가 자초지종을 듣고 제비를 억지로 몰아와 그중 한 마리의 다리를 일부러 부러뜨린 뒤 치료해 준다. 이 제비 역시 제비황제에게서 받은 박씨를 놀부에게 떨어뜨리고 놀부는 이것을 심어 박이 열 통이나 열리게 되었다. 놀부는 부자가 될 꿈을 갖고 박을 탔으나 박 속에서는 온갖 사람들이 나와 놀부의 재산을 앗아가고 마침내 마지막 박에서 집 위까지 쌓일 정도의 똥이 나와 놀부는 패가망신하고 무일푼이 된다. 뻔뻔한 놀부는 흥부를 찾아간다.

**「방이설화」**

신라에 김방이(金旁㐌)라는 귀족이 있었다. 그에게는 동생 하나가 있었는데 아주 부자였다. 그러나 방이는 동생과 떨어져 살며 의식을 구걸하였다. 어떤 사람이 그에게 빈터(隙地) 한 묘(畝)를 주자 이에 방이는 동생에게서 누에와 곡식종자를 구하였는데 동생이 그것을 쪄서 주었으나 방이는 그 사실을 알지 못하였다. 누에 가운데 하나가 소만한 것이 나와 여러 그루의 나무의 뽕잎으로도 부족하였다. 그 사실을 알게 된 동생이 그 누에를 죽이자, 사방 백리 안의 누에들이 방이 집으로 날아 들어와 고치를 켜주어 사람들이 방이를 가리켜 '누에 왕'을 의미하는 '큰 누에'(巨蠶)라고 불렀다. 곡식은 유일하게 한 줄기가 자랐는데 이삭 하나가 키가 한 자가 넘었다. 방이가 항상 그걸 지키고 있는데 홀연히 새 한 마리가 날아와 곡식을 물고 갔다. 방이가 그 새를 좇아 산 속으로 들어가니 새는 돌 틈으로 들어가버려 방이는 이에 돌 옆에서 머무는데 밤중이 되어 달이 밝자 붉은 옷을 입은 아이들이 함께 노는 것이 보였다. 한 아이가 "넌 뭘 원하니?" 하자 이에 한 아이가 "술."이라고 하자 그 아이가 금방망이로 돌을 치니 술과 술단지가 다 구비되고, 또 어떤 아이가 음식을 요구하며 방망이로 치니 돌 위에 여러 가지 음식들이 늘어졌다. 아이들은 그렇게 놀다가 금방망이를 돌 틈에 끼워놓고 가버렸다. 방이가 크게 기뻐하여 금방망이를 가지고 돌아와 원하는 바를 모두 장만하여 부(富)함이 국력에 비견될 정도였다. 방이는 항상 보석을 동생에게 나누어 주었다. 그런데 방이를 부러워한 동생은 형처럼 금방망이를 얻고자 방이에게서 누에와 곡식을 얻어 심어, 방이의 경우처럼 새가 날아들자 그 새를 따라 산속으로 들어갔다. 그러나 동생을 금방망이 도둑으로 착각한 붉은 옷을 입은 아이들(群鬼)에게 잡혀 사흘 동안 굶주리고 고된 일만 하다가 코가 코끼리 코처럼 뽑혀서 돌아왔다. 이후 방이의 한 자손이 방망이를 치며 "이리 똥(狼糞) 나와라." 하고 희롱하였더니 천둥 번개가 치고

방망이는 사라져버렸다.[193)]

**「박타는 처녀」**

어떤 처녀가 창가에서 바느질을 하고 있었는데 허리 부러진 제비 한 마리가 처마에서 떨어졌다. 처녀는 제비를 불쌍히 여겨 오색실로 제비 발을 묶어 주었다. 제비는 어디론가 날아가더니 잠시 후 박씨 한 개를 물고와 처녀 앞에 두었다. 처녀는 그것을 뜰에 심었는데 얼마 못가서 이삭이 나고 가지가 돋고 박이 열렸다. 박이 다 자랐을 때 처녀는 그것을 따보니 그 곳에는 쌀이 가득 차 있었는데 이후에도 박 속에서는 쌀이 계속 나와 처녀의 집은 부자가 되었다. 이웃집에 심사가 나쁜 처녀가 있어서 그것을 부러워하여 제 집 처마에서 제비를 꺼내어 일부러 허리를 잘라서 발을 오색실로 묶어 주었더니 그 제비도 공중으로 날아가 박씨를 갖다 주므로 그 처녀는 더 많은 보물을 기대하였다. 그러나 막상 박을 타고 보니 그 속에는 큰 뱀 한 마리가 기어 나와 그 처녀는 놀라 기절하였다.[194)]

## 4.2. 상상적 동일시와 이자 관계(dual relation)

### 1) '콩과 팥', 혹은 '형제' '자매' 관계

설화 속 등장인물에게 이름이 부여된 경우, 대개 이름에는 해당 인물의 특성이 반영되어 있기 마련이다. '흥하다' '놀다'라는 의미로써 두 인물의 성격과 대립관계를 부각시킨 '흥부'와 '놀부'는 이 경우에 해당한다. 그러나 '콩'과 '팥'이라는, 생김새가 유사한 사물의 이름을 따온 '콩쥐'와 '팥쥐'는 두 인물의 상반된 성격에도 불구하고 오히려 두 인물 사이의 유사성을 드러내고 있다.[195)] '콩 심은데 콩 나

193) 段成式, 『酉陽雜俎續集』 卷一, 中國 台北: 藝文印書館, 民國 54(1965).
194) 손진태, 『한국민족설화의 연구』, 을유문화사, 1954, pp. 137-138.
195) '콩쥐 팥쥐'는 유화에서 '콩조지 팥조지', '콩조시 팥조시', '콩남이 팥남이', '콩중이 팥중이', '콩데기 폿데기', '콩각시 폿각시' '콩례 팥례' 등으

고 팥 심은데 팥 난다'는 우리 속담은 콩과 팥이 생김새는 비슷하지만 근본적으로 다르다는 것을 전제로 한 말이다. '콩과 팥'의 이러한 특성은 '콩쥐와 팥쥐'의 관계에도 그대로 함축되어 있다.

서로 전혀 다른 성격의 인물이라고 할지라도 두 사람의 관계가 한 형제자매지간이라면 이는 어떻든 서로 '닮았다'는 사실을 전제로 한다. 흥부와 놀부와 같이 대립관계에 있는 형제지간이라도 그들이 한 부모 아래의 친형제로서 한 핏줄이라는 사실은 의식적으로든 무의식적으로든 그들이 '닮은꼴'이라는 사실을 암시해준다. 「흥부 놀부」의 도입부에는 흥부와 놀부가 한 부모의 자식이고 한 집안에서 살았다는 사실이 소개되어 있다. 「흥부 놀부」의 근원설화인 「방이설화」의 경우는, 방이에게 금방망이를 빼앗긴 도깨비들이 방이 동생을 방이로 착각하여 방이의 동생이 방이 대신 갖은 수모를 당한다. 방이설화와 구조가 유사한 「도깨비와 개암」이나 「혹부리영감」 등 다른 모방담의 인물들도 도깨비에 의해 두 인물이 '같은' 인물로 오인된다. 한편, 친자매가 아닌, 즉 이복 자매지간인 '콩쥐 팥쥐'는 이를 불식시키기라도 하려는 듯 생김새가 유사한 '콩'과 '팥'을 이름으로 사용하고, 두 사람이 닮은꼴이라는 사실이 내용의 일부로 삽입되어 있다.

다음을 보자.

> ㉮ 선비가 어딜 갔다오니까 키가 쬐그만 게 새카만 게 악바가 뻘건 게 있잖아.
> "아유, 얽기는 왜 저렇게 얽엇나?"
> 그러니까,

---

로 불린다. 따라서 '쥐'는 명사로서의 쥐가 아니라 이름에 붙는 접미사로 이해하는 것이 타당할 듯하다. '흥부 놀부' 역시 설화에서 '흥보 놀보'라고도 불리므로 '부'(夫)는 접미사 '보'의 변형으로 볼 수 있을 듯하다. '떡보' '술보' '울보'에서 알 수 있듯 접미사 '보'는 '흥하다' '놀다'의 의미를 강화시킨다.

"선비님 오시나 보노라 메밀 멍석에 엎드려 얽었지."
"푸르기는 왜 저렇게 푸른가?"
"선비님 오시나 보려고 팥 멍석에 엎드려저 푸르지."
"키는 왜 저렇게 작은가?"
"선비님 오시나 하고 문지방에 치받혀 적지."
"발은 왜 저렇게 적으냐?"
"선비님 오시나 하고 문지방에 채여서 그렇지."
<u>그래 데리고 산단 말이야.</u>[196)]

㉯ 그런디 신랑이 일을 왔어. 일을 왔는디 저금(젓가락)을 짝짝을 놨어. 어쩌나 볼라구.
그런개 신랑이,
"저금을 짝짝을 놨네요."
방에서 한단 말이,
"<u>짝 저금을 놓은지는 알아도 지집 바뀐 줄은 모르내벼.</u>"
(조사자: 신랑이 바뀐 줄을 몰랐어요?)
응, 몰랐지. 팥 멍석에 자빠져서 얽었단개 그런줄 알았지. 눈을 열어 본개 자기 각시가 있어.[197)]

앞의 인용문의 내용은 소설 「콩쥐 팥쥐전」[198)]을 포함하여 『구비대계』와 『한국구전설화』(임석재전집)의 거의 모든 유화에 삽입되어 있다. ㉮는 팥쥐를 콩쥐로 착각한 감사(선비)와 시치미를 떼고 콩쥐 행세를 하는 팥쥐의 대화 장면이고, ㉯는 환생한 콩쥐가 몰래 신랑의

196) 「콩쥐 팥쥐」, 『구비대계』 1-9, 경기 용인군 원삼면, p. 464.—이 설화의 앞부분에서 팥쥐가 콩쥐보다 발이 커서 신발이 맞지 않는 것으로 되어 있으므로 인용문에서 '발'의 크기에 대한 부분은 이 설화의 앞의 내용과 맞지 않다.
197) 「콩조지 팥조지」, 『구비대계』 5-2, 전북 완주군 고산면, p. 542.
198) 『긔담쇼셜 콩쥐 팥쥐전』, 태화서관, 1928, 구활자본 고소설 전집 16권, 인천대 민족문화연구소, 1983, p. 14.

밥상에 젓가락을 짝짝이로 놓고 숨어서 신랑이 어떤 행동을 하는지 엿보는 장면이다. ㉮의 인용문은 남편의 의구심을 말끔히 씻어내기 위한 팥쥐의 필사적인 노력을 보여준다. 결국 팥쥐는 바라던 대로 선비와 살게 되었다.('그래 데리고 산단 말이야') 인용문으로 미루어 볼 때 확실한 것은 팥쥐가 콩쥐보다 얼굴이 검고 못생겼다는 점이다. 이것은 설화 속의 인물들, 특히 여성의 경우 선한 사람은 예쁘고 악한 사람은 추하게 묘사되는 일반적인 공식에서 벗어나지 않는다. 그러나 '콩쥐와 팥쥐'의 경우, '미추'(美醜)의 관계가 서로 닮지 않았다는 것을 의미하는 것은 아닌 것 같다. 닮은꼴로서의 콩쥐와 팥쥐의 관계는 ㉯의 내용에서 '젓가락'으로 더욱 구체적으로 표현된다. 구체적인 사물을 빌려 표현한 '짝짝이 젓가락'은 콩쥐와 팥쥐의 관계에 대한 이해를 돕는다. 이는 두 사람의 닮은 정도를 알려준 것일 뿐만 아니라 두 사람이 젓가락처럼 '한 벌'로서 존재한다는 사실을 말해준다.

한 형제자매로서 서로 닮은꼴이거나 실제로 외모가 흡사하다는 사실 외에 중요한 점은 중심인물들이 서로 불가분(不可分)의 관계에 있다는 점이다. 콩쥐는 팥쥐와 한 집에서 살고 있고, 이미 쫓겨난 흥부는 여전히 놀부의 집을 찾아간다. 콩쥐는 팥쥐와 한 몸처럼 붙어다니는 팥쥐어미에게 종속되어 있고, 흥부는 부모의 재산을 독식한 놀부에게 종속되어 있다. 이런 종속 관계는 콩쥐가 감사 부인이 되어 집을 떠나고, 흥부가 부자가 되어 자신의 집을 소유하게 될 때까지 계속된다.

누군가에게 종속되어 있다는 것은 미숙하다는 것을 뜻한다. 설화에서 주인공이 스스로 집을 나가는 것은 주인공이 자립할 때가 된 것을 인식할 정도로 성장하였다는 것을 의미하고, 누군가에 의해 쫓겨나는 것은 독립할 때가 되었는데도 주인공이 아직 집 혹은 집과 관련이 있는 사람에게 고착되어 미숙한 상태에 있는 것으로 볼 수 있다. 콩쥐와 흥부는 모두 '선'(善)을 대변하는 인물로 알려져 있지만, 실상

이야기 속에서 두 인물은 '선'하다기보다는 '미숙'한 인물이다. 다음을 보자.

> 그러니까 인제 우는 거여. 우는데 검으런 황소가 내려오더니,
> "콩쥐야, 콩쥐야, 왜 우니?"
> (중략)
> 그래설랑에 엉엉 울면서－우니까루 두꺼비란 놈이 엄금엄금 기어 들어오더래요.
> "콩쥐야, 콩쥐야, 왜 우니?"
> (중략)
> 그래 인저 울면서 엉엉 밥을 해 놓으니까, 구렁이가 슬슬 겨 들어오며,
> "콩쥐야, 콩쥐야, 왜 우니?"
> (중략)
> 또 엉엉 우는데 울며 보니까, 벳멍석에 새가 까맣게 앉았거든.
> (중략)
> 또 엉엉 우니까, 하늘에서 거물랑 거물랑 황소가 내려와.
> "콩쥐야, 콩쥐야, 왜 우니?"
> (중략)
> 또 엉엉 울지.
> "콩쥐야, 콩쥐야, 왜 우니?"
> "신이 있어야 가지."
> (중략)
> "콩쥐야, 콩쥐야, 왜 우니?"
> "가마가 있어야 가지."
> (중략)
> "콩쥐야, 콩쥐야, 왜 우니?"
> "하인이 있어야 가지."[199]

199) 『구비대계』 1-9, 경기 용인군 원삼면, pp. 461-463.

모든 유화에서 소(검은 소, 암소)[200]를 비롯하여 여러 동물들이 콩쥐를 도와준 계기는 콩쥐의 '울음' 때문이다. 콩쥐는 계모가 부여한 과제들 앞에서 '반복하여' 운다. 콩쥐의 울음은 동물들에게 구원을 알리는 일종의 신호와 같은 기능을 한다. 인용문에서 처음에 콩쥐의 울음은 과도한 일거리에 대한 근심에서 비롯된 것이었다. 그러나 혼자서는 감당할 수 없는 엄청난 과제들을 울음 덕분에 차례차례 이루어낸 콩쥐는 점점 자신의 외모를 가꾸는 데 필요한 물품을 얻기 위한 수단으로 울음을 이용하는 것처럼 보인다. 이는 울음으로써 원하는 것을 얻어내는 철없는 어린아이의 행동과 유사하다.

우는 아이의 특성은 흥부에게서도 찾을 수 있다.

㉮ "아이고 아이고 설운지고."
흥부가 울며 건너오니, 흥부 아내는 내달아 두 손목을 덥석 잡고, "울지 마오, 어찌하여 울으시오. 형님 전에 말하다가 매를 맞고 건너왔나. (…)"(경판, p. 27)

㉯ 흥부가 울며 하는 말이,
"아이고 아이고 서럽구나. 매품 팔아 여차여차하자 하잤더니 이를 어찌한단 말인가."
흥부의 아내가 하는 말이,
"우지 마오. 제발 덕분에 우지 마오. (…)"(경판, p. 31)

㉰ (…) 동리 사람이 출입하다가,
"이 엉덩이 불러들이소."
하는 소리를 흥부 듣고 깜짝 놀라 대성통곡 우는 것이었다.(경판, p. 19)

200) '소'의 경우, '검으런 황소', '거물랑 황소', '검은 암소', '꺼먼소', '껌둥소', '검은 소' 등 '검은 소'가 가장 많고, 그 밖에 '암소', '소'가 있다.

㉱ "아가아가 우지 마라. 아무리 젖 달란들 무엇 먹고 젖이 나며, 아무리 밥 달란들 어디서 밥이 나랴."(경판, p. 21)

㉮와 ㉯는 흥부와 아내의 대화이고, ㉰는 몸이 바깥으로 나갈 정도로 수숫대 집을 엉성하게 지어놓고 동리사람에게 한마디를 듣자 대성통곡하는 흥부의 모습이며, ㉱는 굶주린 자식을 달래는 흥부 아내의 대사이다. 흥부는 어려움에 직면하여 울기나 하고, 이런 흥부를 흥부의 아내는 '우는 자식 달래듯' 달랜다. '울음'은 어른과의 관계에서 '아이'를 나타내는 대표적인 특징이다. 부모가 우는 자식을 나무라거나 달랠 때 종종 사용하는 '다 큰 게 운다'는 말은 다 큰 사람, 즉 성숙한 사람은 그 정도의 일에 울지 않는다는 말이다. 「콩쥐 팥쥐」, 「흥부 놀부」의 이야기 전반부에 자주 묘사되는, 주인공이 우는 장면은 '아이'처럼 미숙한 주인공의 특성을 단적으로 말해준다. 한편, 실제 아이인 콩쥐와 달리 흥부는 '어른'이다. 흥부가 어른일 뿐만 아니라 처자식이 있는 가장(家長)이라는 점을 생각할 때 흥부는 콩쥐에 비해 지나치게 미숙한 것이다. 흥부의 미숙한 면모는 다른 것으로 더욱 부각되는데 그것은 과도하게 많은 흥부의 자식들에 있다.

흥부에게는 자식들이 지나치게 많다. 30명이나 된다.('가난한 중에 웬 자식은 풀마다 낳아서 한 서른남은 되니', 경판, p. 19)[201] '자식들'은 놀부에게는 없으나 흥부에게 있는 유일한 것이기도 하다. 흥부에게 이렇듯 많은 자식들이 설정된 이유는 무엇일까? 사실, 자식이 30명이나 된다는 것은 현실적으로 불가능하다. 30이라는 숫자는 자식이 과도하게 많다는 것을 표현하기 위한 것이다. 판본이나 창본에 따라서는 숫자가 구체적으로 명시되지 않았거나, 자식들의 이름을 나열하는 것으로 대략 30여 명이 된다는 것을 표현한 경우도 있는데,

201) 이하 본문에 소개되는 「흥부 놀부」의 인용문의 출처가 '경판본'인 경우는 쪽수만 표시하기로 함.

어떤 경우이든 흥부의 자식 수는 지나치게 많다. 비정상적으로 많은 자식들, 이는 흥부의 성품이 화자(話者)가 소개한 대로 '성덕을 본받'았거나 '주색에 무관심'한 것이 아니라 실제로는 과도한 성적 욕망의 소유자이고, 대책이 없고 무책임한 인물이라는 것을 반증하는 것이기도 하다. 경판에서 흥부는 부모에게서 분가(分家)하기 전에 자식들을 낳았다. 이는 흥부가 결혼은 했으나 오랜 세월 동안 가족의 의식주를 책임져야 할 한 집안의 가장으로서 살지는 않았다는 뜻이다. 일부 창본에서는 집에서 쫓겨난 흥부가 아내와의 금슬이 좋아 자식을 줄줄이 낳은 것으로 되어 있다. 이 경우, 화자는 흥부 부부의 금슬이 좋은 것을 부각시키고 있지만, 흥부가 집 한 칸 없는 무력한 가장이라는 점을 생각하면, 끼니도 잇지 못하는 어려운 형편에 30명이나 되는 자식을 낳았다는 것은 본능을 다스리지 못하는 흥부의 미숙한 일면을 단적으로 보여주는 것이기도 하다.

콩쥐와 흥부의 유아적인 특성, 성숙하지 못한 속성은 '즈에미'에게 고착되어 있는 팥쥐나, 욕심 많고 심술맞은 놀부의 경우도 유사하다. 콩쥐와 팥쥐, 흥부와 놀부는 '미숙하다'는 점에서 같다. 외모에서나 성숙정도에서나 유사한 관계에 있던 두 사람이 결정적으로 멀어지게 된 것은 각 이야기의 주인공 즉, 콩쥐와 흥부가 '이상화'되면서부터이다. 콩쥐와 흥부는 모두 '동물'의 도움으로 이상적인 인물이 된다. 콩쥐는 계모가 부여한 과제들을 차례차례 해내면서 단계적으로 이상화되지만, 흥부는 어느 날 갑자기 우연히 단 한 번의 사건으로 뜻밖의 행운을 얻는다. 이들이 겪은 일들은 말 그대로 '꿈 같은' 사건이었다. '한' 집안의 '한' 형제지간으로서 다른 사람이 구별을 할 수 없을 정도로 '닮은꼴'이거나(「콩쥐 팥쥐」), 혹은 '같은' 인물로 오인(誤認)되며(「방이설화」), '아이'와 같은 미숙한 상태에 있는 중심인물들이 어느 날 갑자기 한쪽이 이상화되어 나머지 한쪽과 멀어지고, 다른 한쪽의 질시의 대상이 된다는 일련의 과정은 마치 라캉의 '상상적 동일시'를 설명하고 있는 듯하다.

상상적 동일시란 자신의 시각적 이미지, 즉 '거울상'에 대한 동일시를 말한다. 라캉은 '상상적 동일시'의 의미를 아이가 처음으로 거울에 비친 자신의 모습이 바로 자기 자신이라는 사실을 알고 기뻐하는 '거울단계'로부터 설명한다. 거울단계의 아이는 거울 속에 비친 자신의 모습을 통해 어머니의 몸의 일부로 간주되었던 자신의 몸이 '어머니처럼' 완벽한 통일체라는 사실을 알고 기뻐한다. 거울 단계에서 인식된 완벽한 몸(Gestalt)은 '나(I)에 대한 정신적 영속성을 상징적으로 보여줄 뿐만 아니라, 동시에 그것의 소외를 일으키는 운명(alienating destination)을 예시한다.'[202] 아이는 자신과 거울 속에 비춰진 상이 자신이 아니라 아이와 유사한 존재일 뿐이라는 사실을 깨닫지 못한다. '거울상'에 매료된 아이는 이로부터 '이상적인 자아'(ideal ego)를 형성한다. 이상화된 거울상이 바로 자신이라고 착각하는 이것을 라캉은 '상상적 동일시'라고 명명한다. 이 상상적 동일시를 통해 '자아'(ego)가 형성된다.[203] 그러나 '자아'란 실제 자신과는 거리가 먼, 이상화되고 허구화된 것이다. '자아'에는 '자신의 대상에 반영된 형상'[204]이라는 의미가 포함되어 있다. '거울 속의 나', '거울상'이라는 이미지에 자신을 동일시하는 순간, '나'(I)는 자신으로부터 분리되고 소외된다. 즉 상상적 동일시에 의해 '거울 속의 나'와 '거울 밖의 나'라는 '이자관계'(dual relation)가 발생한다.

다시 작품으로 돌아와 보자. 콩쥐와 홍부에게 일어난 사건은 그것 자체로 상상계적이고 환상적이다. 콩쥐는 아무도 없는 혼자만의 공간

---

202) J. Lacan, *ÉCRITS: A Selection*, p. 2.

203) 라캉이 말하는 '자아'는 거울상과의 동일시를 통해 허구적으로 형성된 '대상'이며, '주체' 형성의 토대가 된다. 자아가 상상계의 산물이라면, 주체는 상징계의 산물이다.

204) J. Lacan, *ÉCRITS: A Selection*, p. 194, "his ego, that which is reflected of his form in his objects."

에서 죽은 친모(親母)의 현신인 소(검은 소, 암소)와 여러 동물들의 도움으로 기적처럼 주어진 과제를 해내고, 제비가 물어다 준 박씨를 심은 흥부는 박 속에서 엄청난 보물이 쏟아져 나와 일확천금의 횡재를 한다. 두 이야기의 공통된 주제는 권선징악(勸善懲惡)이지만, 사실 콩쥐와 흥부는 연민의 대상이기는 하나 '권선'(勸善)의 주인공이 될 정도로 선한 인물은 아니었다. 콩쥐는 선행(善行)이 전무(全無)하고, 흥부 역시 둥지에서 떨어진 제비를 구해주기까지는 가장으로서의 책임을 회피하고 아내와 형에게 지나치게 의존하는, 미숙하고 무력한 인물일 뿐 선행을 한 적이 없다. 두 인물은 다른 동물보은담의 주인공들처럼 어려움 혹은 위험을 무릅쓰고 남을 도와준다거나, 모방담의 주인공들처럼 임기응변에 능하거나 지혜롭지도 않다. 콩쥐와 흥부가 엄청난 행운을 얻기에는 두 인물의 행적이 너무 미흡하다. 만약, 이들에게 기적이 일어나지 않았다고 할 경우, 이들은 '선'의 상징처럼 인식될 수 없었을 것이다. 사람들은 뜻밖의 결과에 직면했을 때 으레 그 원인을 찾으려고 한다. '인과응보'라는 우리의 관념이 흥부의 선행을 부각시키고, 이렇다 할 선행을 한 적이 없는 콩쥐에게 '착하다'는 수식어를 붙여준 것일지도 모른다. 아무래도 흥부와 콩쥐에게 일어난 꿈 같은 행운이 두 사람의 가치를 실제보다 높여준 것 같다.

콩쥐와 흥부가 특별히 선한 사람이 아니라면, 그들에게 왜 그런 '환상적인' 일이 일어났을까? 두 인물이 행운의 주인공이 됨과 동시에 콩쥐와 팥쥐, 흥부와 놀부의 관계에는 큰 변화가 일어난다. 콩쥐와 흥부는 각각 팥쥐와 놀부의 질시의 '대상'이 된다. 이는 「방이설화」나 「박타는 처녀」 설화를 비롯한 다른 모방담의 경우도 마찬가지이다. 콩쥐와 팥쥐, 흥부와 놀부의 관계는 '종속' 관계에서 '대상' 관계로 변하게 된다. 놀부가 흥부를 따라하고 팥쥐가 콩쥐 행세를 한다는 사실은 흥부와 콩쥐가 각각 놀부와 팥쥐의 동일시의 대상이 되었다는 것을 말한다. 팥쥐는 콩쥐가, 놀부는 흥부가 되길 원한다. 콩쥐와 흥부는 각각 팥쥐와 놀부의 이상적 자아가 된 것이다. '이상적인 자아'란 거울단계의 '완벽한 몸'에 대한 환상에서 비롯된 것이다. 그것은 외적인 것, 시각적인 것, '완벽한 이미지'로서의 의미를 갖는다. '거울상'은 실제의 나보다 월등히 성숙하고 완전한 모습으로 비춰진다. 거울상이 이상적인 것, 이미지, 환상이라면 거울상을 바라보는 '거울 밖의 나'는 상대적으로 현실적이고, 불완전한 존재이다. 이상화된 거울상으로 인해 '거울 속의 나'와 '거울 밖의 나' 사이에 분리와 소외가 일어나듯, 콩쥐와 흥부가 이상화되자 이를 질시한 팥쥐와 놀부는 과도한 욕심과 악행을 전면에 드러냄으로써 이들과 더욱 소원(疎遠)한 관계에 놓이게 된다. 결국 팥쥐와 놀부의 반복된 악행과 이에 대한 응징으로, '콩쥐와 팥쥐', '흥부와 놀부'의 관계는 돌이킬 수 없을 정도로 '분열'되고 콩쥐와 흥부는 각각 개별성을 획득하게 된다.[205)]

콩쥐와 흥부가 이상화될 수 있었던 것은 누군가의 도움에 의한 것이었다. 콩쥐를 도와준 죽은 친모와 소(검은 소, 암소), 흥부를 도와준 흥부의 아내와 제비는 모두 '모성'이라는 공통된 속성을 갖는다. 이는 '이상적 자아'의 형성에 '어머니'가 절대적인 영향을 미친다는 라캉의 이론과 관련이 있을 듯하다. 다음 장에서는 이에 대해 살펴보기로 한다.

### 2) 이상적 자아와 어머니

콩쥐와 흥부가 행운의 주인공이 될 수 있었던 것은 이들이 특별한 인물이기 때문이 아니었다. 이들은 지극히 평범하고, 오히려 '아이'와 같은 미숙한 존재이다. 콩쥐와 흥부가 이상적인 존재로 승격할 수 있었던 것은 이들의 어머니, 혹은 어머니의 역할을 대신하는 다른

---

205) 이에 대해서는 'Ⅱ의 4.3. 상징적 동일시와 주체의 재현'에서 자세히 다루기로 한다.

인물의 도움이 있었기 때문에 가능한 것이었다. 콩쥐의 과제를 해결해주고 콩쥐를 예쁘게 꾸며준 '소'(검은 소, 암소)와, 박씨를 물고 온 '제비' 역시 '모성'과 깊은 관련이 있다.[206] 이 장에서는 의존적이고 무력한 콩쥐와 흥부가 이상적인 자아가 되는 데에 결정적인 영향을 준 어머니의 속성과 기능에 대해 살펴보고자 한다. 단, '어머니'가 전면에 드러나는 「콩쥐 팥쥐」보다는, 어머니의 역할을 다른 인물들이 대행하고 있는 「흥부 놀부」에 비중을 두어 논의를 전개하고자 한다.

「콩쥐 팥쥐」에서 콩쥐의 아버지는 등장하지 않는다. 도입부에서 계모를 얻는 과정을 설명하면서 잠깐 언급되기도 하지만 이야기 속에는 한 번도 나오지 않는 무대 밖의 인물이다. 아버지의 부재는 자연스럽게 이야기의 초점을 어머니와 자식 간의 문제로 집약시킨다.[207] 콩쥐가 이상적인 존재가 되는 데에 직접적인 영향을 준 인물

---

206) 경판본 「흥부전」에서는 흥부가 도와준 '제비 새끼 하나'가 강남에서 박씨를 물어다 준다. 그러나 신재효의 박홍보가(경판본 수록서와 같은 책, p. 137)와 김봉호(金鳳皓) 편(編)의 창본(『판소리 창본집』, 백문사, 1991, p. 129)에서는 '어미 제비'가 이 역할을 한다. 또한, 근원설화인 '박타는 처녀 설화'에서는 '제비'라고 되어 있고, '방이 설화'에서도 방이가 도깨비 방망이를 얻게 된 계기가 곡식을 물고 간 '새'를 따라서 '숲'속으로 들어간 때문으로, 수식어 없이 '새'라고만 되어 있으므로 '제비 새끼'는 '제비'의 변형이 아닌가 한다. '제비 새끼'라고 할 경우 '새끼'의 의미가 강한 반면, '제비'라고 하면 모성의 의미가 강하다.(경판본의 경우, '제비 새끼'라는 표현은 다리가 부러져 흥부에게 발견되는 장면에서 화자에 의해 두 번만 나오고, 이후에는 줄곧 '제비'라고 불린다. 흥부가 처음 어미 제비를 보았을 때도 '제비'라고 표현되어 있다)

경판본의 경우, 흥부집에 '흙을 물어 집을 짓고, 알을 안아 깨인 후에 날기 공부를 힘쓸'(p. 33) 정도로 새끼들을 보살피던 어미 제비가 새끼들이 이무기(大蟒)의 공격을 받고, 죽었는데도 전혀 등장하지 않는다. 앞뒤 문맥으로 보아 제비 새끼가 보은하는 것보다 어미 제비가 자신의 새끼를 살려준 데 대한 보은으로 박씨를 물어다 주었다는 것이 더 자연스럽다. 수식어 없이 '제비'라고 할 경우, '새' 자체가 '모성'을 상징할 뿐만 아니라 이야기 속에서 제비와 관련된 '흙', '집', '알', '새끼들'은 '제비'에게 모성적 의미를 부여해준다. 더욱이 1년 만에 제비가 물어다 준 '박씨'는 동물에 비유하면 '알'과 같은 것이다. '알'은 '모성'과 밀접한 관련이 있다.

207) 일부 논문에서 콩쥐와 계모와의 관계를 오이디푸스 관계로 파악하기도 하

은 죽은 친모(親母)이다. 콩쥐의 과제를 해결해주고 콩쥐를 '예쁜 여자'로 꾸며준 소(검은 소, 암소)는 죽은 친모의 현신이다. '죽은' 친모는 그것 자체로 상상계적인 존재이다. 한편, 콩쥐에게 과도한 '일'을 시킴으로써 콩쥐를 핍박한 계모 역시 결과적으로 콩쥐가 성숙하여 이상화하는 데에 도움을 준 인물이다. 콩쥐와 팥쥐를 경쟁관계에 놓이게 하여 이를 통해 콩쥐의 우수성이 입증될 수 있도록 한 것도 콩쥐의 계모이다.[208] 콩쥐의 계모는 콩쥐에게 지나치게 많은 '일'을 무리하게 강요한다. 계모는 '언제까지' '무엇을' '얼만큼' 해놓으라고 구체적으로 요구한다. 콩쥐에게 주어진 과제들은 말 그대로 '구멍 난 독에 물 붓기'였다. 여기서 주목할 점은 콩쥐가 '불가능한' 일을 포기하지 않는다는 점이다. 콩쥐는 엄청난 일거리들을 피해 결코 도망가려고 하지 않는다. 콩쥐는 매번 계모의 '요구'를 따른다. 콩쥐 역시 '계모(어머니)의 바람'을 바라는 것이다.

유화를 살펴볼 때, 공통적으로 콩쥐를 도와준 동물들은 '소'(검은 소, 암소), '두꺼비', '벌새(떼새)'들이다. 공교롭게도 이들은 각각 '땅', '물', '하늘'과 관련이 있는 동물들이다. 땅, 물, 하늘은 '세상'을 구성하는 기본 요소이다. 일반적으로 설화 혹은 동화 속의 주인공들이 홀로 집을 떠나 여행을 통해 세상을 경험함으로써 '성장'을 한다는 사

---

였으나 그러기에는 아버지의 존재가 너무 미약하다. 「신데렐라」의 경우는 초반부에 아버지가 등장하여 신데렐라에게 선물을 사다주는 등 일정한 역할을 담당하고 있으나 「콩쥐 팥쥐」의 아버지는 부재한다. 이런 점에서 「콩쥐 팥쥐」 설화는 엄마와 아이의 문제, 미분화와 분화, 고착과 분리의 시각으로 보는 것이 타당할 듯하다.

208) 계모는 처음에는 콩쥐와 팥쥐에게 동시에 일을 시켰다. 계모는 팥쥐를 놀게 하고 콩쥐에게만 일을 시킨 것이 아니라 팥쥐에게도 일을 시킨 것이다. 이 점은 주목할 만한데 이로써 콩쥐와 팥쥐가 경쟁관계에 놓이게 되기 때문이다. 단, 계모는 콩쥐에게는 나무 호미를 주고 팥쥐에게는 쇠호미를 주어 밭을 매게 한다. 결국 팥쥐에게 일방적으로 유리하고 콩쥐에게는 불리한 조건은 팥쥐의 열등함을 드러내고, 콩쥐의 우월성을 부각시켰다. 이후 계모는 팥쥐에게 더 이상 일을 시키지 않는다.

실을 생각할 때, 콩쥐 역시 혼자만의 공간에서 세상을 경험하는 것으로 이해할 수 있다. '경험'에는 '성장'의 의미가 함축되어 있다. 결국 계모는 어린 콩쥐에게 땅, 물, 하늘과 관련된 과제들을 고루 제공하여 콩쥐의 성장을 도운 셈이다. 또한 계모가 시킨 일의 성격은 한결같이 주부들이 해야 할 일상적인 일로서, 이런 일들을 해낸 콩쥐는 실제로 '안주인'이 된다. 콩쥐에게 죽은 친모가 상상계적 어머니라면 계모는 상징계 초입의 어머니를 대변한다.

이제 「흥부 놀부」에 대하여 살펴보자. 도입부에 제시된 화자의 소개('마음이 인후하여 청산유수와 같고 곤륜산의 옥결과 같으며, 성덕을 본받고 악인을 저어하며 물욕에 탐이 없고 주색에 무심하니', p. 21)와 달리 실제 흥부는 자식들이 굶주리고 있는데도 무관심하고, 가장으로서의 책임은커녕 아내의 성화에 못 이겨 겨우 식량을 구하러 가고, 작은 일에도 쉽게 우는, 수동적이고 소극적인 인물이다. 이런 흥부를 마치 자식 달래듯 달래고, 꾸짖기도 하는 인물은 흥부의 아내이다. 흥부와 흥부의 아내는 마치 자식과 어머니의 관계처럼 보인다.

다음을 보자.

> 흥부 아내가 하는 말이,
> "(…) 부질없는 청렴 말고 저 자식들 굶겨 죽이겠으니, 아주버님네 집에 가서 쌀이 되나 벼가 되나 얻어 옵소."
> 흥부가 하는 말이,
> "낯을 쇠우에 슬훈고. 형님이 음식 끝을 보면 사촌을 몰라보고 똥 싸도록 때리는데, 그 매를 뉘 아들놈이 맞는단 말이요?"
> "애고 동냥은 못 준들 쪽박조차 깨칠손가. 맞으나 아니 맞으나 쏘아나 본다고, 건너가 봅소."(경판, p. 21)
>
> "형님이 서울 가고 아니 계시기에 그저 왔습네."
> "그러하면 저것들을 어찌하자는 말인가. 짚신이나 삼아 팔아 자식들을

살려 내시오."
"짚이 있어야지?"
"저 건너 장자(長者) 집에 가서 얻어 보시소."(경판, p. 27)

인용문에서 흥부의 아내가 자식들의 생계를 걱정하는 반면, 흥부에게서는 가장의 면모를 찾아보기 어렵다. '살 길이 없'어지자 '우리 품이나 팔아 봅시다.'(p. 29) 하고 제안하는 사람도 흥부의 아내이다. 자식들의 보호자는커녕 아내에게 의존만 하는 흥부는 남편이나 가장이 아니라 30명이나 되는 자식들 가운데 한 사람인 것처럼 보인다. 실제로 흥부는 '뉘 아들놈이 그 매를 맞는단 말이요?'라고 말함으로써 스스로를 '아들놈'이라고 표현하고 있다. 아내의 강요로 놀부 집을 찾아간 흥부는 놀부로부터 "흥부가 뉘 아들인가?"(p. 23)라는 말을 듣기도 한다.[209] 이에, 제비의 부러진 다리를 치료해준 것은 흥부가 '스스로' 한 최초의 행동이자 사건이지만, '굶기를 밥 먹듯 하는' 가난한 형편에 '천만 뜻밖의 실 한 닢을 얻어'(p. 35) 값비싼 당사(唐絲)실을 구해다 준 것은 흥부의 아내이다.[210] 자식들이 언급될 때마다 빠짐없이 등장하는 인물 역시 흥부가 아니라 흥부의 아내이다. 자식들은 늘 굶주려 있고, 배고픈 자식들은 한결같이 어머니만 찾는다. 이때, 배고픔을 하소연하는 자식들에게 아무것도 해줄 수 없어서 노심초사하는 흥부의 아내는 '어머니'로서의 강한 모성성을 드러낸다. 지나치게 많

209) 한편, '매'와 관련된 삽화(揷話)를 통해 흥부의 '성숙' 과정을 확인할 수 있는데, "아주버님네 집에 가서 쌀이 되나 벼가 되나 얻어 옵소"라는 아내의 말에 '똥 싸도록 때리는' 놀부의 '매질'이 무서워 식량 동냥을 거절하던 흥부가, 이후에는 아내가 '아무리 만류하여도 종시 듣지 아니하고' 스스로 '매품'을 팔러 가겠다고 하기 때문이다. 이는 욕심 많고 심술궂은 놀부가 미숙한 성격으로 일관되는 것과 비교되는 점이다.

210) '실'은 여성과 밀접한 관련이 있는 사물이다. 「흥부 놀부」의 근원설화인 「박타는 처녀」 설화에서 주인공 처녀가 제비의 부러진 다리를 오색실로 묶어준 것은 주인공이 바느질을 하고 있었기 때문이다.

은 자식들은 흥부의 아내에게 흥부의 '아내'로서가 아니라 '어머니'로서의 역할을 부각시킨다. 이런 점에서 흥부의 아내는 '흙을 물어 집을 짓고, 알을 안아 깨인 후에 날기 공부를 힘쓰'(p. 33)며, 애써 키운 새끼들을 이무기에게 잃은 어미제비의 모습과 닮은 점이 있다.

「흥부 놀부」에서 콩쥐의 계모와 같은 속성을 가진 인물로서 경판본에는 빠져 있으나 전래동화에는 어김없이 등장하는 인물로 '놀부의 아내'가 있다. 놀부의 아내의 역할에 대한 이해를 돕기 위해 먼저 놀부에 대해 살펴볼 필요가 있을 것 같다.

흥부와 놀부의 성격이 소개되는 도입부에서 놀부의 성격은 '심사 터무니없이 흉악하여 부모 생전에 분재 전답을 홀로 차지하고'(p. 17)로 소개된다. 이 문장은 놀부에게 '흉악한 심사'와 함께 '부모'의 지위를 부여해준다. 「방이 설화」와 「흥부 놀부」의 가장 큰 차이점은 형과 아우의 역할이 뒤바뀐 점과, 역할이 바뀌면서 형제의 병렬 관계가 종속 관계로 변했다는 점이다. 「흥부놀부」의 도입부에 소개된 놀부의 '부모의 재산 독식'은 이러한 종속 관계의 중요한 원인이다. 이는 실제 17세기 후반부터 법적으로 시행되었던 '장자 우대'의 상속제도에 근거한 것으로 보인다. '자녀 균분제'에서 '자녀 차등제'라는 상속제도의 변화는 사회적으로도 균등하던 형제관계를 종속 관계로 변화시켰으며, 재산 상속에 의한 부의 집중은 권력의 집중을 낳았다. 이전까지 형제는 남녀를 불문하고 동등했던 것으로 전해진다.[211) 「방이 설화」에서 방이 동생이 형 방이에게 심술궂은 행동을 일삼는 것도 이

211) 상속제도와 관련해서는, 이수건, 「조선전기의 사회변동과 상속제도」, 『역사학보』 129, 역사학회, 1991, pp. 73-76 참조; 이광규, 「조선왕조 시대의 재산 상속」, 『한국학보』 2권 2호, 일지사(한국학보), 1976, pp. 90-91 참조.— 흥부가 놀부에게 재산을 빼앗긴 후 봉변을 감수하면서도 놀부에게 거듭 돈과 식량을 요구한 것은 흥부가 이런 제도적인 변화의 피해자로서 과도기에 있는 인물이기 때문일지도 모르겠다. 즉, 한편으로는 흥부를, 조선 후기에 실시된 장자 상속제도로 인해 피해를 당한 다른 형제들을 대변하는 인물로도 파악할 수 있을 듯하다.

러한 동등한 형제 관계에 기인한 것으로 보인다. 어쨌든 부모의 재산을 독식하고, 생전의 부모의 집에서 살며, 위세를 부리는 놀부에게는 무의식적으로든 의식적으로든 '부모'라는 기표가 따라다니게 된다. 의존적이고 무력한 흥부의 성격은 상대적으로 이러한 관계를 더욱 부각시킨다. "흥부가 뉘 아들인가?"라는 놀부의 말투는 어린아이를 대하는 어른의 말투와 같다. 놀부에게 부모의 지위가 부여되어 있다면, 놀부의 아내 역시 동격의 지위에 있다.

전래동화에서 「흥부 놀부」를 대표하는 인상적인 장면 가운데 하나가 놀부의 아내가 식량을 구걸하러 온 흥부의 뺨을 밥주걱으로 때리는 장면이다. 이 삽화는 '김연수'(金演洙)본(本)을 비롯하여 일부 판소리 창(唱)에만 삽입되어 있는 장면인데[212] 오랜 세월 전해 내려오면서 가장 유명한 삽화(挿話) 가운데 하나로 자리 잡게 된 것이다. 이 삽화에서 놀부 아내는 놀부보다 더 흉악한 인물로 묘사된다.

> ㉮ 놀보 계집년은 독허기가 놀보보담 장리(場利)가 더하것다. 긴담배대 입에 물고 중문에 비겨서서 시종을 구경타다 흥보 들어노는 걸 보고 싹 비껴섰다가 사랑으로 썩나가며 놀보를 나무래는듸,
> "아니 아주 다리를 툭 꺾어놔야 다시는 안올텐데 어떻게 때렸기에 안에까지 들어가게 하오. 발길질 공알주먹 계집은 잘 잡지제."
> 이럴 때 흥보는 안뜰에 엎듸여 우느라고 나오지 않이허니 놀보계집 안으로 들어가 부엌에 밥주걱을 찾아들고 나오며,
> "아지뱀이고 동아뱀이고 한달도 설흔날 돈달라 쌀달라 세상만사가 귀찮다 아나 돈, 아나 쌀."
> 뺨을 징짝치듯 치는구나. 흥보가 뺨을 맞고나니 형님한테 맞인 것은 오히려 여반장(如反掌)이라.[213]

---

212) 한편, 신재효의 「박흥보가」에도 놀부 아내가 등장하는데 놀부보다 흉악한 성격으로 설정되어 있으나 흥부의 뺨을 때리지는 않는다.

213) 『김연수 창본』, 문화재관리국, 1974, p. 150. ※ 마침표, 따옴표 등 문장부

㉯ 이렇듯 매를 맞고 뛰어 들어가니 놀보 마누라가 사람 같고 보면 놀보의 몽둥이를 빼앗아 버리고, "이것이 웬일이요?" 하며 시동생을 감싸줄 터이나 놀보 마누라는 놀보보다 심술(心術)이 더한층 더러워서 그날 아침에도 밥을 푸던 중 바깥 사랑에서 복(伏)날 개 뚜드려 패는 소리가 나 내다보니 흥보가 그렇게 뚜드려 맞으니 어찌나 좋던지 궁둥이 춤을 추는 판인데 흥보가 들어오며 "형수님, 사람 좀 살리시오." 하는지라 밥 푸던 주걱을 딱 들고 서더니마, "형수님이고 지랄이고, 아 글쎄 없는 시주(施主)는 나라에서도 못 한다는데 쌀 달라 돈 달라허니 돈 갖다 맡겼소? 쌀 갖다 맡겼소?" 하더니 "아나 쌀, 아나 돈." 하며 그냥 흥보 뺨을 개 뺨 치듯 주걱으로 탁탁 때려 놓으니, 맞은 자리에 밥알이 붙었거늘, 그통에도 밥알을 떼어 입에 넣으며 "아이고 형수님, 그 주걱에 밥 많이 묻혀 성한 이 뺨도 때려주오." 흥보가 뺨을 맞고 생각허니 형님에게 맞던 것은 여반장이요, 형수에게 맞으니 하늘이 빙빙 돌고 땅이 툭 꺼지는듯하여, (…)[214]

두 인용문의 이어지는 내용에서 흥부는 놀부에게 "아이고 형님(…) 형수씨가 시아제 뺨을 치는 법 고금천지 어데서 보았소(…)"라고 하며 원통해 한다. 놀부 아내가 주걱으로 흥부의 뺨을 때리는 장면은 전래동화에 빠지지 않고 삽입되어 있으며, ㉯에서처럼 일부 창본과 전래동화에서 흥부가 자식들을 주겠다며 뺨에 묻은 밥풀을 떼어가는 장면으로 우스꽝스럽게 변형되기도 한다. 놀부 아내가 밥주걱으로 흥부를 때리는 장면은 많은 전래동화에서 그림으로 표현되어 있다. 판본에는 없는 이 장면이 이렇듯 빠지지 않고 본래의 이야기처럼 자리를 잡게 된 데에는 중요한 이유가 있을 듯하다. 흥부는 이미 놀부에 의해 '집'에서 내쫓긴 경험이 있다. 흥부가 집에서 쫓겨나는 장면이 '반복'하여 다뤄지고 있는 것이다. 형에게 매를 맞은 시동생에게 밥

---

호는 필자가 삽입.

214) 김봉호 편, pp. 123-124. ※ 마침표, 따옴표 등 문장부호는 필자가 삽입.

주걱까지 휘두르는, 놀부보다 더 심술이 사나운 놀부의 아내는, 부모의 재산을 가로채고 흥부를 집에서 내쫓은 실제 세력이 어디에서 비롯된 것인지를 말해준다. 놀부의 뒤에는 놀부의 아내가 있었다. 전래 동화의 삽화(揷畵)에서 밥풀이 덕지덕지 붙은 주걱을 들고 험상궂은 표정으로 서 있는 것으로 표현된 놀부 아내의 모습은, 역시 그림으로 표현된, 울퉁불퉁한 도깨비 방망이를 들고 박 속에서 나와 서 있는 도깨비의 모습과 비슷한 점이 있다. 도깨비가 도깨비 방망이를 쥐었듯 놀부의 아내는 흥부가 가장 필요로 하는, '밥'풀이 붙은 '밥주걱'을 쥐고 있다. '밥주걱'과 '도깨비 방망이'는 모양으로나 기능으로나 팔루스(phallus)적이다.

흥부의 '부모의 집'에서 '아이'처럼 미숙한 흥부를 내쫓는 심보 고약한 놀부의 아내는, '계모담'에서 자식을 집 밖으로 내쫓는 계모와 같은 역할을 담당한다. 흥부의 하소연대로 형수가 시동생 뺨을 때리는 일은 흔치 않으나("형수씨가 시아제 뺨을 치는 법 고금천지 어데서 보았오", 『김연수 창본』, p. 150; "형수가 시아제 뺨을 치니 이런 법이 어디 있소", 김봉호 편, p. 124) 어머니가 자식을 때리는 경우는 비일비재하다. 흥부가 '집'에서 쫓겨남으로써 비로소 '가장'의 본분을 체험하게 된다는 점에서, 생활타개를 위해 흥부를 '집' 밖으로 내몬 흥부의 아내와, 매질을 하여 '집' 밖으로 쫓아낸 놀부의 아내는 모두 주인공의 성숙의 첫 단계에 자리 잡고 있는 어머니와 닮은 점이 있다. 이때 집 밖으로 내쫓음으로써 주인공의 성숙을 돕는 어머니로서의 역할은 흥부의 아내보다 팔루스적 권한을 갖고 있는 놀부의 아내에게 부여되어 있다. 흥부의 성숙과 관련하여 '놀부의 아내'의 설정은, 놀부만 등장했다면 지나칠 수도 있는 '어머니'로서의 기능을 부각시킨다. 베텔하임(Bruno Bettelheim)에 의하면 아이에게 엄마는 모든 것을 주는 보호자 외에 매정한 계모의 모습으로 보이기도 한다.[215] 어머니에게 고착되어 있는 팥쥐를 콩쥐의 미숙한 인격으로

볼 경우, 계모 역시 '어머니'의 또 다른 인격으로 볼 수 있다.[216)]

거울상에 대한 아이의 동일시는 '어머니의 바람과의 동일시'[217)]이다. 아이는 거울을 통해 어머니가 바라는 대로 이상화된 자신을 본다. 콩쥐와 흥부가 이상적인 존재가 될 수 있었던 데에는 어머니 혹은 어머니의 대리인의 영향이 절대적이었다. 아이가 거울상을 통해 어머니가 바라는 이상화된 자신의 모습을 보듯, 콩쥐는 계모가 시킨 일을 꼬박꼬박 완수함으로써 계모의 바람을 성취하며, 흥부는 부자가 됨으로써 아내의 요구를 만족시키고 형수의 바람대로 더 이상 놀부에게 쌀과 돈을 구걸하지 않는다.

콩쥐와 흥부는 각각 '감사 부인'과 '가장'이라는 지위를 부여받는다. 이는 상징계를 형성하는 대표적인 기표이다. 라캉에 의하면 '거울단계가 끝나는 순간에 사회적으로 잘 다듬어진 상황 속으로 나를 연결시키는 변증법이 개시된다.'[218)] '자아'를 토대로 '주체'가 형성되는 것이다. 이때 상상적 동일시는 사라지지 않고 언어로 표상되는 상징계 속에 여전히 남아있게 된다. 그런데 '자아'가 '주체'의 이름을 부여받기 위해서는 법, 정의, 도덕으로 표상되는 아버지의 개입이 필요하다. 아버지의 이름, 아버지의 금기에 의해서만 주체로서의 개별성을 획득할 수 있기 때문이다. '자아'의 형성이 '어머니'의 영향에 의한 것이라면, '주체'의 형성에는 '아버지'가 절대적인 영향을 미친다.

---

215) 베텔하임, 앞의 책, p. 112. 이에 대해서는 'Ⅲ의 1. 부(父)의 부재와 부정적 모성'에서 좀 더 자세히 다루기로 한다.

216) 신데렐라 유형의 하나인 러시아 민담 「황금신발」에서는 주인공을 괴롭히는 인물이 '계모'가 아닌 '친모'이다.

217) 페터 비트머, 『욕망의 전복』, p. 42.

218) J. Lacan, *ÉCRITS: A Selection*, p. 5.

## 4.3. 상징적 동일시와 주체의 재현

### 1) '주체'를 형성하는 기표들

거울상과의 동일시를 통해 형성된 '나'는 '타자와의 동일시에 의해 변증법적으로 객관화되기 이전의 나이며, 언어가 사회 속에서 그것(나)에 주체로서의 기능을 회복시키기 이전의 나로서, 미숙한 형태(primordial form)에 빠져 있는 나이다.'[219] 내가 나의 거울상을 '나'라고 상상하는 것을 '상상적 동일시'라고 한다면, 내가 타자의 시각에서 '나'를 보는 것(정의하는 것)을 '상징적 동일시'라고 한다. 이미 언급했듯이, 상상적 동일시에 의해서는 '자아'(ego)가 형성되고, 상징적 동일시에 의해서는 '주체'(subject)가 형성된다.[220] 콩쥐와 흥부가 이상화됨으로써 각각 팥쥐와 놀부의 상상적 동일시의 대상이 되었다면, '감사 부인'으로서의 콩쥐와 '부자 가장'으로서의 흥부는 각각 '감사 부인'과 '부자 가장'이라는 기표에 상징적으로 동일시된다.

콩쥐는 '결혼'을 통해 '감사 부인'이라는 지위를 부여받고, 흥부는 온갖 세간을 갖춘 '명당 집'과 '부(富)'를 획득함으로써 '부자 가장'으로서의 지위를 부여받는다. 콩쥐에게는 어떻든 '감사'라는 기표가 따라다니고 자식을 30명이나 거느린 '흥부'는 비로소 '가장'으로서의 면모를 보여주게 된다. 많은 설화에서 결혼을 앞둔 남녀에게 '결혼'은 '성숙'을 의미하는 상징적인 장치이고, '가난'한 주인공에게 '집'

---

219) J. Lacan, 앞의 책, p. 2.

220) 허구적으로 이상화된 자아는 '주체' 형성의 근간을 이룬다. 따라서 이상적인 자아, 허구적인 '자아'에서 비롯된 '주체'는 근본적으로 '허구화'되고 '이상화'된 존재다. 라캉은 상상적 동일시를 1차적 동일시로, 상징적 동일시를 2차적 동일시라고 부른다. 1차적 동일시는 2차적 동일시의 원천이다. 한편, 상상적 동일시는 거울단계에서 끝나는 것이 아니라 상징계에서도 사라지지 않고 남아 있게 된다. 예컨대, 우리가 자신의 거울상을 실제 나라고 착각하는, '시각적 이미지'에 대한 동일시가 바로 상상적 동일시이다.

과 '물질적 부'는 '가장'이 되는 전제조건으로서의 의미를 갖는다. '감사'와 '가장'은 모두 '책임'과 '의무'를 바탕으로 한 상징계의 대표적인 기표이다. 이 장에서는 각 이야기의 주인공이 독립적인 존재로 거듭날 수 있도록 하는 데에 필요한, '주체'를 형성하는 기표들에 대해 살펴보기로 한다.

「콩쥐 팥쥐」에서 콩쥐의 주체화 과정은 비교적 구체적이고 단계적으로 진행된다. 계모가 시키는 일을 군소리 없이 받아들이고, 조력자들의 도움으로 주어진 과제들을 해결해 나가던 의존적이고 수동적이던 콩쥐가 처음으로 자신의 의견을 표현한 것은 '잔치'(혹은 '굿' 구경)에 가고 싶다는 것이었다. 콩쥐는 그것을 간절히 원한다. 궁극적으로 계모는 콩쥐의 바람을 막지 않았다. 단, 콩쥐에게 온갖 일을 다 해놓은 후에 "그러구서 구경오라"("그러고서 오라")고 지시한다. 계모가 시킨 과제들을 모두 해낸 후 콩쥐는 신이한 존재에 의해 이상화된다. 콩쥐가 가보고 싶어하는 '잔치'나 '굿'은 유화(類話)에서 '나라안 잔치', '큰 잔치', '큰 굿', '뉘집 혼인날(굿)', '공진이굿(共進會굿)', '친척 일가잔치' 등 구체적으로 명시되기도 한다. '잔치'나 '굿'은 일종의 '의식'(의례)이다. 콩쥐가 힘든 노동을 한 후에야 참가 자격이 주어지는, '의식'으로서의 잔치나 굿은 상징계적이다. 기능적인 면에서 볼 때, 그것은 콩쥐와 배우자를 맺어주는 장치이기도 하다.

콩쥐가 팥쥐와 계모로부터 벗어날 수 있었던 것은 바로 '신발' 때문이었다. 콩쥐는 길에 떨어뜨린 신발 한 짝이 매개가 되어 감사와 결혼을 하게 된다. 본래 그것은 콩쥐가 신고 있던 신발이 아니라 신이한 존재로부터 급조된 것이었다. '갓신'(혹은 '하늘'에서 내려 보낸 미투리)은 특수 계층만 신을 수 있는 특별한 신발이다. 신발의 주인을 찾기 위해 모든 등장인물에게 신발을 신어보게 하는 장면은 「콩쥐 팥쥐」를 포함하여 이른바 '신데렐라' 이야기를 대표하는 가장 핵심적인 장면이기도 하다. 이 장면의 초점은 '신발을 신는 행위'에 맞춰져 있다.

신발은 옷과 마찬가지로 신분과 지위를 나타내는 상징물이다.[221] 콩쥐가 잃어버린 '새 신'에는 '주체'를 나타내는 기표로서의 의미가 내포되어 있다. 신발을 신는 행위는 '신발' 속으로 '맨발'을 넣는 것이다. 신발에 발을 넣는 행위는 '성적 결합'의 의미가 강하다. 또한, '신발'과 '맨발'의 관계는 '상징계'와 '실재계', '기표'와 '기의'의 관계와 유사하다. 신발이 상징적 질서, 문명의 산물이라면, 맨발은 언어 이전의 원초적 상태를 의미한다. 이런 시각에서, 신발을 신는 행위는 상징계로의 진입의 과정으로 볼 수 있다. 상징계 진입은 상징적 질서 속으로 상징화되기 이전의 원초적 상태의 자신을 억압함으로써 가능하다. 따라서 신발에 발이 맞는다는 것은 언어 아래에 본래의 자신, 자연인으로서의 자신을 억압할 수 있다는 것, 다시 말해 상징계의 일원이 될 자격을 갖추었다는 것이라고 할 수 있다. 반면, 신발에 발을 맞추려고 애를 써도 맞지 않는 팥쥐(혹은 팥쥐 어미)의 큰 발은 신발이 수용할 수 없을 정도의 과도한 욕망으로 해석할 수 있다.

이런 점에서 「흥부 놀부」의 '박' 역시 '신발'과 유사한 의미를 갖는다. 속을 파낸 '바가지'로서의 '박'은, 민가에서 음식 따위를 담는 '그릇'(용기)으로 사용되었다. 그것은 '신발'과 마찬가지로 생활필수품

221) 신라 진흥왕은 '복식 금지령'을 내려 옷차림을 비롯하여 머리 모양, 장신구를 제한하였으며, 신발에서도 10계급에 따라 신을 수 있는 신발과 신을 수 없는 신발을 엄격하게 규제하였다고 한다. 고구려와 백제의 경우, 신발의 패턴이 대동소이하였는데 모두 신발의 형태로 관급과 계급을 구분하였으며, 고려와 조선에서도 신분 계급에 따라 신발의 형태를 달리하였다고 한다. 기록들로 미루어보아 '신발'은 신분을 차별하는 대표적인 상징물이었던 것으로 보인다.−한상덕, 「신발의 역사」 제1편, 제11편 참조, www.shoedb.com ※ 이 글은 한 인터넷 사이트에 연재된 것으로, 온라인상으로만 볼 수 있었으나 현재는 자료가 삭제되어 있다. 참고로 이 책의 저자는 국내 최초의 인간공학 박사로 오산대학 내 제화공업을 창설하고 주도하였으며 40여 년 동안 신발을 연구한 한국 신발의 산 증인으로 소개되어 있다. 한국의 신발의 역사와 관련하여 필자가 살펴본 글 가운데 참고하기에 가장 적절한 글로 판단되어 이에 인용하였다.

이기도 하였다. 무엇을 담는다는 점에서 '박'(바가지)과 '신발'은 유사한 속성을 가졌다. 박(바가지)은 담는 내용에 따라 용도가 달라진다. 물을 담으면 물바가지요, 밥을 담으면 밥그릇이다. '그릇'은 사람의 됨됨이를 표현하는 말이기도 하다. 흥부가 제일 처음 탄 박에서 온갖 종류의 희귀한 '약'이 나오고, 놀부가 마지막으로 탄 박에서 집을 덮을 정도의 많은 '똥'이 나왔다는 사실은 의미심장하다. 박 속의 내용물들은 흥부에게는 '약'이 되어주었고, 놀부에게는 '똥'과 같은 것이었다. 이런 점에서 '박'은 소유한 사람의 됨됨이에 따라 소유자를 흥하게도 망하게도 하는 '도깨비 방망이'와 같다. 또한 '박'이 속씨식물이자 쌍떡잎식물로서 번식력이 빠르고 생명력이 강하다는 점에서, 박에서도 도깨비 방망이에 함축되어 있는 남근적인 속성을 찾을 수 있다.[222] 박이 세 통이 열린 흥부와 열 통이나 열린 놀부의 관계는 신발에 발이 꼭 맞는 콩쥐와 발이 지나치게 커서 신발이 맞지 않는 팥쥐의 관계와 유사하다. 겉은 단단한 껍질로 이루어져 속에 무엇인가를 가득 담고 있는 박은, 기표 아래에 욕망을 억압하고 있는 '주체'를 대변하고 있는 것 같다.

다시 「콩쥐팥쥐」를 살펴보기로 하자. 콩쥐는, '결혼'이라는 상징계로의 진입에 결정적 기능을 하는 '신발'의 주인임에도 불구하고 행복한 결혼생활을 보장받지 못한다. 결혼 직후 콩쥐는 '죽음'이라는 혹독한 시련을 겪는다. 설화에서 '시련'은 그만한 이유가 있기 마련이다. 콩쥐가 '죽음'이라는 극한의 상황에 놓일 수밖에 없었던 이유는 결혼에 이르기까지의 콩쥐의 성격에서 찾을 수 있을 듯하다. 콩쥐가 잔칫집(굿 구경)에 갈 수 있었던 이유는 계모가 부여한 과제를 모두 수행했기 때문이다. 그런데 정작 모든 일을 한 것은 콩쥐가 아니라

222) 이런 점에서 '박'은 「잭과 콩나무」에서 하룻밤 사이에 하늘까지 자란 '콩나무'와 유사하다. 「박타는 처녀 설화」에서 제비가 물어다 준 '박씨' 역시 잠깐 사이에 자라나 박이 주렁주렁 열린다.

조력자들이었다. 콩쥐에게 주어진 모든 과제는 조력자들이 해준 것이다. 설화 속 결혼의 전제조건은 '독립'이다. 그런데 배우자를 만날 때까지 콩쥐는 독립적인 면모를 전혀 보여주지 못한다. 더욱이 콩쥐는 신이한 존재에 의해 이상화된 모습으로 배우자를 만난다. 환상적인 외모의 콩쥐는 상상계적이다. '결혼'은 그것 자체로 '상징계'이다. '결혼'에는 상상적이고 환상적인 연애 감정 대신에 현실적인 책임감이 따라다닌다. 많은 동화가 주인공의 행복한 결혼으로 끝을 맺는 것은 주인공이 고난과 역경을 극복하고 '결혼'이 요구하는 책임감 있고 독립적인 존재로 성장하였기 때문이다. 그런데 조력자 없이는 스스로 과제를 수행해본 적이 없는 콩쥐는 아무래도 아직 상징계의 일원이 될 자격이 갖춰지지 않은 것 같다. 결혼 직후의 콩쥐의 시련은 그것을 증명해준다.

「흥부 놀부」에서 흥부의 '주체' 형성과 관련하여 간과할 수 없는 것이 '집'이다. 흥부에게 '집'은 중요한 의미를 갖는다. 흥부는 '놀부'에게서 쫓겨남과 동시에 '집'을 박탈당했다. 놀부의 집에서 쫓겨나 흥부가 제일 먼저 한 일은 '집'을 짓는 일이었다. 그러나 흥부는 '집'이라고 할 수도 없는, 한 사람의 운신도 어려운 '수숫대' 집을 짓는다. '오뉴월 장마에 털썩 무너'(p. 33)질 어설픈 '수숫대 집'은 '가장'(家長)으로서의 흥부의 무능력을 단적으로 보여준다. 흥부가 자신을 '고대광실 좋은 집에 부귀광명 누리면서 호의호식 누리는' '어떤 사람'과 비교하여 '팔자' 탓을 하며 제일 처음 '대성통곡 우는 것'(p. 19)도 '집' 때문이었다. 그러나 흥부는 박 속에서 '집지위'가 나와 '명당에 집터를 닦'(p. 43)게 된다. 이는 '가장'으로서의 흥부의 위상을 나타냄과 동시에 부귀영화가 대대손손 이어질 것이라는 사실을 암시한다. 반면, 부모의 집을 독차지하여 위세를 부리던 놀부는, 모든 재산을 잃고 마지막 박에서 나온 '여러 가지 똥이 합하여 나와 집 위까지 쌓여'(p. 93) 집이 '똥' 속에 묻히는 신세가 된다. 이 밖에 '집'의 중요성을 배가(倍加)하는 것으로 '제비 집'이 있다. 제비는 흥부의 "고대광실 많건마는 수숫대 집에 와서 네 집을 지었다가 오뉴월 장마에 털썩 무너지면 그 낭패가 아니겠냐?"(p. 33)는 말에 아랑곳하지 않고 '흙을 물어 집을 짓'(p. 33)고 그곳에 알을 낳는다. 제비가 지은 집은 집의 본래의 의미가 어디에 있는지를 말해준다. 제비가 지은 집은 제비에게 새로운 '가정'을 제공해주었으며, 새끼들을 책임져야 할 '어미'라는 기표를 부여해주었다. 주인공이 살았던 집, 주인공이 종속되었던 집이 '모성'과 관련이 있다면, 주인공이 일구고 가꾸어가야 할 '집'은 주인공이 책임져야 할 새로운 '가정'으로서, 주인공에게 '가장' 혹은 '주인'이라는 기표를 부여해준다. 이것은 「콩쥐 팥쥐」의 경우도 마찬가지이다. 살던 집을 떠나 새 집으로 들어간 콩쥐는 '구박받는 딸'에서 '안주인'으로 신분 변화를 한다.

콩쥐는 감사 부인이 된 후에, 흥부는 부자 가장이 된 후에 각각 팥쥐와 놀부의 방문을 받는다. 팥쥐는 콩쥐를 유인하여 죽이고, 놀부는 흥부의 가재도구를 빼앗는다. 이들의 의도대로 따라가는 콩쥐와 흥부의 태도는 콩쥐와 흥부가 아직 자신의 본능적이고 공격적인 미숙한 자아로부터 분리되지 못했다는 것을 말해준다. 기표가 다른 기표에 의해 정의되듯, '감사 부인'이 된 콩쥐에게는 '감사'라는 기표가 따라다니게 된다. '감사'는 아버지의 법을 집행하는 집행관이다. 그런데 콩쥐는 "문 열어주지 말라"("목욕하러 가지 마라")는 감사의 금기를 어겨 결국 팥쥐에게 '감사 부인'의 자리를 빼앗긴다. 콩쥐의 예는 주체가 확고히 자리를 잡기 위한 전제조건이 무엇인지를 말해준다. 콩쥐와 흥부가 각각 팥쥐와 놀부로부터 완전히 분리되기 위해서는 누군가의 도움이 필요하다. 콩쥐와 흥부가 자율성을 획득하게 된 것은 상징적 질서의 기반을 이루는 제3의 힘, 즉 '아버지'의 힘에 의해서였다.

### 2) '주체' 형성의 조건

우리의 설화 가운데 주인공에게 도움을 받은 '쥐'가 주인공과 똑같은 인물로 둔갑을 해서 오히려 주인공을 곤경에 빠뜨린다는 이야기가 있다. 이 설화의 주인공들은 한결같이 결혼을 해서 잘 살다가 혹은 결혼식 당일날 어디선가 갑자기 나타난 자신과 똑같이 생긴 인물에 의해 곤경에 처한다. 가족들에 의해 집에서 쫓겨난 주인공은 결국 스님의 도움으로 가짜를 죽이고 자신의 자리를 되찾게 된다. 「콩쥐 팥쥐」에서 콩쥐의 결혼 후의 시련담은 이 이야기와 흡사하다. 쥐둔갑 설화의 주인공이 '스님'의 도움을 받아 쥐를 퇴치했듯이, 콩쥐 역시 '감사'의 이름으로 팥쥐를 응징한다.

라캉에 의하면, 아이는 상징계에 진입하면서 '분열'을 겪는다. 의식 너머 가장 깊숙한 곳의 '본래의 자신'과, 상징적 질서 속의 '주체'로 나뉘는 것이다. 분열된 주체는 본래의 자신으로부터 분리되고 소외된 채, 기표(언어)의 그물망 속에서 새롭게 재현된다. 상징계의 시각에서 기표화되지 못한 쾌락과 욕심 따위는 '욕망'이라는 이름으로, 혹은 '악'이라는 이름으로 응징의 대상이 된다.

「콩쥐 팥쥐」에서 콩쥐가 결혼 후 겪는 팥쥐와의 갈등은 상징계 진입에 따르는 '분열'의 과정으로 볼 수 있다. 콩쥐가 '죽음'을 당한다는 것은 주체가 상징계로 진입하면서 겪는 어려움이 어떤 것인지를 말해준다. '죽음'은 주체 형성의 전제조건이다. 콩쥐의 죽음은 상징계에 진입할 수 없는 미숙한 자아의 죽음이다. 이는 곧 팥쥐의 죽음을 의미하는 것이기도 하다. 콩쥐가 '물'에 빠져 죽었다는 것에는 '재생'의 의미가 함축되어 있다. 콩쥐가 '목욕'을 하다가 죽었다는 것은 이러한 의미를 더욱 부각시킨다. 라캉 식으로 말하자면, '재생'이란 곧 재현(represent)이다. 실제로 '재생' 후의 콩쥐, 주체로 재현된 콩쥐는 이전과 전혀 다른 사람이 되었다. 고작 '문 열어주지 말라'는 금기조차 지키지 못했던 콩쥐는 감사의 이름으로 당당히 팥쥐를 응징한다.[223] 콩쥐가 팥쥐를 죽이는 행위는 자신의 미숙한 부분, 어머니에게 고착된 미분화된 자아에 대한 살해이다. 이를 통해 콩쥐는 비로소 '주체'라는 이름의 독립된 존재가 된다.[224]

정신분석에서 분석가는 환자가 상징계적 질서 속에서 자기 자리를 잡고 가족을 비롯한 사회 속에서 '주체'로서 개별성을 획득할 수 있도록 한다. 이런 점에서 분석가는 '큰 타자(A)'의 역할을 담당한다.

---

223) 이때, 콩쥐는 감사를 통해 팥쥐만 응징하는 것이 아니라 팥쥐를 죽여 음식으로 만들어 '즈에미'('지미')인 계모에게 먹이는 잔인한 형벌을 내린다. 「콩쥐 팥쥐」에서 계모는 콩쥐에게는 '계모'이되 팥쥐와의 관계에서는 '팥쥐어미'이다. 이야기 속에서는 두 가지의 호칭이 함께 사용된다. 계모는 어디까지나 콩쥐에게만 악한 어머니일 뿐, 팥쥐에게는 지나칠 정도로 자식을 사랑하는 어머니이다. 일부 유화에 소개된, 팥쥐에게 신발이 맞지 않자 팥쥐어미가 딸을 대신하여 신발을 신어보이는 행동은, 팥쥐에 대한 팥쥐어미의 나르시시즘을 보여준다.

팥쥐의 불행한 결말은 자기만족에 빠진 팥쥐어미의 그릇된 사랑의 결과이다. 서로에게 '고착'되어 있는 팥쥐와 팥쥐어미는 둘이 아니라 '한' 존재이다. 콩쥐의 결혼 전까지 팥쥐와 팥쥐어미는 '한 몸'처럼 붙어 다녔다. 콩쥐를 유인하여 죽이는 팥쥐의 행동은 이전까지 소개된 '어리석고 둔한' 팥쥐와 맞지 않는다. 이런 행동은 오히려 팥쥐어미에게 어울린다.

콩쥐의 결혼을 기점으로 초반에는 팥쥐의 자발적인 행동이 전무(全無)하고, 후반에는 팥쥐가 죽을 때까지 팥쥐어미가 전혀 등장하지 않는다는 점 또한 팥쥐와 팥쥐어미의 변별성을 느낄 수 없도록 한다. 팥쥐어미에 대한 콩쥐의 징벌은 팥쥐의 죽음을 초래한 근본적인 원인이 자식과의 고착상태를 벗어나지 못한 팥쥐어미에 있기 때문일 것이다.

224) 콩쥐의 결혼 후의 시련담은 연구자들에 의해 종종 그림(Grimm)동화의 「아셴푸텔」('신데렐라')과 「콩쥐 팥쥐」의 두드러진 차이점으로 지적되기도 하는데, 이는 우리 설화의 독창성을 주장할 때 거론되는 부분이기도 하다. 그러나 콩쥐의 결혼 후의 시련담은 이른바 '뒤바뀐 신부'화소로서 '신데렐라' 유형의 이야기와 상관없이 그림(Grimm)동화 가운데 「거위치기 소녀」, 「오누이」, 「숲속의 세 난장이」의 후반부를 비롯하여, 여러 나라의 설화에서 발견된다.(이에 대해서는 이 책의 제2부 각주 38 참조)

주인공의 결혼 후의 시련담은 주체의 분열의 어려움과 상징계 진입에 따르는 전제조건이 무엇인가를 말해주는 것으로, 이것은 우리 설화만의 고유한 특성이 아니므로 이를 근거로 「콩쥐 팥쥐」를 우리의 순수 민담이라고 주장하는 것은 타당하지 않다.

이때 큰 타자는 아버지의 법(the law of the father) 혹은 아버지의 이름(the name of the father)으로 정의된다. 상징계 진입은 '큰 타자'인 '아버지'에 의해 결정된다. 상징적 질서는 반드시 아버지의 법, 아버지의 언어에 기초하며 그것을 이루는 첫 번째 조건은 '금기'이다.

정신분석적인 시각으로 볼 때, 설화 속에서 악을 응징하는 힘을 소유한 자, 권력자, 신이한 존재 등은 '아버지' 혹은, '아버지'의 법을 집행하는 대리인(the agent)이다. 「콩쥐 팥쥐」에서는 '감사'('선비', '임금')가, 「흥부 놀부」에서는 제비 나라의 '제비황제'가 이에 해당하며, '제비'와 박 속에서 나온 '장비' 등 놀부의 재산을 몰수하는 인물들은 이들의 명령을 집행하는 대리인으로서의 역할을 담당한다. 놀부와 팥쥐는 단순히 벌을 받는 정도에서 그치지 않는다. 놀부는 알거지가 되고, 팥쥐는 죽음을 당한다. 놀부와 팥쥐는 각각 흥부와 콩쥐를 괴롭힌 만큼의 벌을 받는다. 「흥부 놀부」에서 놀부를 심판하는 것은 '제비'로 표상되는 '하늘', 즉 '상징적 아버지'이다. 놀부는 '악한'이라기보다 무정하고, 욕심 많고 심술 사나운 '미숙한' 어른이다. 흥부와 놀부는 화자(話者)가 소개한 대로 지극히 어질지도 않고, 대단한 악한도 아니다. 놀부가 '재산 몰수'라는 징벌을 받는 것도 이기적이고 과도한 욕심을 경계하기 위한 것이다. '큰 타자'로서의 '아버지'의 기능은 「흥부 놀부」의 근원설화인 「방이 설화」의 주인공 '김방이'(金旁㐌)와 도깨비들을 통해 좀더 구체적으로 파악할 수 있을 듯하다. 이에 대해 살펴보기로 한다.

「방이 설화」의 주인공 방이는 금방망이(金錐)를 획득함으로써 부자가 되고, 욕심 많은 동생은 이를 따라하려다가 금방망이의 주인인 도깨비들(群鬼)에게 심판을 받는다. 「흥부 놀부」 설화 가운데에는 이와 유사하게 놀부의 박 속에서 도깨비가 나와 방망이로 놀부의 재산을 파괴함으로써 놀부를 처단하는 이야기도 있다. 이때 '도깨비'는 '아버지'의 대리인이다. '도깨비는 오이디푸스기에 경험하는 아버지에 대한 두려움이 투사된 대상'[225]이기도 하다. 심판 도구인 '금방망이'는 '남근'(phallus)으로서의 위용을 상징한다. 금방망이는 무한한 힘을 소유한 '도깨비 방망이'이다. 도깨비 방망이는 방망이로 두드리면 무엇이든 원하는 것을 얻을 수 있는 '요술 방망이'이다. 동서양을 막론하고 설화 속의 요술 방망이는 '주인'의 자격을 갖춘 사람에게만 소유될 수 있는 물건이다. '자격'에는 '인내'(억압)와 '절제'(금기)의 조건이 따라다닌다. 그렇지 않을 경우, 방망이를 가진 자는 오히려 화(禍)를 입기 때문이다. 「방이설화」에서 방이가 얻은 금방망이가 훗날, '어떤 후손이 "이리 똥(狼糞) 나와라." 하고 장난을 치자 천둥과 벼락이 치더니 어디론가 사라져 버렸다'[226]는 것은 금방망이를 소유하기 위해 전제되어야 하는 것이 무엇인가를 잘 알려주는 대목이다.

방이(旁㐌)의 성은 '김'(金)씨이다.[227] '김'씨 성에 '방이'라는 이름을 붙일 경우, '김방이'가 된다. '金'은 '금'이라고도 발음하므로 '김방이'는 '금방이'로도 읽히며 이는 '금방망이'와 소리가 유사하다. 주인공에게 '김방이'라는 완벽한 이름이 부여되어 있는 반면, 주인공을 괴롭히는 주인공의 동생은 이름 없이 '동생'(弟)으로 불린다. 김방이는 가난하면서도 물욕이 없고 이웃과 나눌 줄 알며, 금방망이를 획득하여 부자가 되자 자신을 괴롭힌 동생에게 오히려 보물을 나누어주는 자애롭고 너그러운 인물이다. 방이는 처음부터 '요술 방망이'의 주인이 될 자격을 갖춘 성숙한 성격의 소유자로 설정되어 있다. 이는 달리 말해 상징계에 자리를 잡을 수 있는 '주체'로서의 자격을 갖추었다는 것을 의미하는 것이기도 하다. '김방이'의 변형인 '흥부'에게

---

225) 김선미 · 홍강의, 「학령전기 아동의 귀신 및 도깨비에 관한 개념」, 『신경정신의학』, Vol 22, No 1, 1983, p. 25.

226) "其後子孫戲擊錐求狼糞因雷震錐失所在" – 段成式, 『酉陽雜俎續集』 卷一, 中國 台北: 藝文印書館, 民國 54(1965).

227) "新羅國有第一貴族金哥其元祖名旁㐌" – 段成式, 『酉陽雜俎續集』 卷一, 中國 台北: 藝文印書館, 民國 54(1965).

서는 방이의 형답고 성숙한 면모는 찾아볼 수 없다. 흥부는 자식을 30명이나 낳고도 가장으로서의 본분을 자각하지 못하고, 뜻밖의 행운으로 얻게 된 엄청난 물질적 풍요에 즐거워한다. 그는 마지막 박을 타지 말자는 아내의 말을 무시하며 "내복에 태인 것이니 켜겠습네."(p. 45) 하며 기어이 박을 타서, 자신의 '첩'이 되기 위해 박 속에서 나온 양귀비를 보고 좋아하는 인물이다. 「방이 설화」에서 원하는 것을 끝없이 들어주는 '요술 방망이'로서의 금방망이나, 「박타는 처녀 설화」에서 '날마다 박 속에서 쌀이 나오므로'(손진태, 앞의 책, pp. 137-138) '요술 바가지'와 같은 '박'이 「흥부 놀부」에서는 단 한 번에 모든 것을 충족시켜주는 '일회성의 행운'을 가져다주는 박으로 변형된 이유는 이 때문이 아닐까 한다.

「방이 설화」에서 방이의 동생은 형 방이를 따라하려다가 코가 코끼리 코처럼 뽑히는 벌을 받는다.(乃拔其鼻鼻如象而歸) '금방망이'와 '코끼리 코'의 관계는 방이와 방이 동생의 관계를 상징적으로 보여준다. 방이에게 일어난 신이한 일들은 방이를 영웅적인 인물로 이상화한다. 방이는 동생이 삶아서 준 누에 종자를 키워 누에가 '소'만해지고(大如牛), 동생이 이를 죽이자 사방 백리에서 누에들이 모여들어 '누에 왕'을 의미하는 '큰 누에'(巨蠶意其蠶之王也)라고 불리게 된다. 방이를 가리키는 '큰 누에'(누에 왕) 혹은 '금방망이'와, 방이 동생을 가리키는 '코끼리 코'는 모두 성적인 의미가 강하다. 그런데 '큰 누에'와 '금방망이'가 각각 방이에게 '왕'이라는 권위와, 국력에 비견될 정도의 부(富)를 가져다 준 것인 반면, 방이 동생의 '코끼리 코'는 징벌의 결과물로서 아무 쓸모가 없는 것이다. 이는 방이 동생이 결코 방이와 대적할 수 없는 관계에 있다는 것을 말해준다. 이러한 점에서 방이와 방이 동생의 관계는 오이디푸스기의 아버지와 아들의 관계와 유사하다. 이렇게 볼 때, 방이 동생에게 내려진 코가 뽑히는 징벌은 지나친 욕심에 대한 경계와 함께 무분별한 성적 욕망에 대한 경계의 의미로도 해석할 수 있다.

「콩쥐 팥쥐」, 「흥부 놀부」는 대표적인 선악형제담이다. 두 이야기는 권선징악적인 교훈을 표면에 내세우고 있지만, 실상 두 이야기가 말하고 있는 것은 '선'과 '악'이 별개의 것이 아니며, '선'과 '악'의 속성이 상징계에 허용될 수 있는가의 여부에 따라 정의된다는 사실이다. 팥쥐와 놀부로 표상된 미숙한 인격, 무분별한 욕망은 응징의 대상이 되어 상징계로부터 추방된다. 콩쥐가 팥쥐를 '살해'하는 행위가 용납될 수 있는 이유는 응징의 궁극적인 대상이 '어머니 고착'과 '과도한 욕망'으로서 상징계에서는 허용될 수 없는 것이며, 그것이 '아버지의 이름으로' 이루어지기 때문이다. '놀부'에 대한 오늘날의 긍정적인 평가 역시 놀부의 성격이 상징계에서 허용되는 '적극성', '아이다움', '우스꽝스러움' 등의 기표로 이상화되었기 때문일 것이다.

「콩쥐 팥쥐」와 「흥부 놀부」는 초반에는 미숙했던 주인공이 자아를 형성하고, '큰 타자'인 '아버지'의 도움으로 다른 형제자매와의 갈등(분열)을 끝내고 독립적인 존재(주체)가 된다는 내용으로 이루어져 있다. 두 이야기는 상징계 진입을 위한 전제조건이 무엇인지 말해준다. '주체'의 재현이 '희생'을 전제로 하듯, 콩쥐와 흥부는 각각 자신의 미숙한 인격인 팥쥐와 놀부로부터 분리되고 소외됨으로써 비로소 '주체'로서 거듭날 수 있게 된 것이다.

# Ⅲ. 통합 텍스트 읽기

대상 텍스트들을 하나의 전체로 묶었을 때 각 이야기의 주인공의 가족 관계는 공교롭게도 레비스트로스가 말한 '친족의 기본 구조 3가지'를 완벽하게 만족한다.[1] 즉, 「흥부 놀부」와 「콩쥐 팥쥐」는 '공통의 아버지를 가진 관계－형제자매의 동기간'('⊓')에, 「나무꾼과 선녀」는 '혼인관계－부처(夫妻)'('=')에, 「해와 달이 된 오누이」와 「심청」은 '낳은 자와 낳아진 자－친자관계'('|')에 해당한다. 이러한 친족관계는 친족제도를 이루는 원자(原子)이다. 한편, 다섯 작품은 세 가지의 기본 구조를 세분화한 세밀한 부분까지 만족한다. 즉, 형제자매의 동기간에서 「흥부 놀부」는 형제, 「콩쥐 팥쥐」는 자매 간의 문제를 다룬 것이고, 친자관계에서 「해와 달이 된 오누이」는 어머니와 자식, 「심청」은 아버지와 자식 간의 문제를 다룬 것이다.

어린이가 가족을 통해 사회를 경험하고, 가족은 어린이의 성장과 삶을 결정짓는 데에 절대적인 영향을 미친다는 점을 생각할 때 이러

1) 레비스트로스(Lévi-Strauss)에 의하면 친족 조직에서는 항상 3가지의 가족관계가 형성된다. 그에 의하면 친족관계는 독립적인 요소들의 실체라기보다는 짝(對)의 관계에 있다. 즉, 남편과 아내, 아버지와 자식, 형제와 자매 등 2항 대립의 관계 속에서 나타난다. 이러한 친족구조는 한 사회, 한 문화 속에서 무의식적으로 준수되는 일반규칙의 근간을 이룬다.－신일철, '세계의 석학과 명저 ④, 레비스트로스, 친족의 기본구조', ≪국민일보≫, 2000. 10. 16 참조.
레비스트로스가 제시한 친족의 기본구조(The Elementary Structures of Kinship)는 공시태적 질서인 동시에 통시태적 질서이기도 하다. 친족의 어떤 경우도 이 이상의 다른 형태나 유형을 가질 수 없다. 모든 친족제도는 이 친족관계에 의해 '지배'된다. 레비스트로스는 이러한 친족의 기본구조가 지켜지고 있는 가장 본질적인 의미를 '근친상간 금지'(incest taboo)라고 보았다.－이광규, 「레비-스트로스」, 현대신서 51, 대한기독교서회, 1983, pp. 39-49 참조.

한 일치는 우연으로 보기에는 필연적으로 다가온다.[2)]

이 장에서는 각 텍스트에 대한 분석 결과를 토대로 하여 다섯 작품의 공통점을 인물을 중심으로 한 구조적 특성으로부터 파악하고, 이어 각 텍스트가 지향하는 공통된 주제를 탐색함으로써 통합된 텍스트가 어린이의 사고 속에서 어떤 작용을 할 것인가를 추적해 나가고자 한다.

## 1. 부(父)의 부재(不在)와 부정적 모성(母性)

'인물'과 관련하여 각 텍스트의 가장 두드러진 공통점은 주인공의 아버지가 죽었거나 등장하지 않으며, '어머니' 역할을 담당하는 인물이 주인공을 위협하거나, 주인공을 곤경에 처하게 하는 등 부정적으로 그려지고 있다는 점이다. 이를 도식화하면 다음과 같다.

| | 父 | 母 혹은 母의 대리인 |
|---|---|---|
| 해와 달이 된 오누이 | × | 호랑이 |
| 나무꾼과 선녀 | × | 어머니 |
| 심청 | × | 심봉사 |
| 콩쥐 팥쥐 | × | 계모 |
| 흥부 놀부 | × | 놀부 아내 |

「심청」의 父는 '장님'으로써 부재(不在)하고, 「콩쥐 팥쥐」의 父는

2) '친족'(kin)은 '가족'(family)에 비해 '혈족'으로서의 의미가 강하다. 그러나 친족의 '기본'을 이루는 '친족관계'(kinship)의 구성원은 '가족 구성원'과 일치하므로 이를 '가족'으로 표현하여도 무방할 듯하다.

계모를 얻었다는 사실을 소개하는 부분 외에는 전혀 등장하지 않음으로써 부재하고, 나머지는 모두 '죽음'으로써 부재한다. 표의 내용에서 '母의 대리인'이란 정신분석적인 시각으로 보았을 때 주인공의 '어머니'로서의 '지위'가 부여된 인물로서, 일정기간 동안 주인공에게 어머니의 기능을 담당하는 인물을 말한다. 예컨대, 「해와 달이 된 오누이」에서 어머니 옷을 입은 '호랑이'는 '호랑이 어머니'로 재현된 母이며, 「심청」에서 '봉사' 아버지로서 '젖동냥'으로 심청을 키우는 심봉사는 심청이 어린 시절 동안 심청의 母를 대신하며, 「콩쥐 팥쥐」의 계모 역시 죽은 친모(親母)의 자리를 대신하는 콩쥐의 또 다른 母이다. 「흥부 놀부」의 놀부의 아내는 놀부와 함께 부모의 지위를 부여받고 흥부를 가혹하게 구박하여 내쫓는, 흥부에게는 콩쥐의 계모와 같은 인물이다. 「나무꾼과 선녀」를 제외하고, 母 혹은 母의 대리인은 주인공으로 하여금 어머니의 몸과 같은 '집'을 떠나게 하거나, '일'을 시킴으로써 한결같이 주인공에게 부정적인 영향을 미치는데, 母의 이러한 특성은 오히려 주인공에게 성장의 계기가 되어준다. 「나무꾼과 선녀」를 제외한 다른 이야기의 母는 모두 주인공의 실제 母가 아니라 죽은 친모를 대신한 母의 대리인이며, 부성적(父性的)인 면모까지 겸비하고 있다는 공통점이 있다. 친모가 직접 등장하는 「나무꾼과 선녀」의 경우, 다섯 작품 중 유일하게 주인공이 불행해졌다는 사실은 시사하는 바가 크다.

「흥부와 놀부」를 제외한 나머지 이야기에서 주인공이 집으로부터, 혹은 母로부터 벗어나는 것은 주인공 스스로의 선택에 의해서이다. 이전까지 주인공은 주어진 상황에 종속되어 이렇다 할 '개성'(personality)을 보여주지 못하였다. 일정한 시점까지 주인공은 서술자의 진술에 의해서만 '착한' 혹은 '예쁜' 인물이었다. 주인공에 대한 동정과 연민은 주인공을 둘러싼 불우한 환경, 혹은 악한 성격을 소유한 상대 인물에 대한 반작용에서 비롯된 측면이 강하다. 상황의 특성과 관계없이 주인공의 자발적 판단에 의한 최초의 의사표현이나 능동적 행위[3)]는 집 혹은 母로부터의 '분리'와 관련이 있다. 이와 관련된 주인공의 말을 정리해보면 다음과 같다.

· 오누이: "엄마, 똥 매리워."
· 나무꾼: "어머님이 기시는디 저 장가 못 드는 것이 질 큰 걱정입니다."
· 심청: "삼백 석 쌀을 받고 몸을 팔아 시주하기로 했습니다."
· 콩쥐: 잔칫집(굿 구경)에 "가겼다."[4)]
· 흥부: "지이산 호랑아, 박홍보 물어가거라. 굶주리기도 나는 싫고, 세상 살기도 귀찮어다."

오누이, 심청, 콩쥐의 대사의 대상은 '母' 혹은 '母'의 대리인이며, '나무꾼'은 '소원'을 묻는 사슴에게 한 말이고, '흥부'의 경우는 놀부 처(妻)에게 흠씬 맞은 흥부가 놀부 앞에서 하소연한 것이다.[5)] 이들의 말은 한마디로 '집을 나가고 싶다' 혹은 '현재 상황으로부터 벗어나고 싶다'로 요약할 수 있다. 이들은 현재 '부정적인 母'에게 귀속되어 있는 상태이다. 이렇듯, 소극적이던 주인공이 적극적인 성격으로 변모한 시점에는 '부정적인 母'가 자리 잡고 있다.

구조적인 면에서 '父의 부재(不在)'라는 설정이 텍스트에 미치는 가장 큰 특징은 父가 부재함으로써 이야기의 초점이 '주인공과 母의 관계'에 맞춰진다는 점이다. 예컨대 「콩쥐 팥쥐」의 콩쥐의 父는 생존

3) 이는 누군가의 요구에 의한 것이 아닌, 스스로의 판단에 의한 것을 말한다. 예를 들어, 오누이가 호랑이에게 문을 열어준 것은 호랑이가 문을 열어달라고 요청을 했기 때문이며, 흥부가 놀부 집에 양식을 얻으러 간 것은 흥부의 아내의 요구에 의한 것이다.

4) 이 경우와 같이 콩쥐가 가고 싶다는 자신의 의사를 계모에게 직접 '말'로 표현하는 유화도 있으나, 대개의 경우는 외출을 원하는 콩쥐의 바람이 상황으로만 설명되고 계모가 (잔치에 가고 싶어하는) 콩쥐에게 과제를 모두 완수한 후에 오라고 하는 것으로 되어 있다.

5) 이는 '놀부 아내'가 등장하는 김연수본에 따른 것으로 경판본에는 이 구절이 없다. 경판의 경우엔 흥부가 제비 다리를 치료해주는 것이 자발적 판단에 의한 최초의 능동적 행동이다.

해있으면서도 등장하지 않음으로써 콩쥐와 계모의 관계가 더욱 부각된다. 「나무꾼과 선녀」를 제외한 네 작품의 주인공에게는 모두 두 사람의 母가 있다. 죽은 친모(親母)와, 주인공의 母 역할을 담당하는 계모(繼母) 혹은 母의 대리인이다. 친모는 고난에 직면한 주인공을 도와주거나 위로하고, 계모 혹은 母의 대리인은 주인공을 학대하는 가학적인 모성의 소유자이다. 「나무꾼과 선녀」를 제외하고, 좋은 이미지로 고정된 주인공의 친모(親母)가 공통적으로 '죽음'으로 설정된 것은 주목할 만하다. 「콩쥐 팥쥐」와 「심청」에서 주인공의 죽은 친모는 각각 신이한 동물과 높은 신분의 인물로 현신하여 주인공을 돕는데 그것은 '환상'적인 상황에서나 가능한 일이다. '죽음' 자체만으로도 각 이야기의 주인공의 친모는 '상상계'적이다. 앞에서 살펴보았듯이 친모와 계모의 극단적으로 이분화된 성향은 이야기 속에서뿐만 아니라, 실제 어린이들의 심리에서 흔히 일어나는 현상이다.

멜라니 클라인(Melanie Klein)은 '어린이에게 어머니는 만족감의 근원일 뿐만 아니라, 좌절과 고통의 원천으로도 느껴진다'[6]고 지적한다. 부르노 베텔하임에 의하면 어린이들은 누구나 부모의 자애로운 이미지를 보호하기 위해 부모의 이미지를 때때로 자애로운 면과 위협적인 면으로 나누지 않으면 안 된다.[7] 가학적인 母의 설정은 어머니로부터의 분리에 대한 아이의 '불안'과도 관련이 있다. 프로이트에 따르면 모든 불안 감정의 원천은 '최초의 불안'에 있으며, 이는 어머니의 몸으로부터의 분리에서 비롯된다. 가학적인 母는 어린이의 '분리 불안'이 만들어낸 환상이다. '가학적인 母'라는 특정한 대상에 의해 야기된 '공포증'은 '아동기의 불안에 대한 근원적인 방어체계'[8]이

6) 한나 시걸, 『멜라니 클라인』, 이재훈 옮김, 한국심리치료연구소, 1999, p. 87.

7) 부르노 베텔하임, 『옛이야기의 매력』 1, p. 112.

8) 한나 시걸, 앞의 책, pp. 57-58.—멜라니 클라인에 의하면 아동기의 불안은 정신병적인 성질을 띤다. 멜라니 클라인은 기본적인 불안이 구강기나 항문

다. 라캉에 의하면 '부재 주위를 맴돌고 있는 바로 그 이유 때문에 무서운 불안(anxiety)보다는, 특별한 대상에 집중하는 공포증(phobia)이 낫다.'[9] 어린이로서는 보호자를 언제 상실할지 모른다는 막연한 '불안'을 방어하기 위해 '가학적인 母'라는 확실한 대상을 만들어낸 것인지도 모른다.

父의 부재와 부정적인 母라는 인물 설정은 주인공에게 '상징계 진입'이라는 하나의 지향점을 제시해 준다. 결과적으로 부정적인 母는 '분리'를 실현시키고, 父의 부재는 상징적 父를 끌어들이지만, 母의 성격이 부정적인 것을 넘어서 가학적으로 묘사된 것은 주체화와 관련하여 주인공에게 야기될 수 있는 위험한 상황을 예고한다. '가학적인 母'는 주인공이 대적할 수 없는(혹은 거부할 수 없는) 힘을 가진 母이다. 그들은 주인공을 의도적으로 괴롭히거나 극한 상황에 처하게 한다.

가학적인 母는 주인공을 '잡으려' 하거나 자신의 품 안에 주인공을 가둬두려는 나르시스적인 속성을 지녔다. 앞에서 살펴보았듯이 정신분석적인 용어로 이런 母를 '팔루스적 어머니'(phallic mother)(남근을 가진 어머니)라고 한다. 팔루스적 어머니는 전(前) 오이디푸스기의 아이가 어머니에게 느낄 수 있는 하나의 상(像, 이미지)으로서, 아버지의 팔루스를 자기 것으로 소유하고 있는 것으로 상상되는 어머니를 말한다. 팔루스적 어머니는 전능하고 막강한 존재로서 자기만족을 위해 아이를 놓아주려고 하지 않기 때문에 아이가 자칫 어머니의 전능한 힘에 압도될 경우, 아이는 독립의 기회를 영원히 박탈당하게 된다.[10] 멜라니 클라인에 의하면 아이의 환상 속에서 어머니의 신체는

---

기 그리고 어머니 몸과의 초기 관계와 연관된다고 보았으며 유아 신경증, 공포증, 강박증 등을 정신병적 불안에 대한 근원적인 방어체계로 보았다.

9) J. Lacan, *Le Séminaire. Livre IV: La relation d'object(1956-1957)*, ed. Jacques-Alain Miller, Paris: Seuil, 1994, pp. 243-246, p. 345; 딜런 에반스, 『라캉 정신분석 사전』, p. 168에서 재인용.

풍요로움으로 가득 차 있지만, 한편으로 아이는 어머니의 신체를 파괴적으로 공격하고 어머니를 증오와 공포의 대상으로 여기게 되는데, 이는 아이가 어머니의 풍요로운 신체에 대한 소유욕과 더불어 증오에 가까운 질투를 느끼기 때문이다.[11] 팔루스적 어머니는 아이의 이상(ego ideal)이자 동시에 두려움의 대상이다. 父의 부재는 이러한 어머니상을 더욱 확고히 한다. 父의 기능이 모두 母에게 전가되었기 때문이다. 「해와 달이 된 오누이」의 '호랑이'는 전형적인 팔루스적 어머니의 상이다. 이야기 속에 제시된 가학적 母, 팔루스적 어머니는 주인공이 母로부터 분리되어야 하는 필연성을 야기하고, 상징적 父의 개입을 촉발한다.

다섯 이야기는 모두 인간의 성장의 첫 단계인 어머니와의 분리의 어려움에 비중을 두고 있다는 공통점을 가졌다. 이는 '집으로부터 벗어남'을 '전개'로 하여 집 밖에서의 주인공의 모험에 초점을 맞춘 서양의 '탐색담'과 다른 점이기도 하다. 주인공들은 모두 집을 떠나기까지 어려움을 겪고 있으며, 개중에는 목숨을 담보로 하거나(「해와 달이 된 오누이」) 실제로 '죽음'으로써 집을 벗어나는 경우(「심청」)도 있다. 아이가 어머니로부터 분리되기까지의 과정에 초점을 맞춘 이야기들을 아이들이 선택했다는 사실은 주목할 만하다. 이는 아이들의 심리적 관심이 어디에 있는가를 추측케 한다.

가족의 기본 조건을 '父-母-子'의 삼각구도로 보는 정신분석적인 시각으로 볼 때, 父의 부재는 '결핍'이다. 이야기 속에서 父의 빈자리는 상징적 父가 대체한다. 상징적 父는 주인공의 母로부터의 분리를 돕고 주인공에게 새로운 신분을 부여해준다.

---

10) 엘리자베스 라이트 편, 『페미니즘과 정신분석학 사전』, 박찬부 · 정정호 외 옮김, 1997, 한신문화사, pp. 499-501 참조.

11) 한나 시걸, 앞의 책, p. 55 참조.

| | 상징적 父/ 상징적 父의 대리인 | 주인공의 최종 신분과 지위 |
|---|---|---|
| 해와 달이 된 오누이 | 하느님 | 해, 달 |
| 나무꾼과 선녀 | 하늘/ (승천한) 선녀 | 수탉 |
| 심청 | 옥황상제/ 용왕, 국왕 | 왕후 |
| 콩쥐 팥쥐 | 하늘/ 감사 | 감사 부인 |
| 흥부 놀부 | 제비 황제 | 부자 가장(家長) |

다섯 이야기의 주인공들이 위기 상황에서 벗어나 새로운 국면을 맞을 수 있었던 것은 모두 새로운 힘, 즉 상징적 父의 개입 때문이었다. 상징적 父는 주인공의 신분과는 비교할 수 없을 정도로 극대화되어 있으며, 모두 인간을 '심판'할 수 있는 능력을 소유한 권력자이다. 또한, 상징적 父의 권능은 '금기'로 나타나기도 하는데 「나무꾼과 선녀」의 나무꾼은 '땅에 발을 디디지 말라'는 선녀의 금기를 어겨 수탉으로 퇴행하였으며, 「콩쥐 팥쥐」의 콩쥐는 '문을 열어주지 말라'는 감사의 금기를 어겨 팥쥐에 의해 죽음을 당했다가 겨우 환생하여 제 자리를 되찾는다. 상징적 父의 도움으로 주인공은 자신을 괴롭힌 母를 능가하는 높은 지위에 오름으로써 비로소 母로부터 분리되어 독립적인 존재로 자리 잡게 된다.[12)]

상징적 父는 주인공에게 상징물, 즉 주술적 작용물(magical agent)[13)]을 부여하는 것으로써 자신의 존재를 드러낸다. 주술적 작용물은 주인공에게 새로운 '이름'과 확고한 '지위'를 제공해준다. 그것은 주인공

12) 그러나 어머니로부터의 완전한 분리는 불가능하다. 주체에게 '원초적 모성'으로서의 '어머니'는 상징계 진입 후에도 '그리움'으로, 낙원에 대한 '향수'로 남기 때문이다.

13) 프로프는 몽둥이, 칼, 구슬 따위의 주술성을 가진 대상물이나 부싯돌, 반지 따위의 조술적 조수를 나오게 하는 대상물, 혹은 주인공에게 직접 주어진 성질이나 능력을 '주술적 작용물'이라고 하였다.—『민담형태론』, p. 47, p. 85 참조.

이 지금까지 맛보지 못한 전혀 다른 삶의 경지로 주인공을 이끈다. 각 이야기 속의 주술적 작용물은 주인공이 공간적으로 이동을 하거나 지위가 변하는 기점에 자리를 잡고 있다. 주인공의 이동경로를 그림으로 나타내면 다음과 같다.

**「해와 달이 된 오누이」**------------------**동아줄**---------→
땅(호랑이 어머니) 하늘(하느님)

**「나무꾼과 선녀」**----**선녀옷**--------**두레박**-----**용마**-----→
땅(어머니) 땅(선녀, 아이들) / 땅(사슴) 하늘(선녀) 땅(어머니)

**「심청」**-----------**조각배**--------**큰 꽃송이**-----------→
동네(심봉사) 용궁(용왕, 곽씨부인) 황궁(왕)

**「콩쥐 팥쥐」**----------------**신발**-----------------→
집(팥쥐, 팥쥐어미) 감사집(감사)

**「흥부 놀부」**---------------------**박씨**------------→
수숫대집(아내, 놀부, 놀부 아내) 명당(가족)

점선 아래의 표기는 주술적 작용물을 습득하기 이전과 이후의 주인공이 속한 공간을 나타낸 것으로, 괄호 속은 각각의 공간에서 주인공이 속하였거나 혹은 주인공과 밀접한 관계를 맺은 인물들을 명시한 것이다. 「심청」의 경우, '조각배'는 인당수에 빠진 심청을 구하기 위해 선녀가 타고 온 것('선녀가 조각배를 타고 옥피리를 불며 나는 듯이 떠 오더니'-경판, p. 39)으로 심청은 이 배에서 '회생약'을 먹고 살아난 후 배를 타고 용궁으로 간다. 또한 '큰 꽃송이'는 '조각배'가 변한 것이다. 주인공은 '땅에서 하늘'로, '집에서 사회'로, '母에서 父'로, '상상계에서 상징계'로 이동한다. 「나무꾼과 선녀」의 '선녀옷'과 '두레박'은 나무꾼에게 '증여'된 것이 아니라 각각 '훔치거나' '가로챈' 것으로, 다른 주인공들과 반대로 '하늘에서 땅으로', '父에서 母'로 이동한 나무꾼은 다섯 작품의 주인공 가운데 유일하게 불행한 최후를 맞는다. 한편, 옷의 주인인 선녀의 경우는 옷을 잃음으로써 땅에 종속되고, 되찾음으로써 하늘에 속하게 된다.

母로부터의 분리 혹은 상징적 父와의 해후에 결정적인 도움을 주는 주술적 작용물이 모두 '하늘'로부터 증여되었다는 점은 주목할 만하다.[14] 하늘은 위기에 직면한 주인공을 구원하고, 악을 징벌하는 강력한 힘의 원천이다. 일반적으로 다른 설화 속에서 주술적 작용물을 증여하는 '증여자'가 다양한 신분과 성격을 소유하고 있다는 점을 고려할 때(동물들, 낯선 사람, 노인, 도깨비 등) 다섯 이야기의 주술적 작용물이 모두 '하늘'로부터 증여되었다는 점은 특이하다. 각 이야기 속에서 하늘은 특별한 의미를 갖는데, '하늘'에는 '상징계'로서의 의미와 '저승'으로서의 의미가 동시에 함축되어 있다. 이에 대해서는 다음 장에서 좀 더 자세히 다루기로 한다. 한편, 일반적으로 주인공이 '주술적 작용물'을 훔치는 것으로 설정된 경우, '악한'으로부터 훔치고, 주인공이 이를 취득함으로써 악한이 피해를 입는 반면, 나무꾼은 '하늘'로부터 훔쳤으며, 피해자 역시 악인이 아니라 '선녀' 혹은 '선녀들'이라는 점에서 차이가 있다. 이러한 요소들은 주인공이 유일하게 불행해진다는 결말과 유기적 관련이 있는 것으로 보인다.[15]

14) 「심청」의 경우, '하늘나라'의 '옥황상제'의 명을 받은 용왕에 의해 증여된다.('옥황상제가 허락하시기로 너를 데려왔으니'—경판, p. 45) 한편, 앞에서 언급했듯이 「나무꾼과 선녀」의 '선녀옷'과 '두레박'은 증여된 것이 아니라 선녀(하늘)에게서 훔치거나 가로챈 것이라는 점에서 다른 것들과 차이가 있다.

15) 이는 「나무꾼과 선녀」와 같이 유형이 다양한 설화에서 근원적인 유형을 선별하는 데에 도움을 줄 수 있을 것이다. 예컨대, 어린이용으로 각색된 「나무꾼과 선녀」에는 나무꾼이 선녀를 강제로 아내로 취하고, 선녀가 자신을 버리고 떠나자 몰래 두레박을 타고 하늘에 오른 후, 도망간 선녀와 아이들

주술적 작용물들이 모두 '하늘'에서 증여되었다는 점 외에 공통점이 몇 가지 더 발견된다. 우선 '박씨'와 '선녀옷'을 제외한 모든 주술적 작용물이 요술 구슬이나 금방망이, 요술 반지와 같이 '보유'하는 물건이 아니라 주인공의 몸을 실어나르는 '이동수단'이라는 점이다. 그림에서 알 수 있듯 다섯 이야기에는 하늘, 땅, 바다의 이동수단이 모두 갖춰져 있다. 두 번째로는, 주술적 작용물이 진귀한 '보물'이 아니라 누구나 쉽게 접할 수 있는 일상적인 것이라는 점이다.[16] 다만, 그것이 과도하게 길고 크게 혹은 특별한 가치가 있는 것으로 표현되었을 뿐이다. 세 번째로는 모든 주술적 작용물에 남자 혹은 여자의 생식기관으로서의 의미가 함축되어 있다는 점이다. (이는 '누구나' 접할 수 있는 것이라는 두 번째의 특성과도 관련이 있다) 예컨대, 긴 동아줄이나 줄이 긴 두레박은 페니스에 대한 직접적인 은유이다. 이것의 발원지가 하늘이라는 점에서 그것은 팔루스(남근)의 의미를 갖는다. 또한, 앞에서 살펴보았듯이 선녀의 알몸을 가려줄 '마지막' 옷으로서의 '선녀 옷'은 나무꾼에게 페니스의 대체물이다. '꽃잎이 겹겹이 덮혀'(경판, p. 51) 있는 꽃송이('꽃봉이')나 신발 역시 여성의 은밀한 신체부위와 관련이 있다. 꽃송이(꽃봉이)의 경우, '꽃' 자체에서 이미

을 찾아서 행복하게 산다는 이른바 '나무꾼 승천담'이 많은데 이는 '인과응보'적인 설화의 일반적인 특성에도 위배될 뿐만 아니라 등장인물들에게 할당된 기능을 고려할 때 민담 고유의 이야기 구조와 결말과도 전혀 맞지 않는 유형이다.(블라디미르 프로프, 『민담형태론』, '제 6장 등장인물 사이의 기능의 할당' 참조) 이 유형은 나무꾼이 주술적 작용물을 악한이 아닌 선녀로부터 '갈취'한 것을 정당화하고, 두레박에 '편승'하는 것을 '승천'하는 것으로 이상화하였을 뿐만 아니라, '이드'의 속성을 상징하는 '사슴'의 위상을 신이한 존재로 부당하게 높여 이야기의 본질을 왜곡시켰다. '나무꾼 승천담'은 누군가의 손에 의해 각색된 유형일 가능성이 높다.

16) 선녀의 옷의 경우, '선녀'의 소유물이라는 점에서는 특별한 가치가 있으나, 이것 역시 값이 나가거나 특이한 기능을 보유한('반지'나 '도깨비 방망이' 따위) 희귀한 '보물'이 아니라, 쉽게 접할 수 있는 '옷'이라는 점에서 같은 의미를 갖는다.

'여성'성을 찾을 수 있으며, 앞에서 확인한 대로 여성의 '자궁'으로서의 의미도 내포되어 있다. '박' 역시 속씨식물로서 줄기의 생장이 왕성한 덩굴성 풀이며 생명력이 강하다는 점에서 같은 의미를 찾을 수 있다. 하늘에서 부여된 이러한 주술적 작용물들은 그것의 발원지나 모양, 숨은 의미 등에서 프로이트가 「민담 속의 꿈들」이라는 글에 소개한 민담 속 꿈의 재료들과 유사하다.[17)]

주술적 작용물들이 공통적으로 보유한 이러한 특징은 개개의 작품 내에서는 쉽게 드러나지 않았던, 주술적 작용물의 '팔루스'로서의

---

17) 프로이트는 「민담 속의 꿈들」(Dreams in Folklore)이라는 글에서 민담에 나타난 꿈의 내용을 소개하면서 꿈의 일화 속에 등장하는 몇 가지 중요한 삽화(揷話)의 상징적 의미를 밝힌 바 있는데, 몇 개의 꿈에 공통적으로 나타나는 삽화를 분석하면서 길게 늘일 수 있는 대상을 발기와 정액의 상징으로 보았다. 예컨대 '꿈과 현실'(Dream and Reality)과 '농부의 승천'(The Peasant's Assumtion to Heaven)이라는 제목으로 소개된 민담에서 그런 예들을 찾아볼 수 있다. 소개하면 다음과 같다.

우선 '꿈과 현실'이라는 예화에서 한 농부가 꿈에 번개에 맞아 죽어서 하늘에 올랐는데 가족을 보고 싶어하자 베드로가 거미로 변신시켜 땅으로 내려가게 되었다. 거미로 변신한 농부는 거미줄을 뽑아 밑으로 내려가는데 중도에 더 이상 거미줄을 뽑을 수 없게 되자 농부는 거미줄을 더욱 길게 뽑으려고 힘을 주었고 잠에서 깨어난 농부는 침대에 볼일을 본 자신을 발견하게 된다. 프로이트는 '거미줄'을 '배설물'로 해석하였는데 이어 '배설욕구' 뒤에 숨어 있는 '성적 욕구'를 지적하고 있다. 또, '농부의 승천'에서는 한 농부가 꿈에서 하늘로 갔는데 하늘에서 할 일이 없다는 것을 알고 땅으로 내려가기를 원하여 묶을 수 있는 것을 모두 동원하여 밧줄을 만들어 늘어뜨리고 그래도 줄이 땅에 닿지 않자 천사들의 조언으로 농부는 똥을 누어 그것으로 밧줄을 만들고 오줌을 누어 견사를 만들어 내려오게 된다. 프로이트는 이 꿈에 등장하는 '줄'과, 혹은 그것과 유사한 사물들을 정액의 상징으로 보았으며, 농부가 발기를 하려고 애를 쓰다가 이것이 성공을 거두지 못하자 배설에 의존하는 것으로 해석하였다.—S. Freud and Oppenheim, "Dreams in Folklore"(1957[1911]), *The Standard Edition of The Complete Psychological Works of Sigmund Freud. volume XII*, pp. 191-195.

프로이트는 각각의 꿈속에서 농부를 통해 만들어진 밧줄 혹은 이와 관련된 사물들을 '페니스'의 상징으로 보았는데, 다섯 이야기의 경우, 주술적 작용물들이 '하늘'에서 부여되었다는 점에서 생리적인 의미의 페니스가 아닌, '권력'의 의미가 함축된 '팔루스' 즉 '남근'의 의미로 파악할 수 있을 듯하다.

기능을 부각시킨다. 정신분석적인 시각에서, 주인공이 주술적 작용물을 부여받았다는 것은 아이의 욕망의 대상이 '어머니의 좌절된 젖가슴으로부터 아버지의 페니스로 이동'[18]하고, 어머니의 팔루스로 존재하던 아이가 아버지의 팔루스를 소유하게 되었다는 것으로 해석할 수 있다. 주인공이 '존재'의 차원에서 '소유'의 차원으로 발전한 것이다.

다섯 이야기의 주인공들을 '팔루스로 존재하느냐, 팔루스를 소유하였느냐'로 분류해보면 다음과 같다.

| (어머니의) 팔루스로 존재 | 나무꾼 |
|---|---|
| (아버지의) 팔루스를 소유 | 오누이, 심청, 콩쥐, 흥부 |

콩쥐의 상대역인 팥쥐 역시 '즈에미'의 연장에 불과하며, 어미로부터 분리되지 못했다는 점에서 나무꾼과 같은 입장에 있다. 팔루스를 소유했다는 것은 아버지의 법의 일원이 되었다는 것을 말하며, 이는 곧 상징계 진입을 의미한다. '팔루스로 존재하느냐' 혹은 '팔루스를 소유하느냐'의 문제는 상징계 진입 후에도 끊임없이 주체를 괴롭힌다. 나무꾼과 콩쥐가 상징계를 유지하는 가장 근본적인 힘인 '금기'를 지키지 못하여 결국 '죽음'으로써 그 대가를 치른다는 것은 불완전한 존재로서의 주체의 면모를 보여준다. 또한, 스스로 하늘의 일원이 될 기회를 잃어버려 수탉이 되어 영원히 땅을 벗어나지 못하게 된 나무꾼이나, 결혼을 하였음에도 자신의 미숙한 자아이자 *母*에 고착된 팥쥐에 의해 죽음을 당하는 콩쥐의 경우는 '끊임없이 팔루스를 자기 것으로 만들지 않으면 항상 다시 팔루스로 존재할 위험에 노출되어 있는'[19] 주체의 불안정한 상황을 말해주는 듯하다.

---

18) 한나 시걸, 『멜라니 클라인』, p. 59.
19) 장 벨맹-노엘, 앞의 책, p. 28.

프로프(Vladimir Propp)에 의하면 이야기의 가장 오래된 기초적 형태는 '입문의례' 계열의 이야기에서 비롯된 것으로, 이는 종교적 제의의 한 가지인 '입사(入社)제의'와 관련이 있다.[20] 많은 설화, 특히 전래동화와 가장 밀접한 민담이 '입사'의 문제를 다루고 있는 이유는 이 때문인지도 모르겠다. 이것은 엄마 품속의 아이가 거울단계를 통해 자아를 형성하고, 고통을 거쳐 상징적 질서의 일원이 되기까지를 단계적으로 보여주는 라캉의 '주체화' 과정과 유사하다.

이 책의 연구대상이 된 다섯 이야기들은 주체 형성의 전제조건인 '어머니와의 분리'의 문제에 비중을 두었다는 공통점을 가졌다. 사실, 주체가 재현되어 상징계에 자리를 잡은 이후에도 어머니와의 완전한 분리는 불가능하다. 주체는 언제나 결핍의 주체이고, 결핍의 근원에는 어머니가 있으며, 주체는 결핍을 메우기 위해 끊임없이 엄마 품에 대한, 낙원에 대한 그리움과 향수에서 벗어나지 못하기 때문이다. 현대소설 속의 주인공들이 상징적 질서에 적응하지 못한 채 '욕망'의 대상을 찾아 방황을 하는 모습은, 실현 불가능한 완벽한 충족을 꿈꾸며 원초적 모성을 그리워하는 주체의 특성을 단적으로 보여주는 것이기도 하다.

이런 점에서 아이들이 선택한 다섯 이야기는 현대 소설과 뚜렷한 차이를 보인다. 그것은 주체의, 어머니에 대한 향수나 그리움이 아니라 거꾸로 '어머니로부터의 분리'의 문제를 다루고 있기 때문이다. 뿐만 아니라 이야기의 방향은 '상징계 진입'을 향하고 있다. 이는 '초등학생'으로서의 아이들의 관심이 어디에 있는가를 추측케 한다. 아이들이 경험하기 시작한 '학교'는 상징적 질서의 가장 기초적인 토대를 형성하는 대표적인 공간이다. 매일 아침, 아이들은 규칙적으로 '집'을 떠나 '학교'를 향하고, 아이들에게는 자신의 의사와 관계없이

---

20) 블라디미르 프로프, 『민담의 역사적 기원』, 최애리 역, 문학과지성사, 1990, pp. 451-455 참조.

'학생'이라는 기표가 부여된다. 다섯 이야기는 '초등'학생으로서의 아이들이 당면한 가장 큰 문제를 다루고 있다. '집'과 '학교'를 왕래하는 반복적인 생활 속에서 아이들은 의식적으로든 무의식적으로든 자신이 이야기 속의 주인공들과 같이 상징계에 진입하지 않으면 안 될 운명에 처해 있다는 사실을 깨닫게 되었을 것이다. 다섯 이야기는 '자격'을 갖춘 자만이 행복한 삶을 영위할 수 있으며, '자격'의 기초는 '어머니'와의 분리에 근거한다는 사실을 말해주고 있다.

## 2. 상징계 진입을 위한 시련과 희생

상징계 진입은 상상계로부터의 분리를 전제로 한다. 상상계의 중심엔 원초적 *母*가 자리 잡고 있다. *母*로부터의 분리와 해방이 다섯 이야기의 공통된 화두이다. 주인공이 집을 떠나 다양한 인물들과의 교류를 통해 자신의 정체성을 확립해간다는 탐색담이 상징계 초입의 문제를 다룬 것이라면, 주인공이 *母*와 갈등을 일으키고, 집을 떠나기까지의 과정에 비중을 둔 다섯 이야기는 상상계로부터의 분리에 초점을 맞춘 것이다.

「나무꾼과 선녀」를 제외하고 주인공들은 모두 위협적이고 가학적인 *母*에게 쫓겨나거나, 쫓기듯 집을 나온다. 여기에, 「흥부 놀부」를 제외한 각 이야기들의 주인공들은 모두 '죽음'을 겪는다. 특히 '오누이'와 '심청'의 죽음은 스스로의 선택에 의한 죽음이다. 프로이트에 의하면 자아는 자신의 힘으로는 극복할 수 없다고 생각되는 지나치게 큰 실제적 위험에 직면해 있다는 사실을 알게 될 때 자신을 죽도록 방치해버리는데, 여기에는 보호자였던 어머니에게서 떨어지는 데서 오는 '불안'의 상황과 똑같은 상황이 존재한다고 한다.[21] 각 이야기 속의 주인공들의 '죽음' 역시 '최초의 분리'와 직결되어 있다.

등장인물들은 '죽음'을 기점으로 신분이나 지위가 변화된다. 스스로 죽음을 선택한 오누이와 심청은 각각 '해'와 '달', 그리고 '왕후'의 신분에 오를 수 있었고, 콩쥐는 죽음 이후에 비로소 감사 부인으로서의 기능을 수행할 수 있었다. 반면, 母와의 고착관계로부터 벗어나지 못한 나무꾼과 팥쥐는 각각 죽어서 수탉으로 전락하거나 자신의 母의 음식재료가 되는 비참한 운명에 처해진다. 그들은 '죽음' 이후에 전혀 새로운 인물로 재창조된다. 예컨대 「해와 달이 된 오누이」에서 오누이가 하늘에 올라 '해' 그리고 '달'이라는 기표로 재현된 순간, 과거의 오누이는 완전히 사라진다. '해'와 '달'의 탄생은 곧 오누이의 죽음을 의미한다. 「심청」의 '왕후'나, 「콩쥐 팥쥐」의 '감사 부인'은 더 이상 '심청'과 '콩쥐'가 아니다. 「나무꾼과 선녀」의 '수탉'에게서 '나무꾼'의 흔적은 조금도 찾아볼 수 없다. 이야기의 결말에서 주인공들의 애초의 호칭은 사라진다. 이는 각 이야기의 가장 핵심적인 주제이기도 하다.

라캉에 의하면 '상징이란 실제 사물의 살해이다.'[22] 기표가 사물을 대신하는 순간, 실제 사물은 사라지고 기표만 남듯, 주체는 상징계의 조직망에 들어서는 순간 본래의 자신을 상실하고, 기표의 이름으로 새롭게 '재현'된다. 재현된 주체, 결핍의 주체를 나타내는 '빗금 친 S'($) 역시 완전한 충족상태인 S의 죽음을 의미한다.

'죽음'에는 고통이 수반된다. 우리의 의식에 죽음 이후의 세계, 즉 '저승'이라는 단어에는 '두려움'과 '거부'의 의미가 깔려 있다. 각 이

---

21) 프로이트, 『쾌락원칙을 넘어서』, pp. 156-157.

22) J. Lacan, *ÉCRITS: A Selection*, p. 104, "Thus the symbol manifests itself first of all the murder of the thing, (…)"

야기에서 '저승'은 '하늘'과 '물(물속)'로 표상된다. 그런데 이야기에 제시된 저승은 '끝'이 아니다. 종종 그곳은 '저승'인 동시에 '구원'의 장소이다. '하늘'은 이러한 의미를 상징적으로 보여준다. 죽어야만 갈 수 있는 그곳은 새로운 삶의 장소이기도 한 것이다. '승천'(昇天)이라는 단어에는 죽음과 삶의 의미가 동시에 함축되어 있다. '하늘'은 부활한 존재들이 정착하여 새로운 삶을 사는 세계로서의 의미를, '물'(물속)은 삼칠일 동안 갇혀 지내야 하는 단군신화의 '동굴'이나, 장미 가시에 찔린 공주의 '깊은 잠', 독이 든 사과를 먹은 백설공주의 '죽음'과 같이 재생을 위해 거쳐가는 '통과의례'로서의 의미를 부각시킨다. '죽음'은 끝이 아니라 '출발점'이다. 「해와 달이 된」 오누이에서 "우리를 살리시려거든 새 동아줄을 내려 보내고, 죽이시려거든 썩은 줄을 내려주시오"라는 오누이의 간절한 바람 속에는 '죽음'의 의미가 축약되어 있다. 이들에게 죽음은 '삶을 위한 죽음'이다.

'죽음'은 상징계의 시작이요, '주체로서의 삶'을 위한 필연적인 관문이다. 「해와 달이 된 오누이」, 「심청」, 「콩쥐 팥쥐」의 주인공들이 겪는 '죽음'은 성숙을 위해 반드시 겪어야 하는 통과의례적인 죽음이다. 그들은 '죽음'으로써 비로소 독립을 획득하고 개별적인 존재로 자리 잡는다. 그들에게 '죽음'은 새로운 삶의 시작이다.

등장인물들의 죽음의 의미를 정신분석 용어를 빌려 표현한다면, '승화'와 '퇴행'으로 나눌 수 있다.

| 승 화 | 해와 달(오누이), 왕후(심청), 감사 부인(콩쥐) |
|---|---|
| 퇴 행 | 호랑이(오누이의 어머니), 수탉(나무꾼), 국거리(팥쥐) |

표에 나타나듯, '승화'와 '퇴행'은 각 등장인물들의 삶의 결과이다. 승화와 퇴행을 통해 등장인물들에게 새롭게 부여된 지위는 죽음이 삶의 끝이 아니라 삶의 연장이라는 사실을 말해준다. '승화'의 자

격에는 아이와 어른의 구분이 없으며, 승화와 퇴행의 기준은 '성숙'의 여부, '분리'의 여부에 달려 있다는 사실을 확인할 수 있다.

퇴행한 인물들의 퇴행의 상태가 '동물'이나 '동물' 이하의 '사물'이라는 점은 각 이야기 속의 죽음의 본질적인 대상이 무엇인가를 구체적으로 말해준다. 그것은 땅에 속한 것으로서 어머니이거나 어머니의 부속물이며, 쾌락적이고 본능적인 속성이다. 퇴행의 결과물에는 자격미달자에 대한 '경고'의 메시지가 담겨 있다. 오누이처럼 하늘의 승인을 받지 않고 몰래 두레박에 몸을 실은 '나무꾼'이나, 제 발에 맞지 않는 신발을 억지로 신으려는 '팥쥐'는 같은 인물이다. 이들에게는 이미 불행한 결말이 예고되어 있었다.

주체는 '죽음'과 같은 고통스러운 과정을 겪고도 '충족'된 삶을 보장받지 못한다. 주체가 죽음을 대가로 획득한 것은 새롭게 부여된 '지위'뿐이다. 죽음 이후의 재생(再生)의 세계는 유토피아가 아니다. 그곳은 오래전에 경험한 완전한 충족, '낙토'(樂土)의 행복을 더 이상 누릴 수 없는, 상상으로나 경험할 수 있는 곳이다. 주인공이 경험하게 될 '행복'은 아버지의 이름, 아버지의 법 안에서만 허용되는 제한적인 행복이다. 하늘에 오른 나무꾼이 땅의 노모를 그리워한다거나 감사부인이 된 콩쥐가 감사의 금기를 어기고 팥쥐를 따라가는 행동은 주인공에게 부여된 새로운 세계가 결코 주인공에게 완벽한 만족을 줄 수 없다는 사실을 말해준다.

다섯 이야기의 주인공의 성별을 분류할 경우, 공교롭게도 남녀의 성비(性比)가 같다. (오누이－男女, 심청－女, 나무꾼－男, 콩쥐－女, 흥부－男) 뿐만 아니라 지위와 역할에서 남녀의 구분이 없다. 가령, 여자 주인공의 경우도 모두 독립적인 주체로 자리 잡는다. 가령, 「해와 달이 된 오누이」에서 삼라만상을 관장하는 '달'이 된 누이동생은 물론이고, '부인'으로서의 심청과 콩쥐 역시 남편에게 종속된 인물이 아니라, 자신의 지위를 통해 각각 맹인잔치를 열어 '심봉사'에게서

'봉사'라는 딱지를 떼고, 팥쥐와 팥쥐어미를 죽음으로 단죄하는, '아버지의 법의 대리인'으로서의 역할을 행사하는 독립된 주체이다.

다섯 이야기의 주인공들은 나이가 어리거나 미숙하고, (상징적) 母에게 종속되어 있으며 가난한 환경에 있는 인물로 설정되어 있다. 또한 그들은 신화 속 주인공처럼 출생이 비범하지도 않고, 남다른 혈통을 소유하지도 않았으며, 신분이 높지도 않고, 뛰어난 능력을 갖추고 있지도 않다. 주인공에게 부여된 속성과 주인공을 둘러싼 환경은 어른에 비해 물질적·정신적으로 상대적 빈곤감을 느끼는 실제 어린이들의 경우와 유사하다. 다섯 이야기 속의 주인공들은 어린이들이 동일시할 수 있는 조건을 모두 갖추고 있는 셈이다.

에릭슨(Erik H. Erikson)에 의하면 이미 아동기를 벗어난 청년들, 가장 반항적인 청년들도 종종 임상에서 '어머니로부터의 첫 해방'을 반복한다. 에릭슨은 이런 현상을 자신의 윤곽을 다시 긋고, 이에 따라 자신의 아이덴티티의 기초를 재건하려는 욕구에서 비롯된 것으로 새로운 전진을 위한 퇴행으로 보았다.[23)]

라캉의 시각으로 볼 때, 인간의 발달 과정에는 매 단계마다 자살에 가까운 희생이 내포되어 있다.[24)] 상상적 동일시에 의한 나르시스적인 자살 충동에서 그러한 경향을 엿볼 수 있다. '가학적인 母'에 대한 환상과 '죽음'의 장치는 아이의 최초의 '불안'에서 비롯된 것이다.

---

23) 에릭슨, 『아이덴티티(Identity－Youth and Crisis)』, 조대경 역, 『현대의 신화/아이덴티티』(※ 합본), 삼성출판사, 1997, p. 287, p. 375 참조.
또한, 베텔하임은 「헨젤과 그레텔」를 반복하여 읽은 한 10대 소녀가 성인이 된 후, 사춘기까지 계속 오빠에게 의존적이던 자신이 오빠에 대한 의존에서 벗어나는 데에 「헨젤과 그레텔」이 큰 도움이 되었다는 경험을 소개하였다. 「헨젤과 그레텔」은 오누이와 어머니와의 분리의 문제에 초점이 맞춰져 있지만, 이와 더불어 오빠에게 종속되었던 동생 그레텔이 독립체로 성장하는 과정도 다뤄져 있다. 그에 의하면, 이와 같이 어렸을 때 어떤 이유로 의미를 지녔던 이야기가 청년기에는 또 다른 이유로 도움을 줄 수 있다고 한다.－『옛이야기의 매력』 1, p. 31 참조.

24) 아니카 르메르, p. 266.

다섯 이야기는 아이들에게 어떻게 살아야 하는가에 대한 하나의 지표를 제공해준다.

「나무꾼과 선녀」에서 '하늘'의 구성원이 될 기회를 상실하여 영원히 '수탉'으로서 살아가게 된 나무꾼은 「해와 달이 된 오누이」에서 오누이가 '하늘'행을 선택하지 않았을 경우 어떤 운명에 처하게 될지를 암시해준다. 만약 오누이가 동아줄에 몸을 맡기지 않았을 경우, 오누이는 (부모가 자식을 잡듯) 호랑이 어머니에게 잡아먹히거나 '호랑이 새끼'로 전락하여 영원히 호랑이의 품을 벗어나지 못했을 것이다.

'죽음'의 장치는 주체화 과정에 따르는 '고통'의 의미를 집약적으로 혹은 상징적으로 보여준다. '죽음'은 사회의 다양한 구성원으로 자리 잡기 위한 전제조건이다. 이를 비껴갈 경우, 주체는 '주체'로서의 삶을 살지 못하고 '어머니'라는 견고한 우리에 갇혀 영원히 '동물'과 같은 삶을 살아야 한다는 것이 각 이야기가 전하는 공통된 메시지이다.

# Ⅳ. 결 론

이 글은 한국의 초등학생들에 의해 선택된 한국의 전래동화 다섯 편을 대상으로 하여 프로이트와 라캉의 정신분석적 시각을 통해 각 작품에 내재된 심층적인 의미를 면밀히 분석하고, 분석 결과를 토대로 대상 작품들을 통합하였을 때 어떤 새로운 의미망이 형성되는지 탐색하기 위하여 쓰였다. 각 작품에 숨겨진 내밀한 밑그림을 찾기 위해 텍스트 선정에 신중을 기하였으며, 텍스트를 천착하는 내재분석으로 전래동화의 본질적인 의미에 접근하고자 하였다. 분석 결과, 다음과 같은 의미를 도출해낼 수 있었다.

Ⅱ의 1. '파편화된 신체, 나르시시즘적 욕망-「해와 달이 된 오누이」' 에서는 도입부의 '반복', 어머니의 '파편화된 신체', '젖먹이', '호랑이', '집', '우물'을 통해 작품에 짙게 깔려 있는 어머니의 나르시시즘적 욕망에 대해 살펴보았고, 호랑이의 죽음과 '붉은 수숫대'를 통해 '액막이'와 '모성'의 의미를 이끌어냈다. 이러한 분석 내용은 호랑이를 자식이 셋(혹은 셋 이상)이나 딸린 가난한 홀어머니의 변신으로 보았기에 가능한 것이었다. 아울러 '어머니'에 관한 내용이 작품의 도입부 전체를 차지할 만큼 '어머니'가 비중 있는 인물임에도 불구하고 그간 중요하게 다뤄지지 않았던 중요한 이유를 '셋째' 아이, 즉 '젖먹이'의 존재 자체에 대한 무관심에서 찾았다. 자식이 많다는 것은 '어머니'의 속성을 제대로 파악할 수 있는 중요한 환경적인 요인이며, '먹는 행위' 역시 드러난 의미로든 숨은 의미로든 무시할 수 없는 중요한 장치이기 때문이다. 결국 어머니의 나르시시즘적 욕망은 오누이가 상징적 아버지('하늘' 혹은 '하느님')를 끌어들임으로써 성

취될 수 없었으며, 오누이는 마침내 엄마 품에서 벗어나 각각 독립된 '주체'로 자리 잡는다는 것을 이야기의 중요한 줄기로 파악하였다.

Ⅱ의 2. '환상 속의 그대, '대상 (*a*)'를 찾아서-「나무꾼과 선녀」' 에서는 「나무꾼과 선녀」의 수탉유래담을 텍스트로 하여, '땅과 하늘', '어머니와 아버지', '나무꾼과 선녀'의 세계로 이분화되는 서사구조 속에서 주인공이 두 개의 세계를 왕래하다가 결국 불행을 자초할 수 밖에 없었던 근본적인 원인을 주인공과 어머니의 고착 관계에서 찾았다. 주인공이 유화속의 공통된 호칭인 '총각' 대신 '나무꾼'으로 불리는 이유 가운데 한 가지를, 어머니와의 불가분의 관계에 있는 주인공의 특성이 '나무꾼'이라는 기표에 내재해 있기 때문으로 파악하였다. 나무꾼이 선녀를 '내보내'고 또 다른 선녀를 꿈꾸고, 어머니를 그리워하다가 '땅'에 발을 디뎌 마침내 수탉으로 전락하는 과정을, 나무꾼이 자신의 근원적인 결핍을 충족시켜줄 것이라고 믿는 대상, 그러나 결코 충족될 수 없는 대상 (*a*)를 찾는 과정으로 파악하였으며, 이러한 일련의 과정들이 애초에 나무꾼(낡군)의 욕망이 어머니의 '남근'이 되는 것에 있었다는 것을 말해주는 것으로 보았다. 여기에 나무꾼의 행적에 결정적인 역할을 하는 '사슴'의 의미를 기존의 지배적인 해석인 '신이한 존재'나 '영험한 인물'과는 전혀 다른 나무꾼의 이드(id)로 파악하였다. 또한 '금기'란 상징계를 관장하는 자격을 갖춘 자만이 행할 수 있는 것으로, 나무꾼으로 하여금 '어머니'가 속한 '땅'에 발을 디디지 못하게 한 선녀의 금기를 통해 '근친상간적 욕망의 금기'에 기초한 '금기'의 본래의 기능에 대하여 살펴보았다.

Ⅱ의 3. '아버지 콤플렉스와 효녀 토템-「심청」'에서는 본래 신에게 바치는 속죄 의식인 '인신공양'(인신공희)이 효행의 방법으로 행해진 것을, 무조건적이고 완전한 것으로서의 '효'의 특성을 단적으로 보여주는 것으로 파악하였다. 또한 '효'에 가려진 의미들을 추적해가는 과정에서 작품의 바탕에 '심봉사'라는, '장님'으로 표상되는 무력

한 아버지와 영원한 '효녀'로 숭상되는 어린 심청의 심리적인 대결구도가 숨겨져 있다는 사실을 확인할 수 있었다. '심봉사'의 신체적 특징인 '실명'의 원인을 추적하는 과정에서 심봉사의 실명을 정신적 충격에 의한 '심인성 시각장애'로 볼 수 있는 근거들을 찾을 수 있었다. 또한, 고대 원시부족 사회의 종교적 의식에서 비롯된 '인신공양' 풍습을 통해 심청의 심봉사를 향한 양가적 감정의 뿌리를 원시사회의 아들들이 가졌던 '아버지 콤플렉스'에서 비롯된 것으로 보았다. 아울러 국왕과 왕후의 관계를 통해 심봉사와 곽씨부인의 관계를 추측할 수 있었고, 국왕과 심청의 관계와 심봉사가 '딸'과 같은 여자와 결혼을 한다는 점 등을 통해 심봉사와 심청의 오이디푸스적 관계 또한 유추할 수 있었다. 여기에 '공양미 삼백 석'을 '심청의 몸'으로서의 '쌀'로 해석하여, 쌀로 만든 '떡'과 '잔치'의 관련성을 통해 심청이 주관한 '맹인잔치'와 아들의 살을 나눠먹은 '성찬의례'와의 유사성을 찾아냈다. 또한 '좋고 나쁨', 즉 '흑백을 분간치 못하'는 '맹인'들의 '잔치'라는 점에서 '맹인잔치'를 인격을 수양하는 '공양'의 한 형태로 파악하였다. 결국 장님의 감겼던 눈을 뜨게 만든 '맹인잔치'는 심청의 몸을 나누어 먹음으로써 깨우치게 되는 하나의 의식으로 볼 수 있고 이런 점에서 고대 토템의 향연과 유사한 점이 있다는 사실을 확인할 수 있었다. '효'에 의해 희생되었던 어린 소녀가 아버지의 지위에 올라 아버지와 화해함으로써 아버지에 대항하는 소망을 달성하였을 뿐만 아니라 만인 앞에서 미숙한 아버지를 깨우치고, 이를 맹인잔치라는 향연을 통해 만천하에 알리게 된다는 것을 이 작품의 본래의 의미로 파악하였다.

Ⅱ의 4. '주체의 분리와 재현－「콩쥐 팥쥐」, 「흥부 놀부」'에서는 콩쥐와 팥쥐, 흥부와 놀부를 별개의 두 인물이 아니라 한 존재의 미분화된 두 가지 인격으로 보고, 동정과 연민의 대상으로서 나약하고 미숙했던 주인공이 어느 날 갑자기 환상적인 사건을 계기로 이상화되

어 자신과 불가분의 관계에 있던 형제 혹은 자매와 분리되고, 개별적인 존재로 자리 잡게 되는 과정을 라캉의 '주체화' 과정으로 파악하여 권선징악이라는 표면적인 주제에 가려진, 이면(裏面)의 숨은 의미에 접근하고자 하였다. 분석 과정에서 두 이야기의 주인공들이 모두 분리와 분열의 과정을 거쳐 자아를 형성하고 주체로 재현되는 과정을 겪는다는 점에서 라캉의 주체화 과정을 엿볼 수 있었으며, 이상적이고 허구적인 '자아'에 기반한 '주체'의 본질 역시 확인할 수 있었다. 이에 '굿', '신발', '집 지위' 따위를 '주체'를 형성하는 기표로 파악하여 주체 형성의 자격 혹은 주체가 되기 위한 전제조건이 무엇인지 살펴보았다. 특히, 「콩쥐 팥쥐」의 '감사'라는 신분과 「흥부 놀부」의 제비 '황제', 근원설화인 「방이설화」의 '도깨비'와 '금방망이', 그리고 주인공 '김방이'(금방이)를 통해 상징계를 관장하는 '아버지'의 역할과 기능에 대해 살펴보았고, '상실'을 통해서만 '재현'될 수 있는 '주체'가 필연적으로 분열과 소외의 존재라는 사실을 확인할 수 있었다.

Ⅲ. '통합 텍스트 읽기'에서는 대상 텍스트들을 통합하여 다섯 작품이 공통적으로 함축하고 있는 의미와 각 텍스트가 지향하는 공통된 주제가 무엇인지 탐색하였다. 이는 다섯 작품이 통합이 되었을 때 어린이의 사고 속에서 어떤 작용을 할 것인가와 나아가 어린이들이 이들 작품에 높은 관심을 보인 이유를 유추하기 위한 것이었다. 우선 다섯 작품의 '구조'적 특성을 '부(父)의 부재와 부정적 모성'에서 찾았다. '아버지의 부재'가 일단 작품의 초점을 주인공과 어머니의 관계로 집약시키고, 이야기 속의 어머니가 부정적 모성, 즉 팔루스적 어머니가 되는 데에도 영향을 주었다는 것을 알 수 있었다. 팔루스적 어머니, 가학적인 母에 대한 환상은 일차적으로 착한 어머니에 대한 이미지를 보존하기 위한 것이며, '분리 불안'이 만들어낸 환상으로, '불안'에 대한 방어체계와도 관련이 있는 것으로 보았다. 결국 '부(父)의 부재와 부정적 모성'은 주인공에게 '상징계 진입'이라는 하나의

지향점을 제시해주고, 상징적 부의 개입을 촉발하여 '어머니와의 분리'를 실현시킴으로써 주인공이 독립적인 존재가 되도록 한다는 사실을 확인하였다. 다섯 이야기는 모두 성장의 첫 단계인 어머니와의 분리의 어려움에 비중을 두고 있다는 공통점을 가졌는데 이는 주인공이 집을 떠난 이후의 모험을 중심으로 전개되는 서양의 탐색담과 다른 점으로, 이를 통해 어린이들의 관심이 어디에 집중되어 있는지를 유추할 수 있었다. 또한, 다섯 이야기에서 주인공이 母로부터 분리되어 개별성을 획득하는 데에 결정적으로 도움을 주는 '주술적 작용물'이 모두 '상징계'를 의미하는 '하늘'로부터 부여되었으며, 흥부 놀부를 제외한 모든 주술적 작용물이 주인공의 '이동수단'이며, 모두 공통적으로 '성적' 의미가 함축되어 있다는 것을 알 수 있었다.

아울러 「흥부 놀부」를 제외한 각 이야기들의 주인공들이 '죽음'을 겪는다는 점에 주목하여 '상징계 진입을 위한 시련과 희생'에 대하여 살펴보았다. '오누이'와 '심청', '콩쥐'의 '죽음'은 그것으로 끝이 아닌, 즉 '삶을 위한 죽음'이라는 사실을 알 수 있었다. 즉, 이들의 죽음을 주체화 과정에 따르는 '고통'의 의미를 집약적으로 보여주는 '통과의례적인 죽음'으로 해석하였다. 또한 만약 이들이 죽지 않았을 경우, 수숫대에 찔려 죽은 호랑이나 수탉이 된 나무꾼, 혹은 팥쥐처럼 불행한 최후를 맞이했을 것이라는 사실을 퇴행한 인물들의 죽음을 통해 추측할 수 있었다. 결과적으로 다섯 이야기가 공통적으로 다루고 있는 '어머니와의 분리', '죽음', '독립적 주체로의 성장'의 문제를 통해 아이들이 현재 겪고 있는 심리적인 갈등이 무엇인지를 유추할 수 있었다.

각 이야기 속에서 주인공들이 '죽음'을 겪으면서까지 진입하고자 하는 상징계는 결코 원초적 어머니의 품처럼 환상적이고 완전한 충족을 줄 수는 없는 곳이다. 대신 그곳에는 정의롭고 분별력이 뛰어난 상징적 아버지가 있다. 상징적 아버지는 「해와 달이 된 오누이」의 '호랑이'나 「나무꾼과 선녀」의 '나무꾼', 「콩쥐 팥쥐」의 '팥쥐', 「흥부 놀부」의 '놀부'와 같이 자격 미달자이면서도 흉내 내기에 급급한 '사이비'(似而非)를 구분할 수 있는 인물이다. 상징적 아버지는 절대 권력을 소유하였으되 권력을 적재적소에 사용할 줄 아는 인물이다. 이야기 속에 소개된 상징계는 정의가 실현되는 곳이고, 주체로서의 자격을 갖춘 사람은 인간다운 삶을 보장받을 수 있는 곳이다. 그리하여 죽음을 무릅쓰고라도 갈 만한 가치가 있는 곳이다.

정신분석가들에 의하면, '어린이'는 '어린' 존재라는 그 자체만으로 심한 심리적 압박과 갈등을 겪는다고 한다. 다섯 이야기의 주인공들은 미숙하고 의존적이라는 점에서 혹은 동정과 연민의 대상이라는 점에서 어린이를 빼닮았다. 다섯 이야기의 주인공들은 영웅 신화나 영웅 소설 속의 주인공처럼 비범하거나 특별한 것이 전혀 없는 지극히 평범한 인물이다. 이런 주인공이 상징계의 주체로 당당히 거듭난다는 사실은 어린 독자에게 미래에 대한 불안을 불식시키고 기대와 희망을 안겨줄 것이다.

이런 점을 고려할 때, 텍스트의 원형(原形)은 더욱 보존되어야 한다. 「해와 달이 된 오누이」의 '세(혹은 넷) 아이'가 '두 아이'로 축소되고, 콩쥐와 심청에게 지나치게 '미'(美)적 의미가 부여되고, '범죄자'인 나무꾼이 '행복'하게 되고, '미숙'하고 '의존'적인 흥부가 '절대선'의 상징처럼 묘사되는 등 원화(原話)의 중요한 장치들이 훼손된다면 어린 독자들은 자신이 동일시할 대상에서 멀어져 심리적인 위안과 성장의 기회를 박탈당하게 될 것이다.

사실, 이야기 속에 제시된 어린이들의 미래, 즉 어른들의 현재는 실제로는 이야기 속에서처럼 정의롭지도 않고, 분별력이 있는 힘에 의해 유지되고 있는 것 같지도 않다. 오누이 대신에 호랑이가 구원되고, 선녀를 강제로 '취'한 나무꾼이 '승천'하여 잘살고, 콩쥐를 죽인 팥쥐가 감사 부인이 되고, 놀부와 같은 과도한 욕심쟁이가 부자가 되는 경우를 우리는 심심치 않게 볼 수 있기 때문이다. 그러나 다섯 이야기는 호랑이나 나무꾼, 팥쥐나 놀부처럼 자격 미달자가 쉽게 무언가를 획득하려는 것은 흉내 내기에 불과한 것이며, 그들에게는 불행한 결말이 기다리고 있다는 사실을 강하게 전하고 있다. 이야기의 결말은 우리에게 이에 대한 확신을 준다.

프로이트에 의하면 어린 시절에 읽은(혹은 들은) 전래동화는 성장 후의 삶에도 적지 않은 영향을 미친다. 등장인물과의 동일시를 통해 어린 독자가 이야기 속의 인물처럼 당당한 어른으로 성장한다면, 그들이 주체가 되어 만들어갈 상징계는 지금보다 훨씬 살아봄 직한 곳이 될 수 있을 것이다. 어린이들이 다섯 이야기를 선택한 이유 역시 이에 대한 믿음과 희망에서 나온 것일지도 모른다.

제 2 부

# 한국 전래동화의 원형(原形)과 변용

## -「콩쥐 팥쥐」 이야기를 중심으로-

# 1. 들어가며

어린이를 수용자로 하는 '전래동화'는 전달자의 손질 과정을 거친다. 그것은 태생적으로 '교육'과 불가분의 관계에 있는 아동문학의 특성과도 관련이 있을 것이다. 한국 전래동화의 출처는 상당수가 한국의 설화이다.[1] 설화가 오랜 세월 동안 생명력을 유지할 수 있었던 이유 가운데 한 가지는 시공을 초월한 '보편성' 때문이다. 그러나 설화가 전래동화로 변용되는 과정에서 전달자의 비중이 커지게 되면서, '보편성'이라는 설화의 본질적 특성이 개인의 가치관에 의해 손상되는 경우가 비일비재하게 되었다. 현재 한국의 수많은 전래동화가 이러한 문제에 직면해 있다. 이 글은 한국의 전래동화가 무분별한 각색으로 설화 본래의 가치가 심하게 훼손된 것에 심각한 문제점을 느끼고, 한국의 전래동화 가운데 외국 설화와 국내 소설의 영향 속에서 각색정도가 심하다고 판단되는 「콩쥐 팥쥐」를 선택하여, 원형(原形)[2]을 탐색하고, 원화(原話)의 의미가 전래동화로 변용[3]되면서 어떻게 변화

1) '전래동화'의 개념에 대해서는 이견이 있으나, 일반적으로 전래동화는 아동을 대상으로 한 '옛이야기'를 총칭한다. 주로 민담을 비롯한 설화류가 많고 고전소설 등의 서사물도 포함된다.

2) 사실, '구비전승'된 텍스트의 '원형(原形)'을 찾는다는 것은 근본적으로 불가능하다. 이 글에서 말하는 '원형(原形)' 혹은 '원화(原話)'란 각색물에 대한 상대적 개념으로서 전래동화의 '모형(母形)'으로서의 의미를 갖는다.

3) 여기에는 설화의 전래동화로의 변용뿐만 아니라 전래동화 자체의 변용도 포함된다. 한편, 작가가 의도적으로 설화를 새롭게 해석하여 재조명한 패러디(parody)나 창작물은 이 글의 연구대상에서 제외된다.

되었으며, 이로 인해 파생된 문제점이 무엇인가를 살펴보고자 한다.

## 2. 선행연구 검토 및 문제제기

설화, 소설, 전래동화를 막론하고 지금까지 발표된 「콩쥐 팥쥐」 관련 연구는 크게 '신데렐라'형 외국 설화와의 비교, 설화 혹은 소설 자체에 대한 연구, 전래동화로의 수용양상과 관련된 연구 등 세 가지로 분류할 수 있을 듯하다. 이 글은 그간에 발표된 모든 논문을 참고하되, 여기에서는 기원 문제를 다룬 논문과 전래동화로의 수용양상 관련 논문에 대하여서만 살펴보기로 하겠다. 이외의 관련 논문들은 본문에서 다루게 될 것이다.[4)]

---

4) 필자가 찾은 「콩쥐 팥쥐」 관련 연구는 1929년 최남선의 「조선의 콩쥐 팥쥐는 서양의 신데렐라 이야기」(≪괴기(怪奇)≫ 제2호); 『육당 최남선 전집』 9, 현암사, 1974)를 필두로 2008년 나주연의 「재복데기 계열 서사가 주목한 인간 삶의 문제」(『동화와 번역』 15, 건국대동화와번역연구소)에 이르기까지 40여 편에 이른다. 이 연구들의 상당수는 이전 연구자들에 의해 반복되어 정리되었다.-선행연구에 대해서는 이원수의 「〈콩쥐 팥쥐〉 연구의 경과와 전망」(『어문학』 61집, 한국어문학회, 1997), 그리고 오윤선의 「'콩쥐 팥쥐 이야기'에 대한 고찰-당대 연구자들의 국어관을 중심으로」(『어문논집』 42, 민족어문학회, 2000)와 「세계 신데렐라유형 이야기군 속에서의 〈콩쥐 팥쥐 이야기〉 고찰」(『동화와 번역』 11, 2006)에 비교적 자세히 정리되어 있다.
그간의 연구는 연구범위가 주로 국문학 분야에 국한되어 있어서 상대적으로 전래동화로의 변이양상에 관한 연구는 연구사검토에서 제외된 경향을 보인다. 이 글에서는 「콩쥐 팥쥐」 이야기의 기원에 관해 언급한 논문과, 그간 연구사검토에서는 간과되었으나 본 논문과 관련이 깊다고 판단되는 설화의 전래동화로의 수용양상과 관련된 연구들을 살펴보기로 한다. 단, 문제제기는 「콩쥐 팥쥐」 관련 전체 논문을 대상으로 이루어질 것이다.

권순긍은 「〈콩쥐팟쥐전〉과 고소설의 동화화(童話化)경향」[5]에서 「콩쥐 팥쥐」 이야기의 '원형'을 콩쥐의 혼인까지로 보고, 후반부를 "소설적 개작"(p. 55)으로 파악하였다. 그런데 그는 방정환의 글[6]에 언급된 '영원한 아동성'의 의미를 자의적으로 해석하여 "콩쥐의 수동성과 가련함이 이 '영원한 아동성'과 일치하여 동화의 대명사로 자리를 굳히게 됐다"(p. 62)고 하고, 동화로 정착되면서 "수동적 의미의 동화로 전락하게 되었다"(p. 63)고 하였으나 연구대상으로 삼은 단 한 편의 동화 「금선의 이약이」[7]는 계모담의 하나일 뿐 「콩쥐 팥쥐」로 볼 수 없으므로 주장 자체가 무의미해졌다.

이원수는 「콩쥐 팥쥐 설화연구」[8]에서 『한국구비문학대계』에 실린 콩쥐 팥쥐의 유화(類話) 중 온전한 스토리를 가진 여섯 편을 주인공의 이름에 따라 세 계열로 나누어 원형을 추정하였는데, 연구대상 범위를 한 설화집에 한정하고, 주인공 이름이 혼선을 보이는 것을 오랜 전승 내력의 이유로 삼거나, 이름으로 계열을 나눈 탓에 각 편의 특성을 살리지 못한 채 한 계열의 유화 전체를 소설의 영향을 받은 것으로 추정한 점 등은 문제점으로 보인다.

최운식, 김기창은 「'콩쥐 팥쥐'와 '신데렐라'의 비교」[9] 중 '「콩쥐 팥쥐」의 전승양상'에서, 후반부가 있는 설화를 '기본형'으로, 나머지

5) 『성대문학』 25, 성균관대 국문과, 1987, pp. 49-64.

6) 「새로 개척되는 동화에 관하여-특히 소년 이외의 일반 큰이에게」, ≪개벽≫ 31호, 1923. 1, pp. 18-25.

7) ≪개벽≫ 33호, 1923. 3월호, pp. 51-57. ※ 이 글은 ≪개벽≫에서 주최한 '고래(古來)동화 현상모집' 3등 당선작으로, 주인공-계모-이복동생이라는 인물관계와, 계모의 전실 자식 학대라는 계모담의 기본 내용만 비슷할 뿐 「콩쥐 팥쥐」 이야기로 볼 수 없다. 오히려 일부 내용이 「연이와 버들도령」 설화와 유사하다.

8) 『문학과 언어』 19권 1호, 문학과 언어학회, 1997. 12, pp. 71-94.

9) 『전래동화 교육의 이론과 실제』, 서울: 집문당, 1998, pp. 315-336. 이 글은 김기창의 「'콩쥐 팥쥐'와 '신데렐라'의 비교 고찰」(『국제어문』 8, 1987, 국제어문학회)을 수정 보완한 것이다.

를 '변이형'으로 보고, 이를 5편의 전래동화와 비교하여 1편만 '기본형'과 일치하고, 4편은 '콩쥐는 동아줄을 타고 하늘로 올라가고 팥쥐는 수수밭에 떨어지는 내용'으로 이루어졌다고 하였는데, 이렇다고 하면 전래동화 5편 중에는 흔히 발견되는 '혼인'으로 끝나는 이야기가 한 편도 없는 셈이다. 그런데 4편 중 1편만 출처를 밝혀놓아 5편 중 4편이나 되는 전래동화가 설화에는 드문 동아줄 화소로 끝난다는 사실을 확인하기 어렵게 하였다.

김환희는 「비교문학 시각에서 본 〈콩쥐 팥쥐〉의 기원과 특성」[10]에서 외국의 유사설화와 비교하여 「콩쥐 팥쥐」 후반부의 내용을 보편적인 것으로, 콩쥐가 죽어서 꽃과 구슬로 변하는 것을 특수성으로 보았다. 이 글은 1911년에 발간된 영문(英文) 전래동화를 처음으로 소개하고, 비교문학적 측면에서 「콩쥐 팥쥐」의 특성을 찾으려 한 의도는 좋았으나, 외국설화가 체계적으로 정리되지 못한 채 단편적 화소 비교에 그쳐 보편성과 특수성의 주장의 근거를 명확히 하지 못하였다.

박정용은 「설화의 전래동화 개작 양상과 문제점 ― 〈해와 달이 된 오누이〉, 〈콩쥐 팥쥐〉, 〈아기장수 설화〉를 중심으로」[11]에서 「콩쥐 팥쥐」를 "소설의 선행형태로서의 문학사적 의의도 지니고 있다"(p. 48)고 하였으나 근거를 제시하지 못하였고, 팥쥐 처벌 장면을 "꼭 필요한 장면"이라고 하면서도 "잔인한 장면 때문에 삭제할 수 있다"(p. 55)고 하는가 하면, "혼인담에 초점을 맞춘다면 후반부는 생략해도 좋을 것이나 그렇게 되면 우리 설화의 고유의 의미는 퇴색된다"(p. 55)고 하는 등 후반부의 삭제 여부와 관련하여 일관된 태도를 보이지 못하였다.

엄수경은 「〈콩쥐 팥쥐〉 전래동화의 설화 수용양상 고찰」[12]에서 「신

10) ≪비평과 전망≫ 8호, 새움, 2004 상반기, pp. 278-306.
11) 한남대 대학원 석사논문, 2005. 2.
12) 『남도민속연구』 13, 남도민속학회, 2006, pp. 249-275.

데렐라」와 「콩쥐 팥쥐」를 비교하며 박정용의 글을 인용출처를 밝히지 않고 그대로 옮기면서 후반부 때문에 "「콩쥐 팥쥐」가 다분히 향토성이 강하다는 것을 알 수 있다"(p. 250)고 하고, 연구대상인 '전래동화'에 '소설'로 발간된 「콩쥐팥쥐전」도 포함시키고, 간행연도와 출판사만 다른 동일인의 글을 별개의 작품으로 다루는 등 기초자료에서부터 문제점을 드러냈다.

허완은 「전래동화 〈콩쥐 팥쥐〉의 개작양상 고찰」[13]에서 주로 2000년 이후에 발간된 전래동화를 대상으로 '서사구조', '인물형상화', '결말'의 변이양상을 살펴보고 개작의 문제점을 지적하였으나, 유아용 전래동화가 화소 생략이 많다고 하여 연구대상에서 제외하고, 후반부의 개작에 대해 "심각한 문제가 된다"(p. 80)고 하면서도 이유를 밝히지 않아 이전의 연구자들처럼 문제제기 정도에 머물렀다.

김효선은 「전래동화의 개작 양상과 교수-학습 방법론 고찰」[14]의 '전래동화에 나타난 봉건적 가치관과 편견적 인식'에서 '개작된' 「콩쥐 팥쥐」에 나타난 편견의식을 언급하면서, 설화와 전래동화의 구분 없이 내용 자체에 대해 비판하였고, 개작을 허용하되 "민중성을 잃지 않도록 주의해야 할 것"(p. 84)이라고 하며 "교육관에서 볼 때 문제가 되는 부분은 비판적으로 바라볼 수 있는 안목을 길러 줄 필요가 있을 것이다"(p. 85)고 하여 모호한 일반론을 벗어나지 못하였다.

선행연구 검토 결과, 몇 가지 문제점이 발견된다. 첫째, 외국 신데렐라형의 설화와의 비교가 단순 내용 비교에 머무르고 있고, 둘째, 여러 학자들이 「콩쥐 팥쥐」 이야기가 설화에서 소설로 발전되었다는 주장을 하였으나[15] 실제 근거가 전무(全無)한 채 추측에 의존한 점,

13) 충북대 교육대학원 석사논문, 2006. 2.

14) 전북대 교육대학원 석사논문, 2006. 2, pp. 67-100.

15) 김사엽은 『조선문학사』(정음사, 1948)에서 소설 「콩쥐 팥쥐」를 '병자난(丙子亂) 후의 소설계'의 '민담의 소설화' 항(pp. 278-279)에 「심청전」, 「흥부전」 등과 함께 포함시키고 있으며, 김기동은 『이조시대 소설론』(정연사, 1959)

셋째, '수용양상' 연구가 설화와의 내용비교에 그쳐, 주제의식, 향토성, 민중성 등의 관념적인 이유만 거론할 뿐, 개작의 문제점이 무엇이며, 왜 원형이 보존되어야 하는지 구체적인 이유를 제시하지 못하였다는 점이다. 이 밖에 설화의 유화(類話)에 대한 검토가 전혀 이루어지지 않거나 부실한 논문들, 또 수용양상 관련 모든 논문의 연구대상 전래동화가 최근의 것에 한정된 점 등 역시 문제점으로 지적할 수 있겠다. 이 글에서는 이러한 사실들을 염두에 두고 논의를 전개해가기로 하겠다.

---

에서 "설화를 소재로 한 계모형 가정소설"(p. 326)로 소개하였다. 「콩쥐 팥쥐」 후반부 내용과 관련하여 권순긍(앞의 글)은 "후일담이 보태져 소설이 형성된 것"(p. 51)으로, 박정용(앞의 글)은 이전의 이론을 그대로 수용하여 설화가 고전소설로 재창작(p. 48)된 것으로 보았다.

또한, 북한학계의 김춘택은 『조선고전소설연구』(김일성종합대학출판사, 1986; 『우리나라 고전소설사』, 한길사, 1993, pp. 329-334)에서 「콩쥐팥쥐전」의 형성시기를 17세기경부터 국문필사본이 전해온 것으로 추정하고, "근로하는 민중들의 노동생활 속에서 창조된 구전설화를 소재로 한 대표적인 국문소설의 하나"(p. 331)라고 보았으며, 김하명은 『조선문학사 5: 18세기문학』(평양: 과학백과사전종합출판사, 1994; 영인본, 한국문화사, 1996)에서 「콩쥐 팥쥐」는 「장화홍련전」보다 "더 오랜 연원을 가진 인민구두창작을 토대로 하였다"(p. 143)고 하고 "구전설화의 특성을 그대로 간직하고 있다"(p. 144)고 보았다.

참고로, '설화의 소설화'를 주장한 것은 아니지만, 후반부와 관련하여 장덕순은 "이에 이르러서는, 이미 설화 그것이 아니라, 소설적 작품으로 비약하려는 과정"(「'CINDERELLA'와 '콩쥐 팥쥐'」, 『국어국문학』 16, 국어국문학회, 1957, p. 129)으로, 이관일은 "본래 혼인담이 중심이야기"였던 것에 "계모담은 윤색된 모티부"(「〈콩쥐 팥쥐〉 이야기 재고(再考)」, 『문호(文湖)』 6, 건국대, 1971, p. 30)로 보았다.

# 3. 설화의 유화(類話) 검토 및 서사구조

## 3.1. 유화 검토

설화 제목에 '콩쥐 팥쥐'의 이름이 포함된 「콩쥐 팥쥐」의 유화(類話)는 다음과 같다.[16)][17)]

16) 이전 연구자들이 찾은 「콩쥐 팥쥐」 유화는 ①~④까지이다. 필자는 여기에 ⑤와 ⑦을 더 찾았으나 더 이상의 설화는 발견하지 못하였다. 단, ⑤-㉯와 ⑤-㉰는 『한국구전설화』(임석재전집) 제9권 제주도 편에 실린 두 편의 설화(콩쟁이 폿쟁이)와 동일한 이야기로, 제주도 방언을 풀이한 일부 표기에서만 차이를 보인다. 이 글에서는 발간시기가 앞서는, 『한국민속종합조사보고서』에 실린 유화를 참고하기로 한다. 한편, ⑤-㉮는 '콩쥐'와 '팥쥐'라는 등장인물 이름만 차용했을 뿐 '해와 달이 된 오누이' 설화로서, 내용상으로는 「콩쥐 팥쥐」 이야기로 볼 수 없다. ⑥은 최남선의 글 「조선의 콩쥐 팥쥐는 서양의 신데렐라 이야기」에 소개된 「콩쥐 팥쥐」 이야기의 개요이다. 이 개요는 그간 「콩쥐 팥쥐」의 유화(類話)로는 다뤄지지 않았으나 관련 설화 가운데 비교적 초기(1929)에 기록된 것으로 당시 최남선이 "「콩쥐 팥쥐」의 이야기는 아직까지 분명히 기록화된 일이 없는 것"(p. 405)으로, "지방(地方)과 전하는 사람을 따라서 다소의 출입이 없지 아니하나, 대체의 뼈다귀는 이러함이 통례이다"(p. 407)라고 소개하고 있으므로 유화로 보는 것이 마땅하다고 판단하여 여기에 포함시켰다. ⑦은 탈북자의 구술을 채록한 것으로 계모가 팥쥐를 편애하고 콩쥐는 부려먹는다는 정도로 내용이 매우 간략하다.

한편, 유지현의 석사논문 「'콩쥐 팥쥐'연구」(국민대, 1984)에 일어(日語)로 표기된 최인학의 채록담 「コンジ・パッジ」(『朝鮮昔話百選』, 동경: 일본방송출판협회, 1974)이 11편의 유화에 포함되어 있으나, 확인해보니, 해당 설화집에 이 채록담의 출처가 국내에서 발간된 『한국전래동화전집 3』(최인학 편, 서울: 장원사, 1970)으로 밝혀져 있고, 발간시기도 국내의 것이 앞서므로 이 이야기는 국내본을 자료로 하여 제4장 '전래동화 검토 및 특징'에서 다루기로 한다. 참고로, 1920년대 발간된 『반만년간 조선긔담-조선조말 구전설화집』(조선도서주식회사, 1922 ※ 1999년에 최인학 편저로 도서출판 박이정에서 재간행됨)이나, 일어(日語)로 쓰인 정인섭의 『온돌야화(溫突夜話)』(동경: 일본서원, 1927)와 손진태의 『조선민담집』(조선총독부, 동경: 향토연구사, 1930)에는 「콩쥐 팥쥐」 관련 설화가 실려 있지 않다.

① 『한국구비문학대계』[18]에 실린 유화

㉮ 콩쥐 팥쥐(1-4, 경기 남양주군 진접면, 1980)

㉯ 콩쥐 팥쥐(1-9, 경기 용인군 이동면, 1982)

㉰ 콩쥐 팥쥐(1-9, 경기 용인군 원삼면, 1982)

㉱ 콩쥐 팥쥐(해와 달의 유래)(5-1, 전북 남원군 송동면, 1979)

㉲ 콩쥐 팥쥐(5-1, 전북 남원군 산동면, 1979)

㉳ 콩조지 팥조지(5-2, 전북 완주군 고산면, 1980)

㉴ 팥조시와 계모(7-6, 경북 영덕군 창수면, 1980)

㉵ 콩남이와 팥남이(7-16, 경북 선산군 고아면, 1984)

㉶ 콩쥐 팥쥐(8-8, 경남 밀양군 삼랑진읍, 1981)

② 『한국구전설화』(임석재전집)[19]에 실린 유화

㉮ 콩쥐와 팥쥐(전남, 1927)

㉯ 콩쥐 팥쥐(전북 I, 1918/ 1923)

㉰ 콩쥐 팥쥐(경남 I, 1927)

㉱ 콩쥐 팥쥐(경남 I, 1973)

㉲ 콩쥐 팥쥐(경남 II, 1971)

㉳ 콩쥐 팥쥐(평북 I, 1935/ 1936/ 1938, ※ 채집횟수는 15회)

③ 콩쟁이 팥쟁이(『남국의 전설』, 1958)[20]

④ 콩례와 팥례(『한국의 민담』, 1956)[21]

⑤ 『한국민속종합조사보고서』(제1책－12책)[22]에 실린 유화

㉮ 콩쥐・팥쥐와 호랑이(제4책, 경북편, 1972)

㉯ 콩쟁이 팥쟁이(제5책, 제주편, 1971)

㉰ 콩쟁이 폴쟁이(제5책, 제주편, 1971)

⑥ 콩쥐 팥쥐(≪怪奇≫ 제2호, 1929)[23]

---

17) 괄호 안 연도는 채록시기임.
18) 한국정신문화연구원, 2002. ※ 이하 『구비대계』로 표기.
19) 임석재, 평민사, 1993. ※ 이하 『임석재전집』으로 표기.
20) 진성기, 박문사, 1964.
21) 임동권, 서문당, 1972.
22) 문화공보부 문화재관리국, 1969－1981.
23) 최남선, 앞의 책.

⑦ 콩쥐와 팥쥐(『분단이후 북한의 구전설화집』, 2002)[24]

①－㉳와 ②－㉰는 '연이와 버들도령' 이야기가 혼합된 것으로 신발 화소가 없다. ①－㉮, ①－㉴, ②－㉮, ⑤－㉯, ⑦은 구술자의 기억 부실 등으로 이야기가 중단되어 신발 화소가 없다. ①－㉯는 '혼인'이 빠진 경우로 신발 화소가 없다. ⑤－㉮는 이야기 전체가 '해와 달이 된 오누이' 설화로 신발 화소가 없다. 따라서 기억 부실이나 다른 설화와의 중복 등의 이유로 신발 화소가 생략된 유화가 채집횟수를 고려하지 않을 경우 전체 22편 중 9편이며, 신발 화소 없이 혼인하는 유화가 한 편(④) 있다. ①－㉱의 '신발 화소'는 구술자가 잊은 것을 조사자가 상기시켜 삽입되었다. 이 이야기의 경우, 콩쥐 혼인 후 시련과정이 있고 환생한 것으로 마무리되었으나 결말에 조사자의 개입으로 해와 달이 되었다고 부연되어 있다. ①－㉵, ②－㉱, ⑥은 전체 내용이 소설과 매우 흡사하다.[25]

유화 검토 결과, 다음과 같이 「콩쥐 팥쥐」 설화의 특징을 찾을 수 있었다.[26]

첫째, 혼사장애 없이 단순히 혼인으로 끝나는 이야기는 한 편(⑤－㉰)뿐이다. ③의 경우, 혼인으로 끝나지만 계모의 사주로 팥쥐가 콩쥐 행세를 하다가 들켜서 계모가 멀리 귀양 간 후에야 혼인하는 것으로 되어 있어 콩쥐의 '혼인시련' 과정이 포함되어 있다. ④는 콩쥐의 혼인 이후의 시련담이 생략되어 있으나, 콩쥐 혼인 후 팥쥐가 콩쥐를 질투하다가 불행해지는 것으로 끝이 난다.

둘째, 팥쥐와 계모는 반드시 처벌을 받는다. 이때 중간에 중단된

---

24) 김기창・이복규, 민속원, 2005.

25) 소설과 흡사하다는 것은 소설에 표기된 구체적인 지명이나 인물명이 명시되었거나, 전체 내용은 물론 장면 전개가 거의 일치하고, 소설과 같이 묘사와 대화가 많은 경우가 해당한다.

26) 설화의 특징은 전래동화를 염두에 둔 것이다.

유화와 혼인으로 끝나는 ⑤-㉰는 제외된다.

셋째, 콩쥐와 팥쥐의 외모를 비교하여 미추 관계를 묘사한 설화는 세 편뿐으로 『구비대계』와 『임석재전집』에서는 ①-㉱[27] 한 편뿐이고, ③[28]과 ④[29]가 있다. 팥쥐가 콩쥐를 죽이고 콩쥐 행세를 할 때 팥쥐의 얼굴이 검고 얽어 남편인 원님이 의심하는 장면이 있으나 이것은 미추로서 둘을 비교하기 위한 것이 아니다.

넷째, 콩쥐는 조력자를 만나기 전에 반드시 운다. 콩쥐의 우는 장면은 많은 유화에서 "엉엉", "잉잉", "왕왕", "울어싼개로", "울었쌓고", "울고만 있었다." 식으로 비교적 자세히 묘사되어 있으며, 대부분 콩쥐의 울음은 한 번으로 끝나지 않고 반복된다.(다른 과제가 주어지거나, 옷과 신발이 갖고 싶어서 우는 경우도 있다)

다섯째, 대개의 경우 주어진 과제는 모두 조력자가 해준다. 계모가 콩쥐와 팥쥐에게 내기를 시키는 경우도 있으나, 대개는 콩쥐에게 일방적으로 과제가 주어지며 이때마다 조력자가 나서서 과제를 수행해준다.

여섯째, 콩쥐에게 옷과 신발을 마련해주는 존재는 대개 '소'(암소, 검은 소)이다. '소(암소, 검은 소)' 외에 '하얀 할머니'(①-㉯), '꼬부랑할머니'(①-㉳), '가막새'(⑤-㉰)가 각각 한 편씩이고, '선녀'(①-㉶, ②-㉲, ⑥)가 세 편이다. 이때, 소설과 흡사한 ①-㉶와 ⑥을 배제할 경우, '선녀'가 옷과 신을 마련해주는 설화는 한 편뿐이다.[30]

일곱째, 콩쥐는 잔칫집(굿 구경)에 '가는 길'에 신을 잃는다. 오는

---

27) "콩조시는 이쁘고 퐂조시는 딜고(데리고) 온 딸"(p. 269)

28) "그런데 자랄수록 콩쟁이는 더욱 예뻐지고 몸도 튼튼하였지만, 팥쟁이는 야윈 주제에 몹시도 미운 얼굴이 되었다."(p. 124)

29) "콩례는 얼굴이 예쁘고 마음이 고왔는데 팥례는 얼굴이 밉고 마음이 사납고 얄미웠다."(p. 241)

30) 전체 내용이 소설과 흡사한 ②-㉱의 경우는 "하늘서 소가 내리와서" 도와주는 것으로 되어 있다.

길에 잃는 경우가 두 편(②-㉯, ②-㉳)이고, ③의 경우는 콩쥐의 신발이 벗겨진 것이 아니라 콩쥐가 굿 구경 가는 길에 '하늘애기'가 길가에 신을 놓고 임자를 찾는 것으로 되어 있다.

여덟째, 콩쥐의 배우자의 신분은 '감사', '원님', '사또' 등 수령(守令)이 가장 많다. 1910년대에서 30년대까지의 초기 채록본 중 혼인화소가 있는 경우(②-㉯, ②-㉳, ⑥)는 모두 '감사'로 되어 있다. 원님(두 편)과 사또(한 편) 외에 '임금'이 두 편, '왕자'가 한 편 있으며, '선비', '어떤 총각', '하늘애기', '말을 타고 지나간 사람' 등이 있다.

한편, 『임석재전집』에는 채집횟수에 상관없이 한 편의 이야기로 정리된 유화들(②-㉯, ②-㉳)이 있는데, 이 경우 채집횟수만큼 세부적인 내용들까지 일일이 횟수를 적용하기는 어렵다고 판단된다. 이는 한 사람에 의해 정리된 설화집의 특성상 채록자의 개입이 전혀 없었다고 보기는 어렵기 때문인데, 다른 설화집에는 거의 없으나 유독 『임석재전집』의 유화에만 특정화소들이 있는 경우도 설화집의 이런 특성과 무관하지 않을 듯하다.[31] 따라서 다른 설화집에 비해 '초기'의 채록본이 많다는 시기적 특성과 여러 차례에 걸친 채집횟수에도 불구하고 전적으로 신뢰하기 어려운 점이 있다. 또한, 가장 많은

31) 예컨대, '구슬로 변했던 콩쥐가 이웃집 노인의 농 속에서 나와 노인에게 밥상을 잘 차려 대접하는 장면'은 다른 설화집에는 없는 것으로 『임석재전집』에서는 내용이 온전치 못한 ②-㉮와, '연이와 버들도령'과 유사한 ②-㉰를 제외한 모든 유화에 있다. 또한, 콩쥐가 이웃집 노인에게 '음식을 차려' 원님을 초청하라고 시키는 경우는 소설과 흡사한 ①-㉶에만 있으며(역시 소설과 흡사한 ⑥에는 "자기가 시키는 대로 하기를 청하였다"고 되어 있음), 『임석재전집』에는 앞의 두 설화를 빼고 모든 유화에 있다. 이 밖에 다른 유화에서는 감사를 초청하라고만 할 뿐 음식을 차리라는 요구는 없다. (①-㉰에서는 콩쥐가 직접 선비에게 밥을 해먹이겠다고 함) 한편, 소설에는 음식을 차리라는 요구가 있다. 이 밖에 '콩쥐가 검은 소로부터 먹을 것을 얻어 집에 가져가나 팥쥐와 계모가 문을 열어주지 않는 장면'은 소설에 있는 장면으로, 소설과 흡사한 ①-㉶와 ⑥을 제외하면 ①-㉯와 ①-㉰에만 있으나, 『임석재전집』에는 역시 앞의 두 설화를 제외한 모든 유화에 있다.

유화가 실려 있는 『구비대계』는 채집시기가 늦어 기억의 부실로 이야기가 중단되거나 다른 이야기와 혼합된 경우가 많고, 무엇보다 이미 '전래동화'가 널리 확산된 이후에 채록되었다는 한계를 지니고 있다. 이런 점을 고려하여 「콩쥐 팥쥐」 설화의 서사구조를 탐색해보기로 한다.

### 3.2. 서사구조

설화의 채록시기가 오래되지 않은 1970-1980년대에 집중되어 있고, 여러 차례에 걸쳐 이뤄진 채집이 하나의 이야기로 정리되어 있는 상황에서 설화집에 실린 어느 한 편의 이야기로 '원형'(原形)을 추정한다는 것은 타당한 방법이 될 수 없다. 혹은 일부 연구에서처럼, '콩쥐 팥쥐'의 이름으로 「콩쥐 팥쥐」 이야기의 형성시기를 추측해볼 수는 있으나,[32] 이를 확대하여 특정 유화(類話)의 전승역사를 논하기에는 무리가 있다.[33]

이 글에서는 「콩쥐 팥쥐」 설화의 모형(母形)을 추정하기 위해 유화를 한 편 한 편 면밀히 비교 검토하고, 공통된 요소들을 중심으로 화소를 정리하여 가장 기본적인 서사구조를 추적해보기로 한다.

각 유화를 살펴보고 비교하여 공통 요소를 정리한 결과, 다음과 같은 서사구조가 형성되었다.(괄호 안은 기술한 내용 다음으로 비교

---

32) 오윤선은 '쥐'의 접미사가 여자를 가리키는 '조이'(召史, 조시)에서 온 것으로 보고 「콩쥐 팥쥐」 이야기가 오랜 연원을 가진 것으로 추정하였다.(「'콩쥐 팥쥐 이야기'에 대한 고찰-당대 연구자들의 국어관을 중심으로」, pp. 41-42)

33) 이원수는 주인공의 이름으로 설화를 세 계열로 나누고, A계열의 두 편의 설화에서 "콩쥐가 '팥조지 · 콩조시'로, 팥쥐가 '콩조지 · 풋조시'로 서로 뒤바뀌어 있는 것은 오랜 구전 과정에서 생긴 혼선으로서 A계열의 전승 역사가 그만큼 오래되었음을 말해준다"(「콩쥐 팥쥐 설화연구」, p. 9, 각주 41)고 보았다.

적 많은 경우를 적은 것이다)

ⓐ 콩쥐가 계모와 그가 데리고 온 딸 팥쥐와 함께 살았다.(喪妻한 콩쥐 父가 팥쥐 母와 재혼한다는 사실이 명시되기도 함)

ⓑ 계모는 콩쥐를 구박하고 팥쥐를 편애하였다.

ⓒ 계모는 콩쥐에게는 나무호미를 주고, 팥쥐에게는 쇠호미를 주어 밭을 갈게 한다.(몇몇 유화에서는 밭의 종류도 명시되어 있는데 팥쥐에게는 일하기 쉬운 밭이 콩쥐에게는 거친 밭이 주어진다)

ⓓ 나무호미가 부러지자(혹은 나무호미로 밭매기가 어려워지자) 콩쥐는 운다.

ⓔ 하늘에서 검은 소(혹은 암소, 소)가 내려와 콩쥐 대신 밭을 매준다.(이후 콩쥐가 검은 소에게 과일이나 떡, 과자 등의 음식을 얻어서 집에 가져가나 팥쥐와 계모가 문을 열어주지 않는 등 들어오지 못하게 하는 경우도 있다)

ⓕ 어느 날, 계모는 팥쥐를 데리고 잔칫집(혹은 굿 구경)에 간다고 하며 그 사이 콩쥐에게 밑빠진 독에 물 채우기, 나락 찧기, 삼삼기 등을 해놓으라고 한다.

ⓖ 콩쥐가 울고 있자, 두꺼비, 새떼, 검은 소(암소, 소)가 나타나 각각 밑빠진 독의 밑을 막아주고, 나락을 까고, (항문으로) 삼을 삼아준다. 잔치에 입고 갈 것이 없어 콩쥐가 울자 소(암소, 검은 소)가 옷과 신발을 준다.

ⓗ 콩쥐는 잘 차려입고 잔칫집에 가다가 감사(원님)[34]행차를 만나 (피하려다가) 신발 한 짝을 잃는다.

ⓘ 감사가 신발 주인을 찾아 혼인을 하겠다고 하자 계모가 팥쥐를 시켜 신발을 억지로 신어보게 하지만 맞지 않아 결국 신발이 꼭 맞는 콩쥐가 감사와 혼례를 올린다.

ⓙ 콩쥐는 (함부로 문을 열어주지 말라는 감사의 당부를 잊고 팥쥐에게 문을 열어주었다가) 팥쥐의 꼬임에 넘어가 팥쥐를 따라갔다가 연못에

34) 이하 '감사'로 표기.

서 익사 당한다.

ⓚ 콩쥐 행세를 하던 팥쥐는 어느 날 감사가 "얼굴이 왜 그렇게 얽었냐?"고 묻자 감사가 언제 오나 걱정해서 그렇다, 넘어져서 그렇다 등의 이유를 댄다.

ⓛ 감사가 연못에 갔다가 예쁜 꽃(연꽃)을 보고 (쉽게) 꺾어서 방문 위(방문 앞, 문고리)에 걸어둔다.

ⓜ 그 꽃은 감사가 지나갈 때는 활짝 피었다가 팥쥐가 지나갈 때는 (시들거나) 머리를 잡아당기고 할퀴고 한다.

ⓝ 팥쥐가 꽃을 아궁이에 던져버린다.

ⓞ 이웃집 할머니가 불씨를 얻으러 왔다가 아궁이 속 구슬을 보고 자기 집으로 가져가 (농 속에) 둔다.(또는 불씨를 집에 가져갔다가 구슬을 발견한다)

ⓟ 구슬이 콩쥐로 변하여(또는 콩쥐가 현신하여 몇 차례 밥상을 잘 차려 놓다가 할머니에게 발각되기도 한다) 콩쥐는 (그간의 사정을 말하고) 할머니에게 음식을 차려 감사를 집으로 초대하라고 한다.

ⓠ 감사가 밥상에 놓인 젓가락이 짝짝이인 것을 발견하자 콩쥐가 "젓가락 바뀐 것은 알면서 각시가 바뀐 것은 모르냐"고 한다.

ⓡ 콩쥐가 현신하여 그간의 자초지종을 말한다.

ⓢ 콩쥐의 말을 들은 감사는 팥쥐를 죽여 계모에게 보내 함께 엄하게 처벌한다.(대개의 경우 팥쥐를 죽이는 방법은 잔인한데, 고기로 만들거나, 국을 끓여 계모에게 먹이거나, 젓갈을 담가 보내거나 하여 계모가 충격으로 죽는 경우도 있고, 함께 죽이거나 볼기를 쳐서 하옥을 시키거나 귀양을 보내기도 한다)

다음은 각 화소에 대한 부연설명이다.

ⓔ의 괄호 안의 내용은 기본적인 구조에는 포함되지 않았으나, 여러 편의 유화에 설정되어 있다. 이는 소설에도 있는 장면으로, 소설과 흡사한 유화(①-㉲, ②-㉣, ⑥)와 『임석재전집』(②-㉯, ②-㉤, ②-㉥)에 편중되어 있으나 『구비대계』①-㉯, ①-㉰에도 있다. 한편,

'소'의 경우는 '검으런 황소', '검은 암소'를 포함하여 '꺼먼 소', '껌둥소', '검은 소' 등 전체적으로 '검은 소'가 가장 많은데, 『임석재전집』에는 「연이와 버들도령」 이야기가 혼합된 ②-㉰를 빼면 '검은 소'가 한 편이고, '소', '암소'인 경우가 각각 두 편이다. 또한, ①-㉳와, ②-㉱는 밭을 매주지 않고 각각 새호미와 쇠호미를 준다. ⓕ의 경우, 잔칫집(잔치)이 가장 많고(세 편에서 '외가 잔치'로 되어 있다), 다음이 '굿 구경'이다. ⓖ의 경우, 옷과 신발을 마련해주는 존재는 '암소'가 가장 많은데 앞부분에서는 '검은 소'가 더 많았으나 이 중 뒷부분이 생략된 이야기가 많아서 이 장면에서는 '암소'가 더 많게 되었다. 한편, 주어진 과제는 대개 이 정도가 가장 많고 삼만 삼거나 깨진 독에 물 채우기만 있는 것도 있다. 또한, '베짜기' 과제가 있는 경우가 네 편 있는데, 이 가운데 세 편(①-㉵와 ②-㉱, ⑥)은 소설과 흡사한 유화이고 나머지는 ②-㉲이다. 이 경우 소설에서와 같이 모두 선녀가 대신 베를 짜준다.

한편, 소설에는 없으나 설화에만 있는 화소가 있는데 다음과 같다. 첫째, 조력자인 소(검은 소, 암소)가 항문으로 삼을 삼아주거나 항문에 손을 넣어 음식을 꺼내먹으라고 하는 장면은 소설에는 없으나 설화(①-㉱, ①-㉴, ②-㉮, ②-㉯, ②-㉲, ②-㉳)에는 있다. 소설에서는 검은 소가 콩쥐의 치마에 좋은 호미와 과실을 주고 사라진다. 둘째, 원님이 콩쥐에게 문을 열어주지 말라고 당부하는 것은 소설에는 없으나 설화(①-㉰, ①-㉱, ①-㉳, ②-㉳)에는 있다. 이 밖에 앞의 서사구조에는 포함되지 않은 것으로, 팥쥐가 콩쥐를 따라하다가 봉변을 당하거나(①-㉴과 ②-㉯, ②-㉳), 계모가 콩쥐와 팥쥐에게 내기 시키는 장면(②-㉯, ②-㉳)은 소설에는 없으나 설화에만 있는 화소이다.

이와 반대로, 소설에는 있으나 설화에는 보기 어려운 화소는 다음과 같다. 첫째, 소설에서 검은 소가 콩쥐에게 아랫탕 중탕 윗탕 등 물에 가서 씻고 오라는 장면이 있으나 설화에서는 ②-㉯, ②-㉳에만 있다. 둘째, 소설에는 콩쥐에게 베짜기 과제가 주어지고 선녀가 대신 베를 짜주는 경우가 있으나, 설화에는 소설과 흡사한 세 편의 설화(①-㉷, ②-㉱, ⑥), 그리고 ②-㉲에만 있다. 한편, 계모가 콩쥐와 팥쥐에게 베짜기 내기를 시키는 설화(②-㉯, ②-㉳)가 있는데 선녀와는 무관하다. 셋째, 연못에서 시체를 건져 환생시키는 장면은 소설과 흡사한 ①-㉷, ⑥에만 있다. 넷째, 소설에서는 콩쥐가 감사의 재취(再娶)로 들어가나 설화에는 그런 설명이 없다. 끝으로, 소설에서는 결말에 감사가 콩쥐의 父를 숙덕(淑德)이 있는("슉덕이 잇는") 여자에게 새로 장가들이나 설화에는 없다.

현전하는 유화를 근거로 할 때, 콩쥐 팥쥐 이야기 원형(原形)에는 콩쥐 혼인 후 시련담이 포함되는 것으로 보는 것이 마땅하다. 「콩쥐 팥쥐」 서사구조와 관련된 그간의 논의가 전반부에 비해 후반부에 대한 관심이 부족했던 것은 이를 소설의 영향으로 보는 시각[35]과, 「콩쥐 팥쥐」를 혼인으로 끝나는 이른바 '신데렐라형' 설화로 분류한 탓으로 보인다. 일부 연구자는 후반부의 내용을 서구 신데렐라에는 없는 한국만의 독특한 구성[36]으로 한국적인 향토성이 강하다고 보았으나[37] 후반부의 내용은 이른바 '뒤바뀐 신부' 화소로서 신데렐라형 설화와의 관련 유무를 떠나 이미 외국 설화에도 다양한 나라에 별도로 존재하므로,[38] 소설의 영향으로 보거나 한국만의 독특한 것으로 보려

35) 각주 15 참조.
36) 박정용, 앞의 글, p. 48.
37) 엄수경, 앞의 글, p. 250.
38) 후반부의 혼인 후 시련과정은 대개 혼인한 주인공을 가짜가 익사시키고 주인공 행세를 하다가, 진짜 주인공이 혼(魂)으로 나타나 억울함을 밝혀 남편에게 사실이 알려지고, 가짜는 결국 엄벌에 처해지고 이로 인해 그의 母도 처벌되는 것으로 이루어진다. 이와 관련된 설화의 전문(全文)이 김정란의 『신데렐라와 소가 된 어머니』(논장, 2004)와 주경철의 『신데렐라 천년의 여행』(산처럼, 2005)에 여러 편(베트남, 인도네시아, 러시아, 그리스, 아일랜드

는 시각은 설득력이 없다. 본래 하나의 이야기로 존재했든, 두 가지가 접목된 것이든 「콩쥐 팥쥐」는 창작의 영향과 무관하게 이야기 전체가 설화로서 자생한 것으로 보는 것이 타당할 듯하다. 이상의 논의를 토대로 「콩쥐 팥쥐」 이야기가 전래동화에서는 어떻게 변용되어 왔는지 살펴보기로 한다.

## 4. 전래동화 검토 및 특징

전래동화가 설화와 다른 점은, 설화의 경우 구술자의 기억정도에 따라 이야기가 중단되거나 상관없는 이야기가 삽입되기도 하는데, 인위적인 손질을 거친 전래동화는 완결을 전제로 하며 이야기가 일관성 있게 진행된다는 점이다.

다음은 1911년부터 현재까지 발간된 전래동화 「콩쥐 팥쥐」 중 일부를 수집하여 정리한 것이다.[39)]

---

등)이 실려 있다. 이 밖에 『민담과 소수민족 이야기(중국편)』(국학자료원, 1997)에 실린 「따쟈와 따룬」(짱족)과, 그림(Grimm)동화(김경연 옮김, 한길사, 1995)의 「숲속의 세 난장이」, 또 신데렐라형 설화와는 무관하나 그림(Grimm)동화 「거위치기 아가씨」와 「오누이」의 후반부의 내용이 「콩쥐 팥쥐」의 후반부와 유사하다.

39) 1910-1930년대의 초기자료는 구할 수 있는 것들을 대상으로 하였으며, 이후의 자료는 발행 시기를 고려하여 무작위로 모은 것이다. '전래동화' 형태로 간행된 「콩쥐 팥쥐」에는 설화의 최초 채록시기(1918)보다 앞서는 것도 있고 설화 수집이 활발하게 이뤄진 1970-1980년대보다 앞서는 것도 적지 않다. 어느 시기부터는 설화집에 실린 설화와 아동용으로 각색된 전래동화가 함께 전해져 온 셈이다. 이 글에서는 각색자가 확실히 존재하고, 아동독자를 고려하여 '전래동화' 명목으로 쓰인 것이 분명한 것을 대상으로 하였

① "PIGLING AND HER PROUD SISTER"(GRIFFIS, W. E., *Fairy tales of Old Korea*, London: George G. Harrap & Co, 1911, pp. 87-95, ※ 英文표기)[40]

② 「콩쥐 팥쥐」(심의린, 『조선동화대집』, 1926, pp. 184-193)[41]

③ 「콩쥐와 팥쥐」('특선전래동화(其一)', 전영택, ≪신가정≫ 2권 1호, 1934. 1월호, pp. 183-189)

④ 「豆姬と小豆姬」(송금선, ≪경성일보≫ 연재, 1930년대, ※ 日文표기)[42]

⑤ 「콩쥐와 팥쥐」(이원수, 『이원수 쓴 전래동화집』, 현대사, 1963)[43]

---

다. 참고로, 심의린의 『조선동화대집』과 함께 이른바 일제시대 '3대동화집'으로 일컬어지는 『조선동화집』(조선총독부, 1924)과 박영만의 『조선전래동화집』(학예사, 1940)에는 「콩쥐 팥쥐」가 실려 있지 않고, 1925년부터 어린이를 위해 수집한 설화를 英文으로 발간했다는 정인섭의 『Folk tales from Korea: 우리고담』(London: Routledge & Kegan Paul, 1952)과, 1920년대 발간된 ≪어린이≫ 잡지에도 「콩쥐 팥쥐」가 실려 있지 않았다.

연구대상에 2000년대의 자료가 많이 포함된 이유는, 현재 어린이들을 대상으로 시중에 유통되고 있는 책들이고, 각 편의 각색 정도가 이전보다 심해지고 내용이 다양해져 더 이상 편수를 줄이기 어려웠기 때문이다.

40) 영인본, 『근세 동아세아 서양어 자료총서: 98』, 서울: 경인문화사, pp. 105-115. 한국판 책의 '해제'에 따르면 이 책을 쓴 그리피스(Griffis)는 한국의 설화를 서양에 알린 '미국 최초의 한국 전문가'로 19세기 말부터 1950년 한국전쟁이 발발하기까지 한국을 서양에 알리는 데 크게 기여한 사람으로 소개되어 있다.

41) 최인학, 『한국설화론』, 형설출판사, 1982, pp. 218-221에서 재인용. ※ 심의린(沈宜麟)의 책은 자료를 구하기 어려워 최인학의 책에 전문(全文)이 수록된 것을 참고하기로 한다. 최인학은 이와 관련하여 "옛날이야기가 우리말로 한권의 책으로 엮어지기는 이것이 처음인 것 같아서 원문 그대로 옮겼다"(p. 221)고 밝히고 있다. 한편, 제목은 명시되어 있지 않아서 임의로 「콩쥐 팥쥐」로 표기하였다.

42) 영인본, 『조선동화집』 제1권, 덕성여대출판부, 1978. ※ 이 책은 '송금선(宋今璇)이 채록하여 1930년대에 경성일보에 일어로 연재한 동화를 모은 것'이라는 사실만 후기에 밝혀져 있고, 연재날짜는 표기되어 있지 않다.

43) 이 이야기는 ②의 심의린의 책의 내용과 흡사하다. 결말이 「해와 달이 된 오누이」와 유사한 이 이야기는 이후 이원수의 글로 1969년에 단행본 『콩쥐와 팥쥐』(어린이 세계명작 10, 계몽사)와, 1984년 『이원수아동문학전집 23－임금님 귀는 당나귀 귀』(웅진출판), 그리고 1988년 단행본 『콩쥐 팥쥐』(어린이가정도서관 7, 중앙문화사)로 부분수정되어 재발간되었는데 이외에도 더 있을 것으로 추측된다.

⑥「콩쥐와 팥쥐」(최인학, 『나뭇군과 선녀』, 한국전래동화전집 3, 장원사, 1970)

⑦「콩쥐 팥쥐」(어효선, 『옛날이야기(2)』, 한국자유교육협회, 1973)

⑧『콩쥐 팥쥐』(구혜영, 대양출판사, 1974)

⑨『콩쥐 팥쥐』(김문영, 세진출판사, 1980 ※ 극본)[44]

⑩「콩쥐 팥쥐」(김요섭, 『다님해님』, 한국전래동화 1, 문공사, 1982)

⑪『콩쥐 팥쥐』(김종상, 서울문화사, 1985)

⑫「콩쥐 팥쥐」(주평, 『주평아동극선집』, 보성사, 1992 ※ 극본)

⑬『콩쥐 팥쥐』(정대영, 보림, 1997)

⑭『콩쥐 팥쥐』(바른사 엮음, 바른사, 2000)

⑮『콩쥐 팥쥐』(우리기획 엮음, 계림, 2000)

⑯『콩쥐 팥쥐』(신예영, 새샘, 2001)

⑰『콩쥐 팥쥐』(박상률, 삼성출판사, 2003)

⑱『콩쥐 팥쥐』(초록개구리, 깊은책속옹달샘, 2003)[45]

⑲『콩쥐 팥쥐』(금동이책, 깊은책속옹달샘, 2004)

⑳『콩쥐 팥쥐』(도서출판 마당, 2005 ※ Audio Book)[46]

㉑『콩쥐 팥쥐』(이상교, 아이즐, 2006)

㉒『콩중이 팥중이』(이주혜, 시공사, 2006)

㉓『콩쥐 팥쥐』(편집부, 책빛, 2007)

각 편의 세부 내용은 다음 표와 같다.

(※ 이하 짝수 면과 홀수 면이 가로로 연결된 하나의 표임. 밑줄 인용자)

44) 무대극이 아닌 목소리극용으로 제작됨.

45) '초록개구리 엮음'으로 2004년에 다른 출판사에서 그림책 단행본이 간행(『콩쥐 팥쥐』, 계림)되었는데 '최만춘', '배씨' 등 소설의 등장인물 이름이 차용된 사실만 다를 뿐, 이 책과 내용이 흡사하다.

46) 오디오(Audio)로만 들려주는 소리책. 인터넷 전자도서관 및 '시각장애우를 위한 홈페이지' 등에 올라 있으며, 국내 유명 성우들에 의해 녹음되었다.

| | 계모와 팥쥐의 외출이유 | 3가지 과제 유무/ 추가 과제 | 과제 수행 조력자의 정체 | 팥쥐가 콩쥐 따라하다 봉변당함 | 신발 화소 | 옷과 신발을 마련해준 인물 |
|---|---|---|---|---|---|---|
| ① 그리피스 1911 | 임금님의 행차 | 有 (밭 갈기 대신 돌길 잡초 뽑기) /집안일 | 비둘기떼, 까만 꼬마 도깨비, 검은 소 | ○ | × | · |
| ② 심의린 1926 | 혼인구경 | 有/ 이 빠진 낫으로 수수베기 | 큰자라, 검은 암소, 참새떼 | ○ | × | × |
| ③ 전영택 1934 | 건너동리 잔치 | 有/ 베짜기 | 검은 암소, 두꺼비, 참새떼/선녀 | × | ○ | 선녀 |
| ④ 송금선 1930년대 | 부잣집 혼례식 | 有/ 깨진 솥에 밥짓기 | 검은 소, 새떼/ 신(神樣) | ○ | ○ | 바구니 타고 내려온 두 남자 |
| ⑤ 이원수 1963 | 이웃마을에 놀러감 | 有/ 이 빠진 낫으로 수수베기 | 두꺼비, 황소, 참새떼 | × | × | × |

| 신발이 벗겨진 때/장소/상황 | 배우자 신분 | 혼인 후 시련담 | 계모와 팥쥐의 처벌유무 및 처벌 성격 | 결 말 | 비 고 |
|---|---|---|---|---|---|
| · | 좋은 가문의 젊은이 | × | × | 혼인 | ※ 全文 英文표기<br>· 임금님의 행차는 '혼인'과는 무관하고, '신발화소'가 없음.<br>· 딸에게 무심했던 父가 딸의 혼인을 계기로 관심을 갖게 됨.<br>· 오늘날까지 주인공의 규방에 흙으로 만든 '검은 소 형상'이 있다고 되어 있음. |
| · | · | · | △<br>팥쥐만 처벌 | 콩쥐는 동아줄 타고 하늘로 올라가고 팥쥐는 떨어져 그 피로 수수밭이 붉게 물듦. | 콩쥐가 신세 한탄하며 앉아 있던 중에 선녀들이 동아줄 내려줌. |
| 가는 길/개울물/감사행차 | 감사 | ○ | ○<br>감옥 보내 극한 형벌 | 콩쥐는 행복해지고, 계모와 팥쥐는 처벌받음. | |
| 혼례식장 | 산에서 온 仙人 | × | × | 혼인 | ※ 全文 日文표기<br>· 콩쥐가 신(神樣)에게 도움 청해 검은 소 등장.<br>· 검은 소가 팥쥐에게 '신의 벌을 받을 것'이라고 경고함.<br>· 조력자 하나 판독불가. |
| · | · | · | △<br>팥쥐만 처벌 | 콩쥐는 동아줄 타고 하늘로 올라가고 팥쥐는 수수밭에 떨어짐. | 콩쥐가 계모를 피해 동아줄 타고 올라감. |

| | 계모와 팥쥐의 외출이유 | 3가지 과제 유무/ 추가 과제 | 과제 수행 조력자의 정체 | 팥쥐가 콩쥐 따라하다 봉변당함 | 신발 화소 | 옷과 신발을 마련해 준 인물 |
|---|---|---|---|---|---|---|
| ⑥ 최인학 1970 | 외갓집 잔치 | 有/베짜기 | 두꺼비, 황소, 참새떼/선녀 | ○ | ○ | 선녀 |
| ⑦ 어효선 1973 | 건너마을 잔치 | 有/베짜기 | 검은 암소, 두꺼비, 참새떼/선녀 | × | ○ | 선녀 |
| ⑧ 구혜영 1974 | 왕자님의 단오놀이 잔치 | 有 | 황소, 두꺼비, 참새떼 | × | ○ | 지팡이를 든 하얀 옷 입은 할머니 |
| ⑨ 김문영 1980 | 마을 큰잔치 | 有/베짜기 | 황소, 두꺼비/ 죽은 어머니 | × | ○ | 선녀 |
| ⑩ 김요섭 1982 | 일가집 큰잔치 | 有/ 여러 가지 집안일 | 두꺼비, 검은 소, 참새떼 | ○ | ○ | 검은 소 |
| ⑪ 김종상 1985 | 마을 큰잔치 | 有 | 두꺼비, 황소, 참새떼 | × | × | × |

| 신발이 벗겨진 때/장소/상황 | 배우자 신분 | 혼인 후 시련담 | 계모와 팥쥐의 처벌유무 및 처벌성격 | 결 말 | 비 고 |
|---|---|---|---|---|---|
| 가는 길/시냇물/사또행차 | 사또 | × | × | 혼인 | 자식이 없던 부부가 백일기도 후 태몽 꾸고 콩쥐 갖게 되는 것으로 시작. |
| 가는 길/개울물/감사행차 | 감사 아들 | × | × | 감사며느리가 됨 | 감사가 신발주인을 찾으나, 결말에서는 감사의 '며느리'가 된다고 되어 있음. |
| 대궐 나오다가/자정을 알리는 종소리와 첫닭 울음소리 | 왕자님 | × | ×<br>할머니가 젖값을 받아야 한다고 하자 죄를 뉘우침. | 혼인 | 하얀 옷에 하얀 수건 쓴 할머니가 지팡이로 콩쥐를 건드려 옷차림을 바꿔주고, 꽃가마와 가마꾼도 마련해줌. |
| 가는 길/냇물/감사행차 | · | × | ×<br>신발 신다가 팥쥐는 발목뼈를, 계모는 허리뼈를 다침. | 콩쥐의 억울함이 풀리고, 죽은 콩쥐母가 무지개 타고 승천함. | ※ 극본<br>· 죽은 '어머니'가 조력자들을 보냄.<br>· 감사가 신발주인을 찾아 콩쥐의 억울함을 풀어주었다고 되어 있을 뿐, 혼인은 하지 않음. |
| 집으로 오는 길/감사가 지나다가 | 평양 감사 아들 | × | ○<br>신발주인인 척 거짓말했다고 감사가 매우 치라고 명령함. | 평양감사의 며느리가 됨. | 감사가 신발주인을 찾으나 결말에서는 감사의 '며느리'가 된다고 되어 있음. |
| · | · | · | ○<br>새끼줄이 끊어져 떨어짐. | 콩쥐는 금빛 동아줄 타고 승천하고 팥쥐와 계모는 노란 새끼줄에서 떨어짐. | · 콩쥐가 계모를 피하던 중 선녀들이 동아줄 내려줌.<br>· 한 선녀가 콩쥐에게 금빛동아줄을 내려주며 하늘나라 왕자와 결혼하게 될 것이라고 말해줌. |

|  | 계모와 팥쥐의 외출이유 | 3가지 과제 유무/ 추가 과제 | 과제 수행 조력자의 정체 | 팥쥐가 콩쥐 따라하다 봉변당함 | 신발 화소 | 옷과 신발을 마련해준 인물 |
|---|---|---|---|---|---|---|
| ⑫ 주평 아동극 1992 | 궁전잔치 | 有/ 집안일 | 참새들, 두꺼비 | × | ○ | 선녀 |
| ⑬ 정대영 1997 | 이웃마을 잔치 | 有/ 베짜기, 빨래 | 검은 암소, 두꺼비, 참새떼 | × | ○ | 검은 암소 |
| ⑭ 바른사 2000 | 이웃 큰잔치 | 有/베짜기 | 황소, 두꺼비, 참새떼/ 선녀 | × | ○ | 선녀 |
| ⑮ 우리 기획 2000 | 잔칫집 | 有/베짜기 | 검정소, 두꺼비, 참새떼/ 선녀 | × | ○ | 선녀 |
| ⑯ 신예영 2001 | 원님잔치 | 有/베짜기 | 황소, 두꺼비, 참새떼/ 선녀 | × | ○ | 선녀 |
| ⑰ 박상률 2003 | 마을 큰잔치 | 有/베짜기 | 검은 소, 두꺼비, 참새들/ 선녀 | × | ○ | 선녀 |

| 신발이 벗겨진 때/장소/상황 | 배우자 신분 | 혼인 후 시련담 | 계모와 팥쥐의 처벌유무 및 처벌성격 | 결 말 | 비 고 |
|---|---|---|---|---|---|
| 궁전을 나오다/자정을 알리는 절간 종소리 | 왕자 | × | ×<br>팥쥐가 신발임자라고 거짓말하자 모녀를 감옥에 보내려 하지만 콩쥐의 요구로 용서해줌. | 혼인/계모와 팥쥐가 뉘우쳐 콩쥐와 화해하고 혼인. | 팥쥐가 꽃신 한 짝을 신고 주인 행세함. |
| 뛰어가다가/원님이 지나가다 발견 | 원님 | × | ○<br>엉덩이가 빨개지도록 볼기 맞음. | 혼인 | |
| 가는 길/냇물/원님댁 도련님 행차 | 원님댁 도련님 | × | ×<br>팥쥐가 콩쥐 술잔에 독을 넣어 둘이 감옥에 갇히나, 콩쥐의 간청으로 풀려남. | 혼인/계모와 팥쥐가 용서 빈 후 콩쥐 혼인. | 신발이 콩쥐에게 맞자 팥쥐가 콩쥐의 술잔에 독을 넣어 콩쥐가 쓰러지지만 토하고 살아남. |
| 가는 길/냇물/원님행차 | 원님 | △<br>혼인 직전 | ×<br>원님이 둘을 옥에 가두지만 콩쥐의 간청으로 풀어줌. | 혼인/원님과 혼인하고 행복하게 삶. | 콩쥐는 혼인 전 팥쥐에게 익사당하고, 원님이 연못의 연꽃을 방에 꽂아둔 후 이상한 꿈을 꾸어 연못물을 퍼내자, 익사했던 콩쥐가 물을 토하고 다시 살아남. |
| 달려나오다가/계모와 팥쥐를 만날까봐 | 원님의 아들 | × | × | 혼인 | 밭매기, 깨진 독에 물 채우기 이후 세월이 흘러 콩쥐와 팥쥐가 시집갈 나이가 된 후 다른 과제가 주어짐. |
| 가는 길/냇물/원님행차 | 원님 | △<br>원님이 구함 | ×<br>원님이 둘을 옥에 가두지만 콩쥐의 간청으로 풀어줌. | 계모와 팥쥐는 착한 사람 되고 콩쥐는 행복하게 삶. | · 콩쥐 父가 젖동냥하여 콩쥐 키움. 콩쥐 14살 때 父 재가.<br>· 팥쥐가 콩쥐를 연못에 빠뜨리지만 곧 원님이 건져 살려냄. |

| | 계모와 팥쥐의 외출이유 | 3가지 과제 유무/ 추가 과제 | 과제 수행 조력자의 정체 | 팥쥐가 콩쥐 따라하다 봉변당함 | 신발 화소 | 옷과 신발을 마련해 준 인물 | 신발이 벗겨진때/ 장소/ 상황 |
|---|---|---|---|---|---|---|---|
| ⑱ 초록 개구리 2003 | 외갓집 큰잔치 | 有/베짜기 | 검은 황소, 두꺼비, 참새떼/ 선녀 | × | ○ | 선녀 | 가는 길/ 냇물/ 원님행차 |
| ⑲ 금동이책 2004 | 원님의 큰잔치 | 有/베짜기 | 검은 소, 두꺼비, 참새떼/ 선녀 | × | ○ | 선녀 | 가는 길/ 원님 행차 |
| ⑳ Audio Book 2005 | 마을잔치 | 有/베짜기 | 황소, 두꺼비, 참새떼/ 선녀 | × | ○ | 선녀 | 가는 길/ 원님댁 도련님 행차 |
| ㉑ 이상교 2006 | 새원님을 위한 동네잔치 | 有/베짜기 | 소, 두꺼비, 참새떼/ 선녀 | × | ○ | 선녀 | 가는 길/ 개울물/ 원님행차 |
| ㉒ 홍주혜 2006 | 부잣집 큰잔치 | 有/베짜기 내기, 집안청소 | 암소, 두꺼비 9마리, 참새떼 | ○ | ○ | 암소 | 가는 길/ 원님행차 |
| ㉓ 책빛 2007 | 이웃마을 잔치 | 有 | 황소, 두꺼비, 참새떼 | × | ○ | 두꺼비 | 가다가 돌부리에 넘어져/ 지나던 원님이 발견. |

| 배우자 신분 | 혼인 후 시련담 | 계모와 팥쥐의 처벌유무 및 처벌성격 | 결 말 | 비 고 |
|---|---|---|---|---|
| 원님 | × | × | 혼인/콩쥐가 둘을 용서하고 함께 살기로 하여 둘은 착한 사람 되고 콩쥐는 혼인하여 잘 삶. | 콩쥐 父가 젖동냥하여 콩쥐 키움. 콩쥐 14살 때 父 재가. |
| 원님 | △<br>원님이 구함 | ×<br>원님이 옥에 가두지만 콩쥐의 간청으로 풀어줌. | 계모와 팥쥐는 잘못을 뉘우쳐 착한 사람이 되고 콩쥐는 행복하게 삶. | 콩쥐 14살 때 父 재가. |
| 원님댁 도련님 | △<br>혼인식날 | ×<br>콩쥐가 둘을 용서해달라고 간청하여 원님이 풀어줌. | 혼인/계모와 팥쥐는 콩쥐에게 용서 빌고, 원님댁 도련님이 예쁘고 착한 색시에 장모와 처제가 생겨 복이 터졌다고 말하고 콩쥐는 행복하게 삶. | ·父가 콩쥐에게 새어머니가 잘해주냐고 묻자 콩쥐는 새어머니와 팥쥐가 잘해준다고 대답함.<br>·혼인식 날 계모가 콩쥐의 술잔에 독을 묻혀 콩쥐가 쓰러지지만 토하고 살아남. |
| 원님 | × | × | 혼인 | |
| 원님 | ○ | ○<br>원님이 마을 밖으로 멀리 추방. | 잘 삶. | ※『임석재전집』②-ⓑ의 각색으로 보임.(차이점 중 하나는 동화에서는 독이 9개, 두꺼비가 9마리 등장하나, 설화에서는 각각 하나씩이며, 감사가 계모와 팥쥐를 죽임) |
| 원님 | × | × | 혼인/원님이 계모와 팥쥐를 벌주려 하자 둘이 용서 빌고, 콩쥐도 용서해달라고 간청하여 혼인하여 잘 삶. | 콩쥐가 울면서 원님에게 계모와 팥쥐의 용서를 빌며 차라리 자기를 벌주라고 말함. |

■ 일러두기

* '계모와 팥쥐의 외출'은 중심사건(예: 신발 화소, 혼인)과 관련된 것을 말함.
* '세 가지 과제'란 밭갈기, 깨진(밑 빠진) 독에 물채우기, 곡식찧기(나락까기)를 말함.
* '조력자'는 등장 순서대로 표기.
* '팥쥐가 콩쥐 따라하다 봉변당함'이란 콩쥐가 황소에게 먹을 것을 얻어온 것을 팥쥐가 보고, 콩쥐 흉내를 내다가 똥물세례를 받거나 썩은 과일을 먹고 배탈이 나는 등의 경우를 말함.
* 팥쥐만 처벌받는 경우는 △로 표시.
* ④와 ⑦의 경우 결말에 감사가 아닌, 감사의 며느리가 된다고 되어 있어 배우자를 '감사 아들'이라고 표기하였으나 감사 아들이 등장하지는 않는다.
* ⑩의 경우, '계모와 팥쥐에 대한 처벌'은 거짓말한 것에 한정된 처벌임.
* 혼인 후 시련담의 일부만 반영된 경우 △로 표시.

이상의 전래동화들을 살펴본 결과, 전래동화의 유형을 크게 A. 혼인으로 끝나는 경우, B. 혼인 후 시련담이 있는 경우, C. 혼인 후 시련담의 일부가 변형되어 반영된 경우, D.「해와 달이 된 오누이」의 결말의 일부가 혼합된 경우로 분류할 수 있을 듯하다. 혼인 후 시련담이 있는 경우는 두 편(③, ㉒)뿐이고, 4편(⑮, ⑰, ⑲, ⑳)은 혼인 직전이나 직후 혹은 혼인식 날, 팥쥐(혹은 계모)가 콩쥐를 죽이려고 물에 빠뜨렸으나 원님이 지나다가 혹은 꿈을 꾼 후 구해낸다든가, 독 묻은 술잔의 술을 마신 콩쥐가 토하고 살아난다는 내용이 삽입되어 있는데 이는 혼인 후 시련담 중 팥쥐가 콩쥐를 익사시키는 화소의 일부 내용만 차용하여 변형시킨 것이다. 유형 가운데 혼인과 상관이 없는 D의 경우와, '혼인'에 대한 언급 없이 감사가 콩쥐의 억울함을 풀어주었다고만 되어 있는 ⑨를 제외한 이야기 중 앞의 여섯 편을 제외한 나머지는 모두 '혼인'으로 끝을 맺는다.

D는 '신발 화소'와는 상관없이 계모의 구박에 시달리던 콩쥐가 선녀들이 내려준 동아줄을 타고 승천하는 반면, 팥쥐는 콩쥐를 따라하다가 동아줄에서 떨어진다는 이야기로 ②(심의린, 1926), ⑤(이원수, 1963), ⑪(김종상, 1985)이 이에 해당한다. 그런데 이런 서사구조는

설화에는 한 편도 없다.[47] 세 편을 비교해본 결과, 심의린의 것을 이원수가 각색하고, 이를 김종상이 재각색한 것으로 보인다. 예컨대 이원수의 경우 콩쥐가 동아줄로 구제받기 직전 계모가 회초리를 들고 오는 장면이 있는데 이는 심의린의 책에는 없는 것으로, 이원수가 극적 효과를 위해 콩쥐가 계모에게 쫓기는 상황을 설정한 것인 듯하다. 그런데 김종상은 이원수가 삽입한 이 장면을 그대로 차용하여 '회초리'를 '나무막대'로만 변형시켰다. 또한, 심의린의 책에서는 '팥쥐가 배를 찔려 그 피로 수수밭이 붉게 물들었다'는 내용이 이원수에 와서는 '피로 붉게 물들었다'는 내용이 빠진 채, '수수밭에 떨어졌다'로, 김종상의 경우는 장소에 대한 언급 없이 '떨어졌다'로 내용이 축소, 변형되었다.

뿐만 아니라, 심의린의 책에서는 도입부에서 계모가 재혼 후 팥쥐를 낳았다고 짧게 언급되어 있는데, 이원수의 책에서는 콩쥐가 계모 밑에서 자라다가 '계모가 아이를 낳은 후 콩쥐를 돌봐주는 사람이 아무도 없게 되었다'고 하여 팥쥐의 출생이 콩쥐의 처지가 달라진 기점으로 설정되었다가, 김종상의 경우에는 콩쥐가 한동안 계모에게 구박을 받는 중에 팥쥐가 태어나서, 예닐곱 살은 넘어 보이는 콩쥐가 아기인 팥쥐를 돌보는 장면이 그림으로 표현되는 등 콩쥐와 팥쥐의 관계설정이 심각하게 변질되었다. 한편, 설화에서는 계모가 팥쥐를 데리고 들어오는 것으로 소개될 뿐, 재혼 후 팥쥐를 낳았다고 언급된 경우는 없다.

이 밖에 이 이야기는 '혼인'과는 무관한 이야기인데도 김종상의 경우는 결말에서 뜬금없이 선녀가 '하늘나라 왕자님과 결혼하게 될

---

47) 설화 중 '해와 달의 유래'라는 부제가 달린 구비대계 ①－㉣의 경우엔 콩쥐 환생까지로 이야기가 완결된 후, 언니는 달이 되고 동생은 해가 되었다고 되어 있을 뿐 '동아줄' 관련 언급은 없으며, ⑤－㉮「콩쥐 팥쥐와 호랑이」는「해와 달이 된 오누이」설화로서 오누이의 이름만 콩쥐 팥쥐일 뿐 이 이야기와 무관하다.

것'이니 동아줄을 잡으라고 말을 하는 등 개연성 없이 변형된 요소가 적지 않다. 이원수의 책은 이후 부분수정을 거쳐 여러 출판사에서 재발행되었는데 1988년에 발행된 책(중앙문화사)의 경우, '문공부선정추천도서', '어린이정서개발연구회 추천', '색동회추천 우량도서'로 선정된 사실이 책표지에 홍보되어 있고, 김종상의 책은 '한국아동문학가협회추천'도서라고 명시되어 있다.

전래동화는 글쓴이에 따라 내용이 다양하나, 전반적인 특징을 정리하면 다음과 같다.

첫째, 설화에는 없거나 드문 내용이 전래동화 내에서 반복 각색되어 서사의 일부로 정착된 경우가 적지 않다. 예컨대, 설화나 소설에는 도입부에 콩쥐 父가 재가한 사실만 소개되었을 뿐 父의 죽음에 대해 언급된 경우가 없으나, 전래동화에서는 콩쥐 父의 죽음을 언급한 경우가 많으며(23편 중 14편), 대개 父의 죽음 이후 계모의 콩쥐에 대한 구박이 더 심해지는 것으로 그려진다. 또한 팥쥐와 계모를 처벌하려는 원님을 콩쥐가 말리는 경우 역시 여러 편의 전래동화에 있으나 설화나 소설에는 없는 장면이다. 뿐만 아니라 전래동화에서 콩쥐가 '감사'가 아닌 '감사의 아들'(원님댁 도련님)과 혼인하는 경우(⑩, ⑭, ⑯, ⑳)나, 계모 혹은 팥쥐가 콩쥐의 술잔에 독을 묻히는 경우(⑭, ⑳)는 설화는 물론 소설에도 없는 내용이다. 여기에, 전래동화에서 콩쥐에게 주어진 '베짜기' 과제는 소설에 있는 것으로, 이미 살펴본 대로 설화에는 소설과 흡사한 세 편을 제외하면 한 편뿐(②-㉶)이다. 이 경우, 설화에서는 '옷과 신발'을 '소'(검은 소, 암소)가 마련해주지만 전래동화에서는 소설에서와 같이 '선녀'가 마련해준다. 이 때문에 설화에서는 '소'(검은 소, 암소)가 두 번 등장하나 전래동화에서는 한 번으로 줄어든다. 이때, '소'는 설화에서는 '검은 소'가 가장 많고, '검은 황소'가 한 편 있을 뿐 '황소'로 표현된 경우는 한 편도 없으나, 전래동화에서는 '황소'라고 표현된 횟수가 '검은 소'와 비슷하다. 또한, 전래동화에서는 신발 한 짝을 잃어버리는 경우, 잔칫집으로 가는 길 '냇물(개울물)'에 빠뜨린다고 구체적으로 표현되며 삽화로도 그려진 경우가 많은데, 소설에도 이와 같이 기록되어 있으나, 설화에는 소설과 흡사한 ⑥(최남선 기록)과, 구비대계의 두 편(①-㉠, ①-㉯)에만 물에 빠뜨린다는 사실이 밝혀져 있고 그 외의 유화에는 없다. 이 밖에, 세 편의 전래동화(⑰, ⑱, ⑲)에서 콩쥐의 나이가 14살이라고 밝혀 놓았으나 이는 설화에는 없는 것으로 소설을 따른 것으로 보인다.

둘째, 혼인 후 시련담을 다룬 이야기는 두 편뿐으로, 상당수가 혼인으로 끝나며, 혼인 후 시련담의 일부가 변형된 경우에도 콩쥐가 자기 자리를 되찾기 위해 노력하는 과정은 모든 작품에서 생략되어 있다.

셋째, 계모와 팥쥐에 대한 처벌이 없는 경우가 많고, 콩쥐가 지나치게 착하게 표현된다. 설화에는 대부분 계모와 팥쥐가 엄한 형벌을 받으나, 전래동화에서는 처벌의 강도도 약해졌을 뿐만 아니라, D유형을 제외한 나머지 중 계모와 팥쥐가 처벌을 받는 이야기는 네 편뿐이다. 한편, 설화에서는 원님의 처벌에 콩쥐가 결정적인 역할을 하는 반면, 일곱 편의 전래동화에서는 원님이 두 사람을 처벌하려 하자 오히려 콩쥐가 처벌을 막고, 대신 자신을 벌주라고 하는 경우(㉓)도 있다. 설화에서의 콩쥐의 성격이 정반대로 표현된 것이다.

넷째, 설화에는 콩쥐와 팥쥐의 외모를 비교, 묘사한 경우가 거의 없으나 전래동화에는 빈번하다. 이 경우는 그림 위주의 단행본보다 문자 중심으로 쓰인 이야기에 많은데 대개 '마음씨 착하고 예쁜 콩쥐', '심술궂고 마음씨 고약한 팥쥐와 계모' 식이며, 외모묘사로 끝나지 않고 외모와 성격이 연관되어 있다. ⑫(주평아동극본)의 "착한 맘씨 예쁜 얼굴 부지런한 몸" "콩쥐만 예쁘다고 팥쥐는 못났다고" 식의 노랫말이나, ⑳(Audio Book)에서 노래로 불리는 "마음이 예쁘면 얼굴도 예뻐, 마음이 미우면 얼굴도 미워. 콩쥐는 예쁘고, 팥쥐는 미워." 등이 그 예이다. 이와 함께 팥쥐와의 비교를 떠나 콩쥐의 '미모'가 강조되는 경우도 허다하다. 한편 그림의 경우, 콩쥐와 팥쥐는 대개 미추(美醜)관계로 표현된다.

다섯째, '전래동화집'에 '한 편'의 이야기로 수록되던 것이 어느 시기부터 '한 권'의 그림책 단행본으로 출간되면서 길이가 짧아지는 양상을 보인다. 분량이 줄어들면서 작가의 불필요한 묘사나 설명도 줄었으나 이 때문에 그림의 비중이 높아지고 서사구조가 더욱 중요하게 되었다.

여섯째, 전래동화를 발행하는 출판사가 증가하면서 각색 정도가 심해지고 각색 내용도 다양해졌다. 등장인물의 이름과 나이가 명시되고 콩쥐 父가 콩쥐를 젖동냥해서 키우는 등 소설에만 있는 내용이 혼합되거나, 배우자의 신분이 '임금'이나 '왕자'이고, 지팡이를 든 조력자의 등장, 자정을 알리는 종소리 등 서구 신데렐라의 영향을 받은 요소들에 글쓴이의 개인적인 창작까지 뒤섞여 결과적으로 기형적 형태의 이야기들이 양산되었다.

이 밖에 그림책으로 발간되면서 발행횟수가 증가한 책들이 많은 점이 눈에 띈다. 발행횟수는 재쇄에서 14쇄까지 다양한데 각색정도가 심한 경우도 ⑯(신예영, 새샘)이 10쇄, ⑲(금동이책, 깊은책속옹달샘)[48]가 7쇄, ⑰(박상률, 삼성출판사)이 14쇄까지 발행되었다.[49]

각 편의 전래동화를 살펴본 결과, 설화의 유화(類話) 검토 과정을 거쳤다고 판단되는 전래동화는 찾아보기 어려웠다. 개중에는 한 편의 설화를 모델로 한 것들도 있으나, 이 경우도 거침없이 부분창작을 해

48) 이 책은 표지에 'MBC추천도서'라고 명시되어 있다.

49) 일반 단행본에 비해 제작비가 많이 들어가는 '그림책'으로 출판형태가 바뀌고, 군소 출판사가 늘어나고, 발행횟수가 증가한 이유는 1990년대 후반 IMF 이후의 아동출판물 시장의 확대와 '독서'교육과 관련된 아동독자의 수요증가에서 찾을 수 있을 듯하다. 아동도서를 대상으로 한 각종 선정기관이 늘어난 이유도 이와 무관하지 않을 것이다. 참고로, 출판사별로 차이는 있으나 그림책의 경우 초판 1쇄 때 3000권 정도의 책을 발행하며, 이후 재쇄부터는 재고량에 따라 쇄당 1000－3000권 정도의 책을 발행한다.

놓아 대부분 원화(原話)와는 동떨어진 이야기가 되었다. 소수를 제외하고는 글쓴이들에게서 '전달자'로서의 태도는 찾기 어려웠고, 변형이나 변용이 원형(原形)을 전제로 가능하다는 기본적인 원칙이 그들에게는 무시된 듯 보였다. 전래동화 「콩쥐 팥쥐」는 '옛날이야기'가 아닌, 각색자가 마음대로 고친 '각색자 이야기'라고 하는 편이 어울릴 듯하다. 어린이들은 이런 이야기가 본래의 「콩쥐 팥쥐」라고 알게 될 것이다. 다음 장에서는 전래동화의 이러한 변용 형태가 본래의 이야기의 의미와 가치에 어떤 영향을 미치며 왜 문제가 되는지 「콩쥐 팥쥐」 이야기에 내재된 주요 의미를 통해 살펴보기로 하겠다.

## 5. 「콩쥐 팥쥐」 이야기의 주요 의미와 변용의 문제점

전형적인 인물과 상징적인 사건, 단순한 구조로 이루어진 설화의 진정한 가치는 언어 너머의 영역에서 찾아야 할 듯하다. 선악구도의 인물상과 뻔한 결말, 상투적인 주제로는 오랜 세월을 유지해온 설화의 질긴 생명력을 설명하기 어렵기 때문이다. 그간 '전래동화'라는 명분 아래 '각색'이 무분별하게 행해졌던 이유는 각색자들이 설화의 '이면'(裏面)을 보지 못하고 '표면'(表面)만 보았기 때문으로 여겨진다. 표면의 변화로 이면의 가치가 손상될 수 있다는 사실을 간과한 탓이다. 따라서 이 장에서는 전래동화의 변용의 문제점을 파악하기 위해 「콩쥐 팥쥐」의 이면(裏面)의 의미를 등장인물을 중심으로 간략하게 살펴보기로 한다.

영웅담을 제외하고 설화 속 등장인물의 특징 가운데 한 가지는 '무명성'이다. 이런 점에서 볼 때, 「콩쥐 팥쥐」는 중심인물에게 이름이 부여되어 있고 나란히 제목으로 드러나 있다는 점이 특이하다. 그런데 두 인물의 대립적인 성격에도 불구하고 이름만으로는 성격의 차이를 파악하기 어렵게 되어 있다. 오히려 '콩'과 '팥'의 유사성을 말해주는 듯하다. '콩이야 팥이야 한다'는 속담은 '콩'과 '팥'이 별 차이가 없다는 것을 전제로 한 것이며, '뿌린 대로 거둔다'는 의미의 '콩 심은 데 콩 나고 팥 심은 데 팥 난다'는 속담도 '콩'과 '팥'의 유사성을 조건으로 한 것이다. 콩쥐와 팥쥐는 자매지간으로 '한집안' 사람이다. 두 이름자의 끝 자(字)인 '쥐'라는 접미사는 이를 더욱 강조한다. 콩쥐와 팥쥐는 시종일관 갈등관계에 있고 성격도 극단적으로 다르지만 이름이나 인물관계에는 '하나다'라는 의미가 함축되어 있다. 더욱이 콩쥐의 혼인 후, 콩쥐의 배우자인 감사는 젓가락이 바뀐 것을 지적할 정도의 안목을 가졌으면서도 아내가 바뀐 것은 눈치채지 못한다. "젓가락 짝짝이인 것은 알면서도 각시 바뀐 줄은 모르냐?"는 콩쥐의 말에서 콩쥐와 팥쥐의 관계는 '젓가락'에 비유된다. 이는 전래동화에 표현된 삽화와 달리 콩쥐와 팥쥐의 외모가 젓가락의 차이 정도로 흡사하다는 것을 말해주는 것이기도 하다. 여기에 남편이 아내가 바뀐 줄을 몰랐다는 사실에서 두 사람의 유사성이 외모 이상이라는 것을 추측할 수 있다.

심리적인 관점에서, 콩쥐와 팥쥐는 별개의 두 인물이 아니라 한 인물의 서로 다른 인격으로 볼 수 있다. 팥쥐와 대립되었던 콩쥐가 팥쥐에 의해 죽임을 당했다가 재생하여 팥쥐를 물리치고 자신의 자리를 찾기까지의 일련의 과정은, '있는 그대로의 나'와 '사회적 담론이 요구하는 나'로 분열되어, 있는 그대로의 나는 상실되고 상징적 질서가 요구하는 주체(subject)로 재현되는 라캉(Jacques Lacan)의 '주체화(subjectification)'의 과정과 유사하다.[50] 갈등관계에 있던 콩쥐와 팥쥐가 분리될 수 있었던 것은 콩쥐의 '결혼'을 기점으로 해서이다. 많은 설화에서 '결혼'은 '독립'을 전제로 한다. 정신분석적인 시각에서, '독립'의 전제조건은 '모체'로부터의 '분리'이다. 이때 야기되는 '분리불안'은 인간으로서의 삶을 영위하기 위해 반드시 극복되어야 할 첫 번째 과제이다. 주인공이 '집'을 떠나는 것으로 전개되는 상당수의 전래동화는 이 문제와 무관하지 않다. '집'과 '어머니'는 불가분의 관계에 있기 때문이다. 이렇게 볼 때, 계모에게 종속된 팥쥐는 '母'에 고착된 미숙한 자아이다. 제 것이 아닌 신발에 억지로 발을 끼워 넣는 행위는 팥쥐의 과도한 욕망을 말해준다. 팥쥐는 콩쥐의 그림자이며, 원시적 성향의 이드(id)로서, 콩쥐가 성숙한 삶을 영위하기 위해서는 반드시 상실되어야 할 콩쥐의 열등한 인격이다.

콩쥐가 성숙한 면모를 보여주는 때는 '익사' 이후부터이다. 이전까지 콩쥐는 주어진 과제 앞에서 으레 울기만 하는 '울보'일 뿐이었다. 콩쥐가 우는 장면은 과제가 주어질 때마다 반복되어 나타난다. 콩쥐의 울음소리는 조력자에게 보내는 일종의 신호처럼 작용한다. 콩쥐는 조력자들에게 도와달라는 말 한마디 하지 않는다. 콩쥐의 이런 행동은 '울음'으로써 도움의 손길을 기다리는 '아이'를 닮았다. 또한, 콩쥐에게 주어진 모든 과제는 조력자들에 의해 수행된다. 계모가 콩쥐에게 요구한 과제들은 주부로서 해야 할 상징적인 일들이지만, 실제로 과제를 해결한 것은 콩쥐가 아니라 조력자들이다. 뿐만 아니라, 전래동화에서 빈번하게 표현된 '착한 콩쥐'라는 이미지와는 다르게 콩쥐는 실제로 이렇다 할 착한 행동을 한 것이 없다. 흥부가 제비를 구하듯 콩쥐가 누군가를 돕는 경우도 없다. 결혼을 하기까지의 콩쥐는 연민의 대상, 불쌍한 존재일 뿐, '결혼'의 전제조건인 '성숙'과는 거리가 먼 듯하다.

---

50) 이에 대해서는 이 책의 '제1부 한국 전래동화의 심층 의미'의 'Ⅱ의 4. 주체의 분리와 재현—「콩쥐 팥쥐」, 「흥부 놀부」' 참조.

콩쥐가 죽임을 당한 결정적인 이유는 팥쥐의 유혹에 넘어갔기 때문이다. 콩쥐는 팥쥐를 '따라'감으로써 팥쥐에게 압도당한다. 콩쥐가 죽게 된 궁극적인 이유는 콩쥐 자신의 미숙함 때문이었다. 한편, 팥쥐의 '악한' 성격은 콩쥐의 '혼인'을 기점으로 본격적으로 드러나기 시작한다. 이전까지의 팥쥐는 신발 주인으로 행세한 것 외에는 이렇다 할 '악행'을 보이지 않았다. 콩쥐는 죽음 이후 이전과는 전혀 다른 모습을 보여준다. 의존적인 울보 콩쥐는 사라지고 자기자리를 되찾기 위해 안간힘을 쓰는 자발적이고 성숙한 콩쥐가 등장한다. 주목할 만한 점은 전반부에서 콩쥐가 어려움에 직면할 때마다 해결사 역할을 해주었던 조력자들이 '죽음'이라는 최대의 시련에 직면한 콩쥐에게는 더 이상 나타나지 않는다는 점이다. 아이러니하게도 행복한 삶의 토대가 된 콩쥐의 성숙은 조력자의 도움이 없었기 때문에 가능한 것이었다. 콩쥐의 재생과정은 쉽게 이루어지지 않는다. '물'에 익사당했던 콩쥐는 팥쥐에 의해 '불'에 던져짐으로써 두 번 죽임을 당한다. 그러나 콩쥐의 '죽음'은 새로운 '삶'을 위한 것이었다. '물'과 '불', '재'의 과정을 거치며 미숙한 콩쥐는 죽고, 성숙한 콩쥐로 거듭나게 된 것이다.

콩쥐는 제자리를 되찾기 위해 '감사'의 확인 과정을 거친다. 감사의 과오를 지적하는 콩쥐에게서 더 이상 예전의 '울보' 콩쥐는 찾을 수 없다. 자신이 원하는 것이 무엇인지를 분명히 밝히고 '감사'에게 인정받기를 원하는 콩쥐의 모습은 타자(他者)로부터 인정받고자 하는 주체의 인정 욕망을 말해주는 듯하다. 주체가 사회적 존재로서 재현되기 위해서는 초자아의 개입을 필요로 하듯, 콩쥐가 팥쥐와 분리되어 온전한 주체로 거듭나는 데에는 '감사'가 결정적인 역할을 한다. 콩쥐의 남편의 신분이 '감사'라는 점은 의미심장하다. '감사'는 옳고 그름을 판단하는 판관의 기능을 담당하기 때문이다. 콩쥐는 제자리를 되찾음으로써 '감사의 부인'이라는 기표를 획득한다. 따라서 콩쥐에게는 '감사'라는 기표가 따라다닌다. 콩쥐는 그간의 일들을 감사에게 말함으로써 계모와 팥쥐에 대한 처벌의 근거를 제공한다. 계모와 팥쥐에 대한 극형은 죄의 성격을 반영한다. 그것은 상징적 질서에 용인될 수 없는 것에 대한 단죄로서, 미숙한 것의 죽음, 애착관계의 죽음, 탐욕의 죽음을 의미한다. 콩쥐가 제자리를 되찾기까지 겪었던 혹독한 시련과, 계모와 팥쥐에게 내려진 엄한 형벌은 행복한 삶은 쉽게 얻어지는 것이 아니며, 이런 것이 철저히 단절될 때 보장받을 수 있다는 것을 말해주는 듯하다.

이상의 의미를 토대로 변용의 문제점을 짚어나가기로 하자.

첫째, 후반부의 내용이 삭제되고 콩쥐의 혼인으로 이야기가 끝날 경우, 콩쥐는 자발적인 노력이 아니라 조력자의 도움에 의존하여 행복한 결혼에 이르는 '행운의 주인공' 이외의 의미를 갖지 못한다. 이는 '성숙'을 전제로 '결혼'이 성립되는 설화의 기본적인 원칙에도 위배된다. 또한, 이 경우 팥쥐는 콩쥐와 갈등관계에만 있을 뿐, 특별히 악행을 한 것이 아니므로 팥쥐에 대한 '처벌'의 근거가 사라지고, 이 때문에 '판관'의 기능을 담당하는 '감사'라는 지위의 특성은 무색해지며, 결과적으로 '감사'와의 결혼은 콩쥐의 '신분상승' 이상의 의미를 갖지 못한다.

둘째, 혼인을 기점으로 콩쥐가 팥쥐와 계모에 의해 시련을 겪지만 남편인 감사에 의해 곧 구제되는 경우, 콩쥐의 시련 과정이 생략됨으로써 '성숙'의 기회는 사라지고 감사는 콩쥐가 어려울 때마다 해결사 역할을 했던 이전의 조력자들의 연장에 불과해진다. 따라서 이 경우도 콩쥐는 이렇다 할 선행 없이 어려움에 직면할 때마다 구원자의 도움을 받는 행운아로서의 의미만 갖는다.

셋째, 감사가 계모와 팥쥐를 처벌하려 하자 콩쥐가 나서서 처벌을 막고 두 사람이 용서를 받는 경우, 이는 결말에서 갑자기 발생하는 상황으로 이야기의 흐름상 개연성도 없을 뿐만 아니라, 미숙하고 열등한 팥쥐와의 단절을 전제로 할 때만 가능한 콩쥐의 결혼은 행복을 보장받지 못한다. '행복하게 잘 살았다'는 해설과 달리 이면에는 불행의 불씨가 여전히 남아 있게 되는 것이다. 또한, 남성에 의존하여 '신분상승'의 행운을 바라는 '신데렐라 콤플렉스'처럼, 죄의 성격에 상관없이 무조건적인 용서를 미덕으로 하는 '착한 여자 콤플렉스'를 파생시킬지도 모를 일이다.[51)] 콩쥐와 팥쥐는 양립할 수 없는 존재이므로 용서와 화해의 결말이 타당하려면 옛이야기를 표방한 '각색'이 아니라 '창작물'로서 전면 재창작되어야 한다.

넷째, 삽화와 그림책에서 콩쥐와 팥쥐의 외모가 각각 '미'와 '추'의 이미지로 표현된 경우, 자칫 외모로 내면의 성격을 판단하는 편견을 형성할 수 있을 뿐만 아니라, 극단적으로 다른 이미지로 인해 한 인물의 서로 다른 성향이라는 암시적인 의미는 찾을 수 없게 된다.

다섯째, 설화에서 삼을 삼아주고 옷과 신발을 마련해주는 '소'(검은 소, 암소)의 역할이 전래동화에서는 베를 짜고 옷과 신발을 제공하는 '선녀'로 대체되는데, 이 경우, 두 차례에 걸친 소의 등장은 한 번에 그치게 되어 '소'에 함축된 '모성성'은 찾기 어렵게 된다. 밭매기만 해주는 '소'는 '두꺼비'나 '참새'와 등가관계에 놓이기 때문이다. '소'가 두 번이나 등장한다는 사실은 조력자로서의 비중이 남다르다는 것을 말해준다. 여러 유화에서 '소'가 '두꺼비'나 '참새'와 달리 신비스런 이미지의 '검은 소'로 불리는 이유도 이와 다르지 않을 것이다. 여기에 '하늘'에서 내려와 혼인과 관련된 옷과 신을 마련해주는 행위는 콩쥐의 죽은 친모(親母)를 연상시킨다. 그러나 '소'의 등장을 일회로 제한하고, '검은 소' 대신 흔히 볼 수 있는 '황소'라고 표현한 전래동화에서 '소'는 '동물' 이상의 의미를 갖기 어렵다.

여섯째, 콩쥐가 감사가 아닌 그의 '아들'(원님댁 도련님)과 결혼하

---

51) "콩쥐는 왜 못된 새어머니와 팥쥐를 용서해 달라고 했을까?"라는 질문이 제시되어 있는 경우(㉓)도 있다.

는 경우, '감사'의 '판관'으로서의 의미는 희석된다. 특히, '신발'을 계기로 만나는 인물은 감사이면서도 그의 '아내'가 아닌 '며느리'가 되는 경우, 혼인은 무의미하다. 이때 '신발'에 함축된 성(性)적 의미는 사라지고, 높은 계층으로 편입하는 도구로서의 의미만 남게 된다.

일곱째, 설화에서는 별 언급이 없었던 콩쥐 父의 비중이 전래동화에서 커진 경우가 많은데, 이렇게 되면 등장인물의 관계가 콩쥐 父를 중심으로 한 계모와 콩쥐의 오이디푸스적인 관계로 해석될 여지가 있어, 콩쥐가 미숙한 자아와 분리되어 성숙의 시련을 겪는 중심의미가 퇴색된다. 따라서 콩쥐 父의 비중은 설화를 따르는 것이 타당하다.

이 밖에 콩쥐의 배우자의 지위가 극대화되어 '임금'이나 '왕자'로 변하고 여기에 계모와 팥쥐에 대한 처벌이 없는 경우, 배우자의 기능은 없고 지위만 부각되어 콩쥐의 혼인은 배우자의 지위에 편승한 신분상승으로서의 의미만 갖게 된다.

이상으로 전래동화의 문제점에 대해 살펴보았다. 각 편의 내용을 일일이 인용하지는 못하였으나 대부분의 작품들에 각색자의 불필요한 설명과 왜곡된 인물묘사, 교훈적 메시지가 첨가되어 있었다. 일상에서 사용하는 '신데렐라'라는 명칭에는 '행운'과 '신분상승'의 의미가 함축되어 있으나, 「콩쥐 팥쥐」 설화의 '콩쥐'는 삶과 죽음을 넘나드는 시련을 겪으며 제 힘으로 자신의 자리를 되찾는다는 점에서 이와는 분명히 다른 인물이다. 그러나 전래동화 속에서 '콩쥐'는 거듭되는 조력자들의 도움과 아름다운 외모에 기대어 신분상승을 이루고, 대신 용서를 빌거나 스스로 처벌받기를 바라는 마조히스트적 성향을 지닌 감상적인 인물로 변형되었다.

전래동화의 책표지에는 종종 해당 책의 우수성을 알리는 출판사의 홍보용 문구가 씌어 있다. 다양한 기관의 추천사실을 밝히고, 유명한 동화작가를 글쓴이로 내세우고, 색색의 화려한 그림으로 어린이를 유혹한다. 아동물 시장이 넓고, 전래동화가 제2, 제3의 콘텐츠로 재활용되는 점을 고려할 때 현재 전래동화의 변용의 방식은 전면 개선되어야 한다. 무엇보다 옛날이야기에 함축된 풍성한 의미가 고스란히 어린이들에게 전달될 수 있도록 원형(原形)의 중요성에 대한 각색자들의 인식의 확산이 시급하게 느껴진다.

## 6. 나오며

프로이트는 전래동화가 아이들의 정신적 삶에서 중요한 위치를 차지한다는 사실을 정신분석을 통해 거듭 확인하게 되는 것이 놀라운 일이 아니라고 하고,[52] 어린이 심리치료사인 베텔하임은 어린이에게 가장 영향력 있는 문화유산으로 전래동화만한 것이 없다고 한다.[53]

전래동화는 '아이'라는 개념에 대한 인식이 있기 이전에 대개가 '설화'로서 존재했던 이야기이다. 설화에는 삶의 가장 기본적이고 보편적인 문제가 녹아 있고, 행복한 삶을 위한 바람직한 해결책이 단순하고 명쾌하게 제시되어 있다. 아득한 옛날에 만들어진 '옛날이야기'가 현대사회의 어린이들에게 꾸준히 사랑을 받아온 이유는 이 때문인지도 모르겠다.

---

52) S. Freud, "The Occurrence in Dreams of Material from Fairy Tales"(1913), *The Standard Edition of The Complete Psychological Works of Sigmund Freud. volume XII*, The Hogarth press, London, 1958, pp. 281.

53) 브루노 베텔하임(Bruno Bettelheim), 『옛이야기의 매력1』(*The uses of enchantment: The meaning and importance of Fairy Tales*), 김옥순・주옥 옮김, 시공주니어, 1998, pp. 14-15.

그런데 현재 한국의 '전래동화'에서, '원화(原話)'에 대한 존중은 무시된 듯하다. 20-30명이나 되는 흥부의 자식들의 수는 3명으로 축소되고, 왕의 후처가 되는 심청이는 어린 왕자와 초혼을 하며, 자신의 손톱발톱을 먹여 키운 쥐 때문에 봉변을 당하는 '쥐둔갑'설화는 '신체발부수지부모(身體髮膚受之父母)'라는 문구가 삽입되어 손톱발톱을 함부로 버리지 말라는 경고성 이야기로 둔갑한다. '주인공'이라는 이유로 멍청한 바보가 영리한 영웅의 말을 하고, 어머니에 고착된 노총각은 부모를 봉양하는 효자로 미화되고, 미숙하고 소극적인 인물은 예쁘고 착한 존재로 부풀려지며, 높은 지위의 재상과 평범한 청년의 해학적인 대결은 가진 자와 못 가진 자, 부자와 가난한 자의 권력싸움이 된다. 이는 다시 화려한 색채의 그림으로 표현되어 하나의 이미지로 고정된다. 이런 경우, 전래동화는 더 이상 소박한 매력의 구수한 옛날이야기가 아니며, 결과적으로 어린이 독자에게는 각색자가 의도한 무미건조한 메시지만 공허한 메아리로 남게 될 것이다.

이 글은 전래동화가 어린이의 삶에 미치는 영향력을 염두에 두고, 한국의 설화가 각색자의 지나친 성형수술로 본래의 매력을 상실한 채 정체불명의 이야기로 전락한 것에 문제점을 느끼고, 그것의 심각성을 일깨우고 올바른 변용문화의 정착에 일조하기 위해 쓰였다.

일차 대상으로 「콩쥐 팥쥐」 이야기를 선택하여, 현전하는 모든 관련유화를 대상으로 공통된 서사구조를 파악하고, 1910년대부터 현재까지 발간된 전래동화와 비교하여 각각의 특징을 검토하고, 설화에 내재된 주요 의미 분석을 토대로 변용의 문제점을 지적하고 그 이유를 탐색하였다.

연구결과, 설화와 달리 대개의 전래동화가 콩쥐의 혼인 후 시련과정이 생략되어 있어 서사구조에서 상당한 괴리가 있다는 것을 확인하였으며, 혼인 이전까지의 콩쥐가 실제로는 혼인할 정도의 성숙한 면모를 갖추지 못한 점을 지적하고, 이 때문에 전래동화에 나타난

'혼인'이 신분상승 이상의 의미를 갖지 못한다는 사실을 파악하였다. 또한, 팥쥐와 계모에 대한 처벌의 당위성과, 콩쥐의 배우자로서의 '감사'의 기능, '검은 소'의 상징적 의미 등을 통해 전래동화에서 삭제되고 수정된 많은 장치들이 결과적으로 설화 본래의 의미를 어떻게 왜곡, 축소시키고 있는지에 대해서도 살펴보았다.

「콩쥐 팥쥐」 이야기는 그 명성에 비해 근원설화에 대한 연구가 매우 미흡한 형편이다. 앞으로 이에 대한 탐색작업과, 비교문학적 관점에서 그림(Grimm)형제의 '아셴푸텔'(Aschenputtel)이나 페로(Charles Perrault)의 '상드리옹'(Cendrillon)에 국한되지 않은 각국의 다양한 신데렐라형 설화와의 면밀한 비교고찰이 이뤄지길 기대한다.

부족하나마 이 글이 전래동화와 관련된 일에 종사하는 모든 사람들에게 원형(原形)의 중요성을 일깨우고, 설화의 참된 의미와 가치가 어린이들에게 온전히 전달되는 데에 도움이 되기를 바란다.

# 부　록

이 자료는 한국의 초등학생들이 관심을 두고 있는 '동화'와 '한국의 전래동화'가 무엇인지 알아보기 위해 2002년 12월에 실시한 설문조사 자료이다. 조사 대상은 서울, 대전, 광주 소재의 초등학교 학생들이며 각 도시별로 한 학교씩을 정하여 1~6학년까지 학년당 한 반씩 총 19개 학급이 참여하였다. 참고로 대전 소재의 초등학교의 경우 6학년에서 두 반이 설문에 응하여 총 19개 학급의 622명의 학생들이 설문에 참여하였다. 덧붙여, 이 자료는 논문의 기초 자료로 쓰이기 위한 것으로서 학생들이 한국의 전래동화 가운데 어떤 작품에 관심을 두고 있으며 선호하는가를 알아보기 위한 것이므로, 전체 학생수에 대비한 선호도(얼마나 선호하느냐)에 대한 별도의 통계는 내지 않았다. '전래동화'에 대한 개념이 막연하고 조사 대상의 범위가 정해져 있지 않을 뿐만 아니라, 지역이 서로 다른 학교의 '한 학급'을 단위로 조사하였으므로, 각 반에서 한 사람이 선택한 이야기까지 일일이 취합하여 전체 통계를 내는 것은 학생들이 관심을 두고 있거나 선호하는 전래동화를 파악하기 위한 설문의 목적과는 무관하기 때문이다. '선호도'를 목적으로 한 설문조사('무엇을 선호하느냐'가 아니라 '얼마나 선호하느냐'에 대한 조사)는 설문 내용과 방법을 달리하여 별도로 시행해야 할 것이다. 이 장에 수록되는 분석표는 학교별로 '한 반'을 단위로 하여 선택된 학생수가 많은 순으로 작품명을 기록했으며, 작품명 뒤에 해당 작품을 선택한 학생수를 기입하여 학생들이 선택한 작품이 어떤 것이며 몇 명이 선택하였는지를 한눈에 알아볼 수 있도록 하였다. 이 설문 조사의 경우, 3번 문항은 2번 문항에 응답한 작품으로 범위를 제한하였으므로 2번과 3번의 답이 상당수 겹친다(1, 2학년의 경우는 2번에 썼던 작품 가운데 한 개를, 3~6학년은 세 개를 쓰도록 하였다).

한편, '토끼와 거북(이)'이라는 작품명에 대해서는 두 가지 작품을 고려할 수 있겠는데, 우선 토끼와 거북이가 경주하는 '이솝우화'를 말하는 것일 수도 있고, 「별주부전」을 말하는 것일 수도 있지 않을까 하는 것이다. 저학년의 경우, 개중에는 같은 문항에 「토끼의 간」과 「토끼와 거북」을 함께 쓴 학생들도 있고, 고학년에서는 「별주부전」과 「토끼와 거북」을 역시 같은 문항에 함께 쓴 학생들이 있어서 이 경우에는 「토끼와 거북」이 이솝우화를 가리키는 것이 확실한데, 이 경우를 제외하고는 어떤 내용을 가리키는 것인지 확인하기가 어렵다. 참고로 초등학교 교과서 2학년 2학기 『말하기 · 듣기』 책의 표지 그림이 「별주부전」, 즉 「토끼와 자라」(토끼의 간)의 한 장면으로 토끼와 자라의 그림이 소개되어 있는데 '자라'가 '거북이'처럼 그려져 있고, 같은 책의 내용에 '선생님께서 들려주시는 '토끼와 거북의 자랑'을 들어 봅시다'라고 하여 「별주부전」의 내용이 표지의 그림과 함께 다뤄지고 있다. 2학년 2학기 『쓰기』 책에 토끼와 거북이의 이솝우화가 토끼와 거북이가 경주하는 그림으로 소개되어 있고, 이전의 제6차 교육과정의 교과서(5학년은 4학년까지, 6학년은 5학년까지 제6차 교육과정의 교과서로 수업을 하였다)에서 4학년 1학기 『말하기 · 듣기』 책에 '「토끼와 거북이」 이야기를 듣고 이어 주는 말 넣기'라고 하여 역시 이솝우화가 예문으로 제시되어 있고, 같은 책의 '인물의 말과 행동에 대하여 생각하거나 느낀 점을 말하기'에서는 「별주부전」의 삽화(토끼와 자라와 용왕 그림)와 함께 '토끼와 자라의 행동에 대하여 각자 생각하거나 느낀 점을 말하여 봅시다'라고 되어 있으므로, 이로 미루어 볼 때 「토끼와 거북이」는 이솝우화를 의미하는 것이 거의 확실하다. 다만, 「별주부전」을 가리키는 '토끼와 거북의 자랑'이라는 표현에 '토끼와 거북'이라는 말이 중복되고, 교과서에 소개된 삽화에서 자라가 마치 거북이처럼 그려져 있어서 간혹 학생들이 혼동할 수도 있지 않을까 하는 것이다. 그러나 다수의 학생들이 한 문항에 토끼와 거북이와 함께 「별주부전」을 써놓은 점으로 미루어 볼 때 상당수가 이솝우화일 가능성이 높으며, 필자가 확인한 10여 명의 초등학교 교사들은 모두 「토끼와 거북이」를 이솝우화로 이해하고 있었다. 1~3학년의 경우, 전체 학생 가운데 「별주부전」이라고 쓴 학생은 한 학생뿐이고 같은 내용을 의미하는 제목으로 「토끼와 자라」나 「토끼의 간」이라고 썼는데, 「별주부전」이라는 표현은 4학년 이상에서 나타난다.

설문 문항의 내용과 관련하여 부연하자면, '~하면 떠오르는 것을 쓰세요.'라는 표현은 프로이트의 '자유연상' 기법을 고려한 것으로, 의식적으로든 무의식적으로든 이유를 불문하고 학생들의 심리에 남아 있는 이야기가 어떤 것인지를 파악하기 위한 것이다. '선호'하는 작품에 대해서는 3번 문항에 '가장 재미있거나 감동을 받은 이야기의 제목을 써주세요.'라고 별도의 문항을 만들어 조사하였다.

1번 문항('동화' 하면 떠오르는 것을 쓰세요.)의 경우는 한국의 전래동화를 대상으로 하는 이번 논문과 직접적인 관련은 없으나 '동화'의 개념에 대한 초등학생의 생각을 살펴보고, 그것에 한국 작품이 얼마나 포함되는지 파악하기 위하여 설문에 포함시켰는데, 1번 문항의 답안은 초등학생의 심리에 인상적으로 남아 있는 '동화' 작품이 어떤 것인지를 파악하는 데에 중요한 참고 자료가 되어 주리라 생각한다.

여기서, 학생들이 기입한 모든 작품명을 밝힌다는 것은 불가능하다. 작품의 종류가 너무 다양하기 때문이다. 따라서 이 글에서는 답안에 따라 2명 혹은 1명의 표를 얻은 작품명은 밝히지 않는 것을 원칙으로 한다. 단, 세 문항에서 고루 한 표 이상 얻은 경우나, 타 학교를 포함하여 다른 문항에서 한 번이라도 많은 표를 얻은 적이 있는 작품의 경우(예를 들어 모든 문항에서 고루 한 표 이상씩을 얻은 경우, 한 문항에서는 1명 혹은 2명의 표를 얻었으나 다른 문항에서는 다수의 표를 얻은 적이 있는 경우, 어떤 학교에서는 1명 혹은 2명의 표를 얻었으나 다른 학교에서는 많은 표를 얻은 적이 있는 경우)에는 1명 혹은 2명에 의해 선택되었다고 할지라도 선택한 학생수와 함께 작품명을 밝혀 적었다. 이는 적은 수라고 할지라도 모든 문항에 고루 분포되었다면 분포도 면에서 참고할 필요가 있으며, 한 문항 혹은 한 학급에서라도 관심도가 비교적 높게 나타난 작품이 다른 학급이나 문항에서는 어떤 결과로 나타났는지를 상대적으로 파악하기 위해서이다.

「토끼와 자라」나 「토끼의 간」 또한 1, 2명이 선택했을지라도 학생들이 표기한 제목을 따라 '토끼와 거북'(이)과 별도로 명시하였다. 이때 '「토끼와 자라」, 「토끼의 간」, 「별주부전」은 같은 작품으로, 학생들은 학년이 올라감에 따라 「토끼와 자라」에서 「토끼의 간」, 「별주부전」 순으로 제목을 사용하였다. 1, 2학년은 「토끼의 간」으로(2학년에는 없고, 1학년에 두 사람 뿐임), 3학년은 '토끼와 자라'로, 4~6학년은 '별주부전'으로 표기하기로 한다.

「심청전」의 경우 1, 2학년과, 3~6학년이 제목 명에서 확실한 차이를 보이는데, 대부분의 학생이 1, 2학년은 「효녀 심청」으로, 3~6학년에서는 「심청전」이라고 표기하였으므로 여기에서도 이를 따라 각각 「효녀 심청」과 「심청전」이라고 표기하기로 한다.

고학년으로 갈수록 창작 동화나 창작 소설, 전(傳)류가 많아지고, 설화의 수가 급격히 줄어드는 현상을 보였다.

참고로 1, 2학년의 경우, 1번부터 3번까지 표기된 작품명을 합산하여 전체 순위를 매겼으나, 3~6학년의 경우는 2번과 3번 문항의 결과가 상당수 겹치므로 전체 순위를 내지 않았다.

끝으로, 학교와 학급의 특성에 따라 선택된 작품의 종류와 수가 다르므로 몇 개의 작품에 치우친 경우도 있고, 다양하게 확산된 경우도 있다. 따라서 상위에 속하는 작품일지라도 학년별, 학급별 특성에 따라 선택된 수에서 차이가 난다.

※ 다음 장에 설문지 견본을 첨부하였다.

## ◈ 설문지 견본 ◈

* 1, 2학년용
* 조사자: 노제운

초등학교　　　학년　　　반

1. '동화' 하면 떠오르는 이야기의 제목을 3개 써주세요. 제목을 모르면 주인공의 이름이나 내용을 짧게 써주세요.

①
②
③

2. '우리나라의 옛날이야기'(한국의 전래동화) 하면 떠오르는 이야기의 제목을 3개 써주세요. 1번에 썼던 답을 또 적어도 됩니다. 단, 이번에는 외국 이야기 말고 우리나라의 옛날이야기입니다.

①
②
③

3. 2번에 썼던 우리나라의 옛날이야기 가운데 가장 재미있거나, 감동을 받은 이야기의 제목을 1개만 써주세요.

* 3, 4, 5, 6학년용
* 조사자: 노제운

초등학교　　학년　　반

1. '동화' 하면 떠오르는 이야기의 제목을 5개 써주세요. 제목을 모르면 주인공의 이름이나 내용을 짧게 써주세요.
   ①
   ②
   ③
   ④
   ⑤

2. '우리나라의 옛날이야기'(한국의 전래동화) 하면 떠오르는 이야기의 제목을 5개 써주세요. 1번에 썼던 답을 또 적어도 됩니다. 단, 이번에는 외국 이야기 말고 우리나라의 옛날이야기입니다.
   ①
   ②
   ③
   ④
   ⑤

3. 2번에 썼던 우리나라의 옛날이야기 가운데 가장 재미있거나, 감동을 받은 이야기의 제목을 3개만 써주세요.
   ①
   ②
   ③

## ◈ 설문조사 분석표 ◈

3개 도시(서울, 대전, 광주) 초등학생을 대상으로 한 설문 조사 자료. (1~6학년, 총 19개 반, 622명) ※ 괄호는 해당 작품을 선택한 학생수.

〈표 1〉 1학년

| | 1. '동화' 하면 떠오르는 이야기의 제목을 3개 써주세요. | 2. '우리나라의 옛날 이야기'(한국의 전래동화) 하면 떠오르는 이야기의 제목을 3개 써주세요. | 3. 2번에 썼던 우리나라의 옛날이야기 가운데 가장 재미있거나, 감동을 받은 이야기의 제목을 1개만 써주세요. | 1, 2, 3의 답안 수를 합한 총 합산수(외국작품, 위인전, 창작동화 제외. 단, 「토끼와 거북이」 포함) |
|---|---|---|---|---|
| 서울 개원 (38명) | 토끼와 거북이(6)<br>백설공주(5)<br>피노키오(5)<br>신데렐라(4)<br>미녀와 야수(4)<br>아기돼지 삼형제(4)<br>은혜갚은 꿩(4)<br>이순신(4)<br>흥부와 놀부(3)<br>지각대장 존(3)<br>그리스 로마 신화(3)<br>강아지 똥(3)<br>센과 치히로의 행방불명(3)<br>이제마(3)<br>콩쥐 팥쥐(2)<br>해님 달님(2)<br>토끼와 자라(1)<br>은혜갚은 까치(1) | 흥부와 놀부(13)<br>콩쥐 팥쥐(8)<br>효녀 심청(8)<br>이순신(8)<br>바리공주(7)<br>선녀와 나무꾼(5)<br>장화홍련(3)<br>세종 대왕(3)<br>그리스 로마 신화(3)<br>방귀 며느리(3)<br>견우와 직녀(3)<br>이제마(3)<br>토끼와 거북이(2)<br>토끼와 자라(1)<br>홍길동(1)<br>해님 달님(1) | 흥부와 놀부(4)<br>효녀 심청(3)<br>바리공주(3)<br>이제마(3)<br>견우와 직녀(2)<br>효자 호랑이(2)<br>방귀 며느리(2)<br>콩쥐 팥쥐(1)<br>선녀와 나무꾼(1)<br>은혜갚은 꿩(1) | 흥부와 놀부(20)<br>콩쥐 팥쥐(11)<br>효녀 심청(11)<br>바리공주(10)<br>토끼와 거북이(8)<br>선녀와 나무꾼(6)<br>견우와 직녀(5)<br>방귀 며느리(5)<br>은혜갚은 꿩(5)<br>해님 달님(3)<br>장화홍련(3)<br>토끼와 자라(2) |

| | | | | |
|---|---|---|---|---|
| 대전<br>구봉<br>(36명) | 신데렐라(14)<br>아기돼지 삼형제(9)<br>흥부와 놀부(6)<br>콩쥐 팥쥐(6)<br>이솝 이야기(6)<br>선녀와 나무꾼(4)<br>세계 명작동화(4)<br>해님 달님(3)<br>도깨비 방망이(3)<br>혹부리 영감(3)<br>견우와 직녀(3) | 해님 달님(14)<br>콩쥐 팥쥐(10)<br>도깨비감투(7)<br>호랑이와 곶감(7)<br>황금 거위(7)<br>도깨비 방망이(6)<br>흥부와 놀부(5)<br>빨간 부채 파란 부채(5)<br>말하는 남생이(5)<br>아기돼지삼형제(3)<br>혹부리 영감(3)<br>금방망이 은방망이(3)<br>할미꽃(3)<br>선녀와 나무꾼(2)<br>토끼와 거북이(2)<br>토끼의 재판(2)<br>소나기(2)<br>견우와 직녀(1) | 해님 달님(6)<br>콩쥐 팥쥐(5)<br>도깨비감투(5)<br>흥부와 놀부(3)<br>선녀와 나무꾼(1)<br>호랑이와 곶감(1) | 해님 달님(23)<br>흥부 놀부(14)<br>도깨비 방망이(14)<br>콩쥐 팥쥐(21)<br>도깨비감투(12)<br>호랑이와 곶감(8)<br>선녀와 나무꾼(7)<br>혹부리 영감(6)<br>견우와 직녀(4)<br>토끼와 거북이(2) |
| 광주<br>극락<br>(24명) | 바위알(12)<br>엄마없는 나라(9)<br>인어공주(6)<br>콩쥐 팥쥐(5)<br>자장가(5)<br>백설공주(4)<br>물웅덩이(3)<br>빨간 우산(3)<br>산딸기 엄마(3)<br>잠자는 숲속의 공주(2)<br>아기천사(2)<br>신데렐라(1)<br>흥부와 놀부(1)<br>선녀와 나무꾼(1) | 흥부와 놀부(22)<br>콩쥐 팥쥐(21)<br>해님달님(15)<br>산딸기 엄마(4)<br>견우와 직녀(3)<br>호랑이와 곶감(2)<br>선녀와 나무꾼(1)<br>바위알(1) | 콩쥐 팥쥐(9)<br>해님 달님(6)<br>흥부와 놀부(3)<br>견우와 직녀(2) | 콩쥐 팥쥐(35)<br>흥부와 놀부(26)<br>해님 달님(21)<br>견우와 직녀(5)<br>선녀와 나무꾼(2)<br>호랑이와 곶감(2) |

〈표 2〉 2학년

| | 1. | 2. | 3. | 1, 2, 3의 답안 수를 합한 총 합산수 (외국작품, 위인전, 창작동화 제외. 단, 「토끼와 거북이」 포함) |
|---|---|---|---|---|
| 서울 개원 (37명) | 신데렐라(9), 백설공주(4), 효녀 심청(4), 피노키오(4)<br>아기돼지 삼형제(4)<br>피터팬(4)<br>해리포터(3)<br>독장수 구구(3)<br>은혜 갚은 호랑이(3)<br>잭과 콩나무(3)<br>엄마 찾아 삼만리(3), 콩쥐 팥쥐(2)<br>해님 달님(2)<br>손오공(2)<br>장화신은 고양이(2)<br>알리바바와 40명의 도둑(2)<br>인어공주(2)<br>그리스 로마 신화(2)<br>이상한 나라의 앨리스(2), 선녀와 나무꾼(1), 홍길동(1) | 효녀 심청(14)<br>콩쥐 팥쥐(10)<br>흥부와 놀부(9)<br>혹부리영감(8)<br>삼년고개(6)<br>선녀와 나무꾼(3)<br>떡은 누구의 것(3)<br>홍길동(3)<br>해님 달님(2)<br>은혜 갚은 꿩(2)<br>피리부는 호랑이(2)<br>진짜엄마 가짜엄마(2)<br>엄지공주(2)<br>독장수 구구(2)<br>옹고집전(2), 은혜갚은 호랑이(1)<br>호랑이와 곶감(1)<br>견우와 직녀(1) | 효녀 심청(7)<br>흥부와 놀부(3)<br>콩쥐 팥쥐(3)<br>혹부리영감(3)<br>엄마찾아 삼만리(2)<br>피리부는 호랑이(1)<br>해님 달님(1)<br>삼년 고개(1)<br>옹고집전(1) | 효녀 심청(25)<br>콩쥐 팥쥐(15)<br>흥부와 놀부(12)<br>혹부리영감(11)<br>삼년 고개(7)<br>해님 달님(5)<br>독장수 구구(5)<br>선녀와 나무꾼(4)<br>은혜갚은 호랑이(4)<br>홍길동(4)<br>피리부는 호랑이(3)<br>옹고집전(3)<br>견우와 직녀(1)<br>호랑이와 곶감(1) |
| 대전 구봉 (37명) | 흥부와 놀부(14)<br>신데렐라(13)<br>백설공주(11)<br>성냥팔이 소녀(6)<br>이상한 나라의 앨리스(3), 콩쥐 팥쥐(3), 피터팬(3)<br>아기돼지 삼형제(2)<br>삼국지(2)<br>오즈의 마법사(2)<br>피노키오(2)<br>토끼와 거북이(2) | 흥부와 놀부(16)<br>유관순(15)<br>이순신(10)<br>삼국지(9)<br>단군 왕검(7)<br>콩쥐 팥쥐(5)<br>효녀 심청(2)<br>세종대왕(2)<br>김좌진(2)<br>망주석 재판(2)<br>장영실(2)<br>위인전(2) | 유관순(9)<br>이순신(6)<br>삼국지(4)<br>콩쥐 팥쥐(2)<br>김좌진(2)<br>망주석 재판(2)<br>해님 달님(1)<br>단군 왕검(1)<br>그리스 로마 신화(1)<br>장화홍련(1) | 흥부와 놀부(30)<br>콩쥐 팥쥐(10)<br>단군 왕검(9)<br>망주석 재판(4)<br>효녀 심청(2)<br>장화홍련(2)<br>해님 달님(2)<br>혹부리영감(2)<br>토끼와 거북이(2)<br>선녀와 나무꾼(1) |

| | | | | |
|---|---|---|---|---|
| | 설문대 할망(2)<br>헬렌켈러(2)<br>인어공주(2)<br>혹부리 영감(2)<br>선녀와 나무꾼(1)<br>단군 왕검(1)<br>그리스 로마 신화(1) | 공자의 논어 이야기(2)<br>김유신(2)<br>해님 달님(1)<br>그리스 로마 신화(1)<br>장화홍련(1) | | |
| 광주<br>극락<br>(27명) | 신데렐라(11)<br>아기돼지 삼형제(10)<br>잭과 콩나무(6)<br>피노키오(5)<br>백설공주(5)<br>동글이의 모험(4)<br>이상한 나라의 앨리스(4), 소공녀(3)<br>껍질벗은 달팽이(3)<br>성냥팔이 소녀(2)<br>인어공주(2)<br>헨젤과 그레텔(2)<br>금강산호랑이(2)<br>홍길동(2)<br>콩쥐 팥쥐(1) | 해님 달님(9)<br>효녀 심청(7)<br>꼬마 원님(6)<br>금도끼 은도끼(6)<br>이순신(6)<br>세종대왕(5)<br>은혜갚은 꿩(4)<br>홍길동(4)<br>콩쥐 팥쥐(3)<br>유관순(2)<br>장영실(2)<br>토끼의 지혜(2)<br>반쪽이(2)<br>불개(2), 링컨(2)<br>흥부와 놀부(1) | 이순신(4)<br>성냥팔이 소녀(4)<br>은혜갚은 꿩(2)<br>효녀 심청(1)<br>해님 달님(1)<br>삼국지(1)<br>유관순(1)<br>꼬마 원님(1)<br>금도끼 은도끼(1) | 해님 달님(10)<br>효녀 심청(8)<br>금도끼 은도끼(7)<br>꼬마 원님(7)<br>은혜갚은 꿩(6)<br>홍길동(6)<br>콩쥐 팥쥐(4)<br>흥부와 놀부(1) |

〈표 3〉 3학년

| | 1.<br>'동화' 하면 떠오르는 이야기의 제목을 5개 써주세요. | 2.<br>'우리나라의 옛날이야기'(한국의 전래동화) 하면 떠오르는 이야기의 제목을 5개 써주세요. | 3.<br>2번에 썼던 우리나라의 옛날이야기 가운데 가장 재미있거나, 감동을 받은 이야기의 제목을 3개만 써주세요. |
|---|---|---|---|
| 서울<br>개원<br>(34명) | 콩쥐 팥쥐(18)<br>흥부와 놀부(15)<br>해리포터(15)<br>신데렐라(14)<br>백설공주(12)<br>걸리버 여행기(11)<br>헨젤과 그레텔(8)<br>소공녀(4)<br>해님 달님(4) | 콩쥐 팥쥐(31)<br>심청전(22)<br>흥부와 놀부(22)<br>해님 달님(15)<br>홍길동(8)<br>옹고집전(8)<br>단군 왕검(5)<br>토끼와 거북이(4)<br>소가 된 게으름뱅이(4) | 콩쥐 팥쥐(18)<br>심청전(16)<br>흥부와 놀부(15)<br>해님 달님(9)<br>홍길동(4), 바리공주(3)<br>소가 된 게음름뱅이(3)<br>단군 왕검(3), 이순신(3)<br>옹고집전(2)<br>장화홍련(2) |

| | | | |
|---|---|---|---|
| | 그리스 로마 신화(4)<br>삼국지(4)<br>토끼와 거북이(2) | 이순신(4) | 은혜갚은 두꺼비(2)<br>춘향전(2), 김두한(2)<br>토끼와 거북이(2) |
| 대전<br>구봉<br>(35명) | 콩쥐 팥쥐(19)<br>흥부와 놀부(14)<br>신데렐라(14)<br>심청전(14)<br>토끼와 거북이(13)<br>백설공주(7)<br>장화신은 고양이(6)<br>금도끼 은도끼(5)<br>피노키오(5)<br>혹부리 영감(3)<br>토끼의 간(2)<br>선녀와 나무꾼(2)<br>장화홍련(1)<br>홍길동(1) | 콩쥐 팥쥐(33)<br>흥부와 놀부(25)<br>심청전(24)<br>금도끼 은도끼(19)<br>토끼와 거북이(13)<br>선녀와 나무꾼(7)<br>혹부리 영감(5)<br>토끼의 간(4)<br>은혜갚은 까치(3)<br>해님 달님(1)<br>장화홍련(1)<br>피노키오(1) | 심청전(20)<br>콩쥐 팥쥐(17)<br>흥부와 놀부(16)<br>금도끼 은도끼(13)<br>토끼와 거북이(7)<br>혹부리 영감(3)<br>은혜갚은 까치(3)<br>선녀와 나무꾼(2)<br>피노키오(1) |
| 광주<br>극락<br>(26명) | 신데렐라(16)<br>콩쥐 팥쥐(15)<br>백설공주(13)<br>인어공주(6)<br>플란다스의 개(5)<br>피노키오(5)<br>로빈슨 크루소(4)<br>흥부와 놀부(4)<br>개미와 베짱이(4)<br>토끼와 거북이(4)<br>미운 오리 새끼(4)<br>빨간 구두(3)<br>장화홍련(3)<br>장화 신은 고양이(3)<br>잠자는 숲속의 공주(3)<br>피터팬(3)<br>헨젤과 그레텔(2)<br>아낌없이 주는 나무(2)<br>아기 돼지 삼형제(2)<br>걸리버 여행기(2)<br>해님 달님(2), 심청전(1)<br>토끼와 자라(1)<br>옹고집전(1) | 콩쥐 팥쥐(20)<br>흥부와 놀부(17)<br>심청전(11)<br>장화홍련(9)<br>옹고집전(5)<br>해님 달님(5)<br>홍길동(3)<br>혹부리 영감(3)<br>선녀와 나무꾼(2)<br>은혜 갚은 까치(2)<br>단군 왕검(2)<br>바보온달(2)<br>플란다스의 개(2)<br>유관순(2)<br>금도끼 은도끼(2)<br>토끼와 거북이(1)<br>백설공주(1) | 콩쥐 팥쥐(14)<br>흥부와 놀부(10)<br>심청전(9)<br>장화홍련(6)<br>해님 달님(3)<br>소가 된 게으름뱅이(2)<br>홍길동(2)<br>혹부리영감(2)<br>바보온달(2)<br>유관순(2)<br>선녀와 나무꾼(1)<br>옹고집전(1)<br>은혜갚은 까치(1)<br>단군 왕검(1) |

〈표 4〉 4학년

| | 1. | 2. | 3. |
|---|---|---|---|
| 서울<br>개원<br>(35명) | 해리포터(28), 콩쥐 팥쥐(11)<br>흥부와 놀부(10)<br>빨간 머리 앤(8)<br>반지의 제왕(8)<br>삼국지(7), 피터팬(7)<br>토끼와 거북이(4)<br>홍길동(4), 소공녀(4)<br>헨젤과 그레텔(4)<br>은혜갚은 까치(4)<br>백설공주(3)<br>아기돼지 삼형제(3)<br>별주부전(3), 장발장(3)<br>미운 오리 새끼(3)<br>신데렐라(2), 인어공주(2)<br>아낌없이 주는 나무(2)<br>키다리 아저씨(2)<br>심청전(2), 이순신(1)<br>잭과 콩나무(1)<br>장화홍련(1), 유관순(1) | 심청전(22)<br>콩쥐 팥쥐(21)<br>흥부와 놀부(20)<br>별주부전(15)<br>춘향전(12)<br>홍길동(11)<br>은혜갚은 까치(8)<br>해님 달님(7)<br>유관순(6)<br>이순신(6)<br>세종대왕(4)<br>꽁지 닷발 주둥이 닷발(3)<br>장영실(3)<br>토끼와 거북이(3) | 심청전(16)<br>별주부전(11)<br>춘향전(9)<br>콩쥐 팥쥐(9)<br>흥부와 놀부(9)<br>홍길동(7)<br>유관순(5)<br>은혜갚은 까치(4)<br>이순신(3)<br>토끼와 거북이(3)<br>해님 달님(2)<br>세종대왕(2)<br>장영실(2)<br>야인시대(2)<br>박씨부인전(2)<br>장화홍련(1) |
| 대전<br>구봉<br>(37명) | 흥부와 놀부(24)<br>콩쥐 팥쥐(12)<br>백설공주(12), 별주부전(11)<br>아낌없이 주는 나무(8)<br>신데렐라(7)<br>토끼와 거북이(7)<br>성냥팔이 소녀(5)<br>이솝이야기(4)<br>금도끼 은도끼(3)<br>해님 달님(3)<br>헨젤과 그레텔(3)<br>소공자(3), 해리포터(2)<br>늑대와 아기 염소(2)<br>보물섬(2), 소공녀(2)<br>선녀와 나무꾼(1)<br>심청전(1), 장화홍련(1)<br>혹부리 영감(1)<br>도깨비 방망이(1)<br>인어공주(1) | 흥부와 놀부(34)<br>콩쥐 팥쥐(26)<br>별주부전(11)<br>해님 달님(10)<br>홍길동(9)<br>심청전(7)<br>선녀와 나무꾼(7)<br>토끼와 거북이(7)<br>장화홍련(6)<br>혹부리 영감(4)<br>금도끼 은도끼(4)<br>바보온달(4)<br>이솝이야기(2)<br>홍길동(2)<br>옹고집전(2)<br>은혜갚은 까치(2)<br>호랑이와 곶감(2)<br>견우와 직녀(1)<br>바리공주(1) | 흥부와 놀부(26)<br>콩쥐 팥쥐(13)<br>홍길동(6)<br>해님 달님(6)<br>심청전(5)<br>별주부전(5)<br>장화홍련(5)<br>토끼와 거북이(4)<br>선녀와 나무꾼(3)<br>바보온달(3)<br>금도끼 은도끼(2)<br>혹부리 영감(2)<br>옹고집전(2)<br>인현왕후전(2)<br>바리공주(1)<br>견우와 직녀(1)<br>은혜갚은 까치(1)<br>아낌없이 주는 나무(1) |

| | | | |
|---|---|---|---|
| | 은혜갚은 까치(1)<br>잠자는 숲속의 공주(1)<br>그리스 로마 신화(1)<br>아기 돼지 삼형제(1)<br>피노키오(1) | 도깨비 방망이(1)<br>파란부채 빨간 부채(1)<br>세종대왕(1)<br>아낌없이 주는 나무(1) | |
| 광주<br>극락<br>(32명) | 콩쥐 팥쥐(19)<br>백설공주(13)<br>성냥팔이 소녀(9)<br>신데렐라(9)<br>흥부와 놀부(8), 심청전(6)<br>시골쥐와 서울쥐(6)<br>토끼와 거북이(5)<br>아기돼지 삼형제(5), 인어공주(4), 미운오리 새끼(4)<br>TV동화 행복한 세상(4)<br>피노키오(3), 백조의 호수(3)<br>엄지공주(3), 피노키오(2)<br>손오공(2), 정글북(2)<br>벌렁코 하얀이(2)<br>빨간 구두(2), 소공녀(2)<br>이솝이야기(2)<br>잠자는 숲속의 공주(1)<br>선녀와 나무꾼(1)<br>장화홍련(1)<br>혹부리 영감(1)<br>은혜갚은 까치(1)<br>잭과 콩나무(1)<br>해님 달님(1) | 콩쥐 팥쥐(25)<br>토끼와 거북이(20)<br>심청전(15)<br>흥부와 놀부(11)<br>시골쥐와 서울쥐(11)<br>홍길동(6)<br>해님 달님(5)<br>별주부전(4), 백일홍(4)<br>은혜갚은 까치(4)<br>호랑이 형님(3)<br>선녀와 나무꾼(2)<br>장화홍련(2)<br>호랑이와 곶감(2)<br>혹부리 영감(2)<br>견우와 직녀(2)<br>반쪽이(2)<br>이순신(2),<br>세종대왕(1)<br>유관순(1)<br>아기돼지 삼형제(1) | 심청전(13)<br>토끼와 거북이(12)<br>콩쥐 팥쥐(11)<br>흥부와 놀부(6)<br>홍길동(4)<br>해님 달님(3)<br>은혜갚은 까치(3)<br>백일홍(3)<br>호랑이와 곶감(3)<br>선녀와 나무꾼(2)<br>금도끼 은도끼(2)<br>별주부전(2)<br>장화홍련(2)<br>이순신(2)<br>서울 쥐와 시골 쥐(2)<br>할미꽃(2)<br>견우와 직녀(1) |

〈표 5〉 5학년

| | 1. | 2. | 3. |
|---|---|---|---|
| 서울<br>개원<br>(40명) | 해리포터(22)<br>신데렐라(14), 백설공주(13)<br>이상한 나라의 앨리스(8)<br>그리스 로마 신화(7)<br>인어공주(6), 반지의 제왕(6)<br>콩쥐 팥쥐(5)<br>우동 한 그릇(5)<br>빨간머리 앤(5)<br>흥부와 놀부(5) | 콩쥐 팥쥐(26)<br>흥부와 놀부(25)<br>심청전(19)<br>선녀와 나무꾼(19)<br>해님 달님(19)<br>토끼와 거북이(13)<br>단군 왕검(9)<br>은혜갚은 두꺼비(6)<br>혹부리 영감(5) | 흥부와 놀부(13)<br>심청전(12)<br>콩쥐 팥쥐(11)<br>해님 달님(9)<br>선녀와 나무꾼(8)<br>은혜갚은 두꺼비(5)<br>은혜갚은 까치(5)<br>단군 왕검(4)<br>홍길동(4) |

| | | | |
|---|---|---|---|
| | 토끼와 거북이(4)<br>장발장(4), 피노키오(3)<br>어린왕자(3)<br>로빈슨 크루소(3)<br>헨젤과 그레텔(3)<br>가시고기(3)<br>12살에 부자가 된 키라(3)<br>아낌없이 주는 나무(2)<br>단군 왕검(2), 심청전(2)<br>아기돼지 삼형제(2)<br>돈키호테(2)<br>15소년 표류기(2)<br>선녀와 나무꾼(1)<br>피터팬(1)<br>잠자는 숲속의 공주(1)<br>혹부리 영감(1), 홍길동(1) | 별주부전(5)<br>은혜갚은 까치(4)<br>사씨남정기(4)<br>홍길동(4)<br>춘향전(3)<br>이순신(2)<br>세종대왕(2)<br>이제마(1)<br>금도끼 은도끼(1)<br>서울쥐 시골쥐(1)<br>신데렐라(1)<br>옹고집전(1)<br>장화홍련(1)<br>견우와 직녀(1) | 별주부전(4)<br>사씨남정기(3)<br>토끼와 거북(3)<br>혹부리영감(3)<br>백일홍(3)<br>견우와 직녀(2)<br>춘향전(2)<br>장화홍련(1)<br>헨젤과 그레텔(1)<br>서울쥐와 시골쥐(1)<br>옹고집전(1) |
| 대전<br>구봉<br>(38명) | 흥부와 놀부(10)<br>행복한 왕자(9)<br>플란다스의 개(9)<br>신데렐라(9)<br>백설공주(7)<br>어린왕자(5)<br>선녀와 나무꾼(4)<br>인어공주(4)<br>콩쥐 팥쥐(4)<br>하얀마음 백구(4)<br>이상한 나라의 앨리스(3)<br>장화신은 고양이(3)<br>성냥팔이 소녀(3)<br>토끼와 거북이(3)<br>아기돼지 삼형제(3)<br>요술항아리(3)<br>은혜갚은 까치(3)<br>파란부채 빨간부채(3)<br>피노키오(3)<br>금도끼 은도끼(3)<br>이솝이야기(2)<br>홍길동(2)<br>춘향전(2), 심청전(2)<br>태조 왕건(2)<br>헨젤과 그레텔(2)<br>구운몽(2), 장화홍련(1) | 흥부와 놀부(16)<br>심청전(16)<br>해님 달님(14)<br>콩쥐 팥쥐(13)<br>빨간부채 파란부채(12)<br>호랑이와 곶감(12)<br>선녀와 나무꾼(9)<br>혹부리영감(9)<br>파란구슬(6)<br>홍길동(5)<br>금도끼 은도끼(5)<br>장화홍련(4)<br>은혜갚은 까치(4)<br>우렁각시(4)<br>요술항아리(3)<br>춘향전(3)<br>옹고집전(2)<br>의좋은 형제(2)<br>은혜갚은 두꺼비(2)<br>토끼와 거북이(2)<br>임꺽정(2)<br>견우와 직녀(1)<br>행복한 왕자(1)<br>호랑이와 곶감(1)<br>바보온달(1)<br>엄지공주(1) | 심청전(15)<br>흥부와 놀부(9)<br>해님 달님(8)<br>콩쥐 팥쥐(8)<br>호랑이와 곶감(7)<br>은혜갚은 까치(5)<br>빨간부채 파란부채(4)<br>혹부리영감(3)<br>춘향전(3)<br>파란구슬(3)<br>장화홍련(2)<br>우렁각시(2)<br>할미꽃(2)<br>플란다스의 개(2)<br>팥죽 할멈과 호랑이(2)<br>선녀와 나무꾼(1)<br>토끼와 거북이(1)<br>옹고집전(1)<br>금도끼 은도끼(1)<br>바보온달(1)<br>은혜갚은 두꺼비(1)<br>세종대왕(1)<br>이순신(1) |

| | | | |
|---|---|---|---|
| | 장화신은 고양이(1)<br>피터팬(1), 해님 달님(1)<br>잠자는 숲속의 공주(1) | 소가 된 게으름뱅이(1)<br>반쪽이(1)<br>세종대왕(1), 이순신(1) | |
| 광주 극락 (28명) | 가시고기(14)<br>괭이부리말 아이들(9)<br>콩쥐 팥쥐(8)<br>인어공주(5)<br>흥부와 놀부(5)<br>걸리버 여행기(5)<br>그리스 로마 신화(5)<br>이상한 나라의 앨리스(5)<br>어린왕자(4)<br>TV동화 행복한 세상(4)<br>엄마는 파업중(4)<br>아홉 살 인생(4)<br>헨젤과 그레텔(3)<br>장화신은 고양이(3)<br>해리포터(3)<br>백설공주(3)<br>선녀와 나무꾼(2)<br>해님 달님(2)<br>피노키오(2)<br>아낌없이 주는 나무(2)<br>요술항아리(2)<br>신데렐라(2)<br>갯벌(2), 성냥팔이 소녀(2)<br>금도끼 은도끼(1)<br>잠자는 숲속의 공주(1)<br>홍길동(1)<br>이솝우화(1)<br>엄지공주(1), 소공녀(1)<br>아낌없이 주는 나무(1) | 심청전(20)<br>흥부와 놀부(16)<br>콩쥐 팥쥐(14)<br>선녀와 나무꾼(13)<br>홍길동(12)<br>은혜갚은 까치(10)<br>금도끼 은도끼(8)<br>해님 달님(7)<br>토끼와 거북이(4)<br>장화홍련(3)<br>별주부전(2)<br>신데렐라(2)<br>아낌없이 주는 나무(1)<br>호랑이와 곶감(1)<br>은혜갚은 호랑이(1)<br>가시고기(1)<br>도깨비 방망이(1)<br>어린왕자(1)<br>괭이부리말 아이들(1)<br>할미꽃(1)<br>엄마는 파업중(1) | 흥부와 놀부(13)<br>심청전(13)<br>콩쥐 팥쥐(7)<br>해님 달님(6)<br>홍길동(6)<br>선녀와 나무꾼(4)<br>은혜갚은 까치(3)<br>금도끼 은도끼(3)<br>가시고기(3)<br>집으로(2)<br>신데렐라(1)<br>엄마는 파업중(1)<br>해리포터(1)<br>은혜갚은 두꺼비(1) |

〈표 6〉 6학년

| | 1. | 2. | 3. |
|---|---|---|---|
| 서울 개원 (39명) | 미오 나의 미오(17)<br>갈매기의 꿈(11)<br>아기돼지 삼형제(11)<br>흥부와 놀부(9)<br>닥터노먼 베쑨(8) | 심청전(26)<br>별주부전(25)<br>흥부와 놀부(23)<br>콩쥐 팥쥐(21)<br>바보온달(13) | 심청전(19)<br>별주부전(13)<br>흥부와 놀부(14)<br>콩쥐 팥쥐(11)<br>바보온달(11) |

<table>
<tr><td></td><td>신데렐라(7)<br>셰익스피어(7)<br>피노키오(5)<br>우동 한 그릇(5)<br>삼국지(5), 심청전(5)<br>우리들의 일그러진 영웅(5)<br>백설공주(4)<br>콩쥐 팥쥐(4)<br>해리포터(4)<br>피터팬(3)<br>어린왕자(3)<br>80일간의 세계일주(3)<br>마지막 잎새(3)<br>그리스 로마 신화(3)<br>별주부전(3)<br>헨젤과 그레텔(2)<br>로빈슨 크루소(2)<br>하얀마음 백구(2)<br>안데르센동화(2)<br>리어왕(2)<br>선녀와 나무꾼(1)<br>괭이부리말 아이들(1)<br>반지의 제왕(1)<br>바보온달(1)<br>잭과 콩나무(1)<br>혹부리영감(1)<br>이순신(1)<br>세종대왕(1)<br>햄릿(1)<br>성냥팔이 소녀(1)<br>빨간모자(1)<br>인어공주(1)<br>미운오리새끼(1)<br>개미와 베짱이(1)<br>엄지공주(1)<br>토끼와 거북이(1)<br>홍길동(1)<br>은혜갚은 호랑이(1)</td><td>해님 달님(13)<br>토끼와 거북이(13)<br>홍길동(8)<br>우렁각시(5)<br>춘향전(5)<br>우리들의 일그러진 영웅(4)<br>가시고기(3)<br>도깨비 방망이(3)<br>하얀 마음 백구(3)<br>선녀와 나무꾼(2)<br>장화홍련(2)<br>괭이부리말 아이들(2)<br>혹부리영감(2)<br>전우치전(2)<br>은혜갚은 두꺼비(2)<br>은혜갚은 까치(2)<br>토끼와 거북이(1)<br>이순신(1)<br>호랑이와 곶감(1)<br>금도끼 은도끼(1)<br>아기돼지 삼형제(1)</td><td>홍길동(5)<br>가시고기(3)<br>우렁각시(3)<br>춘향전(3)<br>토끼와 거북이(2)<br>정우치전(2)<br>은혜갚은 두꺼비(2)<br>은혜갚은 까치(2)<br>우리들의 일그러진 영웅(2)<br>하얀마음 백구(2)<br>혹부리 영감(1)<br>이순신(1)<br>은혜갚은 호랑이(1)<br>해님 달님(1)</td></tr>
<tr><td>대전<br>구봉<br>(20명)</td><td>백설공주(12)<br>신데렐라(9), 인어공주(7)<br>콩쥐 팥쥐(6)<br>잠자는 숲속의 공주(6)</td><td>콩쥐 팥쥐(16)<br>별주부전(13)<br>심청전(11)<br>흥부와 놀부(11)</td><td>콩쥐 팥쥐(10)<br>별주부전(8)<br>심청전(7)<br>흥부와 놀부(6)</td></tr>
</table>

| | | | |
|---|---|---|---|
| | 어린왕자(3)<br>흥부와 놀부(3)<br>미녀와 야수(3)<br>토끼와 거북이(3)<br>아기돼지 삼형제(2)<br>성냥팔이 소녀(2)<br>잭과 콩나무(2)<br>괭이부리말 아이들(2)<br>걸리버여행기(2)<br>삼총사(2)<br>장화신은 고양이(2)<br>금도끼 은도끼(1)<br>심청전(1)<br>토끼와 거북이(1)<br>옹고집전(1)<br>헨젤과 그레텔(1)<br>장화홍련(1) | 장화홍련(10)<br>해님 달님(7)<br>금도끼 은도끼(7)<br>홍길동전(7)<br>선녀와 나무꾼(3)<br>옹고집전(3)<br>견우와 직녀(3)<br>토끼와 거북이(2)<br>임꺽정(2)<br>혹부리영감(2) | 해님 달님(6)<br>금도끼 은도끼(5)<br>장화홍련(3)<br>홍길동전(3)<br>견우와 직녀(3)<br>임꺽정(2)<br>선녀와 나무꾼(1)<br>혹부리영감(1) |
| 대전<br>구봉<br>(30명) | 백설공주(20), 어린왕자(20)<br>신데렐라(17)<br>선녀와 나무꾼(13)<br>흥부와 놀부(12)<br>인어공주(9)<br>콩쥐 팥쥐(8)<br>별주부전(4)<br>아기돼지 삼형제(3)<br>헨젤과 그레텔(3)<br>빨간머리 앤(3)<br>심청전(2), 홍길동(2)<br>서울쥐와 시골쥐(2)<br>피노키오(2)<br>미운오리 새끼(2)<br>잭과 콩나무(2)<br>미녀와 야수(2)<br>토끼와 거북이(2)<br>금도끼 은도끼(2)<br>옹고집전(1)<br>혹부리영감(1)<br>성냥팔이소녀(1)<br>소공녀(1)<br>이상한 나라의 앨리스(1)<br>장화신은 고양이(1) | 흥부와 놀부(22)<br>선녀와 나무꾼(22)<br>별주부전(17)<br>토끼와 거북이(13)<br>콩쥐 팥쥐(11)<br>금도끼 은도끼(10)<br>홍길동(8)<br>심청전(7)<br>혹부리영감(5)<br>옹고집전(3)<br>서울쥐와 시골쥐(3)<br>임꺽정(3)<br>바보온달(2)<br>춘향전(2)<br>연오랑 세오녀(2)<br>은혜갚은 까치(1)<br>도깨비 방망이(1)<br>견우직녀(1)<br>아낌없이 주는 나무(1)<br>호랑이와 곶감(1)<br>장화홍련(1)<br>해님 달님(1)<br>이순신(1)<br>세종대왕(1) | 흥부와 놀부(16)<br>별주부전(14)<br>콩쥐 팥쥐(11)<br>선녀와 나무꾼(7)<br>토끼와 거북이(5)<br>심청전(4)<br>금도끼 은도끼(4)<br>옹고집전(3)<br>홍길동(3)<br>혹부리영감(3)<br>바보온달(2)<br>해님 달님(1)<br>이순신(1)<br>세종대왕(1)<br>은혜갚은 까치(1)<br>임꺽정(1)<br>호랑이와 곶감(1)<br>서울쥐와 시골쥐(1)<br>연오랑 세오녀(1)<br>아낌없이 주는 나무(1) |

| | | | |
|---|---|---|---|
| 광주 극락 (29명) | 흥부와 놀부(17)<br>신데렐라(14)<br>미운오리새끼(14)<br>아기돼지 삼형제(11)<br>백설공주(11)<br>잭과 콩나무(7)<br>피터팬(7)<br>장화신은 고양이(6)<br>콩쥐 팥쥐(5)<br>별주부전(5)<br>토끼와 거북이(4)<br>이솝우화(3)<br>심청전(2)<br>마당을 나온 암탉(2)<br>홍길동(2)<br>옹고집전(2)<br>시골쥐와 서울쥐(2)<br>떡보(2), 인어공주(2)<br>빨간머리 앤(2)<br>춘향전(1)<br>잠자는 숲속의 공주(1)<br>엄지공주(1)<br>견우와 직녀(1)<br>장화홍련(1)<br>소공녀(1)<br>피노키오(1)<br>그리스 로마 신화(1)<br>삼국지(1) | 흥부와 놀부(26)<br>콩쥐 팥쥐(18)<br>별주부전(11)<br>심청전(11)<br>토끼와 거북이(10)<br>홍길동(7)<br>장화홍련(7)<br>아기돼지 삼형제(5)<br>은혜갚은 까치(4)<br>선녀와 나무꾼(3)<br>개미와 베짱이(3)<br>혹부리영감(3)<br>해님 달님(2)<br>신데렐라(2)<br>꾀많은 토끼(2)<br>춘향전(2)<br>이솝우화(2)<br>빨간구슬 파란구슬(1)<br>견우와 직녀(1)<br>미운오리 새끼(1) | 흥부와 놀부(16)<br>콩쥐 팥쥐(14)<br>심청전(13)<br>홍길동(5)<br>별주부전(5)<br>은혜갚은 까치(4)<br>아기돼지 삼형제(3)<br>장화홍련(3)<br>옹고집전(3)<br>토끼와 거북이(2)<br>꾀많은 토끼(2)<br>개미와 베짱이(2)<br>바보온달(1)<br>춘향전(1)<br>견우와 직녀(1)<br>빨간머리 앤(1)<br>혹부리영감(1)<br>인어공주(1)<br>떡보(1)<br>이솝우화(1) |

※ '해님 달님'은 '해와 달', '해와 달이 된 오누이' 포함. '도깨비 방망이'는 '금방망이 은방망이' 포함. '선녀와 나무꾼'은 '나무꾼과 선녀' 포함.('선녀와 나무꾼'이 압도적으로 많음) '황금 거위'는 '황금알을 낳는 거위' 포함. '단군 왕검'은 '단군 신화' 포함. '빨간부채 파란부채'는 '요술부채', '마법부채' 포함. '셰익스피어'는 '셰익스피어의 4대 희극', '셰익스피어의 5대 비극' 포함. '하얀 마음 백구'는 '돌아온 백구' 포함.

참고로, 설문조사 당 해(2002년)에 TV에서 사극으로 '태조 왕건'과 '이제마'('태양인 이제마')가 방영되었다.

학생들에 의해 선택된 수를 합산하여, 상위에 속하는 작품의 문항별 합산수와 총 합산수를 살펴보면 다음과 같다.(외국 작품, 창작 제외)

1, 2학년의 경우는 1인당 총 7개의 작품을, 3~6학년의 경우는 총 13개의 작품을 쓰게 되어 있다.

〈표 7〉 전 학년 문항별 합산수

| | 1. | 2. | 3. | 총 합산수 |
|---|---|---|---|---|
| 흥부와 놀부 | 159 | 334 | 182 | 675 |
| 콩쥐 팥쥐 | 153 | 332 | 174 | 659 |
| 효녀심청(심청전) | 42 | 242 | 173 | 457 |
| 해님 달님 | 19 | 148 | 69 | 236 |
| 별주부전<br>(토끼의 간, 토끼와 자라) | 30 | 108 | 62 | 200 |
| 선녀와 나무꾼 | 32 | 100 | 31 | 163 |
| 금도끼 은도끼 | 16 | 63 | 30 | 109 |
| 혹부리 영감 | 13 | 51 | 22 | 86 |
| 장화홍련 | 10 | 50 | 26 | 86 |
| 은혜갚은 까치 | 8 | 44 | 32 | 84 |
| 옹고집전 | 5 | 26 | 14 | 45 |
| 호랑이와 곶감 | 0 | 29 | 12 | 42 |
| 견우와 직녀 | 5 | 17 | 12 | 34 |

이 가운데 1, 2학년을 별도로 분류하면 다음과 같다.

〈표 8〉 1, 2학년 문항별 합산수

| | 1. | 2. | 3. | 1, 2학년 합산수 |
|---|---|---|---|---|
| 흥부와 놀부 | 24 | 66 | 13 | 103 |
| 콩쥐 팥쥐 | 19 | 57 | 20 | 96 |
| 효녀심청(심청전) | 4 | 31 | 11 | 46 |
| 해님 달님 | 7 | 42 | 15 | 64 |
| 별주부전<br>(토끼의 간, 토끼와 자라) | 1 | 1 | 0 | 2 |
| 선녀와 나무꾼 | 7 | 11 | 2 | 20 |
| 금도끼 은도끼 | 0 | 6 | 1 | 7 |
| 혹부리 영감 | 5 | 11 | 3 | 19 |
| 장화홍련 | 0 | 4 | 1 | 5 |
| 은혜갚은 까치 | 1 | 0 | 0 | 1 |
| 옹고집전 | 0 | 2 | 1 | 3 |
| 호랑이와 곶감 | 0 | 10 | 1 | 11 |
| 견우와 직녀 | 3 | 8 | 4 | 15 |

※ 1, 2학년에서 「토끼와 거북이」의 경우, 1번: 8표, 2번: 4표, 3번: 0표로 총 12표이다.

한편, 「토끼와 거북이」는 전 학년에서 총 208표를 얻었으며, 「홍길동전」은 총 164표를 얻었다. 이미 언급했듯이 문항의 성격상 3번 답안은 2번 답안 내에서 작성하도록 하였고 3학년 이상의 경우 2번은 다섯 작품, 3번은 세 작품을 쓰도록 하였으므로 상당수가 중복된다.

학교와 학년을 무시하고 총 합산수만으로는 「별주부전」이 「선녀와 나무꾼」보다 앞서지만, 전체적인 분포도를 고려할 때 「선녀와 나무꾼」이 「별주부전」을 앞선다. 구체적으로 살펴보면, 「선녀와 나무꾼」은 전 학년에서 고른 분포를 보인 반면, (1학년: 15, 2학년: 7, 3학년: 14, 4학년: 16, 5학년: 61, 6학년: 52표) 「별주부전」은 총 200표 가운데 6학년에만 118표가 몰려있고 1학년에서는 2표, 2학년에는 선택한 학생이 전혀 없으며, 3학년에 7표가 선택되는 등 59%가 6학년에 몰려있고, 1, 2학년에는 1%, 1~3학년은 3. 5%의 표를 얻는 등, 표가 지나치게 한 학년에 치우쳐 있으므로 연구대상에서 제외되었다. 6학년을 뺀다면, 「별주부전」은 「선녀와 나무꾼」보다 순위가 낮아지는데, 특히 저학년에서 거의 표를 얻지 못했다는 점이 연구대상에서 제외되는 데에 결정적인 이유가 되었다. 다른 작품들의 경우, 작품에 따라 학년별 비중이 차이가 나긴 하지만 「별주부전」과 같이 과반수 이상이 특정 학년에 몰려 있는 경우는 없다.

「별주부전」은 원작의 등장인물 외에 다양한 수중 동물을 등장시켜 고학년에서 '연극'으로 공연되는 선호되는 전래동화인데, 관심도가 지나치게 6학년에 치우친 이유 가운데 하나가 이 때문이 아닌가 한다. 이에 「토끼와 거북이」 역시 1, 2학년을 합하여 12표밖에 얻지 못하여 전체 수에 비해 저학년이 차지하는 비중이 지나치게 낮다.

「별주부전」(「토끼와 자라」, 「토끼의 간」 포함)의 경우, 문항별로 6학년이 차지하는 비중이 월등히 높아 1번: 12표, 2번: 66표, 3번: 40표를 얻어 2번과 3번 문항에서 각각 61%와 64%를 차지하였다. 「선녀와 나무꾼」의 경우, 6학년이 2번과 3번 문항에서 각각 30표와 8표를 얻어 각 문항 당 전체수에 대비하여 각각 30%와 25%를 차지하였다.

앞의 표에서 눈에 띄는 특징은 「선녀와 나무꾼」의 경우 2번 문항에 대한 3번 문항의 비율이 다른 작품들에 비해 두드러지게 낮다는 점이다. 이는 다른 작품과 비교해 볼 때, 관심도(2번)에 비해 선호도(3번)가 상당히 떨어진다는 것으로 해석할 수 있는데 이는 「선녀와 나무꾼」이 학생들의 관심은 끌되, 「선녀와 나무꾼」의 몇 가지 유형 가운데 감동이나 재미는 떨어지는 '나무꾼 승천담' 같은 유형이 시중에 많이 소개되어 있기 때문이 아닐까 한다.

「금도끼 은도끼」와 「혹부리 영감」, 그리고 순위에는 들지 못했으나 「방이설화」의 변형인 「도깨비 방망이」(금방망이 은방망이)는 한 가지 에피소드로 이루어진 교훈성이 짙은 짧은 우화로 모두 「흥부와 놀부」와 같은 모방담의 일종이다. 「도깨비 방망이」는 「흥부와 놀부의 도깨비 방망이」(『구비대계』 2-1, 강원 강릉시, pp. 133-135)라고 하여 '흥부와 놀부'의 설화로 전해진 경우도 있다. 이들 세 작품의 주요 의미는 「흥부와 놀부」의 분석 내용에 포함되어 있다.

외국 작품, 창작, 만화, TV프로그램, 위인전, 우화를 제외하면 관심도나 선호도, 분포도 면에서 집중적으로 선택된 이야기는 총 여섯 편이다. 이리하여 이 가운데 별주부전을 제외하고 총 다섯 편의 이야기가 이 책의 연구 대상이 되었다.

끝으로, 설문조사에 응해준 서울 개원초등학교, 대전 구봉초등학교, 광주 극락초등학교의 어린이들과 도움을 주신 선생님들께 감사의 말씀을 전한다. 연필심을 꾹꾹 눌러 또박또박 써내려간 설문지 위의 글자들이 한 자 한 자 살아 있는 듯 느껴졌다. 이 책이 작은 보답이 될 수 있기를 바란다.

# 참고문헌

## 1. 기초 자료


『韓國口碑文學大系』 全倦, 한국정신문화연구원, 2002.

『韓國口傳說話－任晳宰全集』 1~10권, 평민사, 1994~1999.

『朝鮮童話集』, 朝鮮總督府, 大正 13년, 1924.

『韓國民俗綜合照査報告書』 4책, 문화재관리국, 1971.

『韓國民俗綜合照査報告書』 5책, 문화재관리국, 1972.

『고담쇼셜 콩쥐 팥쥐전』, 태화서관, 1928, 구활자본 고소설 전집 16권, 인천대 민족문화연구소, 1983.

김기창·이복규, 「콩쥐와 팥쥐」, 『분단이후 북한의 구전설화집』, 민속원, 2005.

김봉호편, 「흥보가」, 『판소리 창본집』, 백문사, 1991.

金二達, 「금선의 이약이」, ≪개벽≫ 33호, 1923. 3.

김태준 역주, 「흥부전」, 『흥부전/변강쇠가』, 한국고전문학전집 14, 고려대학교 민족문화연구소, 1995.

段成式, 『酉陽雜俎續集』 卷一, 中國 台北: 藝文印書館, 民國54(1965).

손진태, 『朝鮮民譚集』, 朝鮮總督府, 大正15(1926), 소화 5.

______, 『韓國民族說話의 硏究』, 을유문화사, 1954.

「숫닭의 래력」, ≪개벽≫ 제32호, 1923. 2.

임동권, 『한국의 민담』, 서문당, 1972.

장덕순, 『한국설화문학연구』, 박이정, 1995.

정인섭, 『Folk tales from Korea: 우리고담』, London, Routledge & Kegan Paul, 1952.

정하영 역주, 『심청전』, 고려대학교 민족문화연구소, 한국고전문학전집 13, 1995.

진성기, 『남국의 전설』, 박문사, 1964.

최남선, 「朝鮮의 콩쥐 팥쥐는 西洋의 신데렐라 이야기」, ≪怪奇≫ 제2호, 1929. 12, 『육당 최남선전집』 9, 현암사, 1974.

최상수, 『朝鮮民間傳說集』, 통문관, 1984.

최운식, 『충청남도 민담』, 집문당, 1980.

______, 『한국의 민담』, 시인사, 1987.

최인학, 「コンジ・パッジ」, 『朝鮮昔話百選』, 동경: 일본방송출판협회, 1974.
한상수, 『한국의 민담』, 정음사, 1974.
「興甫歌」, 『金演洙 唱本』, 문화재관리국, 1974.
전래동화 「콩쥐 팥쥐」 관련자료 총23편(※ 이 책의 제2부 '4. 전래동화 검토 및 특징'에 목록 수록).
『普通學校 朝鮮語讀本』(교과서), 朝鮮總督府, 1923, 1924.
『초등 국어』(교과서), 문교부, 1948.
초등학교 『국어』(교과서)(제1차～제6차 교육과정), 1955～1998.
초등학교 『국어』(교과서)(『말하기 · 듣기』, 『읽기』, 『쓰기』: 1, 2 학년/ 『말하기 · 듣기 · 쓰기』, 『읽기』: 3～6학년), 제7차 교육과정, 1999～현재.

## 2. 국내 논저

강만길, 『韓國近代史』, 창작과 비평사, 1991.
고원, 『제3의 텍스트』, 서울대학교 출판부, 2002.
권순긍, 「『콩쥐팟쥐젼』과 고소설의 童話化경향」, 『성대문학』 25, 성균관대국문과, 1987.
김경중, 「傳來童話의 現代的 受容方案」, 『한국아동문학연구』 4, 한국아동문학학회, 1995.
김기동, 『이조시대 소설론』, 정연사, 1959.
김기창, 「금강산선녀설화 연구」, 『국제어문』 5, 국제어문학회, 1984.
______, 「'콩쥐 팥쥐'와 '신데렐라'의 비교고찰」, 『국제어문』 8, 국제어문학회, 1987.
김사엽, 『朝鮮文學史』, 정음사, 1948.
김상일, 「深靑傳의 起源」, ≪월간문학≫, 1971. 5, 6월.
김선미 · 홍강의, 「학령전기 아동의 귀신 및 도깨비에 관한 개념」, 『신경정신의학』, 22권 1호, 1983.
김성민, 「한국 사회와 심청전에 대한 분석심리학적 해석 시론」, 『사회이론』 20, 한국 사회이론학회, 2001.
김열규, 『도깨비 날개를 달다』, 춘추사, 1991.
______, 『어머니, 동화는 이렇게 읽어주세요』, 춘추사, 1993.
______ 外, 『民譚學槪論』, 일조각, 1997.
______ 外, 『정신분석과 문학비평』, 고려원, 1992.
______ 外, 『한국인의 죽음과 삶』, 철학과 현실사, 2001.

김인환, 「문학과 정신분석」, 『문학의 새로운 이해』, 문학과 지성사, 1996.
김정란, 『신데렐라와 소가 된 어머니』, 논장, 2004.
______, 「민담에서 동화까지의 속성 변형에 대한 연구—'신데렐라 유형'과 페로의 〈상드리옹, 또는 작은 유리구두〉」, 『한국프랑스학논집』 49, 한국프랑스학회, 2005.
김종균, 「콩쥐팥쥐전 연구—이중구조와 상징을 중심으로」, 『우리어문학연구』, 한국외대, 1991.
김춘택, 『조선고전소설연구』, 김일성종합대학출판사, 1986, 『우리나라고전소설사』, 한길사, 1993.
김태준, 『朝鮮小說史』, 학예사, 1939.
김하명, 『조선문학사5: 18세기문학』, 평양: 과학백과사전종합출판사, 1994, 영인본, 한국문화사, 1996.
김헌선·최자운, 「〈신데렐라Cinderella〉와 〈콩쥐 팥쥐〉이야기의 비교연구」, 『人文論叢』 12, 경기대인문과학연구소, 2004.
김환희, 「비교문학 시각에서 본 〈콩쥐 팥쥐〉의 기원과 특성」, ≪비평과 전망≫ 8호, 새움, 2004 상반기.
김효선, 「전래동화의 개작양상과 교수—학습 방법론 고찰」, 전북대교육대학원 석사논문, 2006. 2.
나주연, 「재복데기 계열 서사가 주목한 인간 삶의 문제」, 『동화와 번역』 15, 건국대동화와번역연구소, 2008.
노제운, 「韓國 傳來童話의 深層意味 分析—정신분석적 접근」, 고려대국문과 박사논문, 2003. 12.
______, 「한국 전래동화의 원형(原形)과 변용에 관한 연구—〈콩쥐 팥쥐〉 이야기를 중심으로」, 『어문논집』 59, 2009.
柳玗善, 「深青傳의 根源說話와 背景思想」, 『龍凰論叢』 16, 1981.
류인균, 「韓國傳來童話 〈콩쥐 팥쥐〉의 精神分析學的研究」, 『정신분석』 9권 1호, 1998.
______, 『한국 고소설에 나타난 오이디푸스 콤플렉스—〈심청전〉·〈콩쥐팥쥐전〉』, 서울대학교출판부, 2004.
류인균·조두영, 「韓國古典小說 〈深青傳〉의 精神分析學的研究」, 『신경정신의학』 31권 2호, 1992.
박연숙, 「〈콩쥐 팥쥐〉와 〈고메후쿠 아와후쿠(米福粟福)〉 연구」, 『일본문화연구』 23, 동아시아일본학회, 2007.
박정용, 「설화의 전래동화 개작 양상과 문제점—〈해와 달이 된 오누이〉, 〈콩쥐 팥쥐〉, 〈아기장수 설화〉를 중심으로」, 한남대국문과 석사논문, 2005.
박찬부, 「기호/욕망/주체: 라캉의 〈세 질서〉 다시 읽기」, 『비평과 이론』 4권 2호, 1999 가을/겨울.
방정환, 「새로 開拓되는 童話에 關하야－特히 少年以外의 一般 큰이에게」, ≪개벽≫ 31호, 1923. 1.
배원룡, 『나무꾼과 선녀 설화 연구』, 집문당, 1993.
석선화, 「한국과 중국의 전래동화 비교연구－'신데렐라'형 민담을 중심으로」, 부산대유아교육학과 석사논문, 2004. 2.
설중환, 「심청전: 분석심리학으로 읽어보기」, 『한국학 연구』 13, 고려대 한국학연구소, 2000.
_____, 「興夫傳의 象徵性과 構造的 意味」, 『어문논집』 24·25, 고려대 민족어문학회, 1985.
성기열, 「民譚 '선녀와 나무꾼'의 한일 비교」, 『신라문화제 학술발표회 논문집』 제3권, 1982, 동국대학교 신라문화 연구소.
손병국, 「한국설화에 미친 중국설화의 영향－〈酉陽雜俎〉를 중심으로」, 『인문사회과학논문집』 31, 광운대인문사회과학연구소, 2002, pp. 26-44.
엄수경, 「〈콩쥐 팥쥐〉 전래동화의 설화 수용양상 고찰」, 『남도민속연구』 13, 남도민속학회, 2006.
오윤선, 「'콩쥐 팥쥐 이야기'에 대한 고찰」, 『어문논집』 42, 고려대 민족어문학회, 2000.
_____, 「'콩쥐 팥쥐 이야기'에 대한 고찰－당대 연구자들의 국어관을 중심으로」, 『어문논집』 42, 민족어문학회, 2000.
_____, 「세계 신데렐라유형 이야기군 속에서의 〈콩쥐 팥쥐 이야기〉 고찰」, 『동화와 번역』 11, 2006.
유영대, 『심청전 연구』, 문학아카데미, 1989.
유지현, 「'콩쥐 팥쥐' 연구」, 국민대 국문과 석사논문, 1984. 12.
이가원, 『한국 호랑이 이야기』, 동서문화사, 1977.
이관일, 「〈콩쥐 팥쥐〉 이야기 再考」, 『文湖』 6, 건국대학교, 1971.
이광규, 「레비－스트로스」, 현대신서 51, 대한기독교서회, 1983.
이규태, 『한국인의 성과 사랑』, 문음사, 1985.
이능화, 『조선여속고』, 경성: 한남서림, 1927.
이부영, 『한국 민담의 심층분석』, 집문당, 1995.
_____, 『아니마와 아니무스』, 한길사, 2001.
_____, 『자기와 자기실현』, 한길사, 2002.

이원수, 「〈콩쥐 팥쥐〉 연구의 경과와 전망」, 『語文學』 61집, 한국어문학회, 1997.
______, 「콩쥐 팥쥐 설화 연구」, 『문학과 언어』 19권 1호, 문학과 언어학회, 1997.
______, 「〈콩쥐 팥쥐〉와 〈신데렐라〉의 비교연구－북미인디언 〈신데렐라〉와의 비교를 중심으로」, 『語文學』 77, 한국어문학회, 2002.
이재선, 『한국문학주제론』, 서강대출판부, 1989.
이지영, 「한국 결혼시련담 연구－'나무꾼과 선녀', '우렁색시'형 민담을 중심으로」, 『국문학연구』제85집, 서울대 대학원 국문학연구회, 1987.
이진경, 「도둑맞은 편지, 도둑맞은 무의식」, 『탈현대사상의 궤적』, 새길, 1995.
______, 「자크 라캉: 무의식의 이중구조와 주체화」, 『철학의 탈주』, 새길, 1995.
이호주, 「日月傳說과 復讐傳說硏究」, 『어문논집』 28, 고려대 국어국문학 연구회, 1989.
인권환 편저, 『興夫傳 硏究』, 집문당, 1991.
장덕순, 「'CINDERELLA'와 '콩쥐 팥쥐'」, 『국어국문학』 16, 국어국문학회, 1957
______, 『韓國說話文學硏究』, 박이정, 1995.
장병호, 「한국 호랑이 설화의 유형과 성격」, 『한국어문교육』 8권 1호, 한국교원대학교 한국어문교육연구소, 1999.
정하영, 「深靑傳 根源硏究 序說」, 『국어문학』 21, 전북대 국어국문학회, 1980.
______, 「〈興夫傳〉의 文學的 本質과 意味」, 『판소리 연구』 13, 판소리학회, 1992.
조두영, 『프로이트와 한국문학』, 일조각, 2000.
조희숙・석선화, 「콩쥐 팥쥐와 신데렐라 비교연구」, 『영유아보육연구』 9, 부산대 영유아보육연구소, 2003.
주경철, 『신데렐라 천년의 여행』, 산처럼, 2005.
주종연, 「한국의 전래민담과 독일Grimm동화와의 비교연구Ⅱ－〈콩쥐 팥쥐〉와 〈Aschenputtel〉」, 『어문학논총』 2, 국민대어문학연구소, 1993.
______, 『韓獨民譚比較硏究』, 집문당, 1999.
최운식, 「'나뭇군과 선녀' 설화의 고찰」, 『청람어문학』1, 청람어문교육학회, 한국교원대학교, 1988.
최운식・김기창, 『전래동화 교육의 이론과 실제』, 집문당, 1998.
최인학, 『한국설화론』, 형설출판사, 1982.
하지현, 「韓國傳來童話에 대한 精神分析的 接近」, 서울대학교 대학원, 醫學科 精神科學 專攻, 박사논문, 2002. 2.
하지현・조두영, 「傳來童話 '해와달이 된 오누이' 考察」, 『정신분석』 9권 1호, 1998.

허완, 「전래동화 〈콩쥐 팥쥐〉의 개작양상 고찰」, 충북대 교육대학원 석사논문. 2006. 2.
허창운 외, 『프로이트의 문학예술 이론』, 민음사, 1997.
황경숙, 「'나무꾼과 선녀' 설화의 심리학적 試論-나무꾼 지상회귀담을 중심으로」, 『국어국문학』 32집, 부산대학교, 1995. 12.
황패강, 「深靑說話의 硏究」 ≪문학춘추≫, 1966. 4.

## 3. 국외 논저

프로이트, 『히스테리 연구』, 김미리혜 역, 열린책들, 1998.
_______, 『쾌락 원칙을 넘어서』, 박찬부 옮김, 열린책들, 1997.
_______, 『무의식에 관하여』, 윤희기 옮김, 열린책들, 1998.
_______, 『성욕에 관한 세 편의 에세이』, 김정일 옮김, 열린책들, 2000.
_______, 『꿈의 해석』 상·하, 김인순 역, 열린책들, 1997.
_______, 『꼬마 한스와 도라』, 김재혁·권세훈 역, 열린책들, 1998.
_______, 『종교의 기원』, 이윤기 역, 열린책들, 1997.
_______, 『억압, 증후 그리고 불안』, 황보석 역, 열린책들, 1997.
_______, 『늑대인간』, 김명희 역, 열린책들, 1996.
_______, 『일상생활의 정신병리학』, 이한우 역, 열린책들, 1997.
_______, 『창조적 작가와 몽상』, 정장진 역, 열린책들, 1996.
_______, 『예술과 정신분석』, 정장진 역, 열린책들, 1997.
_______, 『정신분석 강의』 상·하, 임홍빈·정혜경 역, 열린책들, 2002.
_______, 『새로운 정신분석 강의』, 임홍빈·정혜경 역, 열린책들, 1998.
Sigmund Freud and Oppenheim, "Dreams in Folklore"(1957[1911]), *The Standard Edition of The Complete Psychological Works of Sigmund Freud. volume XII,* The Hogarth press, London, 1958.
Sigmund Freud, "The Occurrence in Dreams of Material from Fairy Tales"(1913), *The Standard Edition of The Complete Psychological Works of Sigmund Freud. volume XII,* The Hogarth press, London, 1958.
자크 라캉, 『욕망 이론』, 민승기·이미선·권택영 옮김, 문예출판사, 1996.
Jacques Lacan, *ÉCRITS: A Selection*, Alan Sheridan, New York · London, W. W. Norton & Company, 1977.
__________, *The Seminar. Book I: Freud's Papers on Technique(1953-1954)*, ed. Jacques-Alain Miller, trans. John Forrester, New York · London, W. W.

Norton & Company, 1988.
___________, *The Seminar. Book II: The Ego in Freud's Theory and in the Technique of Psychoanalysis(1954-1955)*, ed. Jacques-Alain Miller, trans. Sylvana Tomaselli, New York · London, W. W. Norton & Company, 1988.
아니카 르메르, 『자크 라캉』, 이미선 옮김, 문예출판사, 1996.
페터 비트머, 『욕망의 전복』, 홍준기 · 이승미 옮김, 한울 아카데미, 1998.
딜런 에반스, 『라캉 정신분석 사전』, 김종주 외 옮김, 인간사랑, 1998.
Dylan Evans, *An Introductory Dictionary of Lacanian Psychoanalysis*, London and New York, Routledge, 1996.
브루노 베텔하임, 『옛이야기의 매력』 1, 2, 김옥순 · 주옥 옮김, 시공주니어, 1998.
Bruno Bettelheim, *The uses of enchantment: The meaning and importance of Fairy Tales*, New York, Alfred A. Knopf, 1977.
Steven Swann Jones, *The Fairy Tale: The Magic Mirror of Imagination*, New York, Twayne Publisher, 1995.
가라타니 고진, 『일본 근대문학의 기원』, 박유하 옮김, 민음사, 1997.
공영선 · 종학 역, 『아들을 데리고 해를 찾아간 말레－中國民間故事選』, 北京: 外文出版社, 1984, 『민담과 소수민족 이야기(중국편)』, 국학자료원, 1997.
그림 형제(Brüder Grimm), 『그림동화』 1～10권, 김경연 옮김, 한길사, 1995.
나카자와 신이치(中澤新一), 『신화, 인류 최고의 철학』, 김옥희 옮김, 동아시아, 2003.
로버트 스콜스(Robert Scholes), 『문학과 구조주의』, 위미숙 옮김, 새문사, 1997.
R. L. 스티븐슨(Robert Louis stevenson), 『지킬 박사와 하이드씨(The Strange Case of Dr. Jekelll and Mr. Hyde)』, 이호규 옮김, 혜원출판사, 1999.
로버트 단턴, 『고양이 대학살』, 조한욱 옮김, 문학과 지성사, 1999.
로즈메리 잭슨, 『환상성(FANTASY)－전복의 문학』, 서강여성문학연구회 옮김, 문학동네, 2001.
마르쿠제(Herbert Marcuse), 『에로스와 문명』, 김인환 역, 나남, 1999.
_______, 『미학과 문화』, 최현 · 이근영 역, 범우사, 1989.
마리아 니콜라예바, 『용의 아이들』, 김서정 옮김, 문학과 지성사, 1998.
블라디미르 프로프, 『민담형태론』, 유영대 옮김, 새문사, 1996.
_______________, 『민담의 역사적 기원』, 최애리 역, 문학과 지성사, 1990.
슬라보예 지젝, 『삐딱하게 보기』, 김소연 · 유재희 옮김, 시각과 언어, 1995.
아지자, 올리비에리, 스크트릭 공저, 『문학의 상징 · 주제 사전』, 장영수 옮김, 청하, 1992.

아키바 디카시(秋葉降), 『朝鮮民俗誌』, 심우성 옮김, 동문선, 1993.
알렌 B. 치넨(Allan B. Chinen), 『인생으로의 두 번째 여행』(ONCE UPON A MIDLIFE), 이나미 옮김, 황금가지, 1999.
에릭슨(Erikson, Erik Homburger), 『아이덴티티(Identity－Youth and Crisis)』, 조대경 역, 『현대의 신화/아이덴티티』(※ 합본), 삼성출판사, 1997.
엘리자베스 라이트 편, 『페미니즘과 정신분석학 사전』, 박찬부 · 정정호 외 옮김, 한신문화사, 1997.
장 벨맹－노엘(Jean Bellemin－Noël), 『문학텍스트의 정신분석』, 최애영 · 심재중 옮김, 동문선, 2001.
카를 브루노 레더(Karl Bruno Leder), 『사형: 사형의 기원과 역사, 그 희생자들』, 이상혁 옮김, 하서출판사, 2003.
캐스린 흄, 『환상과 미메시스』, 한창엽 옮김, 푸른나무, 2000.
키류 미사오(Kiryu Misao), 『알고보면 무시무시한 그림동화 1』, 이정환 역, 서울문화사, 1999.
토마스 불핀치, 『그리스 로마 신화』, 최혁순 옮김, 범우사, 1999.
프레이저(James George Frazer), 『황금가지』, 이용대 옮김, 한겨레신문사, 2003.
필립 아리에스, 『아동의 탄생』, 문지영 옮김, 새물결, 2003.
한나 시걸, 『멜라니 클라인』, 이재훈 옮김, 한국심리치료연구소, 1999.

## 4. 기타

공인숙 · 유안진, 「전래동화와 대학생의 편견 형성 판단－'백설공주', '콩쥐 팥쥐', '장화홍련전'을 중심으로」, 『한국가정관리학회지』 12권 1호, 1994.
김명진 · 최병만 · 이상룡, 「전환장애로 입원한 환자 41예에 대한 임상적 고찰」, 『동의신경정신과 학회지』 11권 2호, 2000.
김정일 · 정인과 · 곽동일, 「전환장애와 신체화 장애의 임상적 비교 연구」, 『신경정신의학』 26권 2호, 1987.
김호찬 · 오동원 · 도정수, 「신체화 장애의 임상 양상」, 『신경정신의학』 31권 2호, 1992.
박선영, 제44차 세계 성체대회 서강대 개교 30주년 기념: 제2부 '제찬과 성찬' 심포지움, 정리: 이찬수 · 윤영해, 『종교 신학연구』, 서강대 비교사상 연구원, 1990.
박재훈, 「히스테리 신경증의 증상 양상 변화」, 『신경정신의학』 21권 4호, 1982.
송지영 · 공재연 · 장환일, 「히스테리아의 추적 관찰」, 『신경정신의학』 28권 5호,

1989.
심명숙·오호선·이송희, 「제대로 된 옛이야기책을 기다리며—그림책으로 나온 〈콩쥐 팥쥐〉의 글을 살펴보고」, 『옛이야기』, 사단법인 어린이도서연구회 25주년기념자료집, 2005.
어도선, 「라캉의 정신분석을 통한 우리시대의 욕망 읽기: 이론과 응용」, 한국비평이론학회, 2000년 여름 비평학교 강의록.
오덕원, 「전환장애의 치료와 관리」, 『한국 전문 물리치료학회지』 4권 2호, 1997.
이광규, 「조선왕조 시대의 재산 상속」, 『한국학보』 2권 2호, 일지사(한국학보), 1976.
이수건, 「조선전기의 사회변동과 상속제도」, 『역사학보』 129, 역사학회, 1991.
홍윤식, 「불교의 공양」(제44차 세계 성체대회 서강대 개교 30주년 기념), 『종교신학연구』, 서강대 비교사상 연구원, 1990.

저자

**노제운** *盧濟雲*

1966년 인천 출생
고려대학교 문과대학 국어국문학과 졸업
고려대학교 대학원(석, 박사) 졸업
1998년 조선일보 신춘문예 '동화' 당선
2003년 고려대 문인회 '신예작가상' 수상
2011년 고려대 민족문화연구원 '지훈(芝薰)인문저술지원' 선정
고려대, 서울교대, 숙명여대, 건국대, 단국대, 서울과학기술대, 문지문화원 '사이'
등에서 강의하였으며, 고려대 BK21 한국어문학교육연구단 연구교수 역임
현재 진주교육대학교 국어교육과 교수

**저서** 『함세덕 문학전집 1, 2』
『아기공룡 곤곤이』
『눈사람의 재채기』
『크리스마스 전날 밤에 생긴 일』(공저)
『구비구비 사투리 옛이야기』 외